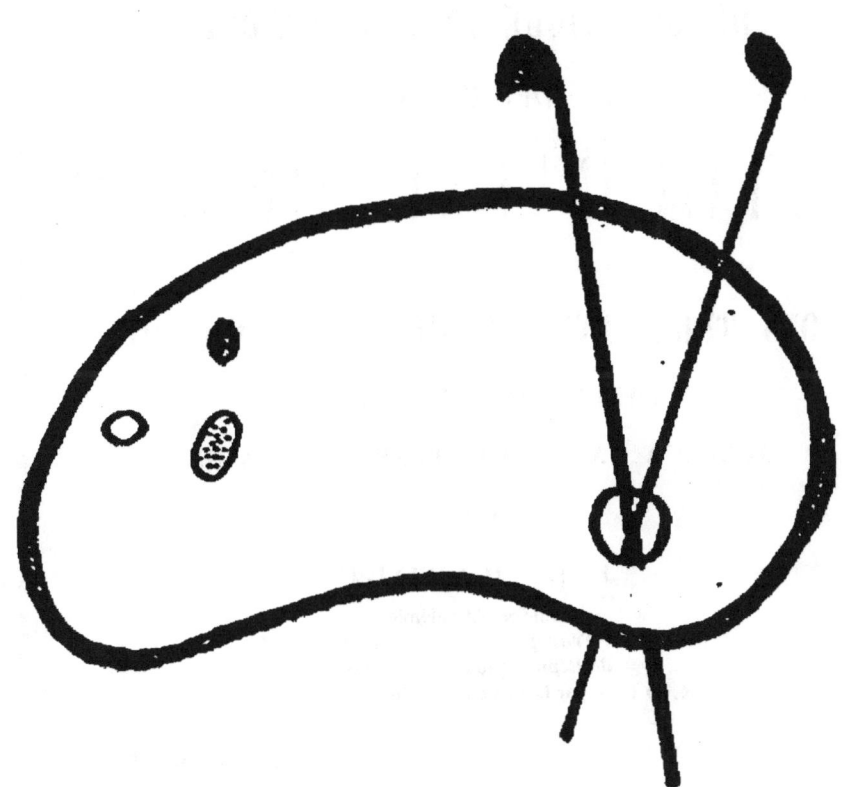

DEBUT D'UNE SERIE DE DOCUMENTS
EN COULEUR

# HISTOIRE

### DÉMOCRATIQUE ET ANECDOTIQUE

#### DES PAYS

# DE LORRAINE, DE BAR

### ET

### DES TROIS ÉVÊCHÉS (Metz, Toul, Verdun)

#### DEPUIS LES TEMPS LES PLUS RECULÉS

#### JUSQU'A LA RÉVOLUTION FRANÇAISE

PAR

J.-B. RAVOLD

Officier d'Académie
Auteur des *Transportés de la Meurthe* en 1852,
de *République et Monarchie*
couronné, en 1873, par la Ligue nationale de San-Francisco, etc.

LE DROIT PRIME LA FORCE

I

## TOME PREMIER

PARIS
Chez CHARLES BAYLE, libraire-éditeur, rue de l'Abbaye, 16
NANCY
Chez PAUL SORDOILLET, libraire, place Stanislas, 7
Chez SIDOT FRÈRES, libraires, rue Raugraff, 3
Et à l'IMPRIMERIE COOPÉRATIVE DE L'EST, rue Saint-Dizier, 51

1889

NANCY — IMPRIMERIE COOPÉRATIVE DE L'EST

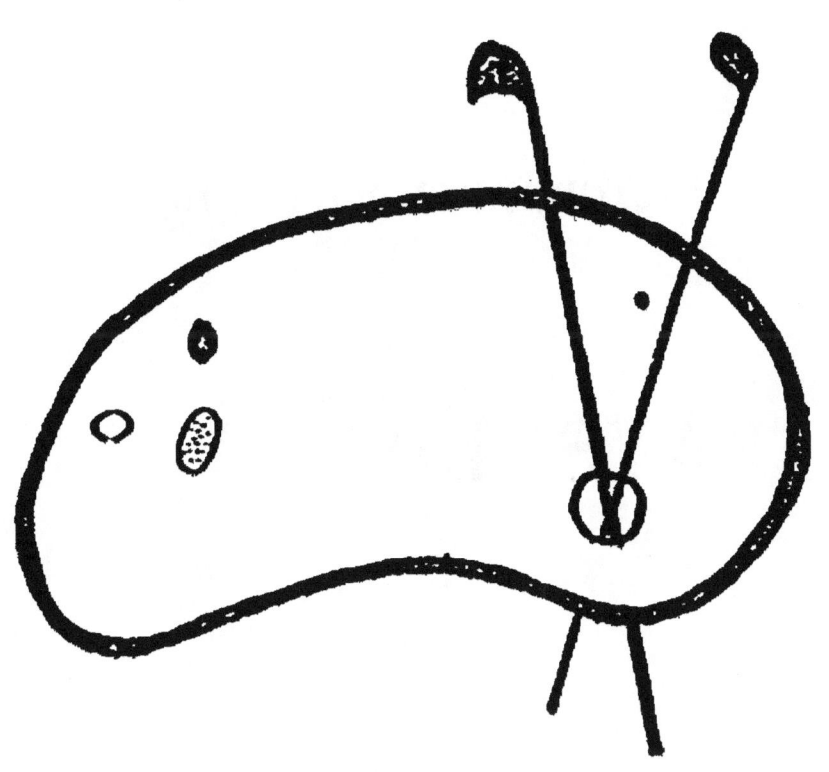

FIN D'UNE SERIE DE DOCUMENTS
EN COULEUR

# HISTOIRE DÉMOCRATIQUE

DU

# PAYS LORRAIN

# HISTOIRE

## DÉMOCRATIQUE ET ANECDOTIQUE

### DES PAYS

# DE LORRAINE, DE BAR

### ET

### DES TROIS ÉVÊCHÉS (Metz, Toul, Verdun)

#### DEPUIS LES TEMPS LES PLUS RECULÉS

#### JUSQU'A LA RÉVOLUTION FRANÇAISE

PAR

## J.-B. RAVOLD

Officier d'Académie
Auteur des *Transportés de la Meurthe* en 1852,
de *République et Monarchie*
couronné, en 1873, par la Ligue nationale de San-Francisco, etc.

**LE DROIT PRIME LA FORCE**

---

### TOME PREMIER

---

**PARIS**
Chez CHARLES DAYLE, libraire-éditeur, rue de l'Abbaye, 16

**NANCY**
Chez PAUL SORDOILLET, libraire, place Stanislas, 7
Chez SIDOT FRÈRES, libraires, rue Raugraff, 3
Et à l'IMPRIMERIE COOPÉRATIVE DE L'EST, rue Saint-Dizier, 51

---

1889

Sy, gros Lorrains parlons par vers
Tenans forme de rhétoricque
Loyaulx sommes et non pervers,
Et qui nous poinct très fort se pique.

# AVANT-PROPOS

Feu Henri Lepage, le regretté archiviste dont nous mettrons souvent à contribution l'œuvre considérable, a dit avec raison, en parlant de l'histoire de l'ancienne Lorraine :

« Tout le monde le sait : cette histoire n'a été jusqu'à
« présent qu'aristocratique et religieuse, si je puis
« m'exprimer ainsi; j'ai pensé qu'il serait bon de la
« rendre populaire, c'est-à-dire de faire marcher de front
« l'histoire de la nation et celle des princes qui l'ont
« gouvernée... (1) »

C'est à réaliser ce *desideratum* qu'ont tendu nos efforts. Nous nous sommes attaché surtout à suivre le mouvement des idées, à signaler l'amélioration morale et matérielle que le progrès de la civilisation a opéré successivement dans notre région, en retard, suivant Dumont (2), sur la France, sa voisine. Partant de cette

(1) *Coup d'œil général sur l'histoire des Vosges*. Epinal. Gley, 1845. Introduction. — Nous devons beaucoup à ce travailleur consciencieux et infatigable qui a mis à notre disposition avec le plus louable empressement, les ouvrages et les documents qu'il croyait de nature à favoriser notre travail. Nos remerciements aussi à MM. les Bibliothécaires de la ville de Nancy dont la bienveillance ne le cédait en rien à celle du docte défunt.

(2) Dumont. *Justice criminelle des duchés de Lorraine et de Bar*. Nancy. Dard. 1848.

vérité que, dans sa marche à travers les siècles, l'humanité poursuit la réalisation de plus en plus parfaite de l'idée de JUSTICE par la LIBERTÉ, nous avons conservé à chaque époque son caractère propre, particulier, et, en dépit d'affirmations récentes contraires, nous avons constaté, après mille péripéties douloureuses, sanglantes, le triomphe lent mais incessant du *droit* sur la *force*.

C'est ainsi que l'esclavage existant chez les Gallo-Romains, après s'être agrandi et développé sous le gouvernement despotique des empereurs païens et chrétiens, s'est vu remplacé au vᵉ siècle, au lendemain de l'invasion des Francs barbares et à la suite de l'alliance étroite du trône et de l'autel, s'est vu remplacé, dis-je, par un espèce de frère *légitimé*, le SERVAGE. Celui-ci, à son tour, dut céder la place aux libertés communales que nos ducs, constants imitateurs des rois de France, favorisèrent dans le but d'asseoir insensiblement leur pouvoir absolu sur les ruines des antiques libertés féodales (Assises, États Généraux, Grands Jours, etc.), c'est-à-dire, le gouvernement parlementaire de l'époque auquel nous consacrerons des pages nombreuses.

Les guerres religieuses des xvᵉ et xvıᵉ siècles favorisèrent singulièrement les tendances despotiques des souverains de notre pays, en même temps qu'elles firent disparaître les petites républiques bourgeoises de Metz, Toul et Verdun, ces vaillantes cités lorraines que nous verrons pendant plus de trois siècles défendre énergiquement, par le fer et l'or, leur indépendance contre leurs nombreux et puissants ennemis.

C'est, sans aucun doute, le spectacle de cette lutte âpre, incessante, tragique, séculaire, des champions de la cause du peuple contre les tenanciers du trône et de l'autel qui, devant la Convention électrisée, arracha à notre immortel abbé Grégoire ce cri si vrai, si juste : L'Histoire des Rois est le martyrologe des Nations.

Pour suivre nos ancêtres dans la longue et douloureuse évolution qui, de l'état d'esclaves, de serfs, les a élevés à la dignité de citoyens français, nous avons donné un certain développement aux époques gallo-romaine, mérovingienne et carlovingienne, car, comme l'a dit, avec beaucoup de raison notre éminent concitoyen A. Rambaud, « *l'étude des institutions romaines en* « *Gaule est indispensable, pour expliquer celles du* « *moyen-âge et même celles des temps modernes* » (1). Nous nous sommes attaché également à combler une lacune regrettable dans l'œuvre de nombre de nos devanciers, c'est-à-dire de montrer combien fut vivace, au XVI$^e$ siècle, dans certaines parties de notre pays, l'opposition à la religion orthodoxe, romaine; de prouver quelles profondes racines y avait jetées le protestantisme; d'indiquer à quels moyens iniques, cruels, nos princes eurent recours pour l'enrayer, pour l'extirper. Par là tombe, il est vrai, la légende fantastique, mensongère, qui entoure la mémoire de la plupart de nos souverains, à commencer par le *bon* duc Antoine pour finir par Léopold et Stanislas, ces prétendus princes modèles dont le gouvernement absolu, despotique, ne le cédait en rien à celui de Louis XV. Nous nous écartons ainsi des traditions généralement admises. En effet, pendant trop longtemps il était de bon ton, sous prétexte de patrio-

---

(1) *Histoire de la Civilisation française.* Paris, A. Collin, 1885, t. I, p. 7.

tisme lorrain, de préconiser le passé, de chanter systématiquement les louanges de nos souverains, des derniers surtout.

Nous n'avons pas cru pouvoir consacrer ce mensonge spécieux. A nos yeux, l'histoire est autre chose qu'un panégyrique ; elle ne doit s'incliner que devant l'austère, l'inflexible vérité. Par l'exposé des erreurs, des fautes du passé, elle doit éclairer le présent et préparer à l'avenir des voies meilleures. C'est à mettre en pratique cette vérité qu'ont tendu tous nos efforts.

Puissions-nous avoir réussi !

---

Nota. — Pour compléter le tableau des oppressions et des misères des deshérités sous l'ancien régime, nous avons cru nécessaire de consacrer quelques pages à l'histoire des Juifs, en Lorraine.

---

Notes essentielles. — 1° Les *notes* qui constituent une partie importante de notre travail ne sont pas, en général, attachées au texte d'une manière étroite, absolue. Incorporées au récit, elles l'auraient rendu long, diffus et parfois inintelligible par la multiplicité des faits qu'il aurait fallu entasser en quelque sorte.

Nous avons cru faire mieux en leur donnant une place séparée, distincte. Le lecteur pressé, après avoir pris connaissance du texte du chapitre, pourra consulter les notes dans des moments de loisir. Nombre d'entre elles, au reste, n'ont qu'un rapport relatif avec le récit, et forment en quelque sorte un appendice simplement instructif ou anecdotique.

2° Nous avons fait précéder notre récit d'une notice

sur les principaux écrivains lorrains, sur ceux des siècles passés surtout. Il est bon que le lecteur connaisse les sources auxquelles nous avons puisé, qu'il puisse constater ainsi le soin scrupuleux que nous avons mis à n'avancer que des faits, des appréciations universellement acceptés, faisant autorité. Au risque d'être traité de compilateur, nous avons reproduit fidèlement, et quand c'était possible, textuellement, les récits, les affirmations éparses dans les nombreux écrits de nos annalistes et historiens *locaux*.

3° Nous avons cru également devoir faire suivre cette notice d'une esquisse rapide sur les monnaies en circulation dans notre pays pendant dix-huit siècles.

Dès les premières pages de notre travail, il est question de *deniers*, d'*oboles*, et surtout de *sous* et de *francs*. Or, ces dénominations qui, de nos jours, désignent des pièces de peu de valeur, s'appliquaient autrefois à des monnaies représentant un prix plus ou moins considérable. Alors les francs, les sous étaient d'or et d'argent; ce qui, vu la rareté de ces métaux au moyen-âge, en constituait la valeur.

Le lecteur, dûment averti, en recourant à ce chapitre préliminaire, trouvera les indications nécessaires pour l'intelligence du récit à toutes les époques de notre histoire.

# ABRÉVIATIONS

DES

## NOMS D'AUTEURS, DES RECUEILS ET DES OUVRAGES

LE PLUS FRÉQUEMMENT CITÉS

| NOMS | ABRÉVIATIONS |
|---|---|
| *Mémoires, Bulletins, Journal de la Société d'archéologie lorraine*, année 18... | *A. L.*, 18... |
| *Recueil de Documents sur l'histoire de la Lorraine.* | *Doc. lorr.* |
| *Documents sur l'histoire des Vosges.* | *Doc. vosg.* |
| *L'Austrasie; Revue de Metz et de Lorraine*, année 18... | *Aust., Rev. Metz*, 18... |
| DOM CALMET. — *Histoire de Lorraine; Histoire de l'abbaye de Senones; Petite histoire de Lorraine.* | D. CALM. — *Lorr.; Sen.; Pet. hist. Lorr.* |
| NOEL, *Mémoires* (de I à VII). — *Catalogue raisonné des collections lorraines.* | NOEL, *Mém.* — *Cat.* |
| DIGOT. — *Histoire de Lorraine; Histoire d'Austrasie.* | DIG. — *Lorr.; Aust.* |
| BÉGIN. — *Histoire de Lorraine; Histoire des sciences, des lettres, des arts et de la civilisation dans le pays messin; Metz depuis 18 siècles.* | BÉG. — *Hist. Lorr.; Hist. sc.; Metz, 18 siéc.* |
| L'abbé CLOUET. — *Histoire de Verdun; L'Eglise pendant l'époque mérovingienne.* | CLOUET. — *Verd.; Egl. pér. mér.* |
| THIÉRY. — *Histoire de la ville de Toul et de ses évêques.* | THIÉRY. — *Hist. de Toul.* |

| | |
|---|---|
| Benoît Picard, capucin. — *Origine de la très illustre maison de Lorraine, avec un abrégé de l'histoire de ses provinces; Histoire ecclésiastique et politique de la ville et du diocèse de Toul.* | Ben. Pic. — *Orig.; Hist. de Toul.* |
| Daulnoy. — *Histoire de la ville et cité de Toul.* | Dauln. — *Toul.* |
| Le marquis de Pimodan. — *Réunion de Toul à la France et les derniers évêques souverains.* | Pimod. — *Toul.* |
| L'abbé Guillaume. — *Histoire du diocèse de Toul et de celui de Nancy.* | Ab. Guill. — *Toul.* |
| De Saint-Mauris. — *Études historiques sur l'ancienne Lorraine.* | St-Maur. |
| Chevrier. — *Histoire civile, militaire, ecclésiastique, politique et littéraire de Lorraine.* | Chevr. |
| L'abbé Bexon. — *Histoire de Lorraine.* | Bex. |
| Étienne. — *Résumé de l'histoire de Lorraine.* | Étien. |
| Huguenin. — *Histoire du royaume mérovingien d'Austrasie; Chronique de Metz; Histoire de la guerre de Lorraine et du siège de Metz.* | Huguen. — *Aust.; Chron.; Guerres lorr.; Siège Metz.* |
| Viville. — *Dictionnaire du département de la Moselle.* | Vivil. |
| Servais. — *Annales historiques du Barrois.* | Serv. |
| Roussel. — *Histoire ecclésiastique et civile de Verdun,* continuée par une société d'ecclésiastiques. | Rouss. |
| Gravier. — *Histoire de Saint-Dié.* | Grav. |
| D. Nicolas Trabouillot et D. Jean François, bénédictins. — *Histoire de Metz.* | *Hist. Metz.* |
| Henriquez. — *Abrégé chronologique de l'histoire de Lorraine.* | Henriq. |
| Ragon et Olivier. — *Abrégé de l'Histoire de Lorraine.* | Ragon. — *Hist. de Lorr.* |
| Huhn. — *Geschichte Lothringens.* | Huhn. |
| Durival, Petit-Durival. — *Description de la Lorraine et du Barrois.* | Duriv. |

| | |
|---|---|
| De Rogéville. — *Dictionnaire historique des Ordonnances.* | Rogév. |
| Guérard. — *Annales historiques de l'agriculture et de la législation rurale du pays lorrain.* | Guér. |
| Wallon. — *Histoire de l'esclavage dans l'antiquité.* | Wall. |
| Le Houërou. — *Histoire des institutions mérovingiennes et carlovingiennes.* | Le Houër. — Mér. Carl. |
| D'Haussonville. — *Histoire de la réunion de la Lorraine à la France.* | D'Hauss. |
| Des Robert. — *Campagnes de Charles IV; Correspondance inédite de Nicolas-François, duc de Lorraine.* | Des Rob. |
| Lyonnois (l'abbé). — *Histoire de la ville de Nancy.* | Lyonn. |
| Cayon. — *Histoire de Nancy; Coupures de Bournon.* | Cayon. — Nancy; Coup. |
| Dumont. — *Justice criminelle des duchés de Lorraine et de Bar; Histoire de Commercy.* | Dum. — Just.; Commercy. |
| Rambaud. — *Histoire de la civilisation française.* | Ramb. |
| Jules Renaud. — *Charmes-sur-Moselle; Coutumes et usages lorrains.* | Ren. — Charmes; Cout. et us. |
| Michel. — *Histoire du Parlement de Metz.* | Michel. — Parl. |
| Courbe. — *Promenades historiques à travers les rues de Nancy. — Rues de Nancy.* | Courbe. — Prom. Rues Nancy. |
| Guyot. — *Les forêts lorraines.* | Guy. |
| Beaupré. — *Bibliographie; Recherches sur l'Imprimerie en Lorraine,* etc. | Beaup. — Bibl., Imp. |
| De Riocourt. — *Les Monnaies lorraines.* | Rioc. — Monn. |
| Thibault. — *Histoire des loix et des usages de la Lorraine et du Barrois.* | Thib. |
| *Comptes du Receveur général de la Lorraine.* | Compt. Rec. gén. |
| Charton. — *Les anciennes guerres de Lorraine.* | Chart. |

| | |
|---|---|
| L'abbé MATHIEU. — *L'ancien régime dans la province de Lorraine et de Barrois.* | Ab. MATH. |
| DEPPING. — *Les Juifs dans le moyen âge.* | DEPP. |
| L'abbé GRÉGOIRE. — *Régénération des Israélites.* | GRÉG. |
| DE BILISTEIN. — *Essai sur les duchés de Lorraine et de Bar.* | BILIST. |
| ERRARD, valet de chambre du duc Thiébaut, *Mémoires.* | ERR. |
| LOUIS D'HARAUCOURT, évêque de Verdun, *Mémoires.* | HARAUC. |
| FLORENTIN LE THIERRIAT, *Mémoires.* | THIER. |
| JEAN DUPASQUIER, procureur syndic de la cité de Toul, *Journal.* | DUPASQ. |
| DON CASSIEN BIDOT ou BIGOT, *Journal.* | BIGOT. |
| PIERRE VUARIN, garde-notes à Etain, *Journal.* | VUAR. |
| THIRION. — *Étude sur le protestantisme à Metz.* | THIR. |
| *Affiches de Lorraine,* feuille hebdomadaire de Metz. | *Aff. lorr.* |
| HENRI LEPAGE. — *Communes de la Meurthe; Statistique; Archives de Nancy; Pouillé des diocèses de Toul et de Metz; Offices des duchés de Lorraine et de Bar; Organisation et institutions militaires de la Lorraine, Complément au Nobiliaire de Lorraine,* de Dom Pelletier, etc., et nombre d'autres ouvrages faits seul ou en collaboration (MM. Germain, Briard, etc.). | LEP. — *Comm.; Statist.; Arch.; Pouillé* (Metz et Toul); *Offices; Inst. mil.; Nobil.* etc. |

# INTRODUCTION

## INDICATIONS PRÉLIMINAIRES

# CHAPITRE PREMIER

## CHRONIQUEURS

### I.

C'est aux historiens les plus renommés de notre province que nous abandonnerons la tâche délicate de juger l'œuvre de leurs devanciers, de mettre en relief les qualités et les défauts de nos annalistes, de montrer jusqu'à quel point, trop souvent, la plume de l'écrivain se trouvait enchaînée, tantôt par la position sociale, tantôt par la reconnaissance, tantôt par l'action du pouvoir absolu, arbitraire, des gouvernants : par là seront expliquées nombre d'anomalies, de lacunes et d'obscurités forcées qu'on trouvera dans notre ouvrage.

Ce ne fut guère qu'aux XVII$^e$ et XVIII$^e$ siècles qu'on se mit sérieusement à écrire l'histoire de notre pays. Pendant plusieurs siècles, le pouvoir souverain des ducs se trouvait contesté et fort limité. La branche cadette des Vaudémont, rivale de la branche aînée, ducale, battait en brèche l'autorité de celle-ci, avant et surtout depuis l'avènement de la maison d'Anjou. Vinrent ensuite la lutte contre Charles-le-Téméraire, les guerres de religion, etc., qui retardèrent l'établissement de la suprématie de l'autorité ducale sur celle des grands seigneurs. De là, des récits particuliers, des chroniques, des fragments d'histoire ou des abrégés, espèce de nomenclature des princes qui avaient régné, mais non une relation complète, détaillée, digne du nom d'histoire.

Ce fut Dom Calmet qui se vit chargé officiellement par le duc Léopold de la rédaction de l'histoire de notre province. A cet effet, on mit à sa disposition tous les documents fournis par nos chroniqueurs et annalistes. Nous verrons plus loin quel parti il en sut tirer. En attendant, jetons un rapide coup d'œil sur les sources auxquelles il puisa.

## II.

« Nos chroniqueurs lorrains (LEPAGE) (1) (XIII<sup>e</sup> et XIV<sup>e</sup> siècles), appartenant pour la plupart au clergé, et surtout aux ordres monastiques, ont eu pour but principal de faire connaître à la postérité l'histoire de leur couvent et de leur église.

« Les chroniqueurs, nés dans les trois siècles suivants, ont écrit quelques mémoires, quelques relations des faits qui s'étaient accomplis sous leurs yeux ; mais, de même que leurs devanciers, ils se sont laissé dominer par la position qu'ils occupaient. Attachés, en général, au service du souverain, c'est presque toujours sur le trône ou autour du trône, dans la noblesse ou le clergé, qu'ils sont allés prendre le sujet de leurs récits… Vivant, pour ainsi dire, dans une sphère à part, dans les cloîtres ou dans les palais, ils ne pouvaient comprendre et bien moins encore partager les émotions qui agitaient les classes populaires. »

« Aussi l'histoire du peuple n'occupe-t-elle, en général, qu'une place imperceptible dans leurs volumineux écrits… »

Benoît Picard, capucin d'un couvent de Toul, dans son ouvrage *Origine de la Maison de Lorraine* (Bâle, 1701), énumère, en ces termes, les principaux chroniqueurs lorrains :

« Richer, religieux de Senones, écrivit la chronique de

---

(1) Séance de l'Académie de Stanislas, 1849. Congrès scientifique de France, septembre 1849. (*Annuaire*).

cette abbaye vers le xiiie siècle. Alberic de Trois-Fontaines écrivit la sienne en même temps..... Le Révérend Père Jean de Bayon, dominicain, travailla à celle de Moyenmoutiers vers le xive siècle. Le doyen de Saint-Thiébaut de Metz en donna une de cette ville qui commence en 1200 et finit vers le milieu du xve siècle. Le Père Jean d'Aucy a écrit en abrégé l'Histoire des ducs de Lorraine australe et de Metz. Vasbourg, prêtre, chanoine et archidiacre de la Rivière, en l'église de Verdun, composa les Antiquités de la Gaule, imprimées en 1549. Simphorin Champier était médecin du duc Antoine. François de Rosières, grand archidiacre de l'église de Toul, était conseiller d'État de Charles III... »

Le savant lotharingophile, Fr. J.-B. Noël (1), complète ainsi les indications de B. Picard :

« Nous possédons (*Mém.* IV, pp. 195-196) plusieurs chroniques manuscrites. Les plus précieuses étaient, je crois, les Mémoires d'Errard, valet de chambre du duc Thiébaut Ier ; ceux de Thiriat, les Coupures de Bournon, les Mémoires de Louis et d'Élise d'Haraucourt. Tous ces documents sont perdus. Nous ne les connaissons que par

---

(1) « F. J.-B. Noël, avocat, notaire honoraire (COURBE, *Promenades historiques à travers les rues de Nancy*, 1883), né à Nancy, le 17 juillet 1783, mort le 18 mars 1856, à l'âge de 73 ans, était un publiciste à part qui entreprenait l'impression de ses œuvres (*six* volumes de Mémoires pour servir à l'Histoire de Lorraine, *trois* volumes contenant le catalogue expliqué de sa riche collection, etc.), à ses frais, risques et périls. Il n'a jamais appartenu à aucune coterie..... », c'est-à-dire que pour conserver son franc-parler il refusa de faire partie d'aucune société ou association. Libre-penseur, voltairien, il voulut garder le droit de fronder les dévots du blason et du goupillon, assez habiles pour accaparer tous les lotharingophiles... « D'une position de fortune aisée, continue Courbe..., il avait amassé à la fin de ses jours la plus rare et la plus riche collection lorraine que puisse désirer aujourd'hui un amateur. Il était serviable, complaisant, aimant à donner des conseils, à aider les jeunes travailleurs, à condition de ne pas le contredire. Tous ses écrits ont un cachet qu'on ne retrouve pas ailleurs... » (P. 201.)

les extraits que Mory d'Elvanges (1) en a faits. Le prince Charles-Alexandre de Lorraine, gouverneur des Pays-Bas, les avait prêtés à Chevrier qui est mort en Hollande sans les avoir restitués. Cet auteur doit à ces sources particulières beaucoup d'anecdotes curieuses qu'il a insérées dans son *Histoire de Lorraine*, et qui rendent cet ouvrage fort intéressant et le feront toujours rechercher... »

Dom Calmet (Préface, p. X) nous édifie sur la valeur des écrits dus à certains de ces annalistes :

« ... Aux XIV° et XV° siècles, dit-il, on commença à dresser quelques mémoires ou à composer quelques chroniques de Lorraine..... Mais en ce temps là les lettres étaient encore, pour ainsi dire dans leur enfance, surtout en Lorraine ; on y manquait presque de tout ce qui est nécessaire pour faire de bonnes études et pour réussir à écrire l'Histoire.

« Je ne parle point de la barbarie et de la rudesse du style ; elle est presque universelle dans les ouvrages de ce temps là ; j'entends l'ignorance des choses, le mauvais goût, le défaut de critique, d'exactitude, de méthode, d'ordre, L'AMOUR DE LA FABLE .. On a vu, oserais-je le dire ? de nos Historiens *forger, inventer, mutiler, interpoler, corrompre des Titres* pour les ajuster à leurs systèmes historiques ou généalogiques, sans prévoir que, dans un siècle plus éclairé, on découvrirait leur *mauvaise foy* et leurs erreurs et qu'on mépriserait leurs vaines et ridicules prétentions... »

Pour contrôler la justesse de cette sévère appréciation de

---

(1) Mory d'Elvanges, savant numismate (né en 1738, mort en 1794), a écrit plusieurs ouvrages sur la Lorraine. L'un des plus remarquables, couronné par l'Académie de Nancy en 1780 (3 vol. in-8°, 1782), a pour titre : Recueil pour servir à l'histoire métallique des maisons et duchés de Lorraine et de Bar. On a de cet auteur plusieurs œuvres manuscrites, « des Fragments historiques sur les Etats Généraux de Lorraine ; diverses pièces originales, imprimées ou manuscrites... » (MICHEL, *Biog. des hommes marquants de Lorraine.*)

Dom Calmet, consacrons quelques lignes à chacun de nos annalistes les plus renommés.

### III.

Jean de Bayon, *dominicain*. — Banni de son couvent, en 1326, il se réfugia à Moyenmoutiers, où il écrivit l'histoire de cette abbaye. Cet auteur trace, en ces termes, l'esquisse de son travail :

« Tout ce que j'ai pu tirer jusqu'aujourd'hui des histoires et des annales, tout ce que j'ai recueilli de la bouche d'hommes véridiques, les malheurs de la guerre, les fléaux de la peste, les désastres des famines......, les sévères leçons de la justice, les actes religieux appelant le respect, les miracles dont l'éclat provoque l'admiration, les vertus dont la splendeur souveraine inspire l'amour, j'ai tout réuni dans une courte notice *(perdue)*, en un seul volume de texte, d'un style inculte et d'un langage incorrect, proportionné à la dose d'intelligence que Dieu m'a départie, m'occupant surtout de ce qui concerne l'érection du monastère de Moyenmoutiers. Ne sachant que bégayer comme l'enfant, j'ai pu cependant insérer dans mon manuscrit l'histoire des érections des églises environnantes, les noms et les dignités de leurs fondateurs et même quelques-uns de leurs miracles, sous quels rois ou sous quels empereurs ils ont fleuri... » (*A. L.*, 1879.)

...« Jean de Bayon (Deblaye, curé de Sainte-Hélène, id. III, pp. 101-2-3) ayant raconté la délivrance d'un possédé par l'imposition qu'un religieux lui fit de plusieurs reliques de saint Étienne, premier martyr, diacre et martyr de l'église romaine, ajoute aussitôt :

« J'ai vu de mes yeux avec plusieurs autres reliques, enfermées dans cette même châsse qui avait servi à l'exorcisme, un fragment du caillou ayant servi à la lapidation de saint Etienne, des charbons teints du sang de saint Laurent et la dalmatique de saint Léger. »

Chevrier (t. IX, p. 22), ajoute un dernier trait à ces curieuses et naïves particularités :

« Jean de Bayon, dit-il, se croyait en relation intime avec la mère de Dieu. » (*Intimé cum sanctâ Dei matre correspondebat. Erricus de Joan, ex Bay.*)

Cet auteur est le type des écrivains ecclésiastiques ; tous parcourent le cercle d'idées que nous venons de voir exprimées plus haut.

Passons aux chroniqueurs laïques.

## IV.

A l'exception de Thierriat, tous ou presque tous les anciens chroniqueurs étaient de parfaits courtisans.

Nicolas Romain, dans « *La Salmée pastorelle comique* ou fable bocagère, sur l'heureuse naissance du filz, premierné de Très-hault et Très-généreux Prince Monseigneur de Vaudémont, François de Lorraine », trace aux écrivains la règle que voici :

> C'est le devoir d'un loyal serviteur
> De regarder de son maistre l'image,
> A celle fin qu'il prenne la couleur
> Conforme au teint de son aymé visage.
> S'Il le voit peint d'une morne langueur
> Il doit planter sur son front la tristesse ;
> S'il voit nager la joie dans son cœur
> Qu'il plonge aussi son âme en allégresse (1).

Un mot, par ordre de dates, sur chacun de nos chroniqueurs.

(1) Beaupré (*Nouvelles recherches de Bibliographie lorraine.*) — Beaupré, un sceptique libéral, l'abbé Marchal, les Cayon père et fils, et Noël, dont nous avons déjà parlé, firent revivre, de 1820 à 1835, le goût

## V.

Jean Lud, originaire de Pfaffenhoffen (Bas-Rhin), était secrétaire du duc René II.

Dans son *Dialogue* il explique l'agression de René (dont Charles-le-Téméraire avait foulé les Etats), par l'alliance de son maître avec l'empereur d'Allemagne, le roi de France et les électeurs (archevêques de Mayence, de Trèves et le marquis de Brandebourg) (*A. L.*, t. III, p. 164) (1).

Par lettres patentes du 28 février 1484, René lui conféra

pour les œuvres lorraines de toute nature, œuvres fort dédaignées depuis la Révolution.

« Beaupré (LEPAGE, *A. L.*, 1869, p. 212) avait rassemblé une importante et précieuse collection de livres, de manuscrits, de gravures, de médailles et d'objets d'art et d'antiquités ayant rapport à l'histoire de Lorraine. Cette riche collection appartenait à quiconque voulait y recourir... »

L'abbé Marchal n'était pas bien inférieur en richesses lorraines, en livres surtout, à Noël et Beaupré. — « Quelque peu casuiste (COURBE) il obéissait trop souvent à des scrupules religieux. Ainsi nous lui avons vu acheter des livres qu'il considérait comme mauvais, pour en détruire les exemplaires. C'est ainsi qu'il mit au feu deux brochures de Gentillâtre que voulait lui acheter Noël : il s'agissait de « l'Epître aux Galates » et de « Frère capucin, confessez ma femme... » Ses scrupules allaient si loin, qu'ayant trouvé ci et là un certain nombre de livres lorrains annotés par le polisson Jamet (*a*), et ne pouvant se résoudre à les condamner au feu, il cherchait à les échanger avec Beaupré ou avec Gillet (et non avec l'impie Noël) qui accueillaient ces raretés à lèche-doigts... L'abbé Marchal a aidé Noël de ses lumières et de ses conseils pour ses « Mémoires » et son « Catalogue » et A. Digot pour son *Histoire de Lorraine* dont il a corrigé toutes les épreuves. » (*Prom. his.*, pp. 203-204.)

(1) Dès l'année 1477 René lui fit délivrer « par son receveur général une somme de mille écus d'or pour le rembourser de ses gages et le récompenser de plusieurs chevaux, biens, maisons, héritages perdus et dissipés pendant les guerres ». (*Comptes du Recereur général de Lorraine*, 1477-78, p. 143.)

(*a*) François-Louis Jamet, bibliophile, amateur passionné de bouquins, était secrétaire particulier de La Galaizière. Il se trouvait à Nancy vers 1742.

l'emploi de « maitre général et justicier des mines, tant du pays de Vosge que de toutes autres du duché de Lorraine. » (*Ibid.*, pp. 143-144.)

## VI.

Louis d'Haraucourt. — Né vers le commencement du xv<sup>e</sup> siècle, il fut appelé en 1430 à l'évêché de Verdun dont il obtint sept (ou neuf) ans après la permutation contre celui de Toul. Rappelé une seconde fois à son premier siège, il y mourut en 1456. Les Mémoires qu'il a écrits portent le titre de *Mémorial des grands gestes et faicts en la province de Lorhaine.*

Nous n'en connaissons que les lambeaux qu'en a recueillis Mory d'Elvanges, lequel déclare en avoir seulement extrait « ce qu'il n'avait pas trouvé dans nos autres historiens ».

Une bonne partie est consacrée à des aventures scandaleuses : — relations du duc Mathieu I<sup>er</sup> (1139 à 1176) avec Grésille Allain, la fille de son argentier, dont il eut deux fils ; — amours de Gertrude de Sancy et de Thierry de Roncourt, du temps de Simon II ; — amours du duc Raoul avec Alix de Champé. (*A. L.*, 1876, p. 215.)

## VII.

Michel Errard, *valet de chambre du duc Thiébaut I<sup>er</sup>.* — Selon Chevrier (t. I, p. 199, note), ce chroniqueur « est plus à croire dans son mauvais stile que le latin de Champier et de Richer ».

Né à Bar, Errard vint en Lorraine à la suite de la duchesse Agnès de Bar, qui le donna pour valet de chambre à son fils. (*Doc. lorr.*, XII<sup>e</sup> vol.)

Le style de ses *Mémoires* est celui du temps, c'est-à-dire

qu'ils sont remplis de notes de fondations, de détails de miracles. Errard croyait aux sorciers et assurait positivement que « sont en certains lieux gens de mal encontre et maux uouloirs que par sorcellerie, diablerie et négromance ont pouuoir et métier d'affiquer en nœuds d'aiguillettes, en tant que poure époux qu'on réduit à cestuy piteux cas, n'est que marbre et froidure encore que soit sa gente femelle en belle humeur, que n'a de ioie qu'en passe-temps ioueux et gaillards, dont est li (le) poure époux moult sot et li femme moult courroucée... »

Le meilleur moyen, dit-il, avec la bonne foi crédule de son temps, pour empêcher que « cestuy piteux cas n'obvienne, c'est au moment où le prestre unit les ieunes époux et leur donne la bénédiction nuptiale, faut que li ieune gars s'estreigne en tant que serre sa iouvencelle, en façon qu'estant l'un et l'autre agenoillé près li dit prestre, yceulx se touchent de telle façon que ne puisse estre passé li doigt en travers leurs hanches, genoux et coudes. »

Errard aimait son prince, mais paraît très peu prévenu en faveur de la duchesse Gertrude de Dachsbourg qui « moult aimoit esbas d'amoureux et menée d'intrigues dont ne se fist faute... » (*Col. lor.*, t. III.)

## VIII.

BOURNON (*Coupures*). — Jacques Bournon fut procureur général du Barrois, conseiller d'Etat, maître de requêtes de l'Hôtel de Charles III, enfin premier président à la Cour des Grands Jours de Saint-Mihiel, en 1591. Il mourut vers 1611.

Ses Mémoires qu'il dénomme *Coupures* commencent au règne du duc Thierry, en 1070, et finissent à Charles III (1608). Ces Coupures sont un mélange de faits historiques, de notes politiques, de morale, de jurisprudence, de réflexions qui n'ont pas le mérite de la nouveauté. On reconnaît un homme instruit pour son temps, mais croyant aux sorciers. — Ce qui a paru à Mory d'Elvanges le plus intéressant de son recueil, c'est la partie de la jurisprudence, les lois qu'il rappelle et dont on trouve peu de traces, peu de souvenirs, dans les recueils manuscrits ou imprimés qui se trouvent en Lorraine. (*Doc. lor.*, XIII.)

« Bournon (NOEL) nous paraît convenablement instruit de notre histoire et peut passer pour une autorité, à partir seulement des règnes de Charles II et de René I$^{er}$. » (*Coll.*, t. III, suppl.)

« Un examen attentif, dit J. Cayon (1), a fait reconnaître que Jacques Bournon et Florentin Thiriat ensuite paraissent avoir suivi particulièrement L. d'Haraucourt, leur devancier. Ils citent tous deux un ancien manuscrit dont les fragments qu'ils rapportent se rapprochent, de la manière la plus sensible, du récit d'Haraucourt. »

## IX.

FLORENTIN, *le Thirial ou le Thierrial*. — Avocat à la cour souveraine de Lorraine, « salué de son vivant pour ses connaissances profondes des lois et des coutumes de son pays, du titre honorable et flatteur d'Arbitre de la Province, poète, auteur d'un commentaire estimé sur la coutume générale de Lorraine attribué longtemps à Abraham Fabert. » (CAY., Introd.) Thiriat, outre ses Mémoires (manuscrits), a publié, en 1603, un ouvrage sur la noblesse où figurent tous les préjugés chers aux castes privilégiées.

Dans ses trois Traictez, savoir : 1° de la noblesse de race ;

---

(1) Jean Cayon est à la fois auteur et éditeur (Introduction). Nancy, 1838. — Le principal ouvrage de cet écrivain (COURBE) est son *Histoire de Nancy*. On lui doit encore, outre l'idée première de la création d'un musée lorrain, les premières tentatives sur l'Histoire de Lorraine (p. 200).

2° de la noblesse civile; 3° des immunités des ignobles, l'auteur (NOEL., *Mém.* III, p. 30) « prouve très pertinemment combien le sang des nobles est supérieur à celui de vilains ; le premier est formé avec de la venaison, de mets délicats, et le second avec du cochon et des aliments grossiers ; ce qui doit prouver une différence extrême, deux espèces d'hommes, d'essence et de nature distinctes (1). »

Dans son long et pompeux exposé des privilèges de la noblesse de race et des anoblis, Thierriat prisait surtout l'avantage d'être moins puni que les roturiers et d'une mort bien différente. Il ne se doutait guère alors que, trente et quelques années plus tard, il serait pendu comme un vilain, lui, Thierriat, escuyer, seigneur de Lochepierre, la Mothe-Allier, Longuet, Saint-Nabord, la Petite-Raon, lui, noble de race, car il est dit quelque part dans son traité « nous et les anoblis. »

Cet auteur, imbu de toutes les prétentions des privilégiés de l'époque, nous est représenté comme le frondeur par excellence, aussi peu respectueux du pouvoir ducal que de celui des juges et des plus puissants personnages. En effet (DIGOT, *Hist. de Lorr.*, t. IV, p. 93) en voyant, « pendant la dernière partie du règne de Charles III et de Henri II, la plupart des chevaliers et des pairs fieffés montrer beaucoup de répugnance pour siéger (au tribunal) des *Assises*, au point qu'en 1622, on dut édicter une amende de 25 francs barrois contre les gentilshommes qui ne répondaient pas à l'appel, il les censura, en ces termes, dans son commentaire sur la coutume de Lorraine :

« Les procès des Assises sont plus vieux que leurs procureurs, leurs juges et leurs parties. Le bœuf ou la vache et

---

(1) Thierriat (BEAUPRÉ, *Nouv. rech. bibli. lorr.*, p. 8, note) a soin d'indiquer ce qui caractérise les roturiers. — « Les architectes, massons, vendeurs de fard, fondeurs, drapiers, cordonniers, bouchers..... sont toutes choses ignobles quand on les exerce pour gains mercenaires..... »

le maître même sont plus tôt morts, le meuble usé et la maison périe que le procès jugé. Les grands du pays *naiz* (nés) à plus grandes choses, et les petits exercés à de moindres, ne sçavent pas la forme des procédures, et ne s'y veulent employer; toutes fois, ne trouvent pas bon que d'autres en usent. »

Thierriat conserva cet esprit d'indépendance, de franc-parler jusque devant le tribunal « de petits » appelés par le duc afin de le punir de s'être montré « assez téméraire pour faire une satire contre le prince François, frère du bon duc Henri qui y était lui-même compromis » (1). Après avoir rappelé aux juges (Charles Laprévote, *A. L.*, t. XIII, p. 299) « la bassesse de leur extraction, leur disant que l'un est à peine hors de la lie du peuple et que l'autre y est encore, il finit par leur reprocher leur ignorance, leur incapacité et l'absurdité de leurs prétentions qui vont jusqu'à vouloir exiger certains honneurs aux jeux et aux tavernes où ils ne devraient jamais être, et où cependant l'un d'eux est allé prendre sa femme « tavernière en un village, et il n'y a rien de « temps » (2).

(1) Chevrier (t. IX, p. 173). — « Il fut pendu, continue cet auteur, punition trop modérée encore pour des sujets odieux qui franchissant l'intervalle qui les sépare du trône, ont l'audace criminelle de juger les souverains comme leurs égaux. — Thiriat accusait ces deux princes de vices que le cœur le plus indulgent ne pardonne jamais. » (Voir règne de Charles II, succession dévolue à sa fille Isabelle. — Noël (*Mém.* III, pp. 30 et suiv.) assigne la mort de notre frondeur à la cause que voici: — « Thierriat, s'étant permis de publier que les malheurs de la Lorraine étaient une juste punition de l'inconduite du prince François, évêque de Toul, et de sa sœur Catherine, fut poursuivi comme calomniateur et condamné à être pendu. »

(2) Dans sa *Notice historique sur la ville de Mirecourt* (pp. 82-83), Laprévote ajoute : « On lit dans le registre des décès : 1608, 13 février, *suspensus* Thierriat… On s'efforça de supprimer, même dans les registres du Trésor des Chartes, tout ce qui pouvait concerner ce malheureux et rappeler cette déplorable affaire. »

L. Germain (*A. L.*, 1882, p. 71) montre que l'inique sentence qui frappa Thierriat rejaillit en quelque sorte sur ses enfants.

« Si les historiens lorrains n'ont pas connu la descendance de

Le duc, ou plutôt ses magistrats, choisis en quelque sorte *ad hoc*, condamnèrent Thierriat à être pendu comme un ignoble. Dom Calmet (t. IV, p. 941) assure « que le duc, père du prélat (calomnié), ne mit d'autre condition pour le gracier que le consentement de son fils ; mais celui-ci (quel digne prince de l'Eglise !) demeura impitoyable ». L'infortuné écrivain dut subir le supplice atroce et infâme. Il fit lui-même la curieuse épitaphe que voici :

> Ci-gît un déloyal poète,
> Qui pour avoir par trop écrit
> Païa content (comptant) avec sa tête
> Les vices d'un malin esprit.

« Le manuscrit de Thierriat (*Doc. Lorr.*, t. XIII, p. 51), d'environ 500 feuilles *in-quarto*, fait reconnaître un homme instruit, mais entraîné par le mauvais goût et les chimères de son siècle. Il noye les faits dans des citations inutiles qu'il entremêle de réflexions presque toujours sensées. Les Mémoires ne vont que jusqu'en 1624. » Noël croit ceux-ci l'œuvre d'une autre personne portant le même nom.

La rigueur déployée contre Thierriat, qui s'était maladroitement aliéné les sympathies des membres de sa caste, contraste avec la générosité dont le duc fit preuve envers ses thuriféraires, comme nous le verrrons plus loin.

## X.

VOLCYR (*Volkir*), *secrétaire et historiographe du duc Antoine.* — Né vers 1480, revêtu du grade de docteur en théo-

---

Florentin le Thierriat, il ne faut pas s'en étonner ; ses enfants devaient avoir hâte de quitter un pays où leur père avait été si mal traité ; on sait du reste que l'autorité ducale chercha immédiatement à étouffer le bruit de ce triste événement et à faire disparaître les traces de l'existence du condamné... »

logie, cet écrivain prit femme, vers 1510 (1). Volcyr était dévoué à son maitre, à la famille ducale, à la noblesse de Lorraine. Il saisit dans ses longs ouvrages toutes les occasions d'en faire l'éloge. Dom Calmet, qui cependant n'est pas un modèle au point de vue de la rédaction, estime que les ouvrages de Volcyr sont mal écrits, non seulement par rapport au style qui est dur et barbare, mais aussi quant à la méthode pleine de digressions et de réflexions inutiles et étrangères au sujet. (DIGOT, *Doc. lorr.*, t. V, pp. 6 et 7.)

Le principal ouvrage de Volcyr est sa *Rusticiade*. Or, voici ce que dit de cet ouvrage H. Lepage (*Documents inédits sur la guerre des Rustauds*, t. VI, pp. 6 et 7) :

« L'auteur de la chronique de Lorraine (2) laisse bien loin

---

(1) « Dans le registre de 1539-40, nous lisons que Mgr le Duc a fait payer à M. Nicol Volquir, une somme de 50 francs pour aider à faire ses nopces. » (*Doc. lorr.*, t. XIII, pp. 41-42.)
Le 31 janvier 1521, 1522, Antoine gratifia Volcyr d'une somme de 30 francs, monnaie de Lorraine, que Mgr le Duc, est-il dit dans le registre du trésorier général, luy a donnée ceste fois pour ayder à ses affaires. En 1523 ou 24, ses gages qui étaient seulement de 80 francs sont portés à 100 francs, ainsi que ceux de Joannes Lud, un de ses confrères. (*Ibid.*, p. 20.)
Beaupré (*Recherches sur l'imprim. en Lorr.*, pp. 111 et 112) nous montre à quel point notre auteur était dévoué aux princes lorrains...
« Volcyr, dit-il, et du Boullay, premier héraut d'armes de nos ducs, firent imprimer, entre 1526 et 1550, hors du duché, à Metz, à Strasbourg, des livres composés par eux pour l'illustration de leur vaillante patrie, pour la gloire de leur souverain à qui ces ouvrages sont dédiés... »
(2) Au sujet de cet ouvrage, l'abbé Marchal, que Courbe nous a présenté comme une espèce d'Omar au petit pied, signale un acte de vandalisme du fameux Nicolas Remy, le bourreau des sorciers. (*Doc. lorr.*, t. V.) « Il est probable, dit-il (Introduction à la chronique de Lorraine », que « Remy après la publication de son opuscule, aura été la cause de la perte de l'original de la *Chronique*, si lui-même ne l'a pas détruite à dessein, pensant que « ceste médaille couverte de rouille étoit « inutile après lui avoir donné quelque polissure ». On doit regretter souverainement que l'original de la Chronique de Lorraine ne soit pas venue jusqu'à nous. Il n'en existe que des copies plus ou moins fidèles. Toutes de la fin du XVIe ou du commencement du XVIIe siècle, ces copies sont au nombre de six, y compris celle que D. Calmet a fait imprimer dans la 1re et la 2e édition de son *Histoire de Lorraine* (p. IX).

derrière lui, par la simplicité et l'animation du récit, l'historien ampoulé et disert de la guerre des Rustauds. Je ne voudrais pas récuser absolument l'autorité de l'historiographe d'Antoine; toutefois, la position qu'il occupait près du duc, sa propension à l'emphase et à l'exagération me le rendent quelque peu suspect... »

Chevrier, dans le paragraphe suivant, va compléter ces divers jugements :

« Volskir s'appelle modestement Polygraphe, grand Écrivain ; il a beaucoup travaillé, il est vrai, mais c'est lui faire grâce que de retenir le catalogue de ses productions ; froid copiste, il n'a écrit que des choses communes et toujours d'après les autres. Son style était trivial, et son cœur plein d'amour-propre et de dévotion annonçait un petit écrivain qui avait la manie de passer pour un homme important... »

Pour ne pas trop allonger ce chapitre préliminaire, et avant de passer à une autre catégorie d'écrivains courtisans, les *généalogistes*, citons quelques lignes de H. Lepage sur Gringoire. (*A. L.*, 1865, pp. 50 et suiv.)

## XI.

Gringoire avait pour devise ce dicton : *Tout par raison ; raison par tout ; par tout raison.*

Cet écrivain « suit le duc Antoine dans son expédition contre les Rustauds, assiste à la prise de Saverne, à la bataille de Scherwiller, paie bravement de sa personne et court même risque de la vie. »

Le duc l'élève à la dignité d'huissier ou de héraut d'armes. A diverses reprises il reçut des pensions. En 1552, son traitement fut porté à la somme de 120 francs.

# CHAPITRE II

## GÉNÉALOGISTES

### XII.

Les généalogistes se mirent sérieusement à l'œuvre dès que, grâce aux guerres de religion et à l'appui empressé, aveugle du clergé, le pouvoir des ducs fut établi d'une manière indiscutable sur les ruines de la puissance seigneuriale. Ce pouvoir avait grandi bien vite, était arrivé à son apogée en quelques siècles(1).

On ne peut nier, dit Victor de Saint-Mauris (p. 141), que « à peine établie dans la province dont elle a gardé le nom, la maison de Lorraine étendit ses nombreux rameaux autour d'elle et au loin. Le petit-fils de Gérard d'Alsace fut comte de Flandre ; le deuxième de ses fils fonda la première maison des Vaudémont... Moins brillants que les ducs de Guise, les comtes de Vaudémont furent comme eux de grands agitateurs, quoique sur un théâtre infiniment plus restreint...

« La maison de Lorraine compte cinq filles d'empereurs mariées à ses ducs, vingt-deux alliances directes avec la France, et trente-quatre dans les lignes collatérales, sans parler de ses alliances avec les rois d'Angleterre, de Pologne, de Danemark et avec les grandes maisons souveraines d'Allemagne, de Flandre et d'Italie.. »

(1) Peu à peu, par force ou par adresse, les ducs (de Lorraine) établirent leur domination sur les comtés de Blâmont, de Lunéville et autres domaines importants, et en formèrent une souveraineté considérable. (A. L., 3ᵉ série, vol. XII, p. 13.)

Ces alliances illustres, la gloire acquise par René II dans sa lutte contre Charles-le-Téméraire, la défaite des Rustauds par le duc Antoine expliquent les prétentions ambitieuses des princes lorrains au xvi⁰ siècle.

Les fluctuations sans cesse renaissantes des faibles fils de Henri II, entre les divers partis aux prises, avaient irrité, exaspéré la Ligue. Les derniers Valois, en effet, se montrèrent, tantôt catholiques frénétiques, tantôt partisans de la tolérance religieuse.

La Ligue, poussée à bout, chercha des chefs fermes, papistes intraitables, déterminés à faire triompher l'orthodoxie par tous les moyens possibles, même les plus odieux, les plus extrêmes. C'est alors que leurs yeux se tournèrent vers la Lorraine qui avait déjà un pied sur le trône de France par la maison de Guise.

Pour fortifier encore cette situation déjà si favorable, on se mit à forger une partie (1) de ces généalogies étranges, fantaisistes, qui donnèrent aux princes lorrains pour ascendants les Carlovingiens, montrant ainsi dans les Valois, descendants de Hugues Capet, de véritables usurpateurs.

## XIII.

Rien de plus curieux que les fables imaginées alors par des écrivains complaisants parmi lesquels (NOEL, *Mém.* V,

---

(1) Noël (*Coll. lorr.*, t. III, p. 31) dit cependant avec raison au sujet des diverses généalogies invoquées dans la seconde moitié du xvi⁰ siècle :

« Il faut reconnaître comme certain que la généalogie de la maison de Lorraine, par Guillaume de Bouillon, n'a pas été inventée par esprit de système, en vue de la Ligue, et pour faciliter aux membres de cette maison l'accès du trône de France : Champier, Edmond du Boullay, d'Aucy, Wassebourg, Charles Etienne, Nicolas Clément qui ont établi cette généalogie étaient, pour la plupart, enterrés avant que la Ligue devînt hostile à la couronne de France. »

note) on remarque Chifflet, Blondel, Hergott, Vuiguier, Godefroy (1), Chantereau-Lefebvre, etc., courtisans français aussi bien que lorrains.

Vers la fin du xv<sup>e</sup> siècle (Dig., *Lorr.*, t. I, p. 284), « Champier commença à écrire et à dire que les ducs de Lorraine descendaient du frère de Godefroy de Bouillon, et avaient, par conséquent, pour ancêtres Charlemagne et Pépin-le-Bref (2). Champion (3), en 1510, fit remonter la famille ducale à Clodion-le-Chevelu. En 1547, Edmond du Boullay (4), hérault d'armes de Charles III, fit descendre nos ducs du roi Priam et des Troyens. Quelques années plus tard, le P. d'Aucy (Daucy), cordelier, fit remonter la généalogie des ducs à

---

(1) Ajoutons à ces généalogistes « Adrien Lallemand, docte commentateur d'Hippocrate ». Dans une épître dédicatoire à Charles III qui n'était pas encore marié, cet auteur fait descendre ce prince de Godefroi de Bouillon, roi de Jérusalem. (St-Maur., t. I, p. 393.)

(2) Suivant Vassebourg, né à Saint-Mihiel (Bexon, *H. de Lorr.*, pp. 259-60), Guillaume de Bouillon, de la maison de Boulogne, est la tige de celle de Lorraine. Tous les titres dont il appuya son système furent démontrés faux et altérés.

Clément de Treille (Bégin, *Metz depuis dix-huit siècles*, t. II, p. 319) fait descendre les ducs de Lorraine de Clovis et non de Clodion.

(3) Champion fut anobli par le duc Antoine. Dès lors « par une faiblesse peu digne d'un grand esprit, il préféra l'honneur imaginaire d'une longue suite d'ancêtres qui n'étaient pas les siens, à la gloire d'être le premier de son nom, et de léguer à la postérité la double noblesse des armes et des lettres qu'il avait si bien méritée par sa valeur et son savoir ». (*A. L.*, t. I, p. 217.) Champion cédait à la contagion de l'époque, imitait l'exemple établi au profit de ses maîtres.

(4) Les ducs ne se montrèrent pas ingrats et payèrent leurs adulateurs. En 1552-53, Charles III « donna au frère Jehan d'Aucy 45 francs 6 gros pour employer à l'achapt de ce qui lui était nécessaire pour le parachèvement d'*ung livre qu'il faict de la généalogie* des ducs de Lorraine. » (*A. L.*, t. II.)

En l'année 1555-56, le même religieux reçut de Mgr de Vaudémont 200 francs « pour la façon de livres qu'il a faicts, concernant les histoires de Lorraine, et pour les dépenses qu'il a soutenues en portant iceux à la royne de France, par ordonnance de Monseigneur. » (*Comp. du Recev. gén. de Lorr.*, p. 78.)

Lother, neveu de Jules César (1) ; à la fin du xvɪᵉ siècle, tout le monde était persuadé que la maison de Lorraine descendait des Carlovingiens ; lorsque sous Charles IV. le trésor des Chartes de Lorraine fut accessible, la vérité se fit jour... »

Transportées à Paris..., quelques savants français les examinèrent (les Chartes) et, n'étant plus retenus, comme les Lorrains, par la crainte d'encourir le déplaisir de Charles IV, ils ne tardèrent pas à publier des ouvrages où la filiation de la maison ducale était exposée et appuyée sur des chartes authentiques et des preuves irréfutables. (Dɪɢ., t. I, p. 427.)

Sous Louis XIII, « Godefroy, sur des pièces lorraines, établit que la maison de Lorraine descendait d'un Gérard, comte d'Alsace, entre Strasbourg et Bâle, qui fut investi du duché de Lorraine, en l'an 1048, par l'empereur Henri III. » (*Ibid.*)

Les partisans du roi de France s'empressèrent de publier leurs découvertes.

Longtemps auparavant, la colère du roi Henri III s'était abattue à ce sujet sur un chanoine de Toul, archidiacre de la Cathédrale, vicaire général du diocèse, François de Rosières, ardent ligueur, soumis à la domination de la France, par suite de l'incorporation des Trois-Evêchés au royaume.

## XIV.

Auteur de plusieurs ouvrages de théologie, de politique et d'histoire, de Rosières publia, en 1580, à Paris, le *Stemmatum Lotharingiæ*. (Noel, *Coll.*, t. III, suppl., p. 899.)

« A la page 369 de cet ouvrage, il blâme assez vertement

---

(1) Notons de cet écrivain le portrait suivant des Lorrains : « Pourtant que Lorraine est située entre France et Allemagne, les Lorrains participent aux conditions de l'une et l'autre nation, car de par France, ils sont courtois, humains, libéraux et fort prompts et agiles en guerre, et de par Allemagne, ils sont robustes, hardis et assurés pour combattre, sans craindre la mort et sans tourner en fuite. »

le roi Henri III d'avoir permis le culte de la religion réformée; il trouve aussi moyen de critiquer plusieurs rois de France, et spécialement Hugues Capet, qu'il traite d'usurpateur, Louis XI, etc. Henri III, ou plutôt son conseil, pensa devoir poursuivre ledit Rosières en réparation des outrages publiés par lui contre plusieurs rois de France et spécialement contre Sa Majesté régnante; on espérait par là inspirer une crainte salutaire aux ligueurs et faire cesser leurs critiques... »

Henri III le fit arrêter à Toul et nomma des commissaires pour instruire son procès. « Rosières (Dom Calmet, t. III, p. 82) justifia les passages incriminés en produisant des textes de Wassebourg, Nicole, Giles, Comines, Strada et autres qu'il avait suivis ; néanmoins, il s'excusa sur la manière inconvenante dont il avait parlé des rois Louis XI, Henri II et Henri III... Cheverny, garde des sceaux de France, lui répondit qu'il avait encouru le crime de lèse-Majesté qui ne méritait pas moins que la mort. La Reine-Mère du Roy supplia Sa Majesté de lui vouloir, pour l'amour d'Elle et de Mgr de Lorraine, pardonner l'offense qu'il avait commise : ce que Sa Majesté déclara qu'elle faisait très volontiers (1). »

Le 24 ou le 26 avril suivant, de Rosières (Thiéry, t. II, p. 138) comparut devant le conseil du roi, en présence de Henri III, de sa mère, des cardinaux de Bourbon et de Vaudémont et des ducs de Guise et de Mayenne. « Là, il demanda pardon, *à genoux*, d'avoir mal et calomnieusement écrit plusieurs choses répugnantes à la vérité de l'histoire, attestant devant Dieu qu'il avait failli en cela plus par imprudence que par malice. — La grâce lui fut accordée. »

Le procès-verbal de la séance (Noel) où fut octroyé le

---

(1) Noel (p. 900). — Dans une pièce justificative, les Guises disent que c'est le duc de Lorraine qui a fait arrêter le chanoine de Toul..., que c'est M. de Guise qui l'a dénoncé au roi pour avoir mal parlé de Sa Majesté.

pardon servit d'arrêt (1). Ce procès eut un résultat tout opposé à celui qu'on se promettait; l'injure faite au roi avait été imprimée à la demande des princes lorrains qui, furtivement, journellement, protégeaient ceux qui insultaient au monarque.

En effet (LEPAGE) (2), Rosières fut nommé la même année (1582) par Charles III, conseiller en son conseil privé; circonstance qui dut contribuer à accroître le mécontentement du roi. Ce personnage continua à être en faveur auprès du duc de Lorraine qui, en 1590, et « pour certaines bonnes considérations, le gratifia d'une somme de 321 francs, (chiffre) assez important pour cette époque. »

Cette antique et illustre origine de la maison ducale se trouvait encore rehaussée par une légion de saints (3) issus de la famille souveraine de Lorraine.

## XV.

SALEUR. — RICHARD. — VINOT DE FROVILLE. — Le duc Charles IV étant de nouveau remis en possession de la Lor-

---

(1) La rétractation de Rosières se trouve dans la satire Ménippée. On publia alors le quatrain suivant contre les Lorrains :

> « Prouvez par vos romans
> « Que venez des Carlomans ;
> « Les bonnes gens après boire
> « Quelque chose en pourront croire. »

Ce procès, continue Noël, fixa l'attention des curieux sur l'ouvrage condamné. On ne fut pas frappé des injures faites à Sa Majesté française, mais on le fut de ce que la maison de Lorraine se disait descendre de Charlemagne par les femmes : ce qui était déjà connu. Ce procès a rendu cette connaissance vulgaire. Pour un grand nombre de ligueurs, les princes lorrains étaient des prétendants légitimes au trône de France.

(2) *Lettres et Instructions de Charles III, duc de Lorr.*, relatives aux affaires de la Ligue. (Nancy, Wiener, 1861, pp. 38 et 39, note.)

(3) Parmi ces bienheureux, l'un des plus illustres fut, sans contredit, Bernard de Bade, fils de Catherine de Bade et petit-fils du duc Charles II (xv<sup>e</sup> siècle). Ce saint fit un grand nombre de miracles. Le

raine (Noel, *Mém.* I, p. 30), Saleur publia, en 1643 ou 1663, la *Clef ducale* de la Sérénissime, très auguste et souveraine maison de Lorraine et a fait un catalogue des saints qui en sont issus (petit in-folio). Richard fit aussi un catalogue de ces saints; il y travailla quinze ans et porta son catalogue jusqu'à cinq cents. Vinot de Froville fit *l'année sainte* de la maison de Lorraine; il réduisit le nombre des saints à 366, un pour chaque jour de l'année. Il n'y a pas cent ans que les bons Lorrains récitaient encore dans leurs prières les litanies lorraines rappelant une kyrielle de ces saints.

D'après ces faits, il ne faut pas s'étonner, continue Noël, de trouver des miracles dans les généalogies de ces maisons. Lorsqu'on eut adopté Gérard, on s'est empressé de faire des arbres généalogiques. Il s'est trouvé qu'en développant les branches dans les alliances, qu'un petit-fils était venu au monde avant son grand-père, qu'un frère cadet devait avoir au moins trente ans de plus que son frère aîné. Ce n'est pas trop de cinq cents saints pour opérer de semblables prodiges. Quand les généalogistes se sont aperçus de ces contradictions, ils ont supprimé les développements des branches d'alliances et doublé quelques générations. Par ce moyen, ils

*Bulletin de la Société d'Archéologie lorraine,* t. XII, p. 12, cite les suivants :

Par son intercession fut guérie « une femme tourmentée du démon qui se voua au Bienheureux, promit de dire quotidiennement des prières devant son image et d'y brûler des cierges pendant neuf jours. A l'expiration de sa neuvaine, et tandis que le peuple assistait dans l'église à l'office divin, cette femme vomit tout à coup et sans douleur une foule d'objets impurs : des clous de fer, des anneaux tordus, des os pointus, des fragments de verre et de bois (p. 12). »
— (Voir *le Bienheureux Pierre de Bule,* par H. Lepage.) — Extrait des registres capitulaires du chapitre de Saint-Dié touchant le miracle dans la chapelle des Mines (p 28).

« La princesse Catherine de Lorraine (abbesse de Remiremont), malade depuis longtemps, y fit un pèlerinage, et, après y avoir accompli une neuvaine, elle vomit des tessons de vases et autres choses semblables, puis s'en retourna guérie... (p. 20). »

sont parvenus à une généalogie assez satisfaisante (1). (*Ibid.*, p. 31, note.)

Par ce qui précède on peut voir quel fonds offrent les écrits que nous ont légués les chroniqueurs et les généalogistes.

Voyons maintenant ce que présentent au chercheur les historiens, avant et après la Révolution de 1789, surtout en ce qui concerne l'état du peuple, la position faite aux classes ouvrières.

(1) Complétons ce qui a trait aux généalogistes par ce qui suit, concernant Ch. Hugo, dont nous parlerons plus loin :

« Il m'est tombé entre les mains (Dom CALMET) un livre imprimé à Berlin, par Ulric Lieppert, ayant pour titre : « Traité, etc., avec les chartes servant de preuves, etc. » (L'ABBÉ GUILLAUME, *Nouveaux documents inédits sur la correspondance de Dom Calmet*, p. 13.)

Dans cet écrit, Hugo donna à son tour une généalogie fantaisiste de la maison de Lorraine.

« Quels efforts, dit-il, les généalogistes Espagnols, Italiens, Allemands n'ont pas employez pour prouver, les uns, que la Maison d'Autriche était issue des Rois Mérovingiens; les autres, qu'ils avaient pour tige Charlemagne. Par combien de détours et de subtilités ingénieuses les Écrivains Français ont-ils tenté de nous persuader que les Rois de la troisième Race étaient une branche de la race Carlovingienne ? Quelles suppositions n'ont pas mises en œuvre Vassebourg et Rosières pour former leur Généalogie de la Maison de Lorraine et la faire aboutir à l'empereur Charlemagne par gradation masculine et non interrompue ? »

Noël, le grand fureteur sceptique, se fit de cet auteur : — « Le P. Hugo, évêque de Ptolemaïs, abbé d'Etival, donne dans son ouvrage, p. 53, l'arbre généalogique de la maison de Lorraine depuis Rigomer, patrice sous Dagobert I$^{er}$, jusqu'à Thiébaut I$^{er}$, duc de Lorraine ; de 638 à 1213, il établit seulement dix-sept générations, ce qui donne pour chacune d'elles 34 ans à peu près, et il n'en établit que quatorze pour arriver à Gertrude, qui devint épouse de Thiébaut, ce qui donne pour chacune d'elles 41 ans : cela est plus qu'absurde. Enfin cette Gertrude se trouve au huitième degré du comte Albéric et Mathieu au treizième; ils sont contemporains et s'épousent. » (*Mém.* V, notes, pp. 9 et 10.)

Avant Noël, Chevrier, le Voltaire lorrain, avait écrit au sujet de Hugo (t. IX, pp. 33-34), ces lignes significatives : « L'abbé Hugo obtint, en 1628, le titre d'évêque de Ptolémaïs, *in partibus infidelium*. Les papes, en nommant des prélats à ces diocèses où l'on ignore communément qu'il y a une cour de Rome, semblent vouloir perpétuer le souvenir des Croisades qu'ils devraient faire oublier pour l'honneur de l'Eglise et des hommes. »

# CHAPITRE III

## HISTORIENS

### XVI.

Le Père Benoit Picard. — Léopold, mis en possession des Etats de ses aïeux, comme duc de Lorraine, par le traité de Ryswick, désirait substituer aux histoires abrégées (1), aux mémoires sur notre province, seuls documents existant jusqu'alors, une histoire complète du pays, histoire relatant les faits, gestes et actes de ses ancêtres, etc.

Il jeta les yeux sur le P. Benoit Picard, capucin d'un couvent de Toul, qui avait déjà publié à Bâle, en 1704, un ouvrage intitulé : *l'Origine de la Très-Illustre Maison de Lorraine*, avec un *Abrégé de l'histoire de ses princes* ; mais il était sujet du roi de France et on doutait, bien à tort, dit Digot, de son indépendance et de son impartialité.

Picard dut se borner à publier, en 1707, *l'Histoire ecclésiastique et politique de la ville et du diocèse de Toul*.

Cet ouvrage (Thiéry, t. I, Introd., p. 3), plein de recher-

---

(1) Voici comment, même dans la seconde moitié du XVIII<sup>e</sup> siècle, on comprenait la manière d'écrire l'histoire.

M. de Maillet, maître des comptes, annonce en ces termes, l'*Essai chronologique* sur l'histoire du Barrois, qu'il publia en 1757. — Paris, Cl. Hérissaut. « Mon ouvrage contiendra, dit-il (Avertissement, p. 1), les noms de ses princes, leurs races, le commencement de leurs règnes, leurs actions les plus mémorables, leurs caractères, leurs alliances, le temps de leur mort et leur postérité. » Rien sur l'état social de l'époque, rien sur la situation du peuple, etc.

ches, doit être considéré plutôt comme une compilation de faits épars et de légendes, que comme une histoire proprement dite. Il n'a envisagé les événements civils que sous un point de vue secondaire, et s'est attaché presque exclusivement à raconter la vie des évêques.

Chevrier (t. IX, p. 72) formule un jugement assez semblable à celui de Thiéry :

« Le P. Benoît Picard, capucin, est un écrivain dur, mais exact ; il est fait pour instruire et il n'a que cet avantage. Sec et toujours éloigné du ton qu'il faut prendre pour plaire, cet historien ne peut être lu avec plaisir que de ceux qui en ont besoin... »

Le marquis de Pimodan (p. 2) émet un jugement peu différent de ceux qui précèdent :

« L'œuvre du P. Benoît, capucin, est une histoire savante, curieuse, pleine de faits, mais singulièrement embrouillée, souvent incomplète, parfois erronée, dénuée de critiques historiques, amas de matériaux pour une histoire future, plutôt qu'histoire proprement dite. Malheureusement la plupart des pièces dont parle le P. Benoît ont disparu ; dès le lendemain de sa mort, dit la tradition (1), tout fut enlevé de son humble cellule. »

« Le P. Benoît pèche surtout par omission et, dans ce cas, la crainte du censeur royal peut bien avoir joué son rôle (p. 4) (2). »

---

(1) A sa mort, dit Noël, une collection précieuse de titres diplomatiques fut détruite. La communauté des capucins n'avait pas pour ce savant les égards qu'il méritait. On le trouvait trop mondain...

(2) Noël (*Mém.* V, notes, p. 100), d'après le *Journal de Lorraine*, manuscrit fort rare, insinue que le duc Léopold fit maltraiter cet écrivain par un de ses soldats aux gardes. « Les caresses faites aux épaules du capucin Picard, ce qu'on appelle de nos jours une donation entre vifs *fort touchante*, ne purent lui imposer silence ; il s'empressa de répondre aux lettres de Hugo. Léopold assoupit la querelle du capucin contre le prémontré. »

Les privilégiés ne demeurèrent pas en reste avec le duc sur ce cha--

« Il supprime avec soin toute contestation entre les rois et les évêques de Toul, et glisse sur la Ligue. » (*Ibid.*, pp. 153, 154, 161.)

## XVII.

CHARLES HUGO, *de Saint-Mihiel, prieur de la Maison des Prémontrés, à Nancy.* — Très dévot, imbu d'idées absolutistes, autocrate en Lorraine, le duc Léopold, après le P. Picard, songea au P. Hugo pour écrire l'histoire de ses ancêtres.

Le Prieur se mit à l'œuvre avec ardeur, en 1708 (DIGOT) (1); mais pour répondre à quelques remarques du P. Benoît, Hugo jugea convenable de donner, en 1711, sous le pseudonyme de Baleicourt, un volume intitulé *Traité historique et critique sur l'origine et la généalogie de la Maison de Lorraine.*

L'ouvrage (D. CALMET, lettre du 28 juin 1712) est dédié au roy (de France). L'auteur y dit au monarque..., « qu'il n'a pas dû porter ailleurs qu'aux pieds du trône, les fruits de l'aimable repos qu'il goûte depuis quelques années à l'ombre de sa protection royale... »

Le P. Benoît répliqua, continue Digot, et donna le vrai nom

---

pitre, toujours d'après Noël. (*Ibid.*, p. 184.) « Dans son *Nobiliaire*, imprimé en 1758, pour avoir donné deux familles de noblesse différente, le respectable Pelletier est mort martyr de la vérité, victime de la vengeance de certains personnages qui voulaient être plus nobles que leurs titres et qui firent tomber notre auteur dans un guet-apens épouvantable ; mis dans un cercueil dans lequel on avait enfoncé des chevilles, il fut tellement maltraité qu'il mourut de cet événement. »

(1) Le sage Digot (NOEL, *Coll.*, t. III, p. 909) a fait une notice biographique sur Hugo ; mais il ne peut croire aux choses scandaleuses ; il voudrait biffer de l'histoire, surtout de celle des prêtres, tout ce qui est répréhensible.

de son contradicteur. Le procureur près du Parlement à Paris intervint, et Léopold, abandonnant Hugo (1), chargea D. Calmet du travail sur la Lorraine.

## XVIII.

Dom Calmet. — Cet auteur de la grande *Histoire de Lorraine* fut et resta jusqu'à ses derniers jours un parfait courtisan (2). Sa crédulité était sans bornes, témoins son *Histoire des Vampires* et son *Apologie de Nicolas Remy*, le bourreau des sorciers. Chez lui, le moine se montre en tout et pardessus tout. (Voir *Règne de Ch. III, — sorcellerie, sorciers.*)

Son travail (Digot) fut complètement terminé en 1727 et imprimé en 1728. Quelques exemplaires du livre avaient déjà été remis, soit à des souscripteurs, soit à d'autres personnes, lorsqu'on le dénonça à Léopold comme renfermant une foule de passages propres à déranger les combinaisons généalogiques « que le duc avait adoptées; à réveiller les prétentions que le chapitre (des Dames) de Remiremont affichait autrefois; à favoriser les usurpations du gouvernement français dans la partie occidentale du Barrois, et, enfin, à faire supposer que les ducs de Lorraine n'avaient pas entièrement abandonné l'ambitieuse politique des ducs de Guise. »

Vite, par ordre de Léopold, la censure se mit à l'œuvre. Lefebvre, courtisan du duc (Noel, V, p. 12), composa, pour

---

(1) Léopold (Digot, *Hist. de Lorr.*, t. VI, pp. 52-53) ne permit jamais au P. Hugo d'imprimer la vie de Charles IV et de Charles V, parce que la première honorait peu la mémoire de Charles IV, et que la seconde aurait déplu au roi de France.

(2) A 75 ans (Digot, D. Calmet mit la dernière main à la vie de Léopold qui devait être le septième volume de la seconde édition, et qu'il donna en communication aux deux fils du feu duc..., afin de s'assurer qu'elle ne renfermait aucun passage de nature à blesser la maison de Lorraine pour laquelle il n'avait cessé de professer un grand respect (p. 107). Le prince répondit de Vienne, le 1er janvier 1749.

l'imposer à D. Calmet, la généalogie qui se trouve en tête de son *Histoire de Lorraine*; elle facilitait, dit-on, le mariage projeté de François III avec Marie-Thérèse, et l'élévation du prince à la dignité d'empereur d'Allemagne (1).

En septembre, continue Digot, le livre mutilé parut avec les changements opérés par les censeurs, suppressions, etc., etc. (2).

(1) Depuis 1690 jusqu'à la Révolution française (NOEL, p. 91) il n'a pas été permis, même en Lorraine, de publier quoi que ce fût de contraire à la généalogie par Gérard d'Alsace.
Or, Léopold et ses conseillers n'étaient pas toujours fixés eux-mêmes sur la généalogie ducale. En effet (NOEL, *Coll. lorr.*, suppl., p. 908), « dans le brevet d'Altesse royale qui fut donné à Léopold, par son oncle l'empereur d'Allemagne, en 1698, on le fait descendre de la maison qui a produit celle d'Hapsbourg, tige de la Maison d'Autriche, ce qui admet la généalogie de la maison de Lorraine par *Gérard d'Alsace*. *Ce diplôme étant examiné au conseil de Lorraine ne fut pas approuvé, et l'empereur fut prié d'expédier un autre diplôme, en indiquant pour aïeux les ducs de Bouillon ; ce qu'il fit en octobre 1700. Ainsi, en 1698, Léopold se croyait descendant de Guillaume de Bouillon, et, plus tard, il s'est cru descendant de Gérard d'Alsace.* »
(2) On supprima (NOEL, *Mém.*, 1838), comme offensant le roi de France, 180 pages de la première édition, liv. 24 et 32.
La première édition tirée à 1,500 exemplaires et devenue rare doit être préférée à la seconde. — Les suppressions et changements importants ont eu lieu dans le deuxième volume, de page 321 à 352 et de page 529 à 544. On a fait disparaître les §§ 80, 81, 83, 87. On a encore supprimé de page 1,355 à 1,438. On remplaçait les pages enlevées par des pièces peu importantes. Les tables sont intactes et indiquent des choses qui ne figurent pas dans le texte.
Il faut donc avoir de D. Calmet un exemplaire primitif, 1re édition, et l'exemplaire en sept volumes. — En effet, une seconde édition fut publiée. Un prospectus lancé, annonçait six volumes in-folio ; l'ouvrage en eut sept. Les deux premiers parurent en 1745, le troisième en 1748, le quatrième en 1751, le cinquième en 1752 et les deux derniers en 1757.
H. Lepage, dans les *Lettres et instructions de Charles III, duc de Lorraine, relatives aux affaires de la Ligue*, complète dans l'Avertissement (p. 1) les indications de Noël, sur l'œuvre des mutilateurs nommés par le duc régnant.
D. Calmet avait connu et analysé trois documents relatifs à la politique ambitieuse des Guise, dans la première édition de son *Histoire*

Il faut donc « dans le jugement qu'on veut porter, tenir compte à l'auteur des tracasseries qu'il eut à subir, et des réticences que la politique lui imposa. Cette réserve faite, on peut dire qu'il nous a donné moins une histoire dans la juste acception du mot, que des Mémoires propres à guider

*de Lorraine.* Des censeurs, nommés par Léopold, ordonnèrent la suppression de ces fragments. Ce qui explique la lacune considérable qui existe au tome second où l'on saute de la colonne 1,392 à la colonne 1,437.

Etienne (*Histoire de Lorraine*) complète, précise, en ces termes, les suppressions (pp. 261-262)... « Quelques exemplaires intacts échappèrent à l'inquisition littéraire et témoignent aujourd'hui contre la faiblesse de ceux qui redoutaient les trois volumes in-folio de Dom Calmet. Leçon utile aux despotes ! Ils apprennent ainsi qu'étouffer la vérité est au-dessus de leurs forces. L'un des morceaux les plus curieux sur la Ligue fut sacrifié. Lorsque le duc Charles, en 1641, refusa l'hommage pour le Barrois, Dom Calmet rapportait que l'on sema dans sa chambre des billets où Richelieu le menaçait de mort s'il persistait ; cette anecdote précieuse fut retranchée avec soin. La police supprima aussi ce qui pouvait atténuer les droits des ducs de Lorraine ou dévoiler leurs torts ; les démêlés du duc Mathieu avec Judith, abbesse de Remiremont (t. II, liv. 21, p. 13) ; l'indemnité de cent sous donnée par le duc Simon repentant à l'église de Saint-Diey, pour ses torts envers les chanoines (liv. 22, p. 125) ; l'acte où le duc Thiébaut reconnaissait n'avoir d'autre droit sur le Valdageot qu'un épervier et soixante sous toulois pour sauvegarde des bois et moitié des épaves et amendes (liv. 23, p. 219) ; la convention entre l'empereur Albert et Philippe-le-Bel, d'étendre *jusqu'au Rhin le royaume de France* qui, de ce côté, avait pour limite la Meuse (p. 343) ; les différends du duc Raoul avec les chapitres de Saint-Diey et de Remiremont (liv. 26, fol. 521, col. 1) et, enfin, un grand nombre de mariages et d'hommages.

Ory, dans ses *Causeries sur Pont-à-Mousson*, cite un autre fait de suppression. « Des personnes d'autorité ont prié D. Calmet de ne pas faire imprimer cette histoire (du P. Abram, jésuite) dans ses œuvres ainsi qu'il en avait eu l'intention parce qu'il y avait certaines particularités qu'on ne désirait pas qui parussent au public » (pp. 219-220).

L'abbé Guillaume (*Nouveaux documents inédits sur la correspondance de Dom Calmet*) dit à son tour (p. 125) : « Faut-il noter que dans plusieurs de ces derniers volumes, on trouve la preuve évidente de la suppression d'une passable quantité de pièces, violemment arrachées au fil qui les retenait, soit retirées avec précaution? Il en est qui ne sont pas signées, d'autres dont la signature a été enlevée, sans doute par mesure de sûreté. »

les historiens futurs : ce qu'il reconnaissait lui-même avec modestie. (*Hist. de Lorr.*, t. I, Préface, p. 141.)

M. Maggiolo, qui a écrit l'éloge de D. Calmet, signale (p. 97), avec beaucoup de raison une des nombreuses omissions de cet écrivain.

« L'histoire offre de nombreux récits des luttes sans cesse renaissantes des bourgeois contre les seigneurs et les évêques. D. Calmet, d'après les idées de l'école à laquelle il appartenait, ne peut apprécier à leur juste va'eur les droits de ceux qui veulent conquérir leur liberté ; cependant il ne mérite pas ce reproche de Châteaubriand dans ses Etudes historiques : « Notre ancienne histoire, à sa honte « éternelle, ne parle jamais des Communes qui formaient la « véritable nation française que pour les traiter de *Ribau-* « *dailles* et de *Pelailles*. » Il s'est borné à blâmer les *muti-neries de ceux* de Neufchâteau, de Toul, etc. »

Après le jugement de deux écrivains contemporains, citons celui de Chevrier, persécuté, traqué par le pouvoir en Lorraine et dont les volumes furent brûlés avec l'auteur (en effigie) à Nancy. On fit à cet ouvrage une chasse telle qu'il ne reste plus guère que sept ou huit collections connues (de sept volumes sur douze). « Des neuf volumes d'histoire annoncés par l'auteur, deux, c'est-à-dire six et sept ou neuf (NOEL) ont été perdus, supprimés, mis au pilon, non par ordre du Parlement de Lorraine, mais par ordre du prince Charles. » (*Mém.* VI, page 51.)

## XIX.

CHEVRIER, FRANÇOIS-ANTOINE. — En lisant les sept petits volumes, petit in-12 (Bruxelles, 1758), de cet auteur caustique, on se demande ce qui a pu motiver les rigueurs déployées contre lui. Chevrier était un lotharingophile intraitable, respectueux envers la famille ducale comme le prouve son jugement sévère sur Thierriat (v. p. 28, note). Les faits qu'il énonce se trouvent dans toutes les histoires de Lorraine ; le langage est convenable, correct : seuls les panégyristes systématiques se trouvent flagellés.

« Les Lorrains, dit-il (1), qui ont écrit pendant la vie de leur maître ou sous son successeur, n'ont jamais inséré dans leurs ouvrages aucune des actions qui auraient pu porter atteinte à la gloire des ducs de Lorraine ; de là vient que toutes les histoires sont des oraisons funèbres, dans lesquelles l'orateur adroit glisse sur les défauts du mort pour ne s'attacher qu'à ses vertus qu'il exagère, comme l'usage le demande. »

Chevrier (1), comme nombre de ses contemporains, était sceptique en religion. De là sans doute l'ostracisme inique dont il se vit frappé, dans un pays qui décorait de l'épithète de Bon, le duc Antoine, le bourreau des Rustauds.

Aujourd'hui on rend justice à cet écrivain indépendant. Digot lui-même, en dépit de ses convictions religieuses, a cru devoir le citer fréquemment, au scandale de certains écrivains cléricaux. Courbe, qui ne fut tout au plus qu'un monarchiste libéral, Courbe dit de lui avec beaucoup de raison :

« Pour nous, Chevrier historien est supérieur à D. Calmet ; il y a chez lui de la critique ; il est *quand même* une autorité. Indépendant, il a critiqué aussi bien ses amis que ses ennemis. Chevrier n'était pas homme à courber l'échine

---

(1). Tome III, pp. 78-79.) Nous avons déjà vu (p. 39, note), le jugement de Chevrier sur les croisades. Les lignes suivantes compléteront l'exposé des idées de cet auteur en matière religieuse :

« Quand je parcours ces siècles éloignés, je vois toujours avec étonnement ce mélange bizarre de piété et de barbarie ; les évêques si respectables par leur auguste caractère ne bornaient point leur empire à régner sur les cœurs ; ils voulaient aussi assujettir les personnes ; prétentions ridicules qui naissent d'un amour-propre excessif ou d'un zèle outré. » (T. I, p. 148.)

devant le premier venu et accepter un écu de six livres pour se taire... »

Or, voici comment Chevrier (t. I, pp. 30-31) juge l'historien officiel du duc Léopold :

« D. Calmet, sur les Mémoires utiles, quoique pesamment digérés par le P. Benoît, a essayé une *Histoire de Lorraine*; mais on n'ose avancer, d'après l'auteur lui-même, que cet ouvrage, écrit sans suite, est bien moins une histoire qu'une compilation de faits qui, sagement discutés et exactement éclairés, peuvent servir à en composer une...»

Plus loin Chevrier complète sa pensée en ces termes :

« L'abbé de Senones, en donnant à son livre la qualification d'*Histoire civile et ecclésiastique*, a paru vouloir s'occuper moins des grands événements qui remuent un État, que de la piété utile de nos souverains ; il en fait des dévots bien moins que des guerriers, et, si on supprimait de l'ouvrage volumineux de D. Calmet les Bulles des Papes et les fondations des Ducs de Lorraine, il n'en resterait presque rien... »

Dans son second volume, Chevrier complète l'exécution de l'historien officiel. (Avertissement, p. 5.)

« Je ne crois pas, dit-il, que le lecteur le plus intrépide puisse achever le premier volume de l'*Histoire* de D. Calmet; ce n'est pas que cet ouvrage pénible n'ait son utilité ; mais ne trouver à chaque page que du latin et des miracles, cela rebute les gens qui aiment le français et qui veulent ne rencontrer de prodiges que sur le tombeau des saints... »

« Une remarque singulière à faire, continue Chevrier (p. 31), c'est que dans l'*Histoire* de D. Calmet on n'y trouve même pas les mœurs de la nation dont il veut retracer les actions à la postérité » (1).

---

(1) L'abbé Bexon, dans son *Histoire de Lorraine*, publiée en 1777, formule une appréciation peu différente de celle de Chevrier. — « L'*Histoire* de D. Calmet, dit-il (Introduction, p. 3), est un riche répertoire, une collection estimable en elle-même ; je l'avoue, ce n'est point une histoire. »

Ces omissions et bien d'autres abondent dans l'œuvre du moine historien. Ainsi, il mentionne faiblement la période tourmentée de la Ligue, ces temps orageux où le duc Charles III, candidat à la couronne de France, réunit les Etats-Généraux chaque année et quelquefois plusieurs fois par an, pour leur demander ces subsides qui épuisent le peuple, tandis qu'il consacre le tiers d'un de ses gros in-folio au récit des exploits de Charles V, duc *in partibus*, exploits complètement étrangers à la Lorraine.

L'excuse de D. Calmet se trouve dans sa qualité d'historien officiel, et surtout dans l'appréhension de l'intervention de la censure.

# CHAPITRE IV

## LA CENSURE

### XX.

Jusqu'à la Révolution, la censure fut souveraine en Lorraine aussi bien qu'en France. Chez nous elle avait pour complice la Cour souveraine, comme le prouvent les faits suivants :

« Le 30 mai (Durival, t. I, p 106), la Cour souveraine supprima le *Pouillé du diocèse de Toul*, composé par Benoît Picard..... sur les Mémoires trouvés dans les archives de l'évêché, et que Mgr Camilly (l'évêque) lui fit remettre. Le Parlement de Paris supprima aussi l'ouvrage donné par l'abbé Hugo, sous le nom de Balcicourt, et celui de Jean Mussey, curé de Longwy. Ces trois ouvrages où il y a, en effet, des erreurs, sont d'ailleurs remplis de bonnes recherches sur l'état ancien et moderne du pays. »

« La censure lorraine (Noel), puis la censure française, firent faire de nombreux cartons à l'*Histoire de Lorraine* de D. Calmet ; *nous possédons* le manuscrit autographe de la *petite Histoire de Lorraine* du même auteur (1) qui, sur la première page, a écrit : « Il faut conserver ce manuscrit, à « raison des nombreux changements exigés par la censure « pour l'impression... » Les deux derniers volumes de l'*His-*

(1) On mutila aussi, en 1731, dit ailleurs Noël, un *Abrégé* de D. Calmet, qui devait faire un volume in-4º et fut réduit en un volume in-12. (*Mém.*)

*toire de Lorraine*, par Chevrier, ont été mis *au pilon* ;... Bexon n'a pu faire paraître la suite de son *Histoire de Lorraine*... On croyait que cet auteur n'avait rien écrit en plus de son premier volume : c'est une erreur ; François de Neufchâteau possédait dans sa bibliothèque le manuscrit du second volume... »

« Sous l'ancien régime, tout esprit indépendant épouvantait (pouvoir) et censeurs. Ce ne fut que furtivement et par manuscrit qu'on put protester, et le nombre de ces protestations est assez considérable ; nous (NOEL) en possédons au moins *huit*..., et, certes, nous ne les possédons pas toutes (p. 910). »

« Digot, continue Noël, avoue que le gouvernement lorrain voulait cacher une partie de son histoire ; ce n'est qu'au hasard qu'on doit ce qui a échappé aux ciseaux de la censure (1). Suivant la pensée juste de M. de Maistre..., les fausses opinions ressemblent à la fausse monnaie qui est frappée d'abord par de grands coupables, et dépensée ensuite par d'honnêtes gens qui perpétuent le crime sans savoir ce qu'ils font... (pp. 922-23). »

Continuons l'exposé des exploits de la censure à la veille de la Révolution, en plein XVIII siècle.

On lit dans le *Petit Durival* : « A la fin de 1759 et au commencement de 1760, un arrêt du Conseil d'État, du 7 septembre, portant suppression d'un imprimé, faisait grand bruit (p. 458). »

... « La Cour souveraine (*Ibid.*, p. 467) supprima, le 13 mai 1761, un écrit intitulé : *Observations sur les dernières réponses des habitants de Maron*. Cette affaire eut des suites. »

Ainsi, après le bon duc Léopold, le roi Stanislas, le Bienfaisant, tracassa, persécuta les écrivains opposants. — « Georges Baudoin de Talvenne, dit encore Durival (t. IV,

(1) « Bagard, conseiller, dit le même auteur, ayant écrit à François III (le duc), vit confisquer ses papiers et fut exilé... »

p. 32), fut obligé de sortir des Etats de Stanislas, au mois de mai 1740, pour avoir fourni au gazetier ecclésiastique le détail que l'on vit dans ses nouvelles sur la mission de Lorraine... On fit l'inventaire des livres de M. Talvenne. Il y avait beaucoup de livres et d'écrits sur les jansénistes. »

M. Maggiolo, dans son éloge de D. Calmet (notes, p. 115), cite le passage où cet auteur explique, pour ne pas dire justifie, l'action de la censure :

« Hier, 11 novembre 1714, jour de la Saint-Martin, à huit heures du matin, M. d'Argenson, accompagné de gardes et d'exempts, vint ici et se fit conduire dans la chambre d'un nommé D. J. Barrois ; il fouilla partout et trouva quelques lettres et un nombre de brochures de contrebande. On dressa un procès-verbal de tout, et on enleva les lettres, les papiers et le *religieux* dans un carrosse pour être conduit chez un exempt, en attendant qu'on le mène à la Bastille, conformément aux ordres exprès du roi...

« Cela doit apprendre à ces gens qui ont *tant de démangeaison d'écrire*, à quoi ils s'exposent par là, et à quoi ils exposent leurs amis... »

La Révolution, avec mille autres abus de toutes espèces, comme nous le verrons dans le cours de cet ouvrage, abolit la censure, et permit aux gens « qui ont la démangeaison d'écrire » de parler librement des puissants, aussi bien que des manants, des vilains, ces gens « *de métier, de basse et servile condition* » auxquels n'avaient pas daigné penser les écrivains dont nous venons de parler, y compris le mordant Chevrier, le frondeur par excellence. 1789, en établissant la libre égalité, en proclamant les Droits de l'Homme et du Citoyen, a forcé les historiens à s'occuper des représentants de « ces nouvelles couches sociales » qui, par la plume, la parole et l'épée, se sont élevés au-dessus de nombre de descendants des vieilles castes aristocratiques.

## XXI.

Dans les pages qui précèdent nous avons dû citer les noms de quelques-uns des principaux écrivains contemporains qui se sont occupés de notre chère Lorraine. Dans le cours de l'ouvrage, nous en rencontrerons d'autres qui ont également fouillé, avec ardeur et persévérance, les annales du pays, dans le but de nous faire connaître le passé, et de montrer à l'œuvre nos ancêtres de toutes les classes et de toutes les conditions. Nous les mentionnerons à chaque occasion.

Pour terminer ce chapitre préliminaire relatif aux chroniqueurs et aux historiens lorrains, et pour rester fidèle à notre programme, citons quelques œuvres de notre siècle. Commençons par les jugements sur l'*Histoire de Lorraine*, de A. Digot, œuvre qui, de nos jours, a acquis une notoriété, une importance presque égale à celle dont jouissait au siècle dernier le travail de D. Calmet. Disons vite que nous l'avons mise largement à contribution.

AUGUSTIN DIGOT, décédé le 29 mai 1864 (COURBE), a été un laborieux et fécond écrivain, un historien consciencieux, impartial et exact. Son *Histoire de Lorraine* lui fait le plus grand honneur, malgré quelques erreurs inévitables dans une pareille entreprise... On a beau dire que c'était un clérical...; ce n'en était pas moins un honnête homme, aimant le droit, la justice, et sacrifiant la sincérité de ses opinions, en tant qu'historien, aux droits inaliénables de la vérité.

De Saint-Mauris (*Etud. hist. sur l'anc. Lorr.*, Préf., p. 6) nous semble plus près de la vérité que Courbe, dans le jugement suivant :

« Si l'ouvrage élaboré par M. Digot avec conscience et talent est de nature à rendre l'histoire de Lorraine accessible à un plus grand nombre de lecteurs, il s'y rencontre

néanmoins *une infinité de détails au milieu desquels s'effa-
cent un peu les lignes principales de l'édifice...* »

Oui, voilà le défaut capital de l'histoire de Digot. On ne peut pas l'accuser d'avoir passé sous silence les faits contraires à ses convictions intimes ; mais il les a en quelque sorte noyés dans l'ombre, enterrés sous une foule de petits détails, si bien que leur rencontre dans l'œuvre équivaut à une espèce d'exhumation.

MEAUME, dans *La Mère du chevalier de Boufflers* (favorite du roi Stanislas)(Paris, 1885), en parlant de M<sup>me</sup> de Beauveau, maîtresse du duc Léopold, critique finement Digot et autres :

« Les chastes plumes de D. Calmet, de Foucauld et de Digot, dit-il (pp. 96-97), se seraient brisées en essayant seulement une seule phrase sur cette question. — M. le comte de Saint-Mauris, élève un léger doute, tout en laissant échapper cette phrase charmante :

« Si Léopold a été l'honneur de l'humanité par ses grandes
« et incontestables vertus, il lui appartient aussi par ses fai-
« blesses. Ce n'est pas diminuer sa gloire que d'en convenir ;
« elle n'a rien à y perdre et la vérité a quelque chose à y
« gagner. »

M. LE COMTE D'HAUSSONVILLE n'a pas hésité à soulever le voile qui cachait cette vérité, dans sa belle et instructive *Histoire de la réunion de la Lorraine à la France* (4 vol.).

« Digot, ajoute Meaume (p. 119-120), ne parle des découvertes de M. d'Haussonville dans les archives de France, que quand elles sont à la louange de ses CHERS PRINCES. »

E. BÉGIN, de Metz. — Le docteur Bégin a publié plusieurs ouvrages fort remarquables sur la Lorraine, entre autres : *Histoire littéraire du pays messin* (1 vol. ; *Biographie de la Moselle* (4 gros vol. in-8) ; *Metz depuis dix-huit siècles* (4 vol.), et surtout une *Histoire de Lorraine* en deux volumes in-8°. — « Bégin (NOEL, *Mém.* VI, p. 33), est un auteur extrêmement laborieux ; il a fait paraître sur notre histoire un grand nombre d'ouvrages. Son *Histoire de Lorraine* est évidemment l'analyse la mieux faite des historiens antérieurs. »

Oui, comme les écrivains qui l'ont précédé et suivi (Digot compris), Bégin a copié textuellement, sans les citer, divers auteurs, a emprunté de longs fragments à D. Calmet, Etienne, etc., et surtout à l'abbé Bexon, dont il s'est en quelque sorte approprié le texte. — Pour ne pas surcharger de trop de noms propres notre récit, nous laissons à l'actif de Bégin ses transcriptions multiples ; au reste son histoire est l'œuvre d'un esprit libéral et élevé.

DE SAINT-MAURIS (VICTOR). — On doit appliquer les mêmes qualifications à l'*Histoire de Lorraine* (2 vol. in-8°) de cet auteur. C'est une œuvre remarquable qui brille surtout par le style.

L'ABBÉ CLOUET. — « Le premier volume de son *Histoire ecclésiastique et civile de l'archevêché de Trèves* (NOEL) est rempli de recherches curieuses et fort instructives, même après les travaux de D. Calmet, qui a traité le même sujet dans ses *Histoires de Lorraine*. C'est avec un plaisir infini que nous avons vu un prêtre blâmer les actes cruels d'intolérance, appliquer la saine critique au jugement des légendaires. L'ouvrage de M. Clouet est fort remarquable et fort utile pour l'histoire de notre pays. »

On peut appliquer cette appréciation à toutes les productions de ce laborieux écrivain ; malheureusement il n'a publié que trois volumes de sa belle et savante *Histoire de Verdun*. Nous ferons de nombreux emprunts à cet auteur, ainsi qu'à SERVAIS et ROUSSEL qui, comme lui, ont édité chacun sur le Barrois une œuvre remarquable en deux volumes.

L'ABBÉ GUILLAUME. — Beaucoup moins libéral que Clouet,

cet auteur a beaucoup écrit. Nous avons consulté surtout son *Histoire du diocèse de Toul et de celui de Nancy*, ouvrage en six volumes, publié en 1866.

Dumont. — Dans ses premières publications lorraines, cet auteur fécond et laborieux s'est conformé aux traditions admises. Mais bientôt, gagné à la cause du progrès par l'évidence des faits, il a montré tous les vices de la législation de l'ancien régime. Ses ouvrages (*Justice criminelle, Histoire de Commercy*, etc.) sont un véritable répertoire de faits curieux et intéressants.

Gravier (Noel, VI, p. 80, notes) dit avec raison que cet auteur « a réellement créé la savante *Histoire de Saint-Dié*, qui, selon nous, est un chef-d'œuvre. »

Une mine féconde que nous avons exploitée avec soin, ce sont les œuvres publiées par la *Société d'Archéologie lorraine* (38 volumes de *Mémoires*, 36 années du *Journal* et 15 volumes de *Documents inédits* (L. Lallement). La haute compétence du bureau, le soin que, malgré les traditions rétrogrades de la Société, il apporte dans l'examen des matières publiées, sont une garantie de la valeur historique des productions éditées sous son patronage. On peut en dire autant de l'*Austrasie* et autres *Revues* publiées à Metz avant l'annexion néfaste.

Pour ne pas trop étendre ce chapitre déjà si long, nous nous bornerons à renvoyer à la page 11, pour le nom de divers auteurs modernes à l'œuvre remarquable desquels nous avons fait des emprunts plus ou moins considérables, entre autres, MM. des Roberts, de Pimodan, Daulnoy, etc. Par les fragments que nous citons on pourra juger de la valeur de leurs recherches.

# CHAPITRE V

## MONNAIES EN CIRCULATION DANS L'ANCIEN PAYS LORRAIN

### XXII.

Au premier rang des nombreuses questions ardues, obscures que présente notre histoire locale, se placent les noms et les valeurs des monnaies multiples, originaires du pays, des contrées avoisinantes et même de régions assez éloignées, (florins de toute provenance, sous, livres, francs, gros, blancs, deniers, oboles, etc.), ayant cours, et dont le nom, dépouillé de tout éclaircissement, se présente presque à chaque page de nos annalistes anciens et modernes. Ces écrivains, semblables au reste à ceux de tous les temps, supposent le lecteur parfaitement au courant de toutes les particularités concernant les monnaies, les poids et les mesures. Malheureusement cette notion indispensable manque, aussi bien pour les temps anciens que pour le moyen âge et même les siècles les plus rapprochés du nôtre. L'absence d'indications sur le numéraire mentionné, énoncé (or, argent, bronze), jette forcément le lecteur dans le plus grand embarras.

Quelques écrivains ont tenté, avec plus ou moins de succès, d'élucider cette question obscure, épineuse. Nous les avons mis à contribution dans ces pages destinées à permettre au lecteur de suivre, plus ou moins bien, les évolutions économiques de notre histoire nationale, et d'apprécier ainsi la valeur des impôts demandés à nos ancêtres par les maîtres, les dominateurs de l'époque.

Nous nous sommes borné aux seules monnaies. Les divers poids et mesures, autrefois en usage dans le pays, n'ont qu'une importance secondaire pour l'intelligence du récit.

## XXIII.

Monnaies romaines et mérovingiennes. — Tout régime nouveau, fût-il issu de la conquête, comme cela arriva au Ve siècle, quand les Francs envahirent les Gaules, hérite des institutions existantes et doit compter forcément avec les usages établis, les relations, les besoins créés antérieurement, sauf à les modifier, à les abolir plus ou moins vite : c'est ce qui eut lieu alors pour le numéraire en circulation.

« Le système monétaire des Mérovingiens (Klein, *A. L.*, t. I, p. 143) fut calqué sur celui des empereurs romains du Bas-Empire. Or Constantin-le-Grand, qui en est l'auteur, avait établi qu'il serait établi 72 sous d'or à la livre (1) ; le sou d'or, *aureus bizantinus*, plus tard appelé *besant*, valait 24 siliques ou 84 de nos grains et, dans la suite, il fut réduit à 21 siliques. Le tiers de sou ou *triens* valait, par conséquent, 7 siliques (2). »

(1) La livre romaine se divisait en 12 (et non 16) onces, l'once en 24 scrupules et 6 siliques. Le scrupule comptait 21 grains un tiers ou 17 grammes 17 centigrammes. . Si la livre romaine pesait 326 grammes 34, le sou d'or pesait 4 grammes 53... Divers auteurs lui assignent 12 onces 4 gr., 10 onces et des fractions... Il y avait anciennement des poids en bronze, marbre, jaspe, granit et pierre *A. L.*, 1876, p. 339.

(2) A côté de cette monnaie d'or il en existait aussi en argent, en cuivre et en bronze... La monnaie d'argent la plus ordinaire Dig., *Austr.*, t. III, p. 323-324), depuis qu'Arcadius et Honorius avaient retiré de la circulation les grandes espèces de ce métal, était le *denarius* ou *denier*, lequel se fractionnait en *deux oboles!* Vers le Ve siècle, le *solidus aureus* (sou d'or) valait une quarantaine de deniers. Les Saliens employaient un sou d'or valant 40 deniers, les Ripuaires un sou d'argent d'une valeur de 12 deniers seulement...

Les indications suivantes relatives au prix de diverses denrées vers

— 50 —

Le sol, du temps des Mérovingiens (DE RIOCOURT, pp. 4-5), était d'or pur, pesait 4 grammes 522, et valait 15 fr. 50 de notre monnaie (1). Au ve siècle, un bœuf, *cornatus, sanus et*

la fin de l'empire romain, complèteront ce qui précède. (VALLON, *Hist. de l'Esclavage*, t. III, pp. 25-26, pièces justificatives.)

... « Le denier d'argent romain valait 96 centimes ; celui de cuivre (la 2e partie) 4 centimes ; avec cette réduction la journée du manœuvre est fixée à 1 franc (25 deniers) ; celle de l'ouvrier à 2 francs (50 deniers) ; des souliers de paysan coûtent 4 francs 80 centimes (120 deniers) ; un licou de cheval 2 fr. 80 cent. (70 deniers) ; un frein 3 fr. 20 cent. (80 deniers). Le prix du blé et de l'orge manque ; mais l'épeautre vannée, les fèves de marais broyées, les lentilles, les pois broyés, les pois chiches, les haricots secs sont taxés à 4 francs (100 deniers) ; le boisseau militaire ou double boisseau, 17 litres environ, à peu près 21 francs l'hectolitre ; la viande de bœuf et de mouton coûte 32 cent. (8 deniers) la livre romaine (1/5 ou 1/3 de kilog.), ou environ 1 fr. le kilog. ; la viande d'agneau et de porc 0,48 cent. (12 deniers) la livre romaine (1 fr. 45 le kilog.) ; une oie grasse 8 fr. (200 deniers) ; un poulet 2 fr. 40 (60 deniers) ; un lièvre 6 fr. (150 deniers) ; un lapin, un canard 1 fr. 60 (40 deniers). Le poisson de mer coûte de 64 à 96 centimes la livre romaine (1 fr. 90 à 2 fr. 90 le kilog.) ; le poisson salé 24 centimes la livre (70 centimes le kilog.) ; un cent d'huîtres 4 fr. ; l'huile de 60 à 96 centimes le *sextarius* ou la demi-livre ; le vin vieux 96 centimes la même mesure, et le vin commun 32 centimes. (LEBAS. Traduction du préambule de la loi de Dioclétien. Extrait du tarif.)

« On trouve pour l'huile et le lard un prix beaucoup moins élevé dans une loi de Théodose qui ne demandait qu'un sou d'or (15 fr. 10 cent.) pour 80 livres de lard ou d'huile ; ce qui réduit à 19 centimes la livre, environ 60 cent. le kilo. Ceci est une taxe pour les fournisseurs de l'armée. — Théodose évalue le blé à un sou d'or (15 fr. 10 cent.) les dix boisseaux (86 litres 74) ou 17 fr. 41 l'hectolitre.

« Le *nummus* est, selon plusieurs, la six millième partie du sou d'or ou un quart de centime. » (VALLON, *ibid.*, p. 528.)

(1) Augustin Thierry (*Lett. sur l'Hist. de Fr.*), Clouet (*Hist. de Verd.*, t. I, p. 95) donnent au sou d'or des Mérovingiens une valeur bien plus grande. « Le sol d'or, dit le premier, dont la valeur réelle était de 9,28, équivalait à 99 fr. 35 de notre monnaie. »

« Les rois d'Austrasie CLOUET), établirent à Verdun un de leurs ateliers monétaires où ils faisaient frapper ces pièces que les antiquaires appellent sols d'or et tiers de sols ou *triens*, laide, affreuse monnaie dont on se procurait le métal en fondant, avec barbarie, de magnifiques pièces romaines... Les sols d'or mérovingiens... pèsent environ 4 grammes et demi. On conjecture que leur valeur commerciale équivalait à peu près à cent de nos francs actuels, en sorte que le triens ou *videns*, c'est-à-dire adulte et en bon état, n'était estimé que 2 sols, une vache 1 sol, un cheval 6 sols, une jument 3 sols. (Loi des Ripuaires, tit. 36, art. 11.)

En résumé nous disons avec Bégin (*Metz, 18 siéc.*, t. II, p. 18), sous les Mérovingiens « la circulation monétaire consistait en deniers, en bronze (1), en argent, en sols d'or plus ou moins dépréciés et auxquels les barbares préféraient la monnaie d'argent. Théodebert, roi d'Austrasie, petit-fils de Clovis, paraît être le premier monarque franc qui ait fait à Metz des pièces d'or à son effigie. »

En effet, dit Robert (*Études numism.*, Metz, 1852), « on possède des triens frappés sous les rois Mérovingiens (de 531 à 638) où on voit Mettis, Metti, Mettis civ. ou Mettis

le tiers de sol valait 33 francs, bien que son poids soit moindre que celui de nos pièces de 5 francs d'or. Les Mérovingiens frappèrent très peu d'argent et si peu de cuivre qu'on les considère comme des pièces de fausse monnaie. La monnaie romaine d'argent et de bronze continuait à circuler, suffisant sans doute au peu de commerce qui se faisait alors... »

... « A Vic-sur-Seille, Moyen-Vic, Sarrebourg et Marsal (non compris d'autres localités, dit Klein), les rois francs avaient, dès le vi<sup>e</sup> siècle, des ateliers monétaires lesquels avaient succédé aux ateliers romains et conservé leurs traditions artistiques. Les triens ou tiers de sou, les conservèrent d'abord avec assez de fidélité et de pureté, mais les virent ensuite régulièrement dégénérer... »

(1) On sait que les petits bronzes émis dans les derniers temps de la puissance romaine dans les Gaules étaient excessivement abondants, et on se rend facilement compte de l'impossibilité absolue où se serait trouvé tout gouvernement de déclarer hors de circulation la monnaie la plus nombreuse, la plus usuelle, la plus indispensable. Les Mérovingiens se contentèrent de fabriquer la monnaie d'or destinée aux grandes transactions et à fixer les rapports financiers des populations avec l'Etat. — Charlemagne substitua à l'étalon d'or le denier d'argent fin, pesant, en moyenne, 1,20 grammes et d'une assez grande valeur pour l'époque ; mais, ni lui ni ses successeurs ne pouvaient songer à détruire la monnaie de cuivre dont la grande abondance rendit de nouvelles émissions inutiles pendant fort longtemps... Ces monnaies n'ont jamais été officiellement démonétisées et sont restées dans la circulation... jusqu'à ce que, usées et détruites par l'usage, elles furent peu à peu remplacées par les monnaies faibles et de bas aloi, telles que sont pour nos contrées, par exemple, les mêmes pièces des ducs Jean, Charles II, etc., et les bugnes, les angevins de la cité de Metz... (*A. L.*, t. XII.)

litur. — Nous trouvons (GODRON), pour l'époque mérovingienne, un triens de Sigebert (561-575), sur lequel on lit Tullo. (*Origine de plusieurs villes et villages de Lorr.*, p. 247.)

## XXIV.

MONNAIES CARLOVINGIENNES. — A mesure qu'on avance dans le VIII<sup>e</sup> siècle (KLEIN, p. 144), les monnaies d'argent apparaissent plus fréquemment, tandis que les monnaies d'or, altérées et discréditées par la mauvaise foi des officiers du fisc, disparaissent pour ne plus se montrer, sauf quelques rares exceptions sous Charlemagne, Louis-le-Débonnaire et Charles-le-Simple, qu'au temps de saint Louis.

Les Carlovingiens favorisent ce mouvement. La dynastie nouvelle veut avoir son étalon. Le clergé, devenu omnipotent, réglant presque toutes les questions de quelque importance, insère l'article suivant dans les dispositifs canoniques du concile de Metz, en 753.

« Canon V. La livre pesant d'argent n'aura que 22 sols à la taille ; de ces 22 sols le monétaire en prendra un et rendra le reste au propriétaire. (BÉG., *Rues de Metz*, p. 149.)

Le capitulaire de Metz, de l'an 756 (CLOUET, *Verd.*, t. III, p. 61), régla « que, dans une livre d'argent pesant 15 onces (460 grammes), on taillerait 22 solides ou sous, le monétaire gardant le vingt-deuxième pour son travail, et que le sou vaudrait 12 deniers. »

Charlemagne trancha définitivement la difficulté, fixa la question.

« Il établit (CLOUET) la livre d'argent, dite livre franke ou franc, par opposition à la livre romaine qui était d'or (1) :

---

(1) A l'époque du Bas-Empire (DE RIOCOURT, p. 17), l'or s'échangeait contre douze fois son poids d'argent. Après d'innombrables fluctuations les deux métaux atteignirent, vers 1700, le rapport actuel de 15,51 auquel on s'est fixé depuis 1785.

dans cette livre d'argent (1) on devait tailler 20 solides (sous), et dans chaque sou 12 deniers. Jamais on ne frappa de pièce aussi grosse que l'eût été une telle livre d'argent. Bien plus, la rareté du métal ne permit même pas les sous (2) aux gens du moyen âge ; ils se contentèrent, pour toutes monnaies réelles, de *deniers* et de *demi-deniers* ou *oboles*, toujours en argent. »

Le *denier*, cependant, et même l'*obole* étaient des monnaies beaucoup trop fortes pour les usages journaliers. L'obole représentait à peu près notre pièce de 20 centimes, par son volume et son poids ; mais l'obole du xiii$^e$ siècle (et des siècles précédents) avait une puissance quatre ou cinq fois plus grande que notre pièce de 20 centimes qui, cependant, serait trop forte aujourd'hui pour les achats de peu de valeur. (*Ibid.*, p. 60.)

Selon de Riocourt (p. 9), pendant tout le moyen âge, la monnaie de bronze, très commune sous les empereurs ro-

---

(1) Charlemagne remplaça la livre romaine de 326 grammes par une livre nouvelle de 407 grammes 32. (*A. L.*, 3$^e$ série, XII$^e$ vol.)

... « La livre au moment où Charlemagne la prit pour unité de compte monétaire (CLOUET, *Verd.*, t. III, p. 289), était la véritable livre-poids romaine de 12 onces ; au commencement du xiii$^e$ siècle on la mit au poids de marc de 8 onces... »

La livre en usage en France pendant dix siècles, dit à son tour de Riocourt (p. 5), a subi d'énormes variations. Sous Charlemagne elle était représentée par un poids de pièces d'argent, valant environ cent francs de notre monnaie ; à la fin du xiii$^e$ siècle elle était déjà tombée à 20 francs... Vers le milieu du xviii$^e$ siècle elle arriva à ne plus représenter qu'*un franc*... L'or qui valait au ix$^e$ siècle six mille fois son poids de blé est loin de le valoir mille fois aujourd'hui... Sous Charlemagne 240 deniers d'argent valaient 20 sols.

(2) Le sou (d'or ou d'argent), sous l'évêque Frotaire, de Toul, valait, vers 813, 8 fr. 25 et pesait une livre ; depuis lors on garda l'habitude de donner le nom de livre à l'unité monétaire jusqu'à la fin du xviii$^e$ siècle. (*Ibid.*, p. 8.)

Digot semble s'écarter de cette manière de voir dans les lignes suivantes : « Il n'y avait pas au moyen âge, sauf les bronzes romains qui circulaient encore, de monnaie moindre que l'obole, pièce d'argent dont la valeur était considérable. » (*A. L.*, t. XI, *Quelques mereaux du chapitre de Toul.*)

mains (et plus tard), fut complètement abandonnée et remplacée pour les appoints et le commerce de détail, par de petites pièces contenant un peu d'argent et une proportion de cuivre s'élevant jusqu'au vingt-deuxième, vingt-quatrième du poids total. C'est ce numéraire qui a reçu le nom de haut billon et de bas billon ou monnaie noire, selon le titre plus ou moins élevé de l'alliage (1).

Nous verrons, dans le chapitre suivant, ce qui concerne cette monnaie divisionnaire en usage en Lorraine.

## XXV.

L'anarchie fomentée dans l'empire franc par les compétitions des faibles successeurs de Charlemagne ; les invasions des Huns, des Avares, des Normands ; la rivalité de la France et de l'Allemagne se disputant la suprématie sur la Lorraine ; les croisades, qui enlevèrent le peu de monnaie en circulation dans notre pays (2) ; la faiblesse du pouvoir de nos premiers ducs ; la multiplicité des seigneuries particulières dans notre région, plus ou moins vassales des grandes puissances limitrophes : telles sont, entre autres, les causes qui ne permettent guère de suivre, avec quelque exactitude, le mouvement monétaire dans notre région avant l'avènement de la maison d'Anjou, c'est-à-dire, avant la réunion du Barrois à la Lorraine (3).

---

(1) « On appelait billon, dit Lepage, la monnaie lorsqu'il y avait avec l'or ou l'argent plus de cuivre qu'il n'est porté par les ordonnances pour le titre des monnaies... »

(2) Les croisés, dit Bégin (*Hist. litt. du p. mes.*, p. 262), emportèrent le peu de monnaie en circulation, et il fallut un siècle pour amener un échange un peu considérable.

(3) Les plus anciennes monnaies qu'on connaisse, dit Rogéville (t. II, p. 94), tant des ducs de Lorraine que de ceux de Bar, sont du commencement du XIVe siècle ; les premières, frappées sous Ferry III (1251 à 1303) ; les autres sous Edouard Ier (de 1302 à 1337).

« Avant René I, dit Mory d'Elvanges (1), l'usage dans l'assignation des monnaies n'était pas fixe ; les paiements se faisaient en monnaie de Metz, de Toul, d'Empire, de Champagne, de Provins, Tournois, Parisis, etc. ; et il paraît que c'est de son temps qu'on s'est fixé au *gros* et au *franc barrois* (2) qui, dans la suite, devinrent en Lorraine les monnaies de compte le plus généralement reçues. » (DE RIOCOURT, pp. 25-26.)

Clouet (*Verd.*, t. III, pp. 61, 62 et 287, note) fait en ces termes l'histoire monétaire de cette période obscure.

« Au milieu du xiv<sup>e</sup> siècle, l'or était devenu assez commun pour qu'on évaluât en cette monnaie les sommes un peu considérables. Depuis les Mérovingiens on n'avait presque jamais monnayé d'espèces (3), quand parurent les florins (de Florence d'où venait l'or amené de Constantinople à Venise, Pise, Gênes). C'étaient des pièces à peu près du module des pièces de vingt francs, mais plus minces, plus légères. Saint Louis frappa une pièce plus forte appelée, à cause de l'empreinte, Aignel et dans la suite Mouton d'Or (4).

(1) *Hist. mett. de Lorr.*
(2) Les francs (au xiv<sup>e</sup> siècle) ou fleurins de 12 gros ou de 20 sous vieux étaient des francs d'or ; les gros, d'argent (B. PICARD).
(3) Clouet est ici trop absolu. Les premiers carlovingiens firent frapper des pièces (d'argent plutôt que d'or). Ainsi sur les monnaies de Louis-le-Débonnaire, figure, pour attester la puissance absolue du clergé, le portail de l'église chrétienne et la devise dominatrice : *Christiana religio*. — Charles-le-Chauve fit inscrire, sur ses nombreux deniers, cette devise uniforme pour toutes les villes du royaume : *Gratiâ Dei rex.* — Louis-le-Bègue écrivit : *Misericordia Dei rex.* — Eudes adopta cette même devise. (*A. L.*, an. 1843, p. 92.)
(4) Le mouton d'or était une pièce de monnaie portant l'empreinte d'un agneau avec cette inscription : *Agnus Dei qui tollis peccata mundi, miserere nobis* ; et sur le revers une croix avec ces mots : *Christus vincit, Christus regnat, Christus imperat.* Il y avait 52 de ces pièces dans un marc d'argent fin. *(Annales historiques du Barrois, par Victor* SERVAIS, *p. 84, note.)* — Sous Charles VI la longue légende du tournois de saint Louis fit place à : *Sit nomen Domini benedictum.* On plaça sur les monnaies le noble écu de France. — A dater de Jean, nos rois s'étaient fait représenter sur la monnaie d'or à cheval et

Vers le milieu du xɪvᵉ siècle, on frappa aussi le franc de France, dit également le florin franc. Le petit florin équivalait, à peu près, à 9 fr. de notre monnaie. Le franc d'or de cette époque valait justement la livre tournois.

« Ce fut seulement vers la fin du xɪɪɪᵉ siècle que, le besoin d'espèces (d'argent) plus considérables (que le denier et l'obole) se faisant sentir, on frappa de vrais sous (1). Comme on était accoutumé aux deniers, le peuple les appela gros deniers, gros blancs ou simplement gros ; et il y eut, d'après un système déjà ancien, des gros de Tours ou *tournois*, d'une valeur de 12 deniers, et des gros de Paris, ou *parisis*, qui en valaient 15. Les choses restèrent ainsi jusqu'au milieu du xɪvᵉ siècle où commença en France la monnaie d'or dont toutes les espèces furent, d'abord, et demeurèrent longtemps appelées du nom général de florins, parce que, dit-on, les premiers furent frappés à Florence, dès 1252. Il y eut des florins de France, des florins du Rhin, des petits florins, et quantité d'autres dénominations tirées des empreintes, telles que fleurs de lys d'or, Saint-Georges couronnés, agnels ou moutons et chats, etc. (2). — Pour se faire une idée

l'épée à la main. — Louis XII, en hostilité avec Jules II, inscrivit sur son fameux écu d'or : *Perdam Babylonis nomen*. — François Iᵉʳ, avant Pavie, ôta la croix. (*A. L.*, an. 1843, p. 100.)

Aucune monnaie en Europe ne portait de millésime avant le xvᵉ siècle ; en France il ne s'est mis en chiffres arabes, du côté de l'écusson, que depuis 1549, et, en Lorraine, en 1512, sous le duc Antoine. (Lyonnois, t. II, p. 137.)

(1) Les sous, dit Clouet, vers 1250, étaient en argent et on les appelait vulgairement de gros blancs. — Gravier (*Hist. de Saint-Dié*, p. 99), fait entrevoir la valeur de cette monnaie. A cette époque (commencement du xɪɪɪᵉ siècle), un bœuf valait deux sous, une vache un sou, un cheval six sous, un porc quatre deniers. Ces sous étaient d'argent et pouvaient valoir environ 3 fr. 42 cent. de notre monnaie. Il serait difficile d'ailleurs de déterminer avec précision la valeur des monnaies anciennes qui variait singulièrement. (Archives de Saint-Dié.)

(2) Au moyen âge le collecteur de l'impôt, le fermier d'une saline, le régisseur d'un domaine, l'économe d'un monastère étaient autorisés à recevoir, au besoin, en paiement des prestations en nature, des

approximative de cet ancien système, il faudrait se figurer que notre pièce de 20 francs s'appelât un franc, que nos pièces d'un franc fussent des sous et que notre pièce de 50 centimes valut 6 deniers....

« Dès la fin du xive siècle, le peuple, qui voyait rarement des francs d'or, commença à appeler franc le gros d'argent français ; mais ce n'était qu'une dénomination populaire. et, avant 1575, sous Henri III, il ne fut frappé aucune pièce qui fût légalement un franc, un demi-franc, un quart de franc d'argent. Ces nouveaux francs qui n'étaient que les sous de l'ancienne *livre* furent estimés comme elle 20 sous ; mais alors on ne put plus représenter les sous que par la petite monnaie de billon ou de cuivre ; il y eut, en mauvais billon, les *blancs* faisant le tiers du sou, et, en cuivre, les rouges liards du pauvre qui n'en faisaient que le quart ; enfin, au commencement du règne de Louis XV seulement, fut frappée, en cuivre, la pièce vulgaire dite un sou, aujourd'hui cinq centimes... (1). »

De Riocourt (p. 44) complète, en ces termes, l'historique précédent, quant aux petites monnaies :

monnaies étrangères ou anciennes, des métaux au poids (des lingots, dit Noël). Il pouvait rendre le montant de ses recettes ou de ses fermages en espèces monnayées sur place, dans des localités si peu importantes que l'on ignore le lieu de leur emplacement. — (ROBERT, *Consid. sur les monn. à l'époque romaine* (A. L., t. XV., p. 182). (Louis Benoit.) Ainsi, il n'était pas rare, au moyen âge, que deux ou même un plus grand nombre de seigneurs, en possession de droits régaliens, fissent entre eux des traités pour la fabrication des monnaies ayant un cours commun et réciproque dans les divers Etats des contractants. Le propre intérêt de ceux-ci, aussi bien que l'intérêt des relations commerciales de leurs sujets déterminaient, dans la plupart des cas, la conclusion de ces actes que la *monie* des altérations, la mésintelligence des parties ou quelque autre cause venaient annuler après une existence des plus courtes. (LEPAGE.)

(1) Au xiie siècle (DE RIOCOURT) variations énormes et constantes pour les monnaies. « Depuis Gérard d'Alsace (Ch. LAPRÉVOTE, A. L., t. V, p. 23) on voit les monnaies lorraines diminuer de taille et de poids à chaque règne... »

« A la fin du x^e, pendant les xii^e et xiii^e siècles, on ne trouve en Lorraine que de très petites pièces d'argent, d'un poids généralement inférieur à 1 gramme, représentant un ou deux *deniers*, selon l'époque. De 1312 à 1328, on voit apparaître des *gros tournois*, au type français, du poids de 3 gr. 45, émis pour un sol (d'argent) ; bientôt vinrent d'autres *gros lorrains* d'une valeur beaucoup moindre, pesant environ 2 gr. 50. »

Le serf, nouvellement affranchi (xiii^e, xiv^e et xv^e siècles), se servait de ces petites pièces pour payer ses redevances au maître, au seigneur. Quant aux fortes sommes (DE RIOCOURT, p. 25), le sol d'or, les deniers à l'agnel et à l'écu, le florin de Florence et la livre, étaient en usage depuis le démembrement de l'empire de Charlemagne jusqu'à la mort de Charles II, en 1431. Les florins de Lorraine et du Rhin, les écus francs, le franc barrois et la livre le furent depuis l'avènement du duc René I^er d'Anjou (1431), jusqu'au rétablissement du duc Léopold à la paix de Ryswick, en 1698 ; vint ensuite la livre de Lorraine et la livre tournois pendant le xviii^e siècle jusqu'à la Révolution française.

## XXVI.

MONNAIES LORRAINES. — René I^er, comme roi et en même temps duc de Lorraine (NOEL, *Mém.* VI, p. 128, note), est le premier qui ait frappé des monnaies d'or dans notre pays ; les évêques de Metz et de Verdun (non celui de Toul) (1) frappèrent aussi des monnaies d'or.

---

(1) Les monnaies des évêques de Toul sont de la plus grande rareté et presque toutes d'un petit module. On ne possède guère que des *deniers* ou des *oboles* de types variés. (CHAUTARD, *A. L.*, an. 1873.)

L'évêque de Toul (NOEL, *Mém.* VI, p. 91) en 1168, le duc de Lorraine en 1298, obtinrent des Chartes qui leur reconnaissaient le droit de battre monnaie, de faire des *deniers d'argent :* c'était de la part des

De son côté, de Riocourt (p. 26), écrit : « Les plus anciennes monnaies d'or lorraines connues datent du règne du duc Jean (1346-1390) et de celui du duc Robert (1352-1411) pour le Barrois. » (Vers 1731, le franc d'or représentait la valeur de 10 à 12 fr. de notre époque.)

Noël (*Coll. lorr.*, t. III, p. 17) élucide, en ces termes, cette contradiction apparente :

« Nos ducs... ont imité les grands seigneurs de France et les grands vassaux, qui ont fréquemment fait frapper de la fausse monnaie, en faisant imiter les coins de leur souverain ou des souverains voisins. Presque tous les princes ayant droit de frapper monnaie ont émis des florins et des esterlins (pièce anglaise en argent) faux. Nos ducs de Lorraine et de Bar n'ont point été plus scrupuleux que leurs confrères en souveraineté ; mais ils ne permettaient pas à leurs vassaux de les imiter. En 1414, le sire de Baufremont fut poursuivi comme faux-monnayeur et sa seigneurie fut saisie. Il obtint son pardon ; des manants, pour le même crime, furent pendus (1). »

suzerains un moyen de paraître avoir légitimé des actes déjà accomplis auparavant... — Une ordonnance de Philippe-le-Bel (1313) interdit l'usage de la monnaie de Toul comme étant de peu de valeur et de mauvais aloi. Ducange fait observer que cette monnaie était fort décriée et qu'on la rebutait dans le commerce. (DUFRESNE.) Pareil discrédit, à certains moments, des monnaies en France. Ainsi le florin d'or à l'écu de Philippe de Valois, en moins de seize ans, eut cours légal pour cent dix-neuf valeurs différentes, comprises entre dix et cinquante-trois sols tournois. (*Traité des monnaies* de LE BLANC, p. 239.)

(1) « Plusieurs auteurs assurent que les ducs Jean et René leront fait frapper des florins d'or. Cela est possible ; mais leurs pièces imitant les florins en circulation, on ne peut reconnaître ceux appartenant à ces ducs. Si Jean a mis son nom sur ses pièces, comment les reconnaître de celles frappées par Jean, dit le Victorieux, Jean-le-Pacifique, Jean-le-Triomphant et Jeanne qui furent ducs et duchesse de Lothier ? Il est certain que les ducs de Bar ont fait fabriquer de la fausse monnaie française ; des ordonnances assez nombreuses en fournissent la preuve ; nous citerons seulement quelques faits : en 1356, Yolande de Flandres, duchesse de Bar, donne à bail ses monnaies ; elle veut qu'elles

« Les armes de Lorraine et de Bar furent gravées sur les espèces monétaires dès la réunion des deux duchés et maintenues jusqu'à la fin du monnayage. » (LEPAGE, *Pouillé de Metz*, p. 204.)

« Les plus anciens ateliers monétaires de nos ducs furent ceux de Remiremont, de Saint-Dié, de Nancy, de Sierck, de Mirecourt, de Lunéville, de Neufchâteau, de Prény et de Saint-Mihiel (1). » (*A. L.*, an. 1875.)

« Jean Aubrion, continue Lepage (p. 10), chroniqueur messin, rapporte qu'en 1481, René II fit frapper de nouvelles mon-

soient semblables à celles de France et à un denier de moins d'aloi. Ce bail est cité deux fois par D. Calmet avec dates différentes. — Le duc de Bar (*Mém.* VI, pp. 123-124), le 8 novembre 1366, sur la taille de 1,417 marcs et 8 onces (en faisant frapper 264 deniers au lieu de 240 pour une livre d'argent), a eu pour bénéfice 1,131 francs et 1 gros ; sur la taille de 147 marcs d'argent, il a eu pour bénéfice 17 livres, 9 sous, 3 deniers tournois. »

(1) Dans notre pays on comptait un nombre considérable d'ateliers et de types monétaires pour un territoire peu étendu. Sur un espace comprenant à peu près les trois départements anciens de la Moselle, de la Meurthe et des Vosges, nous ne trouvons pas moins de cinq ou six souverains frappant monnaie et huit ateliers différents : c'est l'évêque de Metz avec les ateliers de Metz, de Sarrebourg, d'Épinal ; c'est l'évêque de Toul avec les ateliers de Toul et de Liverdun ; c'est le chapitre de Remiremont, c'est le chapitre de Saint-Dié, c'est le duc de Lorraine. (A. BRIARD et A. BRETAGNE, *Notice sur une trouvaille de monnaie lorraine*, p. 434.) — Notons ici le fait curieux suivant, relaté par les *Chroniques de Metz* (1419). « En ce temps-là on avoit iij femmes pour ung œuf : car ung œuf coustoit ung gros ; c'estoit chacune femme quatre deniers : encore les ait-on bien pour le pris et pour moins. » — Il devait y avoir d'autres ateliers encore. « Ainsi, dit Benoit (*A. L.*, an. 1865, p. 194), l'atelier de Lixheim où Henriette de Phalsbourg, sœur du duc Charles IV, avait le droit de battre monnaie, avait produit des types imitant les doubles tournois des rois de France, les gros du duc de Lorraine, Charles IV, les kreutzers frappés à Haguenau au nom de l'empereur Ferdinand II, les escarlins au lion, les testons d'argent et même les douzains du prince de Dombes. » — Le reichsthaler ou rixdaler valait alors environ 5 fr. 60. En 1623, 1 gros 8 deniers de Lorraine valait 12 pfennings d'Allemagne, ce qui faisait revenir 2 gros de Lorraine à 16 pfennings faisant 1 batz. Trois reichsthalers et 3 batz valaient une pistole d'Espagne, soit 15 francs, 6 gros, 8 deniers de Lorraine.

naies qu'il mit à un très haut prix, tandis que les monnaies de Metz, ayant cours dans le duché, furent décriées et subirent un rabais considérable. »

Jusqu'alors, dit l'auteur des *Opérations des feus ducs de Lorraine*, c'est-à-dire sous l'année 1444, la monnaye courante en Lorraine étaient des pièces de deux gros, d'ung gros, d'ung demi-gros et quarts de gros ; deux deniers, ung denier, et que, selon la coutume, on ne comptait que par gros. (LEPAGE, p. 19.) (Le gros de Metz valait alors 18 deniers.)

René II prescrivit de frapper des gros doubles, des gros simples, des demi-gros, des blancs (il est encore question ailleurs de demi-blancs et de mailles) (pp. 14-15). Celles-ci correspondaient peut-être à l'obole. (CART. MONNIER, p. 317.)

C'était la monnaie divisionnaire du *franc*. Celui-ci, dit aussi franc de compte (1), s'est toujours divisé en 12 gros. Le gros, lui, valait 4 blancs ou 16 deniers (toujours de compte). (LEPAGE, pp. 17-18.)

Le denier valait 2 mailles ou oboles. (Il y avait, en France, des demi et des quarts de deniers. On les nommait pite, quart du denier, semi pite, moitié de la pite ou huitième de denier. (LYONNOIS, t. I, pp. 55-56.)

Il est question ici, sans doute, du franc barrois, amené en Lorraine par la maison d'Anjou. On le considérait (DE RIOCOURT) comme l'équivalent de la *livre*, et il valait 20 sous tournois. Le franc comptait 12 gros de 20 deniers, et la livre 20 sols de 12 deniers, soit 241 deniers pour les deux monnaies (p. 49).

René II, soit dit en passant, haussa la valeur de ses monnaies en 1486, 1493 et en 1494. (*Ibid.*) (2).

---

(1) Pendant certaines périodes (DE RIOCOURT, p. 22), il a été d'usage de compter en monnaie *réelle* (florins, écus, etc.), et pendant d'autres en monnaie de *compte* (livres, francs barrois) ; parfois même on a employé simultanément les deux méthodes.

(2) On ne dit pas (LEPAGE, p. 21) d'où venait l'or employé à la fabrication des florins ; quant à l'argent, il était tiré en partie des mines de

Son fils, le duc Antoine, dans son ordonnance du 10 mai 1511, mentionne plus de soixante monnaies d'or ou d'argent étrangères, sans compter leurs subdivisions, ayant cours légal en Lorraine (DE RIOCOURT, p. 26).

Parmi ces diverses monnaies, citons les suivantes :

*En or*. — Le noble Henricus, le noble Bourguignon, le demi-noble de Flandre; les ducats de Venise, Florence, Gênes, Hongrie, du pape et de Chambre; l'Alphonsin (1 ducat et demi); l'angelot, l'escu viel; réaux francs, à pied et à cheval; le ridde, le salut — introduit par les Anglais pendant la guerre de cent ans (CLESSE) (1) ; les lions ; l'escu au soleil ; l'escu à la couronne; les neufs escus au soleil, tant d'Allemagne, Savoye, Italie que autres; les florins de Florence, du Rhin, de Metz, de France, de Bourgogne, de Trèves, de l'Archiduc, etc. (2).

la Lorraine, et acheté à des marchands de Bâle, de Colombier ou Colmar, d'Allemagne et d'autres pays. On estime qu'à la suite de la découverte de l'Amérique (RAMBAUD, t. I, p. 470, note), la quantité de numéraire fut douze fois plus considérable au milieu du XVI<sup>e</sup> siècle qu'au XV<sup>e</sup>.

(1) Il y avait aussi des saluts d'argent, comme le prouve la note suivante : « Sous le roi Charles VII... les petites monnaies appelées les blancs étaient de cuivre blanchi ou argenté légèrement. Les monnaies les plus communes d'argent se nommaient saluts, parce qu'elles représentaient la salutation angélique. Les écus d'or étaient nommés angelots parce qu'ils représentaient un ange qui portait un écusson. Ils étaient de 70 au marc. Les monnaies de Bourgogne consistaient en virlings d'argent, reiders ou écus d'or, plaquettes ou polards de cuivre. (*Jour. encyclopédique*, 1786, pp. 105-106, sur les mélanges. F. de M. de P.)

(2) Le P. Benoit Picard (*Hist. de Toul*) complète cette énumération et donne la valeur de ces monnaies. « Vers 1515, dit-il, 1 double ducat valait 15 fr. de Lorraine ; 1 ducat, 7 fr.; 1 talard, 30 gros ; 1 florin de Gueldres, 2 fr.; 1 florin d'or, 32 gros ; 1 ducat de Castille, 3 fr. 9 gros; noble à la rose, 8 fr. 6 gros ; angelot, 5 fr. 6 gros ; écus d'Italie, 3 fr., 3 gros, 2 blancs ; ducat de 49 gros ; ducat à la petite croix, 3 fr., 7 gros, 1 blanc ; écu sol, 3 fr. 6 gros ; pistole, 3 fr., 3 gros, 2 blancs ; Philippe, 27 gros ; double ducat de Castille, 9 fr. — « Il paraît (DE RIOCOURT) que, vers 1634, les mots pistoles d'or au soleil ou écus sols étaient synonymes. »

Parmi les pièces d'*argent* mentionnons celles que voici : Testons de Milan, Gênes, Savoye ; — gros de Metz — doubles, simples, etc. ; gros de Flandres, de Malines, doubles et simples, etc. ; patards de Flandre, de Cambray ; treizains et grands blancs de France ; doubles de France ; — bugnes et demi-bugnes de Metz ; — liards et quarts de Savoye ; — blaspards, quartrains, douzains, denier de Strasbourg ; blapart, etc., de Basle ; grands blancs de Savoye et Bourbon, etc.

A côté de ces pièces étrangères circulaient les monnaies lorraines dont nous avons parlé plus haut.

Le duc Antoine ne fit guère fabriquer, en dehors des monnaies usuelles, que des pièces de deux gros, appelées quarts de testons, et, comme son fils Charles III, des liards de Nancy. (LEPAGE, pp. 29 et 60.)

Ce dernier, dans son long règne, ne publia pas moins de seize ordonnances au sujet des monnaies. Il fit fabriquer, en 1556, des testons, des quarts de testons, des trois gros, des pièces de deux sols, sols, six deniers, etc. ; en 1563-64, des testons, solz, six deniers, liards, deux deniers, des petits deniers ; en 1593, des gros valant 16 deniers pièce, autres, huit et deniers ; solz, valant 12 et 6 deniers, etc. (LEPAGE.)

Charles III démonétisa aussi un certain nombre de monnaies étrangères. Ainsi, le 22 février 1581, il proscrivit tous les thalers de fabrication nouvelle, de bas aloi, fors les thalers du roi Catholique, de l'Empire et des « Cantons suisses ».

En 1593, on proscrivit les pièces de 6 blancs françaises, dites pinatelles et valant trois sous de Lorraine. (*Ibid.*, pp. 87-88.)

Henri II, en 1614, fit fabriquer des testons, des gros et demi-gros, et, en 1622, des quarts de gros, des liards, deux deniers, etc., et, afin de remédier à la pénurie des menues monnaies, « il permit, le 3 juillet 1622, pendant deux mois, la circulation des petits blancs ou « pfenigs » d'Allemagne, portant la fleur de lys ou la rose. » (LEPAGE, pp. 123-124) (1).

(1) Cette pénurie de monnaie divisionnaire (B. PICARD, pp. 200-201) fut

Après le règne tourmenté de Charles IV, lorsqu'en 1698 Léopold arriva en Lorraine, les institutions françaises avaient été substituées à celles du pays ; presque toutes les pièces frappées aux coins et aux armes de ses prédécesseurs avaient été transportées hors de Lorraine. Là, il n'y avait plus cours que pour les pièces fabriquées dans les hôtels des monnaies du royaume auxquelles on avait attribué une valeur exagérée. (LEPAGE, pp. 175-76.)

« Léopold, vers 1715, dit de Riocourt (p. 77), fit une banqueroute dissimulée, en retirant les anciennes monnaies pour les convertir en nouvelles.

« La livre de Lorraine, qui avait une valeur intrinsèque de 0,61, fut élevée par neuf hausses successives, en moins de neuf mois, à 1 fr. 31, puis réduite subitement, le 27 juillet 1722, à 0,66, au moyen d'une réformation générale des monnaies. »

« Léopold (LEPAGE, pp. 177-78) fit fabriquer des Léopold d'or, des Léopold d'argent, des testons, des pièces de deux sols, des pièces de quatre deniers appelées blancs, des trois deniers. »

En 1706, on fabriqua des testons neufs et reformés à 26 sous, des sous à 5 liards et des liards ; — en 1709, des Léopold d'or valant 20 livres ; — en 1711, des pièces de 30 deniers, des sous de 15 deniers et de 12 deniers ; — en 1725, des Léopold d'or à 31 livres 5 sous, à 4 livres 10 sous ;

---

cause que « bien souvent à faute de petite monnaie (qui ne se trouve que peu ou poins) une personne qui aura volonté de faire aumosne et n'aura qu'un gros ou deux blancs en pièces, au lieu d'un deux deniers, s'abstiendra le plus souvent d'aumosnes, oultre qu'il se trouve plus petite denrée de laquelle on ne peut chepter en suffisance pour deux deniers à la fois. » (Extrait d'un placet. A. L., 1865.)

Jusqu'en 1640 tous les écus ont été d'or ; ce n'est qu'à partir de l'époque où Louis XIII remplaça les écus d'or par des louis d'or que l'usage s'établit d'appeler d'abord écus blancs, puis simplement écus, les pièces nouvelles désignées officiellement sous le nom de louis d'argent. (DE RIOCOURT, p. 30.)

des demi-Léopold d'argent à 7 livres 10 sous, à 5 livres 15 sous, à 4 livres 10 sous ; des quarts de Léopold d'argent à 3 livres 15 sous, des sixièmes de Léopold d'argent à 25 sous, des pièces de 1 sou 6 deniers ; des quarts d'écus à 37 sous 6 deniers et à 33 sous un quart de denier; des pièces de 3 sous, de 15 deniers ; enfin, en 1726, on ajouta à ces pièces des liards.

C'est en 1726 que les monnaies cessèrent de varier en France, et qu'elles commencèrent à varier moins en Lorraine. (*Ibid.*, p. 136.)

La dernière ordonnance, pour la fabrication de françois d'or et de testons d'argent, est du 2 décembre 1735 : elle clôt les lois lorraines sur les monnaies.

Stanislas (Lep., p. 226) ne fit pas frapper de monnaies à son coin et à ses armes.

Comme on vient de le voir, c'est surtout à partir du règne de Léopold que l'antique système monétaire se trouve fortement modifié, que l'ancien sou d'or et d'argent, que l'ancienne livre, l'ancien franc lorrain (1), que le gros, le denier, etc., etc., perdirent une bonne partie de leur valeur d'autrefois. Il est vrai que la domination française, sous le règne néfaste de Charles IV, avait préparé largement les voies. « En effet, dit Durival (t. I, p. 88), par arrêté du conseil de S. M., du 15 mai 1652, il fut réglé que les espèces appelées pièces blanches de Lorraine ne seraient plus reçues que pour 12 deniers. Un autre arrêté du 4 octobre réduit les blancs de Lorraine à 2 deniers tournois, les gros à 8 deniers, les francs à 8 sous 6 deniers, les doubles francs à 17 sous. »

---

(1) En 1701, dit Lyonnois, Léopold a fixé le prix du *franc barrois* à 8 sous 9 deniers de Lorraine, et celui du *gros* à 8 deniers. — En 1587 le franc valait 40 sous et 4 deniers (pp. 83-84) et le gros, douzième partie du franc, valait 3 sous 4 deniers. — Le franc barrois, dit Durival (p. 328), dans le langage ordinaire, exprime la livre tournois.

# PREMIÈRE PARTIE

TEMPS ANTÉRIEURS A L'AUTONOMIE
DE LA LORRAINE

# PREMIÈRE SECTION

# PÉRIODE GALLO-ROMAINE

### CHAPITRE PREMIER

SOMMAIRE. — Notice historique et géographique. — Médiomatrices. — Leuquois et Verdunois. — Gouvernement. — Classes de citoyens. — Druides. — Nobles Peuple et Esclaves. — Habitations des Gaulois. — Vêtements. — Cuisine. — Invasion romaine, — Gaule romanisée. — Institutions romaines. — Esclaves. — Le fisc impérial. — Curiales. — Décadence de la Gaule romanisée. — Le christianisme en Gaule. — Persécutions hypothétiques. — Invasion des barbares.

*Notes.* — La Médiomatrice. — Cités romaines. — Lycées. — Druidisme proscrit. — Oppidum. — Sangliers en Gaule. — Trèves. — Metz. — Toul. — Camps. — Forts romains. — Voies stratégiques. — Construction des routes. — Pierres milliaires. — Curtis. — Villapagus. — Industrie. — Misère des curiales. — Domesticité impériale privilégiée. — Bagaudes. — Absence de documents sur l'établissement du christianisme. — Ravages sur le sol lorrain. — Sur les persécutions de Julien l'Apostat. — Misère du peuple. — Rats, mets délicieux. — Trèves et Cologne aux barbares. — L'empire barbare est l'empire romain continué.

NOTICE HISTORIQUE ET GÉOGRAPHIQUE. — « La contrée qui reçut plus tard le nom de Lorraine (*A. L.*, 1871, pp. 18 et suiv.) était anciennement habitée par plusieurs petits peuples sur l'origine desquels les savants ne sont pas d'accord. Vers le VII$^e$ siècle avant notre ère, des tribus germaniques ou teutoniques, pressées par d'autres nations, s'avancèrent dans la vallée du Danube et refoulèrent vers l'Ouest les tribus Kymrikes établies dans cette vallée. Ces peuples franchirent le Rhin et chassèrent vers le Midi les Galls qui, jusqu'alors, avaient à peu près seuls occupé le sol de la Gaule.

« Les envahisseurs ne furent pas longtemps tranquilles : plusieurs tribus Kimrikes, venues les dernières, étaient fixées sur la rive droite du Rhin où elles avaient formé, sous le nom de Belgs ou Belges, une confédération puissante. Poussés en avant par les Germains, les Belges se décidèrent, vers le IV$^e$ siècle avant J.-C., à franchir le Rhin et à chercher un établissement dans la contrée où leurs frères avaient conquis une patrie environ trois siècles auparavant. Les Kimris ne purent leur résister, et bientôt la confédération des Belges occupa le pays renfermé entre le Rhin, la chaîne des Vosges, la Seine et le bras de mer qui sépare la France de l'Angleterre. On ne possède aucun renseignement précis sur l'état de la Belgique depuis cette époque jusqu'à l'arrivée des Romains. »

MÉDIOMATRICES. — LEUQUES ET VERDUNOIS. — Lorsque César entreprit de soumettre cette partie de la Gaule, les peuples habitant le territoire qui forme la Lorraine étaient au nombre de trois seulement : les *Treviri* (pays de Trèves), les *Médiomatrici* (pays messin) (1) et les *Leuci* (pays toulois). Ces derniers comprenaient les Verdunois et étendaient leurs cultures jusqu'au territoire de Langres.

Ces trois petits peuples, incorporés dans la grande masse des Belges, passaient, comme ceux-ci, pour les plus vaillants des Gaules. Ils n'avaient d'autre occupation que la chasse et la guerre (LEP.) et ne vivaient ordinairement que de lait, de chair et de fromage. Ils n'avaient point de villes, et il ne leur était pas même permis de réunir un certain nombre d'habitations. Leurs demeures, formées d'un vaste enclos qui les séparait les unes des autres, s'élevaient, çà et là, au milieu

---

(1) Dans la période *celto-druidique* (BÉGIN, *Metz dep. 18 siècl.*, p. 40), la Médiomatrice embrassait un vaste territoire, tel à peu près que l'ont occupé depuis les anciens évêchés de Metz, Toul, Verdun et Strasbourg. C'était environ le douzième de la France actuelle (1844) pouvant offrir quatre à cinq cent mille âmes au plus...

d'un champ, près d'un bois, sur les bords d'une fontaine ou d'un ruisseau. Les terres étaient partagées annuellement afin que l'amour de la propriété ne pût s'emparer de leurs possesseurs, faire naître en eux l'avarice ou les détourner des exercices militaires (1). Ils appelaient *cité* un pays ou un canton (2).

GOUVERNEMENT. — CLASSES DE CITOYENS. — La forme du gouvernement dans notre région était républicaine (BÉGIN). On comptait trois ordres de citoyens : les *druides*, les

(1) La Lorraine (TROPLONG, *Revue de Lor.*, t. I, p. 395) n'offrait alors qu'un faible développement d'agronomie et d'habitations rurales. D'impénétrables forêts, que la piété des peuples avait en général consacrées aux Dieux, descendaient depuis les profondeurs des Vosges jusque dans les plaines marécageuses et désertes. Des étangs, des amas d'eaux croupissantes, des solitudes stériles où vivaient, loin de l'homme, des ours, des bœufs sauvages et des animaux féroces occupaient des terrains immenses, à mesure qu'on se rapprochait des montagnes. Cette disposition du sol entretenait dans l'atmosphère un degré de froid plus intense que celui qui signale nos hivers. Le Rhin, qui maintenant ne gèle que dans les hivers très rigoureux, servait alors de passage continuel aux Germains qui le franchissaient sur la glace. (GIBBON, t. II, p. 48.)

(2) Le mot *cité* a plusieurs significations... Le nom de cité, dit l'abbé Dubos, se donnait par les Romains à leurs camps à demeure d'hiver et baraqués où ils gardaient leurs provisions, leurs équipages, leurs chariots, les otages qu'ils se faisaient donner par les vaincus, les tributs qu'ils levaient sur eux. Il se donnait aussi à tout le canton qui y répondait, comme au territoire dépendant des villes pour la centralisation de l'administration qu'ils contenaient, exprimée ainsi par l'idée que présentait cette qualification. (MATHIEU, *Ruines de l'ancien château de Ludres*, p. 8.)

... « Au point de vue historique, dit Clouet (*Hist. de Verd.*, t. I, p. 98), on divise les villes de France en cités, anciens municipes romains, ayant eu un sénat ou curie, avant la conquête mérovingienne, et *communa*, qui furent la propriété des seigneurs (*seniores*) et dont la franchise ne remonte qu'à une charte octroyée ou conquise pendant le moyen âge. Dans la villa gallo-romaine, les tenanciers, outre la quasi propriété de leurs tenures, avaient des droits de jouissance sur les bois, les eaux, les pâturages ; ces trois natures d'immeubles se trouvaient réunies dans la terre salique ou manse dominicale. » (GUYOT, *les Forêts lorraines*, pp. 71-72.)

*guerriers* et le *peuple* proprement dit. « Les Druides et les Nobles avaient la principale autorité dans ces petites républiques, où le peuple ne jouissait d'aucune considération ; souvent même des citoyens de cet ordre, réduits à la misère, se rendaient esclaves de quelque grand qui, devenu leur maître, les traitait comme s'ils eussent été de condition servile. » (Voir César, *Comm.*, liv, VI, c. 12, p. 119.) (1)

Tous les ans, on élisait un magistrat suprême pour les affaires civiles et un général pour la guerre. Ces élections étaient une source intarissable de disputes. Toujours choisis entre les plus puissants et les plus accrédités, les chefs des partis avaient la voix prépondérante et disposaient de tout à leur volonté. César pense que cet arrangement avait été anciennement établi pour procurer au peuple un appui contre la puissance des grands, d'autant plus que ces chefs, pour conserver toute leur autorité, ne souffraient pas que ceux de leur faction fussent opprimés ou trompés. (*Hist. Metz*, t. I, p. 19.)

Druides. — Les Druides unissaient deux fonctions : celle de prêtres et celle de juges suprêmes. La première les rendait maîtres des cœurs ; la seconde des fortunes. (*Ibid.* Préface, p. III.) Les points fondamentaux de leurs doctrines et sur lesquels roulaient tous les autres se réduisaient à trois : adorer la divinité, ne faire jamais le mal, et se présenter partout avec bravoure, dans toutes les occasions. (*Ibid.*, p. 40.)

... Ils adoraient (Durival, t. IV, pp. 1 et 2) un être suprême sous le nom de *Esus* ou *Hésus*, qui paraît dériver de l'ancien mot celtique *Dhew* (conservé en Lorraine) dont les

---

(1) A. Thierry, dans ses *Récits des temps mérovingiens* (t. II, p. 24), dit : « Le servage de la glèbe est antérieur, sur le sol de la Gaule, à la conquête des barbares ; cette conquête n'avait fait que l'aggraver, mais il s'enfonçait dans la nuit des siècles et avait sa racine à une époque insaisissable, même pour l'érudition de nos jours. »

Grecs ont probablement tiré leur *Théos* et les Romains leur *Deus*. Cette notion fut religieusement conservée par les Druides. Ils croyaient à l'immortalité de l'âme. Le chêne était le symbole de la divinité. Ils n'avaient d'autre temple qu'un bois ou bocage (1). Le nom d'*Esus* fut remplacé par celui de Jupiter du temps des Romains dans les Gaules, mais toujours sous la même idée, à l'exception du peuple toutefois qui, dans la suite, devint superstitieux, sacrifia des victimes humaines (les criminels) et brûla de l'encens sous les chênes. Ils n'eurent de temple que longtemps après que César les eût subjugés. Les Druides étaient habillés de blanc. Toutes les femmes gauloises, même celles des chefs... étaient obligées d'allaiter leurs enfants.

Les Gaulois comptaient leurs jours depuis le soir; ils partageaient l'année en trois saisons : le printemps, l'été, l'hiver... Quant aux Druides, ils se trouvaient divisés en trois classes (*A. L.*, t. VIII) : les Druides proprement dits, les Cubages et les Bardes. Les Cubages, livrés à l'étude de la nature, connaissaient un grand nombre de plantes auxquelles ils attribuaient des propriétés, parfois réelles et parfois exagérées. Parmi ces végétaux figuraient le *gui* de chêne, le selago, l'ellébore, la jusquiame, la pulsatille, la mandragore, etc (2).

(1) Leurs divinités (BÉGIN, *Hist. de Lorr.*, introd., p. 1) n'avaient pour temples et pour autels que d'énormes rochers où les Druides traçaient en caractères hiéroglyphiques l'histoire des âges du monde, et où des victimes humaines étaient offertes en holocauste au grand Esus.

(2) *Esquisse de la médecine et de la chirurgie en Lorr.*, par SIMONIN père (p. 60). — La médecine grecque, importée chez les Romains, pénétra avec eux dans les Gaules conquises par César. Dès que la soumission des provinces le permit, les empereurs remplacèrent les collèges des Druides et des prêtres germains par un certain nombre de lycées. On tira de Marseille presque tous les professeurs chargés de l'enseignement dans ces institutions, qui acquirent bientôt une grande célébrité. Le lycée de Trèves, fondé par Constance Chlore, protégé par l'empereur Gratien, attira une foule d'illustrations et d'élèves qui venaient s'instruire dans toutes les branches des connaissances humaines... L'invasion barbare fit fuir les savants dans les

Les Bardes chantaient les exploits guerriers des tribus, excitaient l'enthousiasme militaire et stimulaient la bravoure des combattants (citoyens) (1).

NOBLES. — PEUPLE ET ESCLAVES. — Chez les Gaulois, dit César, ceux qui tiennent le premier rang sont les Druides et les Chevaliers (nobles). Le peuple est presque compté pour rien et, trop souvent, tombe en esclavage par suite de dettes. Ces esclaves ne sont pas destinés à servir le maître dans sa famille. Chacun d'eux a sa demeure et son ménage à la campagne. Le maître exige de l'esclave, comme il le ferait d'un fermier, une certaine quantité de bled, ou quelque bétail ou des habits; l'esclave n'est pas obligé à davantage. (D. CALMET, t. I, p. 3).

HABITATIONS DES GAULOIS. — Leurs maisons étaient de simples cabanes construites de planches ou de claies, couvertes de paille, de chaume, de roseaux entrelacés ou de planches grossières (2). Elles étaient mal ajustées, bâties sans art, sans élégance, ne présentant d'autre commodité qu'un imparfait abri (3). Ils employaient très rarement la pierre, plus rarement encore la chaux. Des branches d'arbres formaient la charpente de la maison ; on les garnissait ensuite de boue et l'on s'y entassait pêle-mêle, hommes, femmes, enfants et bestiaux. (BÉGIN, d'après Vitruv., lib. I, cap. 1, p. 53.)

villes du Midi... La médecine ne fut pas enseignée en Lorraine pendant toute la durée du moyen âge... (*Ibid.*, p. 62.)

(1) Le druidisme, proscrit depuis longtemps dans le midi de la France, le fut également, en Gaule, par Auguste. Tibère rendit cette proscription générale, surtout là où le danger était imminent pour la sûreté des légions. (GRAVIER.)

(2) Contre les attaques de l'ennemi, dit J. César, les Gaulois possèdent çà et là un *oppidum*, c'est-à-dire un lieu fortifié, inhabité en temps de paix, et dans lequel ils se retirent avec tous leurs biens à l'approche de l'ennemi. (GRAVIER, p. 12, note.)

(3) A cette époque éloignée où Marseille, la ville la plus florissante des Gaules, n'avait pas encore de maisons couvertes de tuiles, une ouverture basse (DULAURE) remplissait le triple service de porte, de fenêtre et de cheminée.

VÊTEMENTS. — Ceux-ci consistaient simplement en peaux de bêtes qu'on tuait à la chasse. Du temps de César, nos ancêtres portaient une espèce de caleçon très large nommé *bracca, bracque,* qui couvrait le bas-ventre, le dessous du dos et partie des cuisses, ainsi qu'un *sagum,* sorte de blouse ouverte, sans manches... Tous les hommes libres, magistrats, négociants, industriels, s'enveloppaient d'un manteau très ample, avec ou sans tunique. Après l'emploi de la peau vint celui de la laine. Les Gaulois laissaient croître à volonté leurs cheveux.

CUISINE. — Celle-ci était tout à fait primitive et différait peu des festins décrits par l'Iliade. Elle se composait de lambeaux de viandes rôties sur des charbons (1), d'herbes grossièrement hachées et bouillies, et de boulettes formées de farines de différents grains. (CHERUEL, t II, p. 876. — RENAUD, *A. L.,* 1875.)

INVASION ROMAINE. — A l'arrivée de César dans notre région, « les *Médiomatriciens,* ayant Metz (Divodurum) pour capitale, habitaient la partie moyenne du cours de la Moselle, la moitié de celui de la Sarre, depuis ses sources, et la moitié de celui de la Seille, depuis son embouchure. A l'occident des Médiomatriciens, les *Verdunois* occupaient, sur les rives de la Meuse, un espace de terre d'une étendue de dix lieues. Au midi, les *Leuquois* possédaient le territoire arrosé par le cours de la Meuse, de la Moselle et de la Seille, en remontant dans une longueur de vingt lieues jusqu'aux sources de ces rivières. » (BÉGIN, *Hist. Lorr.,* t. I, pp. III-IV.)

On a peu de renseignements précis sur l'installation des Romains dans notre pays. Il paraît que nos ancêtres furent des premiers à rechercher l'amitié de Jules César. Ils voyaient

(1) Au premier rang du gibier figurait le sanglier qui pullulait dans le pays. « C'était (GRAVIER, p. 20, l'animal des Gaules. Les Gaulois portaient les formes du sanglier en signe de leur religion et sur leurs enseignes militaires. Plus tard le porc fut consacré à Mercure ; c'était l'image de l'hiver... »

dans l'alliance avec ce guerrier un secours puissant contre les invasions des hordes barbares de la rive droite du Rhin (1). Cependant, il est certain, que les Médiomatriciens envoyèrent cinq mille hommes à Vercingétorix pour forcer les Romains à lever le siège d'Alésia. D'abord honorés du titre d'alliés, puis bientôt traités en peuple conquis, nos ancêtres se divisèrent en deux partis : l'un fidèle, l'autre hostile aux envahisseurs. Mais les efforts d'Ambiorix et du Trévir *Induciomare* et des autres chefs de l'insurrection furent inutiles: la fortune de César l'emporta, et les provinces du Rhin, de la Moselle et de la Meuse subirent, ainsi que le reste de la Gaule, la domination de Rome (2).

GAULE ROMANISÉE. — Incorporé à la province dite Belgique Première, notre pays ne tarda pas à jouir des bienfaits de la civilisation romaine. Dès lors, la direction suprême de l'administration reposait dans les mains d'un gouverneur, appelé *Consularis*, personnage subordonné au préfet du Prétoire, dont la résidence était à Trèves (3). Ce gouverneur

(1) « De tous ces peuples, dit César (*de Bello gall.*, lib. I, cap. 4), les Belges sont les plus vaillants, parce qu'ils sont éloignés du luxe et du commerce de Rome, et qu'on ne leur porte pas comme aux autres ce qui amollit le courage. D'ailleurs la *guerre perpétuelle qu'ils ont avec les Germains*, les rends plus belliqueux... » — On voit que l'agression des Teutons contre notre région remonte bien haut et se retrouve à chaque page de notre histoire.

(2) « Rien ne prouve (BÉGIN), que César ait pris Metz. Il lui laissa son ancienne forme gouvernementale, sa magistrature, son Sénat électif; seulement il établit une administration militaire ayant pour chef un gouverneur (præsides), autorité mixte, tenant de la robe et de l'épée, commandant les troupes, administrant les finances, la justice, et chargé de consolider les éléments de la conquête... » — Toul (Tullum) se trouvait à peu près dans les mêmes conditions.

(3) Ausone (poète), natif de Bordeaux, fut préfet à Trèves. — Fortunat, au VIe siècle, a chanté Metz et ses environs. — Le nom et l'origine de Toul, sont entièrement celtiques... Au rapport de Pline, les Leuques (Toulois) conservèrent la liberté, après la conquête par les Romains. *Leuci liberi*, les appelle-t-il... « Les peuples (A. THIÉRY, t. II, p. 188), que leur peu de résistance à la conquête et la servilité de leur soumission, quelquefois leur force et l'indépendance sauvage de

se trouvait chargé de la perception des impôts, des domaines publics, des postes impériales, du recrutement, de l'administration des armées. Pour ces différents objets, il correspondait avec les curiales. Le système de centralisation adopté par les empereurs réunissait tous les pouvoirs (la justice comprise) dans la personne de leurs délégués, et un seul magistrat amovible disposait de la fortune et de la vie des citoyens. (TROPLONG, pp. 364-65.)

Les gouverneurs et généraux romains firent leur résidence à Metz où des embellissements nombreux furent la conséquence de ce séjour prolongé (1). D'autres cités, notamment Toul, Verdun, se couvrirent de constructions gigantesques et prirent un aspect romain. Scarpone, Nasium, Caranusca, Ricciacum, Decempagi (Dieuze ou Tarquimpol), Pons-Sarravi (Sarrebourg) et d'autres stations importantes se peuplèrent d'habitants.

Les Romains ne fondèrent dans les Vosges aucune ville à

leurs mœurs recommandaient aux ménagements du vainqueur, recevaient les titres de *peuples libres* ou de cités fédérées ; en cette qualité ils conservaient les anciennes lois et payaient seulement les redevances en terres, en argent, en hommes... » — Indépendamment de la langue latine, le peuple parlait un idiôme indigène qui, au témoignage de saint Jérôme, avait survécu à la Révolution qui avait romanisé les Gaules. (TROPLONG, p. 23.)

(1) « Du IIIe au Ve siècle (BEAULIEU), les gorges des montagnes (de notre pays) furent occupées par de petits forts ; on entoura les villes de murailles flanquées de tours ; on fortifia les passages des rivières, et les sinuosités des vallées furent observées par des camps à demeure, placés sur les hauteurs... Lorsque, des sommets des remparts, on découvrait au loin l'ennemi (le Germain), le peuple des campagnes, sur un signal donné, fuyait dans les bois, ou se retirait avec son mobilier et ses troupeaux dans des enceintes entourées de fossés qui pouvaient être défendues par un petit nombre de soldats. Dans ces camps si nombreux, échelonnés près des frontières, les Romains pouvaient trouver un refuge, en cas de défaite, et y déposer des vivres et des munitions de guerre ; de là, ils pouvaient aussi tomber sur les barbares indisciplinés, quand ils s'en retournaient chez eux chargés de butin. » (*Hist. des Vosges*, pp. 14-15.) — Nous retrouverons au moyen âge le même système de défense.

l'exception de Luxovium (Luxeuil). — Point de villes, quelques bourgades, quelques défrichements éloignés les uns des autres, trois ou quatre voies sillonnant d'immenses forêts : voilà l'œuvre des Romains dans les Vosges. (DIGOT, pp. 7-9.)

Drusus fit construire à Metz un amphithéâtre, des bains publics, des aqueducs dont on voit les restes à Jouy-aux-Arches. Plus de quarante camps fortifiés furent établis et une infinité de voies et de routes sillonnèrent notre pays (1).

A l'exemple de Rome, chaque cité eut son sénat particulier qui, sous la direction des officiers dont la commission émanait de l'empereur, gouvernait le district et y rendait ou faisait rendre la justice. (*Hist. de Metz*, t. I, p. 117.) Les cités comptaient différentes curies ou classes, comprenant les citoyens qui possédaient, en pleine propriété, des biens-fonds situés dans l'étendue du territoire constituant la cité. (*Ibid.*, p. 118.)

(1) Six grandes voies romaines aboutissaient à Metz. Deux venaient de Reims ; une passait par Verdun, une par Toul. Deux sortaient de Trèves ; une passait par le territoire de Thionville et Mézières ; l'autre par le Luxembourg ; une venait de Strasbourg par Saverne, Sarrebourg, Dieuze, Tarquimpol ; une de Mayence par Sarrebrück. — Outre ces voies principales, il en existait de moins importantes, destinées à des communications secondaires ou aux besoins des localités. Des camps défendaient ces chemins publics (à Sion, Toul, Jaillon, Liverdun, Scarpone, Pont-à-Mousson, Essey, Tarquimpol, etc.). Pendant que les troupes se promenaient dans ces camps, les habitants du voisinage venaient y apporter leurs denrées, y tenir des foires, et souvent même, ils formaient aux environs des établissements qui, par la suite, sont devenus des bourgades.

Au décès de Vitellius (BÉGIN, pp. 84-85), cent treize années d'occupation militaire avaient déjà profondément modifié notre territoire... On vit naître différentes *suburbanæ*, petites villes succédant à des camps retranchés ou produites par le développement commercial des lieux d'étapes établis le long des voies romaines. Tels furent pour la Médiomatrice gauloise, bien distincte de la Médiomatrice germaine ou ripuaire, les villages *fortifiés* d'Ars, Jouy, Corny, la Mache ou la Marche, Richemont, Salival ; les villes ou camps de Verdun, Clermont, Marville, Dun, Aspich, Yutz, Tarquimpol, Marsal et Sarrebourg.

Dans leur commerce continuel avec les Romains, nos ancêtres perdirent insensiblement le souvenir de leur ancienne indépendance et jusqu'au désir de la recouvrer ; aussi l'Éduen Sacrovir, le Belge Julius Florus, et, plus tard, le Trévir Classicus, abandonnés ou faiblement secondés, succombèrent-ils dans leur généreuse tentative d'affranchissement. Les Gaulois, efféminés, n'étaient plus que les sujets de Rome, et ne combattaient plus que pour le choix des empereurs, des tyrans (1).

Au milieu de ces guerres civiles, Metz, prise par les légions de la Germanie, qui avaient proclamé empereur Vitellius (en 69 après J.-C.), fut inhumainement saccagée, parce qu'on la supposait hostile au candidat choisi ; quatre mille de ses citoyens périrent par le glaive. En 261 (HUIN, t. I. pp. 16-17), une formidable armée de *Germains*, sous la conduite de son chef Chrocus, passe le Rhin, détruit Mayence, immole ses habitants, s'empare de Metz, pille, brûle la ville, massacre la population et promène dans tout le pays la désolation et la mort. (FULBERT.) Chrocus succombe enfin et ses troupes repassent le Rhin.

INSTITUTIONS ROMAINES. — Les institutions municipales, conservées ou accordées aux cités de notre région par les premiers empereurs, fixèrent dans les villes presque tous les citoyens libres. Ceux-ci entretenaient sur leurs propriétés rurales (2) un certain nombre d'esclaves, ou s'y rendaient

(1) « Vers 166 ap. J.-C., la peste ravagea les Gaules pendant plusieurs années. On n'avait peut-être jamais rien vu de si terrible en ce genre. La famine se joignit à la peste. » (D. CALMET, *Hist. Lorr.*, t. I, p. 107.)

(2) « On aurait une fausse idée de l'état de la Première Belgique, pendant la domination gallo-romaine, si l'on se représentait cette province couverte de villages florissants, et si l'on croyait que les campagnes étaient partout cultivées et offraient l'image de l'abondance. A cette époque, presque toute la population libre était concentrée dans les villes où la retenaient les charges municipales. Quelques hommes opulents, qui devaient à leur naissance ou à des priviléges particuliers d'être exempts de ces fonctions, habitaient seuls la campagne. On voyait s'élever, de loin en loin, sur le bord des rivières et dans les

avec eux à l'époque des travaux (1). A côté de ces privilégiés, vivaient certaines catégories de citoyens dont la condition était fort diverse, très-variée. Pour ne parler que de la troisième classe, le peuple proprement dit, *plebs*, ses membres, dit Bégin (*Hist. sc.*, p. 98), n'avaient rien ou très peu de chose en propriété. Ils vivaient de leur industrie, exerçaient les arts et métiers et formaient des corporations *collegia opificum* (2). Metz (RAMBAUD) avait un des six

endroits les plus riants, de magnifiques *villas* habitées par ces heureux du siècle ; mais, à part ces palais, on ne rencontrait, en dehors des villes, que d'immenses métairies, dans chacune desquelles des esclaves, placés sous la direction d'un intendant, labouraient le domaine du grand propriétaire. Encore ces domaines étaient-ils loin de se trouver entièrement en valeur : la production était généralement réglée sur la consommation, et quand la population des villes se déplaçait ou diminuait, on voyait immédiatement la culture décroître. Des cantons entiers étaient incultes ; on n'avait encore guère pénétré dans les Vosges que pour y tracer des routes... » (DIGOT, *Hist. de Lorr.*, t. I, pp. 59-60.)

(1) Ces propriétés étaient désignées par divers noms, *curtis*, *villa*, *pagus*, etc. Une curtis, dans le sens propre, était « un enclos rural à ciel ouvert, bordé d'écuries et autres bâtiments agricoles. Plus tard, le mot désigna une *villa*, ou habitation des champs, avec son cortège de bâtiments, colons, serviteurs, terres, personnel, etc., nécessaire à la culture. » Dans les derniers temps, ce devint un manoir ou maison d'habitation, avec les terres, propriétés et autres appartenances y ressortissant, ou même le village tout entier qui s'était groupé et avait grandi autour de quelque importante villa ; et c'est ainsi qu'il faut l'entendre, nous assurent les doctes, toutes les fois qu'il est marié à un nom propre d'individu. (GODRON, *Origine des noms de plusieurs villes et villages de la Lorr.*, J. L., 1875, pp. 299-300.)

(2) Sous la République et dans les premiers temps de l'Empire (BÉGIN, *Scienc.*, p. 73), l'industrie était une profession domestique que les esclaves exerçaient au profit d'un maître avide. Tout propriétaire d'esclaves faisait fabriquer chez lui les objets dont il avait besoin ou dont il pouvait se défaire avec avantage près des hommes libres, ses clients, ou autres qui n'avaient pas le moyen d'établir des ateliers pour leur propre compte. Un malheureux plébéien, dont l'affranchissement n'était pas prononcé, ne possédait rien en propre, pas même son industrie ; il devait tout à l'homme riche que d'injustes lois mettaient au-dessus de lui et ne voyait dans sa destinée que la servitude de la veille et celle du lendemain... Ainsi, le peuple de Metz proprement dit

« gynécées, ateliers de femmes, appartenant à l'Etat, où l'on fabriquait des tissus... » (t. I, p. 54.) Presque tous les citoyens de cette classe étaient des affranchis qui, conformément aux lois, devenaient des citoyens romains, dès qu'ils obtenaient leur liberté.

Esclaves. — Au dessous du peuple (*plebs*) se trouvaient les esclaves. Ceux-ci, quelque temps avant l'invasion des Barbares, constituaient deux ordres différents. Les uns, comme cela se pratiquait dans la Grèce et l'Italie, demeuraient dans la maison de leurs maîtres, à la ville, travaillaient uniquement pour son avantage et recevaient en retour ce qu'exigeaient la subsistance et l'entretien journalier : c'étaient les *esclaves domestiques* ; les autres se trouvaient chargés des travaux de la campagne et, avec les autres habitants ruraux, présentaient une existence sociale très variée. Tantôt, c'étaient des esclaves proprement dits qui cultivaient le sol, sans le moindre profit pour euxmêmes ; tantôt, des *métayers* non asservis, qui partageaient les bénéfices avec les propriétaires ; enfin, des ouvriers libres, employés moyennant un prix convenu ; ici, de véritables fermiers, ne payant pas leurs redevances en argent, qui était très rare dans les Gaules, mais en denrées, en bétail et en fourrures dont ils donnèrent sans doute, par la suite, une partie de la valeur en numéraire. Enfin, un nombre plus ou moins grand d'esclaves, surtout dans le principe, se trouvaient attachés aux domaines, passaient avec eux d'une main dans l'autre et changeaient de maîtres sans changer de destinée. Ces diverses conditions multiplièrent les dénominations, et les habitants et esclaves

---

(*plebs*), esclave avant la domination romaine, le fut encore après son incorporation dans l'empire ; seulement, on cultiva, on alimenta son esprit ; on lui fit prendre l'essor nécessaire aux avantages qu'on voulait en obtenir ; les hommes puissants, vainqueurs et vaincus, ne manquèrent pas de s'entendre à cet égard : il s'agissait d'un monopole sur la multitude.

ruraux furent désignés sous les noms de *coloni, inquilini, agricolæ, aratores, rustici, originarii, adscripti, tributarii.* (Bégin, *Metz depuis 18 siècles*, pp. 8-9.)

Les exigences du fisc, dans les derniers temps de l'empire surtout, nivelèrent insensiblement les conditions et firent descendre tous ou presque tous les travailleurs agricoles au rang d'*esclaves* de la plus misérable catégorie.

Le Fisc impérial. — « Rome (Wallon, t. III, pp. 268 et s.), aux premiers temps de la République, se préoccupait surtout d'avoir une nombreuse et forte population d'*hommes libres.* Sous l'Empire, elle n'avait qu'un souci : l'impôt (1). Avec de l'or elle achetait des soldats ; avec l'*anone*, elle les entretenait ; avec les tributs, en argent ou en nature, avec le travail des villes, corporations et curies, elle pouvait mettre en mouvement cette vaste administration. L'impôt, voilà sa force, et, comme chez tous les peuples de l'antiquité, la terre en était le principe à peu près unique... » On ne s'adressait presque jamais à l'industrie.

Curiales. — « La loi (Le Houerou, p. 146) prit le parti d'identifier la terre et l'homme, et de les rendre solidaires l'un de l'autre. Elle constitua en un corps et réunit, comme en un faisceau, l'élite des propriétaires fonciers, sous le nom de curiales (2), en faisant porter à chacun, individuellement, la responsabilité de toutes les charges qui pesaient sur la pro-

(1) L'impôt de la terre, le tribut public chez les Romains, depuis Dioclétien, se prélevait, selon les besoins du service : 1° en nature, c'est-à-dire en produits agricoles et de consommation, tels que blé, orge, huile, vin, fourrage, lard, sel, etc.; 2° en produits bruts ou manufacturés, tels que bois, charbon, chaux, fer, airain, habillements de toute espèce, etc.; 3° en hommes et en chevaux pour le service des armées ; 4° en espèces d'or et d'argent, qui tenaient lieu de tout cela et qui en représentaient la valeur... (Le Houerou, p. 274.)

(2) La classe des curiales (Guizot, *Cours d'hist. moderne*, 1828-29, pp. 67 et suiv.) comprenait les habitants des villes, soit qu'ils y fussent nés (*municipes*), soit qu'ils fussent venus s'y établir (*incolæ*), qui possédaient une propriété foncière de plus de 25 arpents (*jugera*), et ne comptaient à aucun titre parmi les privilégiés exempts des fonctions curiales (domesticité impériale, sénateurs, professeurs, etc.)... Aucun

priété même. C'étaient les curiales qui levaient, au profit du fisc impérial, toutes les contributions dont elle était frappée. *Ils répondaient*, dans tous les cas, *de la totalité de l'impôt, et leur fortune personnelle répondait des non-valeurs...*

« Aussi, vers la fin de l'empire romain,... le monde fut témoin d'un étrange spectacle. La terre, pour la première fois, se vit répudiée par son possesseur. Ce fut à qui ne posséderait rien pour n'avoir rien à payer. A chacune des pages du Code, il est question de terres qui n'ont point de maître. C'est en vain que l'empereur les offre, tantôt aux Romains et tantôt aux Barbares : elles restent désertes et sans culture entre les mains du fisc... Loin de songer à acquérir, chacun se hâta de dépouiller une liberté exposée à tant de misères et chercha un asile jusque dans la servitude...

« Les champs étaient mesurés jusqu'à la dernière motte (LACTANCE, de *Mor., persécut.*, p. 23); les ceps de vigne et les pieds d'arbres étaient comptés ; les animaux de toute espèce étaient inscrits ; chaque tête d'homme était marquée. Le pauvre peuple des villes et des campagnes était rassemblé dans les villes, pendant que dehors se pressaient d'innombrables troupeaux d'esclaves. Chaque propriétaire était là, avec ses hommes libres et ses serfs; la torture et le fouet retentissaient de tous côtés... Il n'y avait plus que les mendiants dont on ne pouvait rien exiger, parce que leur misère et leur dénûment les mettaient à l'abri de toute injure (1). »

DÉCADENCE DE LA GAULE ROMANISÉE. — Les historiens

curiale ne pouvait, par un acte personnel et volontaire, sortir de sa condition. Les curiales (administrateurs du municipe) répondaient, non seulement de leur gestion individuelle mais des besoins de la ville auxquels ils étaient tenus de pourvoir eux-mêmes, en cas d'insuffisance des revenus. Il en était de même pour les impôts publics qu'ils étaient chargés de percevoir... Nuls comme citoyens, les curiales ne vivaient que pour être exploités au profit du trésor impérial ; s'ils levaient des impôts on les rendait comptables des sommes à percevoir. (BÉGIN, *ibid*, pp. 96-97.)

(1) Cette situation épouvantable provoqua des insurrections terribles, entre autres celles des Bagaudes, ces ancêtres de nos Jacques.

Les Bagaudes étaient d'anciens hommes libres devenus esclaves, dès

s'accordent tous pour reconnaître l'état florissant de notre région pendant les trois premiers siècles de notre ère. Les villes se couvrirent de monuments ; on défricha sans cesse de nouvelles terres. Les Vosges (LEPAGE), qui, lors de l'invasion romaine, dans la partie de la plaine surtout, renfermaient déjà, sans aucun doute, une population nombreuse attirée par la fertilité du sol, devaient, dans la partie de la montagne, quoique moins fréquentée, présenter tout autre chose qu'un affreux désert. (*Hist. des Vosges*, p. 240.) La prospérité ne fit que s'accroître avec le temps, grâce à la paix dont jouissaient alors les populations.

Au IVe siècle (ADSON, *Vita sancti Mansueti*, p. 23), Toul était une ville commerçante, riche et populeuse ; les campagnes d'alentour étaient très fertiles ; une belle ceinture de murailles, de nombreuses tours, et des fossés constamment remplis d'eau, l'enveloppaient de toutes parts.

On peut en dire autant de Metz, de Verdun et des autres localités quelque peu importantes : malheureusement, les gouverneurs et leurs lieutenants appliquaient partout le système lamentable d'administration que nous avons exposé plus haut et se livraient encore aux plus honteuses déprédations. Florentinus, préfet des Gaules à Trèves (1) sous Julien, le règne de Dioclétien et sans doute bien avant lui. — Salvien (*de Gubernat. Dei,* V) nous peint, en ces termes, les causes qui ont conduit ces malheureux au désespoir :

« Pour quels autres motifs se sont-ils faits bagaudes, sinon à cause de nos injustices, de l'improbité des juges, des proscriptions et du brigandage de ceux qui se sont fait une source de revenus personnels et de gains sordides des exactions qui ruinent leurs concitoyens ; qui ont converti le tribut en une espèce de proie dont ils s'engraissent, et qui, semblables à des bêtes féroces, ont, non pas conduit mais dévoré le troupeau confié à leurs soins ? Mais non contents de dépouiller les hommes comme le commun des brigands, ils se sont, pour ainsi dire, nourris de leur chair et abreuvés de leur sang ; et par là il est arrivé que ces malheureux, étouffés, égorgés par le brigandage des juges, sont devenus presque des barbares, parce qu'il ne leur était plus permis d'être romains. »

(1) Trèves, étant la ville la plus considérable de la Gaule-Belgique,

est devenu fameux par ses rapines, et Maximus, autre préfet, fut condamné à mort par Gratien, pour ses exactions. Bientôt, dans notre contrée, les causes exposées plus haut produisirent les mêmes effets, et des provinces presque entières (TROPLONG, p. 368) furent abandonnées au fisc chez les Leuquois et les Médiomatriciens... La Voge, avec ses épaisses forêts et ses montagnes inhabitées, était en grande partie sa propriété. Il y régnait, non sur des hommes, mais sur des bêtes sauvages qui peuplaient ces retraites inaccessibles.

Cet état de choses avait été amené, en partie, par la première invasion des Barbares. En effet, en 336, les Alamans, en troupes nombreuses, passèrent le Rhin sur la glace et vinrent envahir notre pays. L'empereur Valentinien qui était à Paris, envoya contre eux Jovin, maître de la cavalerie. Celui-ci surprit les Barbares, d'abord près de Scarpone (1), les battit et acheva leur défaite, non loin des hauteurs d'Atton, aux environs de Pont-à-Mousson.

Les empereurs, surtout dans les derniers temps, essayèrent de réagir contre l'abandon, le dépeuplement de la campagne.

devint, pour la religion chrétienne dont nous allons parler, ce qu'elle était pour le civil sous l'administration romaine ; et les villes de Metz, Toul, et Verdun, qui en relevaient, subirent la même dépendance pour l'ecclésiastique. « Ainsi, la Lorraine et le Barrois, qui sont principalement dans ces trois diocèses, furent assujettis... à la métropole de Trèves... Nonobstant les divisions particulières des Églises de toutes les Gaules, elles ne faisaient pas moins ensemble un corps d'Églises intimement unies et relatives. Aussi, quoique la métropole de Trèves fût un corps séparé avec ses Églises suburbicaires, elle faisait partie de toutes les Églises de l'État, et c'est de cette union que se formèrent les noms d'Église Gallicane, d'Église d'Italie, d'Église d'Espagne et d'Église d'Angleterre, composées chacune de leurs villes métropolitaines et suburbicaires. THIBAULT, *Hist. des loix et usages de la Lorr. et du Barr.*, Nancy, 1763.) — Constatons ici que l'Église catholique a conservé toutes les divisions des empereurs romains. Rome resta la capitale de la chrétienté au même titre que la Trèves païenne devint la métropole ecclésiastique de la Lorraine.

(1) Scarpone était une ville assez considérable, fortifiée, munie d'une bonne citadelle, située presque en face de Dieulouard, dans une île de la Moselle.

« Constantin défendit d'abord de vendre les esclaves rustiques (WALLON), *mancipia adscripta censibus*, hors des limites de la province, laissant d'ailleurs à la charge de l'acheteur l'obligation de payer leur redevance au trésor » ; mais par « humanité (RAMBAUD, t. I, p. 49), il fut obligé de revenir sur cette décision. C'était, pour beaucoup de familles, le seul moyen pour que parents et enfants ne mourussent pas de faim. Valentinien étendit à cette classe d'esclaves la loi même du colonat et défendit absolument de les vendre sans le domaine auquel ils étaient attachés. » C'était en germe le servage du moyen âge.

Au temps d'Honorius, 528,012 arpents étaient déchargés de l'impôt comme déserts... Les incursions des Barbares enlevaient les citoyens aux pays frontières ou les chassaient vers l'intérieur. Bien souvent les esclaves allaient au-devant des Barbares... pour revenir avec eux ravager, par le pillage et l'incendie, la terre qu'ils avaient si longtemps et si vainement arrosée de leurs sueurs (1).

LE CHRISTIANISME EN GAULE. — Les auteurs ne sont nullement d'accord sur l'époque de la prédication de l'Evangile dans notre pays. Le père Benoît Picard place l'arrivée de saint Mansuy à Toul au milieu du IIIe siècle, tandis que les anciens écrivains ecclésiastiques indiquent l'an 47 ap. J.-C., pour l'apostolat, à la fois de saint Euchaire, à Trèves, de saint Clément, à Metz, et de saint Mansuy, à Toul (2). Quoi

---

(1) Wallon dit avec beaucoup de raison : « L'emploi des esclaves ne fut jamais une force pour aucun peuple, car il écrase toute autre forme de travail et substitue à l'intelligence, à l'activité de l'homme libre, la paresse et l'engourdissement moral de l'homme qui, n'ayant rien à gagner du progrès de son labeur, ne connait plus d'autre aiguillon que celui du fouet. T. III, p. 466.) »

(2) L'abbé Bourgaud, auteur d'une étude historique estimée (GUILL..., *Hist. du dioc. de Toul*, t. I, p. 15, termine le troisième chapitre par cette sage remarque : « En général, on raisonne avec trop d'aplomb sur ces époques éloignées. Tout manque pour asseoir un jugement : on n'a ni livres ni souvenirs sûrs ; les pierres elles-mêmes ont disparu, et cependant on prétend savoir au juste ce que Marc-Aurèle a ou n'a pas

qu'il en soit, l'abolition violente du druidisme, la confusion qu'introduisit dans le culte païen l'adoption des divinités étrangères quelconques, devaient avoir ébranlé fortement toutes les vieilles croyances : au reste, prêtres romains, germains, gaulois, tous prêchaient librement et à l'envi : on ne savait auquel croire quand vinrent les apôtres du Christ.

Jamais, peut-être, continue Bégin, une époque ne fut plus propice à l'établissement d'un culte. Le peuple ne tenait à rien dans l'administration politique. Isolé des sénateurs et des curiales, il était libre de ses volontés et ne pouvait manquer de répondre à l'appel des ministres chrétiens qui lui tendaient les bras, prêchaient une doctrine égalitaire et qui, à défaut de bonheur dans cette vie, lui montraient la félicité éternelle. A l'église, l'esclave était l'égal du maître. On se trouvait loin du cruel adage païen concernant ces malheureux : *non tam vilis quam nullus.* Ce fut donc par les petits, le peuple, par les esclaves surtout, que s'accomplit le renouvellement moral de toutes les classes de la société. D'autre part, certains privilégiés, les citoyens chez lesquels survivaient les traditions libérales, républicaines, révoltés de voir diviniser, par la religion officielle, des monstres couronnés, Caligula, Héliogabale, Caracalla, etc., devaient accueillir avec faveur un culte nouveau, répudiant l'immoralité des classes opulentes, préconisant la vertu, la pauvreté, proclamant l'égalité de tous devant Dieu, devant la loi (et même en société, au moins dans les premiers temps)(1).

fait... Soyons plus modestes et contentons-nous, après avoir avoué que *nous ne savons rien,* d'établir qu'il n'y a point de répugnance à ce que les choses se soient passées de telle ou telle manière... » (Liv. I., ch. 3, p. 101.)

(1) « Le christianisme établissait l'égalité (WALLON, t. III, pp. 359-60) de tous les hommes en nature et en J.-C.; il proclamait leur liberté au nom du droit et de la grâce. Voilà son dogme capital et la base de tout son enseignement. Mais le christianisme, en faisant les hommes libres, ne prétend point les rendre indépendants entre eux. Il ne les isole point ; il les rapproche au contraire ; il les unit, il les assujettit les uns aux autres par les liens de la charité ; et cette divine organisation de la

Généralement on invoque, il est vrai, comme cause essentielle des conversions, les miracles opérés par les ministres du Christ, tels que, par exemple, le rappel à la vie, par saint Mansuy, du fils du gouverneur de Toul (Regulus), noyé dans la Moselle, la guérison de toutes espèces de maladies, etc.; bref, nombre de faits extraordinaires, surnaturels qu'on trouvera plus loin au chapitre *Miracles*.

PERSÉCUTIONS. — Certains écrivains s'appesantissent sur les persécutions essuyées par les chrétiens dans notre province, racontent complaisamment le martyre qu'y auraient enduré nombre de fidèles sous la proscription des empereurs païens. Rien n'est moins prouvé que ces diverses assertions. L'abbé Guillaume dit avec raison :

« Il est difficile de penser que l'Église de Toul ait souffert une ou plusieurs persécutions sous ces empereurs païens, les chrétiens de Metz ayant constamment joui d'une paix profonde, ainsi que M. l'abbé Chaussier en convient dans sa dissertation sur l'origine apostolique de cette dernière ville (1). »

L'abbé Guillaume (t. I, p. 111), sans preuve sérieuse, est

société, supérieure à tout arrangement humain, n'en exclut aucune combinaison ; elle peut s'appliquer sans efforts à tous les systèmes des constitutions politiques. Elle ne veut qu'une chose, mais elle l'exige sans réserve : c'est que tous les systèmes, quelque arbitraires qu'ils soient, se conforment à son esprit. A ces conditions, le christianisme acceptera même ces rapports de maître à esclave, si contraires à son principe par leur nature. »

(1) L'Abbé Guillaume (t. I, p. 106) esquisse ainsi l'histoire générale de notre pays à cette époque. « Nos malheureuses contrées ont pu se ressentir jusqu'à un certain point de la peste de 166, des troubles causés par Materne, général romain, en 187 ; de la guerre et de la *persécution* de Maximin en 237 ; de la guerre de Gallien en 260... ; peut-être encore de la guerre et de la *persécution* de Dioclétien en 303 ; très certainement de ce qu'ont fait souffrir aux récentes chrétientés des *Leuci* les armées et l'apostasie du César Julien... Toul, cette antique cité, fut incendiée par les Francs, vers 450, ravagée par Théodoric de Bourgogne vers 600, et une seconde fois après la déroute de Dagobert en 680 ; brûlée avec ses archives pendant l'épiscopat de Godon en 735 ; puis par les Normands, en 898 ; enfin ravagée par les Hongrois... »

plus affirmatif pour l'empereur philosophe Julien (1), dit l'Apostat, ce souverain absolu qui borna ses persécutions à défendre aux fidèles d'enseigner les belles lettres (2). On l'accuse, lors de son passage à Toul pour son expédition en Allemagne, d'avoir fait décapiter les deux frères saint Élophe, saint Euchaire (celui-ci à Pompey) et leur sœur, sainte Libaire. Les deux premiers rééditèrent, l'un et l'autre, le miracle de saint Denis à Paris. Ce n'est pas tout. Julien aurait encore fait succomber aux *Tombes* (Pompey) deux mille deux cents (ou deux cent vingt — on n'est pas d'accord sur le chiffre) chrétiens, imitant leur *exemplaire* Euchaire (3).

Si Julien favorisa le paganisme, d'autres empereurs, Honorius par exemple, se montrèrent hostiles à l'ancienne religion. Ce dernier ordonna, en 399, de briser les idoles païennes. (HUIN t. I, p. 23.) Dans les districts écartés ou

(1) En 355 Julien fut déclaré César et eut le gouvernement des Gaules. En 356 il était consul et alla de Reims à Decempagi (Dieuze) pour chasser les Allemands, occupés à piller le pays. En 360 il fut proclamé empereur. (DURIVAL, t. IV, p. 2.)

(2) « Ou n'expliquez point, disait l'empereur dans son édit, les écri-
: vains profanes, si vous condamnez leurs doctrines ; ou si vous les
« expliquez, approuvez leurs sentiments. Vous croyez qu'Homère,
« Hésiode et leurs semblables sont dans l'erreur : allez expliquer Mathieu
« et Luc dans les églises des Galiléens. » Le coup fut pourtant rude aux chrétiens : les beaux génies qui combattaient alors pour la foi auraient mieux aimé subir *une persécution sanglante*. (CHATEAUBRIAND, *Études historiques*, t. II, second discours, pp. 45-46.) Il serait assez étrange que Julien, qui discutait avec les docteurs chrétiens à Rome et en Orient, se fût montré cruel, sanguinaire en Gaule.

(3) « D'après une inscription française (GUILLAUME, t. I, p. III) faisant suite à l'inscription latine..., et aussi d'une autre inscription placée dans l'église de Liverdun, 2,200 chrétiens auraient, avec Euchaire, leur *exemplaire*, succombé aux Tombes, en confessant Jésus-Christ. Ce chiffre paraît quelque peu exagéré. En donnant au texte de l'inscription *vingt-deux cents*, une interprétation qu'on a déjà essayée, non sans une certaine réussite, le nombre des martyrs de Pompée se réduirait à *deux cent vingt*, nombre qui paraît assez probable pour l'époque de l'empereur Julien; que l'on sait n'avoir pas décrété de persécution générale, comme quelques-uns de ses prédécesseurs... »

éloignés de Rome on différa longtemps l'exécution de cet ordre. Ainsi, à Strasbourg, en 499, un temple d'Hercule était encore debout ; l'extirpation du paganisme ne fut guère obtenue que vers le milieu du vi° siècle.

Dans le chapitre suivant nous verrons l'installation au pouvoir, dans notre pays, de la religion chrétienne.

INVASION DES BARBARES. — Lorsqu'au v° siècle (LE HOUEROU), la barrière du Rhin céda sous les coups des Barbares, il y eut comme un frémissement d'attente parmi tous les déshérités de l'ordre social. Les esclaves leur tendirent les mains comme à des frères ; le reste subissait leur domination en silence, et quelquefois l'appelait de ses vœux... On sait que les Burgondes ne s'établirent dans la Lyonnaise que sur l'invitation des indigènes... Les Francs étaient désirés, appelés par les Gaulois mécontents, dès le règne d'Honorius...

Lors de la grande invasion des Barbares, en 406-407, les Bourguignons et les Francs suivirent les Alains, les Vandales et les Suèves dans les Gaules et n'en sortirent plus. Dès lors notre région fut pendant longtemps comme un champ de bataille où les Romains luttèrent contre les Barbares, et où bientôt les Barbares vainqueurs se battirent entre eux. Les villes furent prises, reprises et pillées successivement. Trèves (1) subit ce triste sort quatre fois, en 406, 413, 420, 456 ; Metz, en 406, et, en 450, par les Huns. Ceux-ci, conduits par Attila, passèrent le Rhin au milieu du

---

(1) Châteaubriand (*Etud. hist..*, t. III, p. 56) montre en ces termes l'abâtardissement, la corruption des gallo-romains du v° siècle :

« Quatre fois Trèves est envahie, et le reste de ses citoyens, s'assied au milieu du sang et des ruines sur les gradins déserts de son amphithéâtre.

« Fugitifs de la ville de Trèves, s'écrie Salvien, vous vous adressez
« aux empereurs, afin d'obtenir la permission de rouvrir le théâtre et le
« cirque; mais où est le peuple pour qui vous présentez cette requête ?. »

« Cologne succombe au moment d'une orgie générale ; les principaux citoyens n'étaient pas en état de sortir de table lorsque l'ennemi, maître des remparts, se précipitait dans la ville. »

vᵉ siècle. Cologne, Mayence, Trèves, *Metz, Verdun* et autres villes qui se trouvaient sur sa route, depuis Langres jusqu'à Cambrai, en marchant à Orléans, furent entièrement détruites, la plupart de leurs citoyens passés au fil de l'épée et ensevelis sous les ruines de leurs maisons ; les autres, qui purent échapper des mains des Barbares, se sauvèrent dans les forêts où ils souffrirent une misère extrême. (Spicil., t. XII, p. 276.)

A Metz, les Huns égorgèrent tout jusqu'aux enfants que l'évêque se hâta de baptiser ; la ville fut livrée aux flammes ; longtemps après on ne reconnaissait la place « où elle avait été qu'à un oratoire (saint Etienne) échappé seul à l'incendie. » (Chateaubriand, t. III, pp. 60-61.)

Les villes du voisinage, les différentes stations romaines, les temples, les demeures royales eurent le même sort, et presque tous les édifices qui avaient échappé aux ravages des peuples d'outre-Rhin furent renversés par l'armée des Huns. (Bégin, *Hist. de Lorr.*, Introd., p. X.)

Attila trouva le terme de ses succès en Occident dans les champs catalauniques. Les anciens Barbares, déjà implantés en Gaule depuis quelque temps (Francs, Bourguignons, etc.), s'unirent aux soldats romains pour écraser l'ennemi commun. Le Hun vaincu à Châlons dut se retirer et laisser le champ libre aux Francs qui, bientôt, devinrent les maîtres du pays des Médiomatriciens, des Leuques et des Verdunois (1).

(1) Châteaubriand (t. III, p. 82) dit, avec raison, que l'empire romain-latin était devenu l'empire romain-barbare un siècle et demi avant la chute d'Augustule. Cet empire mixte subsista plus de quatre siècles encore après la déposition de ce prince. Les Francs, les Bourguignons, les Visigoths, en Gaule,... furent des possesseurs que les populations connaissaient, qu'elles avaient vus dans les légions, et qui, soumis à leurs lois nationales, laissaient au monde assujetti ses mœurs, ses habitudes, souvent même ses propriétés : une religion commune était le lien commun entre les vaincus et les vainqueurs

# DEUXIÈME SECTION

# PÉRIODE MÉROVINGIENNE

## MONARCHIE FRANQUE

### CHAPITRE II

Sommaire. — *Clovis. Ses succès, sa conversion.* – Conquête du midi de la Gaule. — Domination mérovingienne. — Conquérants et conquis. — Administration mérovingienne. — Impôts. — Esclavage. — L'Église et l'esclavage. — Administration de la justice. — Industrie. — Instruction.

*Notes.* — Union du trône et de l'autel. — Suprématie de la papauté. — Habitants des solitudes vosgiennes. — Comtes mérovingiens. — Salines. — Esclaves des Francs. — Lois franques. — Origine du costume ecclésiastique.

**Clovis.** — *Ses succès, sa conversion.* — Après la défaite d'Attila à Châlons, on pouvait se demander auquel des coalisés vainqueurs, — Gallo-Romains commandés par Syagrius, Visigoths, Saxons, Burgondes Francs ripuaires et Francs saliens, — allait échoir la domination sur la Gaule.

Toutes les chances semblaient se réunir en faveur des Visigoths installés au cœur du pays et maîtres de l'Espagne. Mais, comme les Burgondes, leurs émules, ils étaient ariens, c'est-à-dire en contradiction de foi religieuse avec le clergé gallo-romain qui disposait de la volonté et de l'action des fidèles obéissant à sa direction. Or, à cette époque tourmentée, époque de ferveur religieuse, les questions de dogme, chez les prélats surtout, les seuls lettrés de l'époque, et, par là, les maîtres de l'opinion publique, l'emportaient sur toutes les autres considérations. Aux divers souverains ariens, hérétiques, ils voulaient à tout prix opposer un chef relativement puissant, professant les doctrines orthodoxes. On jeta les yeux sur Clovis, commandant des Francs saliens, horde de quatre à six mille barbares, cantonnés depuis assez longtemps aux environs de Tournay. Clovis, guerrier valeureux, venait de battre, à Soissons, Syagrius, le dernier représentant militaire de Rome en Gaule. On lui fit épouser Clotilde, nièce de Gondebaut, roi des Burgondes, princesse catholique romaine. Cette femme habile obtint de son mari la promesse que leur premier-né serait consacré au Christ, par le baptême. La mort rapide de cet enfant n'ébranla pas le pouvoir de Clotilde sur son époux, encore païen. Une victoire qu'il remporta, en 496, sur les Allamans, nouveau flot de barbares venus en Gaule, et qu'il voulut bien attribuer au Dieu de sa femme, acheva sa conversion intéressée (1).

C'est sans doute au retour de cette expédition que, selon quelques historiens, Metz et Toul ouvrirent leurs portes au Franc victorieux. Celui-ci, au reste, se trouvait déjà depuis quelque temps en relation avec le haut clergé de notre région. L'évêque de Toul, Ursius, depuis saint Ours (DAULNOY), lui donna le prêtre Vidastus, devenu saint Waast, qui l'instruisit dans la foi catholique et l'accompagna jusqu'à Reims, où il fut baptisé par saint Remy. « Non seulement Clovis fut baptisé (LE HOUEROU, pp. 358-59), mais encore *sacré* à la manière des anciens rois de Judée et pour le même motif. C'était une espèce de charte tacite entre le sacerdoce et la puissance séculière, un pacte conditionnel et par conséquent

(1) ... Il est donc vrai de dire (*Hist. de Metz*, t. I, p. 258) que Clovis dut moins ses prospérités à son courage, à sa fermeté, à son activité et à ses autres vertus morales, qu'à sa conversion au christianisme et au choix qu'il fit de la communion catholique quand il embrassa la religion de J.-C.

résolutoire entre le prêtre qui sanctifiait et la dynastie qui acceptait le pouvoir (1).

Verdun, à ce qu'il paraît, fut de moins facile composition que Metz et Toul. Cette ville (ROUSSEL, t. I, pp. 87-88) avait donné asile à Siagre (Syagrius), dernier gouverneur des Romains dans la Gaule-Belgique après la bataille de Soissons. Clovis vint assiéger Verdun et menaça de saccager la cité... Saint Euspice, archiprêtre, sortit de la ville avec les principaux du clergé et des magistrats qui se prosternèrent aux pieds du roi, qui les fit relever. Saint Euspice appela Clovis le plus noble et le plus pieux des monarques du monde; il loua sa bonté royale publiée jusqu'aux extrémités de la terre... Clovis accorde le pardon sollicité, prend la main d'Euspice et entre dans la ville « aux acclamations de tout le peuple. » (Voir HUGUES DE FLAVIGNY, pp. 87-88.) On le conduisit à la cathédrale où il fit sa prière, après laquelle fut publié le pardon accordé. Deux jours de réjouissances célébrèrent son séjour dans nos murs (CLOUET); la chronique ajoute que les Francs fêtèrent leur triomphe par des libations dont ils avaient l'habitude (2).

(1) Clovis (TH. LAVALÉE, *Hist. des Français*, t. I, p. 112) resta toute sa vie en parfait accord avec le clergé : ce fut le secret de sa puissance. Il fit des donations immenses qui, contrairement aux fiefs concédés aux leudes, furent déclarés inaliénables... Les évêques prirent envers Clovis le langage le plus adulateur; ils le laissèrent violer les élections ecclésiastiques, demandèrent son acceptation pour ordonner des hommes libres et consacrèrent même, à sa prière, des Romains coupables de sacrilège. Il faut se conformer, disait saint Remy à ceux qui le blâmaient, à la volonté d'un roi, défenseur et propagateur de la foi catholique; ses ordres n'étaient pas canoniques, sans doute, mais le chef des provinces, le gardien de la patrie, le triomphateur des nations l'avait commandé. « (Le clergé agit de même avec Charlemagne.) L'aveuglement servile des ecclésiastiques alla au point d'excuser les actions les plus sanguinaires du franc barbare. Grégoire de Tours, après avoir raconté plusieurs de ses crimes, dit, sans transition aucune : « Dieu prosternait ses ennemis devant lui, parce qu'il marchait d'un cœur droit devant le Seigneur et faisait tout ce qui était agréable à ses yeux. » (GRÉGOIRE DE TOURS, liv. II, ch. 40.)

(2) Au V<sup>e</sup> siècle (DIGOT, *Aust.*), Verdun faisait un négoce important.

Comme on le voit, l'union entre le trône et l'autel était complète, absolue. Le souverain pontife lui-même fit entendre sa voix : « Le siège apostolique, écrivait le pape Anastase, se réjouit de ce que Dieu a pourvu au salut de l'Église, en élevant un si grand prince pour la protéger (1). »

Bientôt (GRÉGOIRE DE TOURS, liv. II, ch. 23) (2), la renommée des Francs se répandit chez les Gaulois méridionaux ; leur domination était vivement désirée. Les évêques entrèrent même en relation avec Clovis et l'engagèrent à chasser les Bourguignons et les Visigoths de la Gaule...

Ce souverain se rendit facilement à leurs vœux (3). Cet

---

Il paraît qu'alors, comme plus tard, on y amassait, pour les revendre, d'énormes quantités de grains destinés à la fabrication de la bière et de la cervoise...

(1) L'autorité de l'évêque de Rome était déjà alors solidement établie dans notre pays. « Dès l'an 503 (CLOUET, Egl. pér. mérov.,p. 758), les évêques gaulois doutaient qu'il fût possible de déposer un pape... L'autorité pontificale prit une grande expansion en France pendant la décadence mérovingienne. Les conciles, qui s'étaient assez régulièrement tenus jusque vers l'an 650, tombèrent, à dater de cette époque, dans une telle désuétude qu'en 753 les vieillards seuls se souvenaient d'en avoir vu (p. 761).

(2) Grégoire de Tours, le grand historien de cette époque, est qualifié de « crédule » par les auteurs de l'Hist. de Metz (t. I, p. 229). Ils citent un fait qui justifie cette opinion — « Nous vîmes croître, dit Grégoire (liv. IV, ch. 9), des raisins sur l'arbre appelé sureau, sans qu'aucune vigne y fût jointe ; et les fleurs de cet arbre qui produisait ordinairement, comme vous le savez, des graines noires, se changèrent en grappes... »

(3) Il grossit son armée, comme, du reste, il l'avait fait précédemment, des guerriers venus de la Germanie, et entra à main armée chez les Burgondes. (A. THIÉRY, De la Conquête de l'Angleterre par les Normands.) — « Dans cette guerre, les Franks signalèrent leur passage par le meurtre et l'incendie, et retournèrent au nord de la Loire avec un immense butin ; le clergé orthodoxe qualifiait cette expédition sanglante de pieuse, de sainte, entreprise pour la vraie foi. » — La trahison des prêtres livra aux Franks les villes de l'Auvergne qui ne furent pas prises d'assaut ; une multitude avide et sauvage se répandit jusqu'aux pieds des Pyrénées, dévastant la terre et entraînant les hommes esclaves, deux à deux, comme des chiens, derrière les chariots ; partout où campait le chef Frank victorieux, les évêques orthodoxes assiégeaient sa

étrange *fils aîné de l'Eglise* couronna sa carrière sanguinaire par le massacre, dans d'odieux guet-apens, de ses parents, petits roitelets établis dans le nord de la Gaule-Belgique. Clovis fut le premier souverain franc qui s'occupa des Vosges. « Il en disposa (GRAVIER, p. 32) en faveur d'Euloge, l'un de ses courtisans, pour l'attacher à ses intérêts... Euloge, cœur ingrat, fut convaincu de félonie (1). » Il allait être puni de son crime lorsque saint Remy consentit à lui

tente. Germésius, évêque de Toulouse, qui resta vingt jours auprès de lui, reçut en présent des croix d'or, des calices, des patènes, des couronnes d'or, des voiles de pourpre... »
Clouet (*Egl., pér. mérov.*, pp. 833-34) tient un langage peu différent de celui-ci : — « Il est certain que Clovis détruisit l'arianisme et considéra cette hérésie comme un prétexte suffisant d'attaquer les royaumes où on le professait. « Je suis, dit-il à ses soldats, fort mécon-
« tent de voir ces Ariens maîtres de tant de provinces gauloises ; allons,
« et avec l'aide de Dieu, prenons le pays qu'ils occupent. » — Ses successeurs marchèrent sur ses traces. « Childebert Ier, continue Clouet, dans son expédition d'Espagne, mit au pillage les basiliques ariennes ; on enleva des vases précieux qui furent distribués aux églises catholiques des saints ; et ce butin, au compte de Grégoire de Tours (t. III, p. 10), consistait en 60 calices, 15 patènes et 20 châsses (capsas), ou boîtes à mettre le livre des Evangiles, le tout d'or pur, enrichi de pierreries. C'est par des moyens semblables que le clergé arien fut chassé des Gaules et y vit son culte entièrement aboli. »
(1) C'est à la première invasion d'Attila (GRAVIER, p. 15) que l'on peut attribuer l'arrivée des *Allemands* dans les Vosges. La chaîne des Vosges, couverte de forêts profondes, ouvrait aux peuplades de l'Alsace un asile d'autant plus sûr que, depuis l'éloignement des Romains, toute communication avait cessé entre les peuples, séparés par cette chaîne. Ces peuplades ne cherchaient qu'un asile ; mais leur nombre devint, pour les anciens habitants des Vosges, un fléau semblable à celui que fuyaient les réfugiés. Ceux-ci s'emparèrent, de gré ou de force, des rives de la Meurthe, parties les plus productives du territoire, et refoulèrent les Vosgiens, à droite et à gauche de leur ligne d'occupation, dans les parties les plus arides et les plus montueuses... L'Alsace, dévastée une première fois par Attila, subit une seconde fois le même sort lorsque, après sa défaite dans les plaines de Châlons, ce brigand fut obligé de repasser le Rhin. Les nouvelles possessions des réfugiés et la sécurité qu'ils y trouvaient durent en fixer une partie dans les Vosges. Ceux qui restèrent, confondus par la suite avec les premiers habitants, ne conservèrent de l'origine que les noms de leurs habitations... »

sauver la vie, en échange de ses biens (1). Le prélat devenu, par ce moyen, possesseur d'une partie des Vosges, y envoya une colonie à laquelle il distribua de petites habitations, *mansionilla*, moyennant une redevance en *poix* pour le service des vaisseaux vinaires de son église. Ces nouveaux habitants apportèrent dans les Vosges les lumières du christianisme (2).

DOMINATION MÉROVINGIENNE. — Les cités gallo-romaines (CLOUET, *Verd.*, t. I, p. 97) furent, après la conquête, réputées domaines royaux et ne tombèrent point, comme les campagnes, dans des lots qu'on assigna aux chefs francs pour leur part dans la terre conquise. Elles durent à cette circonstance de ne reconnaître d'autre magistrat que le *comte* royal, bien souvent l'évêque, déjà investi (3) de ces fonctions

(1) Ce don de Clovis à l'archevêque de Reims, après bien d'autres, tant à saint Remi qu'à divers membres du clergé, atteste l'union intime, étroite, absolue, du trône et de l'autel, du sceptre et de l'encensoir. Les livres liturgiques portent l'empreinte profonde, ineffaçable de cette alliance, reflètent la situation de la société à cette époque caractéristique. C'est ainsi que le Christ est acclamé roi, que sa mère, la femme du charpentier Joseph, se voit saluée constamment du titre de REINE, *regina, domina*, etc. C'est sous son égide qu'on engage les misérables à se résigner, à soupirer dans cette vallée de larmes, *in hac lacrymarum valle*, dans l'attente de la béatitude céleste.

(2) Au VIIe siècle (GRAVIER, p. 54), la munificence royale n'avait pour objet que les moines ; de tous côtés s'élevaient des couvents où les grands seigneurs, comme les simples particuliers, allaient ensevelir leur nullité, consacraient à Dieu une vie usée par la débauche, et offraient à l'Église une fortune acquise par le brigandage ; on exécutait à la lettre ce précepte : *Employez le gain honteux et illicite à vous faire des amis.*

(3) Quand (ROUSSEL, *Verd.*, t. I, p. 74, note) la politique romaine fut impuissante à protéger les provinces et les cités, elle attribua aux évêques des fonctions municipales qui leur permirent de rendre aux populations de nombreux et importants services… Ils devinrent les chefs naturels des villes, leurs représentants auprès des Barbares, leurs magistrats et leurs juges au dedans, leurs protecteurs au dehors. Les empereurs chrétiens sanctionnèrent cet état de choses, ainsi que les princes et les chefs de la conquête franque. Bientôt les prélats furent aussi les conseillers de la monarchie naissante, en même temps que les protecteurs des faibles, les juges et les conciliateurs des différends…

par les empereurs romains : de sorte qu'elles gardèrent leur organisation municipale et que leurs citoyens ne cessèrent jamais d'être hommes libres, tandis que les paysans cultivateurs, déjà colons sous les Romains, devinrent serfs, parce qu'ils furent la propriété des seigneurs de la terre...

Vient cette question à laquelle aucun document ne donne une réponse nette, précise. Clovis, en distribuant à ses *leudes*, ses fidèles, les terres du fisc, devenues naturellement la propriété du pouvoir nouveau, y englobat-il les domaines des particuliers enclavés dans leur rayon ou situés dans le voisinage ? Les propriétaires gallo-romains des villes et même de la campagne, par l'entremise du clergé, intermédiaire entre les Barbares envahisseurs et les indigènes conquis ou au moins asservis, traitèrent-ils avec le Franc, nouveau maître du district où se trouvait leur domaine, en payant un cens, si élevé qu'on puisse l'imaginer, ou descendirent-ils, avec le personnel de la métairie, au rang commun de serfs ? On ne peut émettre à ce sujet que des conjectures... On constate seulement (DIGOT, *Aust.*, p. 287) (1) que « le mélange

Les rois barbares récompensèrent, par d'immenses concessions de terres (prises sur la possession de l'ex-fisc impérial, sur les domaines dont l'invasion avait fait disparaître les propriétaires, etc.), les importants services que le clergé rendait à la monarchie nouvelle, en aidant celle-ci à consolider et à organiser la conquête. Les possessions foncières (forêts, fermes, villas abandonnées) avaient peu de valeur aux yeux des Francs, bien plus habitués à manier les armes qu'à conduire la charrue...

Aussi, ajoute Clouet, « dès l'origine de la monarchie, le clergé fut assimilé aux leudes royaux, c'est-à-dire, qu'il marcha l'égal de la noblesse et prit place dans l'aristocratie des conquérants. C'est à leur tête qu'il est constamment rangé par les lois, les historiens, les actes publics, *sacerdotes atque proceres, Episcopi et cæteri leudes*, répètent-ils presque à chaque page ; et, de peur qu'on ne méconnût cette éminente position, la loi du *Wehrgeld*, en fixant les amendes à payer par les meurtriers, mit sur le même rang les évêques et les ducs, les prêtres et les leudes, les diacres et les guerriers francs, en état de servir à leurs frais... (Herimanni). » (CLOUET, *Hist. de la province ecclés. de Trèves*, t. I, pp. 323-24.)

(1) Après la conquête, les barbares établirent ou laissèrent subsister

de Barbares et de Gallo-Romains, déjà fort avancé à la fin du vie siècle, avait fait des progrès pendant le viie... On emploie le mot *populus* pour désigner les habitants de la Gaule indistinctement... Les mariages entre Francs et Gallo-Romains sont plus communs que jamais. Les premiers recherchaient soigneusement la main des riches héritières des seconds... » Naturellement il n'est question ici que des privilégiés et non de la masse des habitants. *L'Histoire de Metz* (t. I, p. 272) paraît dans le vrai, quand elle dit :

... « Dans le vie siècle et les trois suivants, la Lorraine était habitée par diverses nations mêlées ensemble, sans être pour cela confondues. Quoiqu'elles habitassent la même ville, elles étaient alors et sont demeurées, pendant plusieurs générations, des nations distinctes les unes des autres, par les mœurs, par les habits, par le langage, et, ce qui est plus essentiel, par la loi particulière suivant laquelle elles vivaient. En un mot, à peu près semblables aux chrétiens et aux juifs qui peuplent de nos jours (milieu du xviiie siècle) la ville de Metz, ses anciens habitants étaient compatriotes sans être pour cela concitoyens (1). »

---

dans les chefs-lieux des divisions territoriales, qu'ils appelaient des cités, un comte chargé à la fois de l'administration municipale, de celle de la justice, des affaires de la guerre et de la perception de l'impôt, c'est-à-dire de toutes les branches du service public, sans exception. Non seulement on en établit dans les chefs-lieux des cités, mais encore dans des localités moins importantes qui n'avaient point ce titre sous les Romains et qui n'en étaient que des démembrements. C'est ce qu'on appelait, dès cette époque, des châtellenies (*castella*) ; dans les cantons et simples villages, il y avait des centeniers (*tungini, centenarii*) et des dizainiers (*decani*) qui semblent avoir été placés sur le dernier échelon de l'échelle judiciaire... (LE HUEROU, *Caroling.*, p. 381.) A une époque qu'on ne saurait déterminer, ni pour l'origine ni pour la fin, tous les hommes libres d'une circonscription judiciaire étaient tenus de se rendre au *mallum* du comte ou du centenier, pour prendre part à toutes les affaires qui s'y traitaient. C'était l'ancienne coutume germanique qui se maintint longtemps dans les Gaules. (*Ibid.*, p. 382.)

(1) Ajoutons.. comme de nos jours, dans notre colonie d'Afrique, certaines tribus de l'Algérie, comme en Alsace-Lorraine, nos pauvres

CONQUÉRANTS ET CONQUIS. — Le Houërou (*Inst. car.*, p. 442) indique, en ces termes, la situation respective, après la conquête, des vainqueurs et des vaincus : « Toutes les fois que les Francs ne sont point en guerre, ils consacrent quelque peu leur temps à la chasse, mais bien davantage à leur repos, ne s'occupant que de dormir et de manger. Quant à leurs esclaves, ils ne les partagent point... entre les différents services de la maison. Chacun d'eux a son intérieur, ses pénates à part, et les gouverne à sa guise. Le maître lui ordonne de fournir une quantité déterminée de blé, de bétail ou d'effets d'habillements, comme un colon : à cela se bornent les obligations de l'esclave. Les autres offices de la domesticité sont remplis par la femme et les enfants. Quant à l'homme libre, vous ne lui persuaderez pas aussi facilement de labourer la terre et d'attendre la moisson que de provoquer l'ennemi et de mériter l'honneur d'une blessure. Ils regardaient même, comme le propre d'un lâche et d'un homme sans énergie, de gagner à la sueur de son front ce qu'on peut obtenir avec du sang... » (TAC., *Germ.*, 15. pp. 442-43.) (1)

Sous les Mérovingiens, au moins dans la première période de leur histoire, tout l'*exercitus*, tous ceux qui avaient le droit de porter les armes avaient également le droit d'assister aux assemblées nationales, à ces réunions du printemps que l'on appelait le *Champ-de-Mars*, et où on décidait l'action à exercer dans l'expédition, la guerre future. Ainsi les Francs, en devenant les maîtres du pays, devinrent propriétaires, mais ils restèrent soldats, et l'histoire nous les montre dispersés dans les cités (*civitates*) et les châteaux (*castra*), comme une garnison toujours prête à se rassembler au pre-

et nobles annexés ; de par la loi, ils sont concitoyens du vainqueur, sans se trouver pour cela compatriotes, au sens large de l'expression.

(1) Les Francs libres étaient tous laïques et guerriers ; si l'un d'eux embrassait l'état ecclésiastique, il cessait d'appartenir à sa nation ; on le regardait comme romain (BÉGIN). — Constatons, en passant, avec Clouet, qu'alors les Romains portaient l'habit long avec les cheveux courts et peu de barbe ; les Barbares au contraire, avaient des habits

mier signal de son chef. Des ducs (1), préposés à la garde d'une de ces vastes circonscriptions territoriales que les Romains appelaient des *provinces*, étaient chargés de les tenir en haleine et de les conduire à l'ennemi. Au-dessous d'eux étaient les *comtes* qui avaient à la fois l'administration de la justice (2) et le gouvernement militaire des cités, où ils

courts et serrés, la chevelure et la barbe longues. Comme tous les clercs étaient romains, et que peu de barbares s'agrégèrent d'abord au corps sacerdotal, il arriva que l'habit romain ou vêtement long, devint peu à peu un costume clérical...

(1) Les *ducs*, les *comtes* ou *Graffs* (*Revue d'Austrasie*, année 1853) étaient, et surtout dans l'Austrasie, des hommes fort puissants. Indépendamment de leurs grandes propriétés territoriales, ils possédaient des richesses considérables, en vaisselle, en armures, en joyaux de prix, toutes choses qui provenaient des victoires qu'ils avaient gagnées, eux ou leurs pères. Ils avaient aussi, à leur suite, beaucoup d'esclaves et de serviteurs de toute espèce. Mais ce qui faisait leur force principale, c'est que les hommes de guerre, distribués dans l'étendue de leur duché et soumis à leur commandement, s'attachaient aisément à eux par habitude, par estime ou par intérêt ; ils se croyaient leurs sujets, pour ainsi dire autant que ceux du roi. — Aussi l'intraitable orgueil de plusieurs de ces chefs si considérés, si puissants, leur âpre convoitise, leurs violences et leurs révoltes ont fourni souvent à l'historien Grégoire de Tours, les plus énergiques tableaux. Les femmes elles-mêmes se plaisaient à étaler une richesse fastueuse et à mener un train magnifique. Grégoire nous représente l'épouse du duc Ranching, entre autres, comme toute chargée de pierreries et de joyaux d'or d'un grand poids, et se rendant ainsi aux offices de l'église, portée sur un cheval, au milieu d'un long cortège de serviteurs.

(2) Le comte mérovingien (DAULNOY, p. 17) devait tenir trois fois par an une *assise* ou *plaid*, qu'on appelait MAL ou MALLUM, auquel assistaient les habitants notables du comté; là, se prononçaient les jugements, se faisaient les convocations pour la guerre, se promulguaient les décrets et règlements ; on y passait aussi les actes de vente, d'affranchissement et autres dont la publicité était alors la seule garantie. On élisait encore, en la cour du comte, les *centeniers*, magistrats inférieurs, préposés aux centènes, subdivisions territoriales dont chacune avait une population évaluée à cent familles. C'est du mot *centène* que dérive celui de canton. Walafridies Strabo compare les anciens comtes aux « curez qui sont sous les evesques qui sont comparez aux comtes, et les archevesques aux ducs... Celuy-ci est notable que le comte commande à son vicomte et à ses centeniers. » (CHANTEREAU LEFEBVRE, p. 51.)

faisaient résidence... C'est sur lui que reposait, en partie, le système administratif de la Gaule mérovingienne.

Impots. — Les impôts conservés par les Mérovingiens (Digot, *Aust.*, pp. 16 et s.) étaient de plusieurs sortes. Les uns peuvent être appelés, comme de nos jours, contributions directes, et les autres contributions indirectes. Les premiers étaient au nombre de deux : l'impôt foncier, *tributum* ou *census*, et la *capitation* (1).

L'impôt foncier frappait non seulement le sol lui-même, mais encore les esclaves *(mancipia)* et les animaux employés à la culture... L'impôt foncier recevait aussi parfois le nom d'*agrarium*, parce qu'on le regardait comme atteignant principalement le sol *(ager)*, et on l'appelait aussi *pascuarium*, lorsqu'il était assis sur des pâturages ou sur les troupeaux qu'on y entretenait....

La capitation n'atteignait pas les *ingenui*, qu'ils fussent Francs (invalides, impropres à la guerre, sans doute) ou Gallo-Romains riches ou peu aisés... Établie d'abord sur un nombre de cotes proportionné à celui des habitants imposables, on avait maintenu les chiffres primitifs bien que le nombre des citoyens eût diminué. Les cotes des manquants avaient été rejetées sur des veuves, des orphelins et des misérables que la législation romaine avait toujours affranchis de cette contribution. — Les seuls exemptés étaient les possesseurs de bénéfices obligatoires au service militaire, et les personnes dotées par le prince d'une dispense formelle (2).

(1) Ils avaient conservé aussi, à l'exemple des empereurs romains, la propriété des mines, celle des pâturages, des forêts, qui avaient fait partie autrefois du domaine, le produit des douanes dans les ports de mer, ceux du *tonlieu* et des *péages* sur les fleuves et les rivières, etc. Leur gouvernement, dit Ozanam, ne laissa perdre ni un nom d'impôt ni un moyen de recouvrement. — Les riches salines de la vallée de la Seille étaient en pleine exploitation... Quatre ou cinq ateliers monétaires se trouvaient en activité à Vic, à Marsal. Verdun est la seule ville de nos contrées qui se soit alors livrée au commerce (Digot). Selon A. Guyot, il n'en fut plus de même au moyen âge.

(2) Primitivement les domaines que l'Église avait reçus des rois ou

Il faut ajouter à ces privilégiés un certain nombre d'églises et de monastères attachés aux domaines que ceux-ci possédaient, non seulement dans le voisinage mais encore dans le lointain.

Esclavage. — « Les Francs (*Hist. de Metz*, t. I, p. 259, et II, p. 274) trouvèrent dans les Gaules les esclaves des habitants romains ou gaulois ; ils y amenèrent les leurs ; ils en firent quelques-uns par le droit de guerre ; mais il est faux qu'ils en aient réduit tous les habitants en servitude... Or la servitude des esclaves francs, ainsi que celle des esclaves de toutes les nations germaniques, était de différents genres. Quelques-uns étaient nés dans la maison de leurs maîtres ; d'autres étaient de véritables captifs, c'est-à-dire des prisonniers de guerre que l'usage du temps condamnait à l'esclavage (1), d'autres avaient été achetés ; d'autres étaient des hommes, nés libres, qui s'étaient dégradés volontairement, soit en se vendant eux-mêmes, soit en se donnant gratuitement à un maître qui s'obligeait, de son côté, à fournir à leur subsistance et à leur entretien. »

L'Église et l'esclavage. — « Les Églises dont les maîtres étaient presque tous alors de la nation romaine, imitèrent l'usage des Germains, dès les premiers siècles de la monarchie, et donnèrent à leurs esclaves des domiciles particuliers et des terres à faire valoir, à la charge d'une simple redevance. On peut donc regarder l'introduction de l'esclavage

d'autres personnages continuaient à supporter les impositions comme ceux des particuliers ; mais peu à peu elle obtint des immunités. (Digot, *Aust.*, t. III, p. 104.)

(1) Les Francs (Digot, *Aust.*, t. III, p. 295) réduisaient en servitude les prisonniers de guerre, et la loi permettait, dans plusieurs cas, la vente des individus condamnés pour crimes... La plupart des esclaves étaient employés à l'exploitation des grands domaines ruraux. Les uns soignaient les vignes, alors tellement abondantes dans le nord de la Gaule qu'elles y croissaient à l'état sauvage ; d'autres conduisaient, à travers les vastes forêts de l'Austrasie, d'immenses troupeaux de porcs et de moutons ; d'autres, enfin, cultivaient les terres et rentraient les récoltes...

germanique dans le pays messin (et dans le reste de notre région), comme l'origine de ce grand nombre de chefs de famille ou de personnes domiciliées dans un manoir particulier qui, dans le vii<sup>e</sup> siècle et les siècles suivants, étaient serfs de corps et de biens... »

« Presque tous les titres de donation, faits dans ce temps-là aux églises de Metz (et d'ailleurs), font une mention spéciale des esclaves de l'un et l'autre sexe attachés aux biens que l'on donnait... Citons, pour l'exemple, le plus ancien que nous ayons trouvé. C'est une charte tirée du cartulaire de l'abbaye de Saint-Arnoul, par laquelle le duc Pepin d'Héristel et Plectrude, son épouse, donnent à l'église de ce nom, connue alors sous celui des apôtres, le village de Nauroy [Norroy] (1), situé dans le pays de Woivre, avec tout ce qui en dépend, tant en bâtiments qu'en champs et prés, en bois, en terres cultivées ou incultes, en *serfs de l'un et de l'autre sexe* qui l'habitent, et enfin, tout ce qu'ils y ont jamais possédé. Cette pièce est datée... du 20 février 690. » (*Ibid.*, p. 27.)

ADMINISTRATION DE LA JUSTICE.— Les rois mérovingiens, à l'exemple de Clovis (vase de Soissons), s'attribuèrent le droit de juger leurs sujets aussi arbitrairement que le grand Seigneur juge les siens. Ceux qui commandaient aux Francs, immédiatement sous les rois (à l'exception des ducs et comtes), s'appelaient *seniores* ou vieillards. Ces seniors, d'où le terme français de *seigneur* a pris son origine, étaient les principaux officiers du roi, tant pour le civil que pour le militaire. (*Hist. de Metz*, t. I, p. 281.)

Les nouveaux maîtres de notre pays ne gouvernèrent

(1) Ces donations de villages sont très fréquentes à cette époque, et surtout plus tard. Ainsi, (GUILLAUME, t. I, p. 197) l'évêque Endulus (vii<sup>e</sup> siècle, vers 600) donne à l'église de Toul la propriété du village de Lucey. — Une dame, nommée Pretoria, lui donne les dîmes de Saint-Maximin et les villages entiers de Villey-Saint-Etienne, Villey-le-Sec, Bicqueley, Andilly et Bruley, avec l'église de Saint-Pient, de Moyenvic...

pas au même titre les Gallo-Romains et les Francs. (LE HOUEROU, t. I, p. 284.) Les premiers étaient leurs sujets, leurs *provinciales*, comme ils disaient quelquefois ; les seconds étaient leurs *compagnons*, leurs *leudes* et presque leurs égaux. Et, de même que la loi germanique continua de régler les rapports du roi et de ses leudes, de même la romaine continua de peser sur les Romains, avec le cortège des institutions qu'elle avait créées et qui en étaient désormais inséparables.

Or, à tous les degrés de condition sociale (A. THIÉRY, lettres sur l'*Hist. de Fr.*, p. 83), l'homme de race barbare était toujours estimé au double des Gaulois (1). Le meurtre d'un Frank au service du roi coûtait 600 sols d'or (valeur intrinsèque, 3,768 fr.; valeur relative, 59,718 fr. d'amende).

(1) On lit dans la loi ripuaire : Tous les habitants de la contrée des Ripuaires, soit Francs, Bourguignons, Allemands ou de quelque autre nation, seront cités et jugés conformément à la loi particulière de leur nation ; et ceux qui seront trouvés coupables seront condamnés à la peine infligée à leur délit par leur loi nationale, et non point à la peine prononcée dans la loi ripuaire...
La loi (germaine, anglo-saxonne, après les préliminaires du mariage) garantissait à l'époux la possession exclusive de sa femme et taxait son déshonneur par sols et par deniers. Tant pour avoir pressé le doigt ou la main d'une femme mariée, tant pour le bras, tant pour le sein. La suprême injure était évaluée à 200 sols. (*Pact.*, *lég. salic.*, t. XXIII, XV, etc.) — Pour coucher avec une jeune fille, il n'en coûtait que 45 sols ; pour lui faire violence, 62 sols et demi ; si elle était promise en mariage, 62 sols et demi pour elle et 15 pour son fiancé ; si on la conduisait déjà à son époux, 200 sols, absolument comme si elle était déjà entrée dans sa maison. (LE HOUEROU, *Inst. carl.*, pp. 30-31.)
Les lois saxonnes... veulent que le noble, l'homme libre, l'affranchi et le serf épousent une femme de même condition. Que si quelqu'un en prend une dans un rang supérieur au sien, il est condamné à racheter sa faute par la mort... — La loi des Burgondes frappe de mort les deux coupables. La loi des Visigoths... condamne indistinctement à la peine du feu, et la femme qui s'est abandonnée à son esclave ou à son affranchi, et celle qui l'a épousé. Et toutefois elle se contente d'infliger le fouet à celle qui s'abandonnerait à l'esclave d'un autre... Les lois salique et ripuaire sont plus tragiques. La première condamne à la servitude l'ingénu qui épouse publiquement l'esclave d'un autre... (*Ibid.*, pp. 121-122.)

Celui d'un Gaulois de la même position, 300 (valeur intrins., 1,884 fr.; valeur relat., 29,859 fr.) Celui d'un Gaulois, tributaire ou fermier, se payait 45 sols (val. intrins., 417 fr. 60; val. relat., 4,478 fr. 85), amende égale à celle que la loi des Franks exigeait pour le vol d'un taureau. (Tom. I, p. 44. GUÉRARD, *Mém. sur le système monétaire des Francs sous les deux premières races.*)

Ces diverses réglementations ne concernaient pas l'esclave. Ce malheureux était jugé souverainement par le maître, trop heureux quand, dans les cas graves, un tiers, un prêtre, par exemple, parvenait à adoucir la colère du possesseur omnipotent (1).

INDUSTRIE. — Celle-ci était exclusivement exercée par les Gallo-Romains, dans les villes surtout. « La confection des armes, des vêtements (BÉGIN, *Hist. scienc.*, p. 137), occupait presque seule la classe ouvrière; le mobilier était excessive-

(1) A cette époque et dans les siècles suivants, l'action du clergé ne pouvait être que bienfaisante pour l'esclave. Le prêtre était son défenseur naturel près du maître, dans tous les cas difficiles, critiques. L'Eglise était le refuge, le seul asile du malheureux serf coupable de quelque faute, de quelque délit. C'est au nom du Christ crucifié, de l'ami du mendiant Lazare et de la pécheresse Marie-Madeleine, qu'on implorait le pardon. Ce n'est pas tout. En tout temps, l'Eglise offrait au corps fatigué du malheureux esclave un lieu de repos et de délices relatives. Plus étaient nombreuses les fêtes chômées, moins il travaillait. A l'église, au sortir de sa misérable cabane, il entrevoyait l'idéal du beau (ornementations, éloquence, musique, parfums, etc.): c'était un avant-goût de la félicité céleste promise. Or, « c'était alors (CLOUET, *ibid.*, (pp. 751-52), la coutume de cesser le travail des mains dès le soir du samedi. Les légendes racontent beaucoup de prodiges opérés contre les transgresseurs de cette règle, à laquelle néanmoins on renonça vers le x$^e$ siècle, parce qu'on trouvait qu'elle faisait ressembler notre dimanche au sabbat des Juifs. — ... Il résulte de divers textes (*ibid.*, p. 784), qu'on avait alors la barbarie de mettre à mort les enfants monstrueux dont les femmes accouchent quelquefois. » (Concile d'Adge, canon 25.)

On ne saurait énumérer les superstitions, les croyances bizarres qui alors avaient cours. Ainsi (CLOUET, p. 801), Grégoire de Tours prétend qu'une nonne fut mise en purgatoire pour n'avoir pas, dans ses petites coquetteries de toilette, distingué le vendredi des autres jours. (*De gloriâ confessorum*, ch. 5.)

ment borné, et les demeures royales ne présentaient certainement pas l'élégance des maisons de la bourgeoisie actuelle... »

« Dans les monastères (CLOUET, *Eglis. périod. mérov.*, p. 720), la plupart des constructions, des travaux et des œuvres d'art, étaient exécutés par les moines eux-mêmes, auxquels les anciennes règles prescrivaient le travail des mains... La culture des champs, le soin des jardins, les fabriques ou métiers des monastères, la boulangerie, la cuisine, la brasserie, occupaient les cénobites dans leurs cloîtres ; et ils avaient pour aide les frères vulgairement dits *convers* ou laïques, gens intermédiaires entre les domestiques et les moines proprement dits... »

« ... Il paraît (BÉGIN, *ibid.*) qu'on élevait dans le pays messin une grande quantité de bestiaux et que leur vente formait la branche principale de commerce et la richesse de la province. Mappinius, évêque de Reims (vers 550), écrivait à Villicus, le priant de lui dire combien il faudra envoyer d'argent pour acheter des porcs dans le Pays Messin... »

INSTRUCTION. — L'invasion des Barbares sema partout de profondes ténèbres. « Nous ne pensons pas, dit, en 680, le pape Agathon, que personne soit remarquable aujourd'hui par beaucoup de science ; car, depuis que les nations (barbares) se sont jetées sur ce pays, on n'y voit plus que troubles, que violences, que brigandages. Aussi notre vie est-elle pleine de sollicitudes, et il ne nous reste autre chose que la religion, cette dernière gloire, ce dernier soutien de notre existence... »

En effet (CLOUET, p. 696), l'ignorance était déjà telle, au temps de Grégoire de Tours, qu'on se trouvait souvent embarrassé pour fixer le jour de Pâques, et qu'à défaut de calculs et de calendriers exacts, on s'en rapportait au *miracle* de certains fonts baptismaux d'Espagne qui, disait-on, se remplissaient chaque année spontanément la veille de cette fête...

A la fin du présent chapitre, nous complèterons ces indications sommaires sur la période mérovingienne.

# CHAPITRE III

## Royaume d'Austrasie

SOMMAIRE. — Rôle joué par l'Austrasie. — Liste des rois d'Austrasie. — *Thierry I*[er]. — Expédition en Thuringe. — En Auvergne. — Toul. — *Théodebert I*[er]. — Expédition en Italie. — Deuteria. — *Clotaire I*[er]. — Insubordination des Leudes. — Puissance du clergé. — *Sigebert I*[er]. — Expédition contre les Avares. — Lutte entre l'Austrasie et la Neustrie. — Brunehaut et Frédégonde. — Guerres de dévastation. — *Childebert II*. — Metz pillée. — *Théodebert II et Thierry II*. — Guerre fratricide. — *Chilpéric*. — Rapacité du fisc. — *Clotaire II*. — Premier maire du Palais. — Placita. — Abbayes dans les Vosges. — *Dagobert I*[er]. — Son avarice. — Expédition contre les Venèdes. — Luxure de Dagobert. — Gomatrude. — Nanthilde. — Ragentrude. — Eunuques. — Libéralités en faveur de Toul. — *Sigebert II*. — Pépin de Landen. — Monastères fondés par Sigebert. — *Clovis II* réprime l'usurpation de Grimoald. — Sainte Bathilde, régente. — *Childéric II*. — Badillon. — *Dagobert II* battu et assassiné. — Ravages dans le Toulois. — Pépin d'Héristal. — *Thierry III*. — Victor de Tostry. — *Charles Martel*. — Guerres en Allemagne. — Précaires. — Clergé militaire en Austrasie. — Toul et Verdun. — Jugement sur Charles Martel.

État social sous les Mérovingiens. — Clergé. — Sa toute puissance. — Conciles : d'Orléans en 511 et en 549, de Paris en 615. — Paganisme détruit. — Miracles. — Les Dragons de Metz et de Verdun. — Saints Elophe, Eucaire et Livier. — Saint Goar. — Saint Cadroé. — Sainte Menne. — Saint Spinule. — Saint Amé. — Feu sacré à Pâques. — Cloches sonnant seules. — Monastères. — Saints Romaric, Dieudonné, Hydulphe. — Peuple. — Esclavage. — Tarif des Compositions.

*Notes.* — Metz. — Commerce, industrie. — Actes de sainte Clotilde. — L'évêque Nicetius à Trèves. — Gloutonnerie des leudes francs. — Parthénius. — Ravages dans la Bourgogne transjurane. — Chramne. — Sainte Radegonde. — Trésor royal. — Les Mérovingiens possesseurs de domaines. — Décadence des lettres. — Période calamiteuse pour le peuple. — Ravages de la guerre. — Intempéries désastreuses. — Pouvoir absolu des rois. — Galswinthe. — Serment du roi et des leudes. — Brutalité des mœurs. — Esclaves maltraités. — *In pace.* — Tribut imposé aux Lombards. — Don aux marchands de Verdun. — Œuvres créées par Brunehaut. — Chilpéric, lettré et auteur. — Exactions du fisc. — Avoués, Voués, Commendes. — Répudiation usitée. — Vulfegonde et Berchilde. — Miracle fameux. — Castrats. — Diocèse et évêché (différence). — Puissance temporelle des évêques. — Origine des maires du palais. — Saint Sigisbert. — Sacrilège de Clovis II. — Influence salutaire du clergé pour les esclaves. — Mort tragique de Martin, maire du Palais. — Don à l'archevêque de Reims. — Saint Arnoul et le poisson. — Précaires. — Charles Martel damné. — Laïcs siégeant dans les conciles. — Mariages de chrétiens et de juifs prohibés. — Célibat des clercs obligatoire. — Concile d'Estines (753). — Recrutement du clergé. — Cléricature, refuge des princes disgraciés. — Superstitions païennes proscrites. — Saint Elophe. — Saint Sigisbert. —

Sainte Lucie. — Bâtons pastoraux. — Industrie dans les couvents. — Serfs des couvents. — Serfs germains et serfs gallo-romains. — Action bienfaisante du clergé. — Superstitions. — Hérédité des bénéfices. — Puissance de l'aristocratie.

Cette portion de l'empire franc qui, entre autres pays, comprenait la Lorraine, avait Metz pour capitale (1). Pendant quatre siècles, l'Austrasie joua un rôle brillant, et souvent dicta la loi au reste de la monarchie franque. Malheureusement, des mœurs barbares, entretenues par le contact continuel avec les nations germaniques d'outre-Rhin, l'absence de milieux d'éducation, firent pâlir rapidement ce météore éphémère.

Quoique les événements principaux que nous allons relater appartiennent plus particulièrement à l'Histoire de France, nous nous attacherons à mettre en lumière ceux qui peignent la situation du peuple de notre région pendant cette période calamiteuse.

(1) Metz (HUGUENIN, Monast. de Sainte-Glossinde, pp. 19-20), qui, sous les Romains n'avait occupé qu'un rang secondaire dans le nord-est de la Gaule, s'était élevée au premier rang sous la domination des Francs. Sans avoir augmenté d'étendue, elle formait l'un des centres les plus animés de la société nouvelle, sortie du mélange des deux nations qu'avait réunies la conquête. Ses délicieuses campagnes, dit un poète latin du VIe siècle, se couvrent d'une riante verdure ; ici vous voyez de brillantes moissons ; là, des jardins de roses. L'œil suit au loin des coteaux ombragés de pampres touffus ; la fertile nature s'efforce de varier ses riches produits... FORTUNAT, lib. IV, carm. 14.)
Si l'on se demande maintenant quels genres d'industrie portaient la vie et la richesse dans les cités austrasiennes, on reconnaîtra aisément, qu'à l'exception des objets de luxe auxquels la présence d'une cour devait nécessairement donner de l'importance, c'était l'utilité plus que l'éclat qui distinguait les diverses branches de commerce dans le nord-est de la Gaule. Les laines, les draps, les toiles et les teintures formaient les principales richesses des vastes contrées qui s'étendent de l'Ardenne au cours du Rhin. Mais au midi et à l'est du royaume, dans les provinces baignées par la Moselle, abondaient le froment, le vin, le sel et les bois de construction fournis par la chaine des Vosges. Grégoire de Tours nous apprend que la ville de Metz avait un port dans lequel se rendaient les marchands des pays voisins, et il mentionne, à cette occasion, le grand commerce de sel que cette ville faisait avec les autres cités de l'Austrasie. (HUGUENIN, Aust., pp. 196-97.)

Donnons d'abord la liste des rois d'Austrasie (1) :

| | | | | | |
|---|---|---|---|---|---|
| (b) Thierry I<sup>er</sup>, | 511 à 534 | | (b) Dagobert II, | 673 à 679 | |
| Théodebert I<sup>er</sup>, | 534 | 548 | (a) **Thierry III,** | 675 | 691 |
| Théodebald, | 548 | 555 | | | |
| (a) **Clotaire I<sup>er</sup>,** | 558 | 561 | | | |
| (b) Sigebert I<sup>er</sup>, | 561 | 575 | | | |
| Childebert II, | 575 | 596 | | | |
| Théodebert II et Thierry II, | 596 | 613 | | | |
| (a) **Clotaire II,** | 613 | 628 | | | |
| **Dagobert I<sup>er</sup>,** | 628 | 638 | | | |
| (b) Sigebert II, | 638 | 656 | | | |
| (a) **Clovis II,** | 656 | 656 | | | |
| **Childéric II,** | 656 | 673 | | | |

Viennent les fantômes de rois, Clovis III (691-695), Childebert III (695-711), Dagobert III (711-715), sous **Pépin d'Héristal ;** — et Clotaire IV (715-719), Chilpéric II (719-720), Thierry IV (720-737), Childéric III (742-752), sous **Charles Martel,** maires du Palais.

**Thierry I<sup>er</sup>** (511-534) (b). — Ce premier roi d'Austrasie était, non pas le fils de Clotilde, l'épouse légitime de Clovis, mais celui d'une concubine. A l'exemple de leurs pères, les premiers *fils aînés de l'Eglise* ne firent, pendant plusieurs siècles, aucune différence entre leurs enfants légitimes et naturels. Thierry, dans le partage de la monarchie franque, avait obtenu notre région, c'est-à-dire le pays compris entre le Rhin et la Meuse, plus Cahors et l'Auvergne. Il eut à repousser d'abord les Danois, ces précurseurs des Huns et des Normands. Ces barbares étaient descendus aux bouches de la Meuse. Après ce succès, il tourna ses armes contre la Thuringe. Pour enflammer ses leudes et leurs soldats, il énuméra, en ces termes, les griefs des Francs contre cette peuplade :

« Rappelez-vous que les Thuringiens sont venus attaquer vos pères, qu'ils leur enlevèrent tout ce qu'ils possédaient, suspendirent les enfants aux arbres par le nerf de la cuisse ; firent périr d'une mort cruelle deux cents jeunes filles, les liant par les bras au cou des chevaux qu'on forçait à coups d'aiguillons acérés de s'écarter chacun de son côté, en sorte qu'elles furent mises en pièces. D'autres furent étendues

(1) (a) Roi de toute la monarchie franque ; (b) Roi d'Austrasie, seulement.

sur les ornières des chemins et clouées en terre avec des pieux ; puis on faisait passer sur elles des chariots chargés, et, les os ainsi brisés, ils les laissaient pour servir de pâture aux chiens et aux oiseaux... (DURUY). »

Les soldats, d'une voix unanime, demandèrent à venger ces atrocités (Champ-de-Mars). Les Thuringiens furent vaincus; on en fit un grand massacre et leur pays fut réuni à l'Austrasie (année 530).

Pendant que Thierry guerroyait sur le Rhin, les autres fils de Clovis, sous l'incitation de leur mère, *sainte* Clotilde (1) qui ne pratiquait certes pas, en cette circonstance, le pardon des injures, résolurent d'envahir la Bourgogne, province tributaire. Thierry avait refusé de faire partie de cette expédition, au grand mécontentement de ses leudes qui se déclarèrent résolus à faire cette campagne sans lui. L'Austrasien nourrissait d'autres desseins qu'il fit vite partager à ses compagnons d'armes. L'Auvergne avait voulu se soustraire à sa domination. Thierry fit appel à ses fidèles : « Suivez-moi, leur dit-il, et je vous emmènerai dans le pays d'Auvergne ; vous y prendrez de l'or et de l'argent à votre désir ;

(1) La mort, en 517, de Godebaud, le meurtrier de ses parents, ne put apaiser cette sainte fort vindicative. Un jour elle dit à ses fils : « Que je n'aie pas à me repentir, mes très chers enfants, de vous avoir nourris avec tendresse ; soyez, je vous prie, indignés de mon injure ; vengez la mort de mon père et de ma mère. » Les fils obéirent. Les Burgondes vaincus furent exterminés, chefs et sujets. Le peuple innocent paya pour le crime de ses maîtres et oppresseurs.

Ce fut encore cette sainte étrange qui causa la mort de ses petits-fils, enfants de Clodomir. Au retour de leur expédition de Bourgogne où ce dernier avait trouvé la mort, les deux frères envoyèrent à leur mère un messager portant des ciseaux et une épée nue, et chargé de lui transmettre ces paroles : « Tes fils, nos seigneurs, ô très glorieuse reine, attendent que tu leur fasses savoir ta volonté sur la manière dont il faut traiter ces enfants (orphelins) ; ordonne qu'ils vivent, les cheveux coupés (c'est-à-dire inhabiles au trône), ou qu'ils soient égorgés. Egarée sans doute par le démon, Clotilde s'écria imprudemment : « Si on ne les élève pas au trône, j'aime mieux les voir morts que tondus. » Les dignes fils de Clovis exterminèrent non seulement leurs neveux, mais encore leurs serviteurs et leurs gouverneurs.

vous en enleverez en abondance des esclaves, des troupeaux, des habits (1). » (GRÉGOIRE DE TOURS, liv. III, ch. 2.)

« Les Austrasiens, encore sauvages, se jetèrent avec fureur sur cette terre civilisée, pillant, brûlant, mettant au niveau du sol les villes, les églises, les monuments romains, ne laissant aux habitants que la terre qu'il leur était impossible d'emporter. Ils s'en retournèrent, suivis par de longues files de chariots et de prisonniers enchaînés, lesquels furent mis à l'encan par tous les lieux où ils passaient. (FAURIEL, t. II, pp. 117-18.)

Circonstance bien caractéristique de cette époque barbare! Dans cette expédition, Thierry s'empara de tous les prêtres qui lui tombèrent entre les mains et les transféra en Austrasie où ils manquaient. (CLOUET, l'*Egl. pér. mérov.*, p. 763.)

Or, pour cette campagne d'Auvergne, Thierry avait manqué d'argent. « Il ordonna (BENOIT PICARD), une levée de subsides dans chacune des villes de ses Etats. Les habitants de Toul, épuisés par les guerres dont ils avaient eux-mêmes subi les chances désastreuses, ne pouvant fournir la somme qui leur était imposée, recoururent à la médiation de leur évêque. Celui-ci députa vers le roi l'un de ses diacres, nommé Julien, lequel se rendit Thierry favorable, sut le toucher et le fit souscrire à la prière de l'évêque que, d'ailleurs, ce roi avait en vénération, et remettre à la ville épiscopale l'impôt qu'elle aurait eu à payer. » (GUILLAUME, t. I, p. 160.)

Thierry, un peu plus tard, tint à Châlons une grande assemblée nationale pour réformer une partie de la légis-

(1) L'anecdote suivante peint bien les mœurs de ces hordes sauvages :
« Quand l'évêque Nicetus vint prendre possession du siège de Trèves que lui avait donné le roi Thierry, le cortège, en s'approchant de cette ville, déploya les tentes pour passer la nuit. Les seigneurs francs abandonnèrent leurs chevaux dans des champs cultivés qui se trouvaient alentour. Alors Nicetus leur dit : Retirez à l'instant vos chevaux de la récolte qui appartient aux pauvres; si vous ne le faites aussitôt, je vous retranche de ma communion. » Et il exécuta lui-même l'ordre donné. (HUGUENIN, p. 67.)

lation des Francs. On éleva le prix du *Wehrgeld* (composition pécuniaire) suffisamment, pour engager l'offensé à renoncer au droit de se faire justice soi-même. On établit le *droit d'asile* dans les églises où le coupable, à l'abri de la première fureur de son ennemi, pouvait attendre qu'il acceptât la composition, etc. (DAULNOY, pp. 25-26.)

**Théodebert Ier** (531 à 548) (*b*). — Théodebert (1) fut le prince mérovingien le plus brillant et le plus actif. Il conduisit en Italie une nombreuse armée, battit les Ostrogoths et les Grecs, puis pilla le pays tout à l'aise. Mais la disette (PROCOPE) et les maladies exercèrent bientôt leurs ravages au milieu de cette multitude d'hommes, qui ne trouvaient plus d'autre nourriture que la chair des bœufs, ni d'autre breuvage que les flots glacés des rivières qui tombent de la chaîne des Alpes. Théodebert, ayant vu périr le tiers de son armée, reprit le chemin de l'Austrasie. (HUGUENIN, *Aust.*, pp. 82-83.)

Les Austrasiens, comme tous les Barbares, ne comptaient

---

(1) Voici deux traits empruntés aux mœurs des Francs d'Austrasie.— Après la cérémonie du sacre on dépeçait au palais de Sainte-Croix, la viande d'ours, de sanglier, de chevreuil, pendant qu'un vin généreux coulait à grands flots dans des coupes étincelantes ; là, les seigneurs s'enivraient comme de pourceaux, disent les catéchistes du temps; assis à terre, ils jouaient aux dés leurs terres aventaires, leurs armes et leurs femmes et devisaient sur les vices du roi défunt et les mérites du nouveau... (*Metz depuis 18 siècles*, t. II, pp. 31-32.)

Parthénius, un des leudes les plus puissants sous Théodebert, « goulu estoit sur viandes, dit la chronique de Jehan d'Aussay ; tantost qu'il avoit mangé prenoit aloès ou autres chaudes espices, pour plus tost vider son ventre et pour plus tost manger après. Autre vilaine coustume avoit ; car il mettait hors le croiz de son ventre devant la gent, hardiment et sans nulle vergogne, » ce que le moine Aimon exprime de la manière suivante : *strepitum quoque ventris in publico sine ulla verecundia emittebat*. (*Ibid.*, p. 36, note.) — « Sans respect pour les personnes qui l'entouraient (GRÉGOIRE DE TOURS, liv. III, ch. 23-24), on l'entendait laissant échapper des vents avec bruit. »

Mentionnons ici le fait suivant : « Vers 530 ou 31 (ROUSSEL, t. I, p. 98), la ville de Verdun souffrit de grandes vexations ; le peuple fut réduit à une extrême misère par une famine... »

pas les morts, mais estimaient uniquement le butin recueilli (1).

Comme ses ancêtres, Théodebert était un homme violent et de mauvaises mœurs. Il répudia (Huns) sa femme Wisigardis pour la remplacer par une Gauloise illustre, Deuteria. Celle-ci, redoutant une rivale dans sa propre fille, princesse fort belle, née d'un premier mariage, la fit monter dans un chariot attelé de taureaux sauvages qui, du haut d'un pont, près de Verdun, la précipitèrent dans la Meuse où l'infortunée trouva la mort. Quant à Théodebert lui-même, il mourut à la chasse. Son fils, Théodebald, le suivit bientôt dans la tombe, sans laisser d'héritier.

**Clotaire I⁰ʳ** (*a*), le dernier survivant des fils de Clovis, réunit l'Austrasie au reste de la monarchie franque. Il eut à réprimer les Saxons qui refusaient de payer un tribut de cinq cents vaches qu'on leur avait imposé. Effrayés à l'approche de l'armée de Clotaire, les Teutons firent des offres de soumission que le vieux monarque voulut bien accepter. Les leudes s'y refusèrent. Alors se passa une scène qui attestait l'abaissement du pouvoir royal (2). « Renoncez, je vous

---

(1) Théodebert ordonna... aux guerriers de l'Allemanie d'entrer dans la Bourgogne transjurane, les armes à la main, leur promettant pour récompense les dépouilles que pourrait leur livrer cette brillante conquête. Les envahisseurs n'épargnèrent à la province aucun genre de dévastation; la ville d'Avenche fut brûlée; tous les pays voisins des lacs de Genève et Neufchâtel furent abandonnés au pillage; les vainqueurs emmenèrent une multitude de captifs dont la vente devait faire partie des bénéfices de la guerre. » (Frédég., c. 37. Aimon, lib. III, c. 96. Huguenin, p. 29.)

(2) C'est ce monarque inhumain qui, en Bretagne, fit brûler dans une cabane, avec sa femme et ses enfants, son fils Chramne, révolté contre lui. L'une de ses femmes, sainte Radegonde, était fille d'un roi de Thuringe, immolé iniquement par les Mérovings. La pauvre princesse, amenée captive en Austrasie après le meurtre des siens, avait dû épouser Clotaire, fasciné par sa beauté. Pleine de dégoût pour son rôle de souveraine, elle se consolait par des œuvres pies et de charité. Elle aimait à écouter un clerc lettré et à causer avec quelque évêque des saintes Ecritures — « C'est une nonne, disait brutalement Clotaire, et non une reine. » Sans égard aux supplications de la pauvre femme, il fit égorger

prie, disait le roi, à votre projet, car le droit n'est pas de notre côté. Si vous voulez absolument aller à ce combat, je ne vous suivrai pas. » Les chefs irrités se jetèrent sur Clotaire, déchirèrent sa tente, et, l'accablant d'injures, menacèrent de le tuer. Le monarque céda, mais, comme il l'avait annoncé, son armée fut battue.

A l'exemple de ses prédécesseurs au trône, Clotaire, pour racheter ses crimes, se montra libéral envers le clergé ; les Mérovings pensaient effacer leurs forfaits devant Dieu par des dons à ses ministres.

Ainsi nous lisons dans un des décrets de ce souverain (année 560) :

... II. Nous remettons à l'Eglise, en témoignage de notre foi et de notre dévouement, l'impôt de la terre, celui des pâturages, la dîme des porcs ; de telle sorte que nul régisseur ou décimateur ne puisse entrer dans les biens de l'Eglise. De plus, que nul officier n'exige aucun service public des églises ou des clercs qui ont obtenu une immunité, de notre aïeul, de notre père ou de notre oncle... » (LE HOUEROU, *Inst. Mér.*, p. 414.)

Avec Clotaire finit la période des conquêtes franques,

le dernier frère qui lui restait. Radegonde, au désespoir, courut revêtir l'habit de religieuse et supplia saint Médard de la consacrer à Dieu. Le prélat se rendit à sa prière. Clotaire, furieux, jura de se venger ; cependant on parvint à l'apaiser. Fortunatus, qui se fit ordonner prêtre pour ne pas quitter cette reine infortunée, nous a conservé le récit de cette tragique histoire.

Avare autant que cruel et brutal, le roi Clotaire faisait garder à Braine, non loin de Commercy, au fond d'un appartement secret, les grands coffres à triple serrure qui contenaient ses richesses en or monnayé, en vases, en bijoux précieux ; là aussi, il accomplissait les principaux actes de sa puissance royale. Il y convoquait en synode les évêques des villes gauloises, recevait les ambassadeurs des rois étrangers et présidait les grandes assemblées de la nation franque, suivies de ces festins traditionnels parmi la race teutonique où des sangliers, des daims entiers étaient servis tout embrochés, et où des tonneaux défoncés occupaient les quatre coins de la salle... (A. THIERRY, *Premiers récits*, etc., p. 284, note.)

grâce à la soumission volontaire de tous les peuples qui s'étaient rencontrés sur leur route : l'ère des dissensions domestiques et des guerres civiles allait commencer (1).

**Sigebert I<sup>er</sup>** (b). — A son avènement au trône d'Austrasie (Belgique et Lorraine), en 561, Sigebert, fils de Clotaire I<sup>er</sup>, choisit Reims pour y établir sa cour. Il ne tarda pas à reconnaître son imprudence, et rendit à Metz la préférence que lui avaient donnée ses prédécesseurs : alors fut définitivement fixée dans cette ville la résidence officielle des rois d'Austrasie (2).

(1) Jusqu'alors, les enfants de Mérowig (A. THIÉRY, pp. 155-156), véritables chefs de nomades dans un pays civilisé, campaient ou se promenaient à travers les villes de la Gaule, pillant partout, sans autre idée que d'amasser beaucoup de richesses en monnaie, en joyaux et en meubles ; d'avoir de beaux habits, de beaux chevaux, de belles femmes ; et, enfin, ce qui procurait tout cela, des compagnons d'armes bien déterminés, gens de cœur et de ressource, comme s'expriment les anciennes chroniques. Par droit de conquête et comme les premiers de la race conquérante, ils s'étaient approprié, dans toutes les parties de la Gaule, un très grand nombre de maisons et de terres qui formaient leur domaine patrimonial, leur *al-od* (richesse, propriété), comme on disait en langue franque. Les villes mêmes étaient regardées par eux comme des fractions de cet *al-od*, comme matière de possession et d'héritage. Acquérir de nouvelles richesses, accroître le nombre des esclaves qui garantissaient à leur chef la possession de ses trésors et lui en gagnaient de nouveaux : tel était l'unique but de leur politique. Toujours occupés d'intérêts matériels, ils n'exerçaient leur habileté qu'à reprendre ce qu'ils avaient aliéné, et à dépouiller leurs compagnons des *Feh-ods* (propriété mobilière, troupeaux, argent, et par extension le revenu, la solde militaire) ou soldes en terres dont ils avaient payé d'anciens services. Il n'y avait trêve pour eux à cette passion d'amasser et de jouir que dans les jours de maladie et aux approches de la mort. Alors les terreurs de la religion chrétienne se présentaient à leur esprit, redoublées par un souvenir confus des anciennes superstitions de leurs pères. Afin d'apaiser Dieu, ils le traitaient comme ils avaient voulu être traités eux-mêmes, et donnaient aux églises leur vaisselle d'or, leurs tuniques de pourpre, leurs chevaux, les terres de leur fisc. Enfin, avant d'expirer, ils divisaient paternellement entre leurs fils l'*al-od* qu'ils avaient reçu de leurs ancêtres, et tout ce qu'ils y avaient ajouté...

(2) A cette époque commença la décadence des lettres que Clouet (l'*Égl. pér. méroc.*, p. 606), constate en ces termes : « Pendant les

Dès la deuxième année de son règne, Sigebert eut à combattre les Avares, venus d'Asie, comme les Huns. Ces barbares pénétrèrent dans la vallée du Danube, et, en s'avançant, vinrent se heurter contre l'empire franc. Sigebert les battit dans une première rencontre ; mais, six ans plus tard, il fut vaincu par eux en Franconie et fait prisonnier ; cependant ils lui rendirent la liberté et rentrèrent dans la Pannonie (1).

VII<sup>e</sup> et VIII<sup>e</sup> siècles, le règne de la barbarie fut complet ; on n'écrivait plus que des légendes ou de mauvaises chroniques ; la langue latine cessa d'être comprise et la décadence intellectuelle ne s'arrêta qu'à l'époque de la rénovation due au génie de Charlemagne... »

Le pape Agathon, en envoyant des légats au concile de Constantinople, l'an 680, écrivit à l'empereur : « Pour vous rendre l'obéissance que nous vous devons, nous vous envoyons nos vénérables frères, les évêques Abundantius... avec des moines, serviteurs de Dieu. Ce n'est pas par confiance que nous avons dans leur savoir (car comment pourrions-nous trouver la science au milieu des nations barbares) et qui gagnent à grand'peine leur nourriture de chaque jour par le travail corporel. » (*Hist. de Fleury*, liv. XI, ch. 7.) C'est à ce déplorable aveu que se réduit toute l'histoire littéraire depuis le VII<sup>e</sup> siècle jusqu'au X<sup>e</sup>. Une des nouvelles de l'empereur Alexis Comnène concernant les élections, porte que les peuples soumis à son empire étaient plongés dans une profonde ignorance de la religion, parce que ceux à qui il appartenait de les en instruire ne le faisaient pas ou en étaient incapables. (*Hist. des Lorrains*, par HUGUES DE TOUL, extraite des *Annales du Hainaut*, par Jacques de Guyse.)

(1) Cette période (DIGOT, *Aust*., t. I, p. 337), fut particulièrement calamiteuse pour le peuple. En 565, le froid fut excessif ; la neige couvrit la terre pendant plus de cinq mois et quantité d'animaux périrent faute de nourriture. L'année suivante, 566, une maladie contagieuse, dont un des principaux caractères était une violente dyssenterie, fit un grand nombre de victimes dans les Gaules et dans l'Italie et détruisit même une partie des troupeaux. Enfin, en 570, une autre maladie qui paraît avoir eu beaucoup d'analogie avec la peste orientale, enleva des myriades d'individus dans ces deux contrées...

... L'armée de Chilpéric (dont nous allons parler) commit une infinité de désordres dans les provinces qu'elle envahit ; elle dévasta les campagnes, pilla les églises, en brûla quantité et saccagea plusieurs monastères d'hommes et de femmes (vers 732). Peu de temps après parut une maladie qui enleva des milliers d'individus dans les provinces centrales de la Gaule (p. 352).

En 580, maladie contagieuse qui fit périr un nombre immense d'in-

C'est au retour de Sigebert dans ses Etats que commença la rivalité entre l'*Austrasie* et la *Neustrie*, lutte politique résultant de la différence de mœurs des deux parties de l'empire franc. La Neustrie, plus romaine que sa rivale, parce qu'elle renfermait moins de barbares et plus d'anciennes cités, accordait aux rois (1) plus de pouvoir et conservait quelques usages de l'administration impériale. Le choc fut déterminé par la rivalité de deux femmes, l'une, Brunehaut, épouse de Sigebert, roi d'Austrasie, l'autre, Frédégonde, d'abord maîtresse, puis femme de Chilpéric, roi de Neustrie.

Les deux frères avaient épousé les deux sœurs, Brunehaut et Galswinthe, filles du roi visigoth d'Espagne(2). Pour mon-

dividus. Elle reparut bientôt après et revint en 582. On entendit le tonnerre et on vit des fleurs sur les arbres au mois de janvier ; le jour de Pâques une aurore boréale très éclatante fut observée dans le nord de la Gaule ; aux environs de Paris il tomba une pluie de sang qui souilla les vêtements des laboureurs qu'elle surprit dans la campagne. (*Ibid.*, t. II.)

En 587, il se produisit des intempéries dont les récoltes eurent beaucoup à souffrir, des inondations et une maladie contagieuse, laquelle fit de grands ravages à Metz et aux environs. Le printemps de l'année 588 fut extrêmement pluvieux, et cette température humide amena une floraison prématurée des arbres fruitiers et de la vigne ; mais une épaisse couche de neige couvrit ensuite les campagnes, et le froid devint tellement intense qu'il fit périr les hirondelles et quantité d'autres oiseaux et qu'il détruisit une partie des récoltes. (D'après Grégoire de Tours, DIGOT, *Aust.*, t. II, p. 65.)

(1) Les Mérovingiens (DIGOT, *Aust.*, t. II, p. 178), pouvaient, quand ils le jugeaient à propos, répandre le sang des hommes les plus illustres, disposer librement de la vie de leurs sujets, et faire mettre à mort les seigneurs francs eux-mêmes, sans aucune forme de procès et quand on désespérait de les atteindre autrement.

(2) Fortunat (CLOUET, *Egl. pér. mér.*, p. 693) put, sans exciter trop de scandale, dire aux dévotes austrasiennes, qu'en sagesse elles ne le cédaient point à Minerve, et que Vénus eût été jalouse de leur beauté ; bien plus, il chanta devant toute la cour un épithalame mythologique en l'honneur de Sigebert et de Brunehaut.

... Aux noces de Galswinthe, tous les Francs de Neustrie, seigneurs et simples guerriers, lui jurèrent fidélité comme à un roi. Rangés en demi-cercle, ils tirèrent tous à la fois leurs épées et les brandirent en l'air, en prononçant une vieille formule païenne qui dévouait au trauter sur le trône, les deux princesses abjurèrent l'arianisme et embrassèrent la religion catholique orthodoxe (1).

Or, pendant que Sigebert, appréciant le cœur viril et les

chant du glaive celui qui violerait son serment. Ensuite le roi..., posant la main sur une châsse qui contenait des reliques, jura de ne jamais répudier la fille du roi des Goths, et tant qu'elle vivrait de ne prendre aucune autre femme... On sait comment ce double serment fut tenu : la pauvre reine assassinée ne trouva aucun vengeur parmi ces jureurs francs.

(1) Voici quelques faits qui peignent bien les mœurs sauvages de l'époque. Des envoyés de l'austrasien Childebert ayant irrité le roi de Soissons, Gontran, appelé le Bon, parce que, dit Michelet (t. I, p. 223), « on ne lui reprochait que deux ou trois meurtres », celui-ci, selon Grégoire de Tours (liv. VII, ch. 13-14), fit jeter sur leurs têtes, quand ils s'en allèrent, du crottin de cheval, du fumier en putréfaction, de la paille, du foin pourri et de la boue puante des rues de la ville. » C'est ce roi Gontran qui appelait les Vosges, la forêt royale, *sylva regalis*, où il vient, selon Grégoire de Tours, chasser dans la vingt-neuvième année de son règne.

Ranange (GRÉGOIRE DE TOURS, t. V, p. 3), l'un des quatre ducs qui, en 587, avaient conspiré contre Brunehaut, et qu'elle fit mourir, était le plus méchant des hommes. Il se divertissait pendant ses repas à brûler les membres des esclaves qui lui tenaient le flambeau ; et, un jour, il fit enterrer vifs dans la même fosse deux malheureux serfs, mariés sans son consentement et tirés d'un lieu d'asile, sous promesse jurée à l'autel, qu'on ne les séparerait pas. En effet, ils furent unis dans la tombe.

Le clergé ne le cédait en rien aux laïques sous le rapport de la cruauté. Grégoire de Tours (CLOUET, p. 762) raconte les excès commis par les évêques, ses confrères. « Les rois de la première race s'emparèrent de la nomination aux évêchés. Ils abusèrent de leurs droits, vendirent les sièges épiscopaux, les distribuèrent à leurs compagnons d'armes et de débauches. »

On sévit contre le clergé inférieur qui dénonçait les abus. Cautin d'Avernium fit descendre, tout vivant, dans la crypte de son église un prêtre qui refusait de livrer des chartes ; on enferma ce malheureux dans un grand cercueil de marbre, à côté d'un cadavre infect ; mais il parvint à s'échapper et alla se plaindre au roi qui traita publiquement l'évêque de Néron et d'Hérode. — En 794, le concile de Francfort fut obligé de défendre aux abbés d'aveugler ou de mutiler les moines coupables de quelque faute. Il y avait dans les monastères des prisons, que l'on appela dans la suite *vade in pace*, où l'on fustigeait les moines et les religieuses qui souillaient par de grands vices la sainteté de leur profession. Grégoire de Tours mentionne une de ces chartes

solides qualités de Brunehaut, l'associait au gouvernement, Chilpéric, retombé sous le joug de Frédégonde, son ancienne et astucieuse maîtresse, faisait étrangler la bonne et douce Galswinthe, désireuse de retourner dans cette belle Espagne qu'elle avait quittée avec tant de regrets. Dès lors éclata cette lutte sanglante, féroce, qui se termina par la mort tragique si connue de Brunehaut.

Pendant cette tourmente (monarchique), qui dura trente-deux ans, les malheureux peuples furent odieusement foulés. Deux grandes armées, l'une aux ordres de Chilpéric, qui avait remplacé Galswinthe par Frédégonde, l'autre sous la conduite des ducs d'Austrasie, rivalisaient entre elles d'infamies et d'atrocités.

« C'était, dit Grégoire de Tours (t. VI, ch. 31), une dévastation sans exemple dans la mémoire des hommes. Il ne restait plus ni maisons, ni vignes, ni arbres; tout était coupé, incendié, détruit; on enlevait dans les églises les vases sacrés; on brûlait les églises elles-mêmes; on emmenait les habitants captifs, puis on les chassait après les avoir dépouillés, et une épizootie cruelle frappa les troupeaux, de telle sorte que ce fut une chose tout à fait nouvelle de voir une bête de somme ou d'apercevoir une génisse... »

**Childebert II** (de 575 à 596) (*b*). — Non seulement Sigisbert, mais son fils Childebert II, moururent sans avoir pu dompter l'implacable Frédégonde. Ce dernier, pour éloigner ce qui restait dans son royaume de gens inquiets et turbulents, porta, en 590, la guerre au dehors... Ses troupes, en

---

privées où fut jetée la reine Teudechilde, pour avoir voulu s'enfuir du monastère où Gontran l'avait mise; la malheureuse princesse resta en cette cruelle réclusion jusqu'à la fin de sa vie. (Grégoire de Tours, t. IV, p. 26.)

On lit dans les canons du vi<sup>e</sup> siècle l'ordre de frapper les clercs qui s'enivrent ou fréquentent les hérétiques. Saint Nizier de Lyon faisait souvent fustiger un diacre *propter facinus adulterii*. (Grégoire de Tours, *Hist.*, t. IV, p. 36.)

marche vers l'Italie (1), prirent leur route par les montagnes des Grisons ; elles commirent, à leur ordinaire, bien des désordres dans leur marche, surtout à Metz, où elles firent un si grand pillage et répandirent tant de sang (GRÉGOIRE DE TOURS) qu'on aurait cru, à les voir, qu'elles saccageaient une ville ennemie.» (*Hist. de Metz*, t. I, p. 316.)

**Théodebert II et Thierry II** (*b*). — Les deux fils de Childebert II, Théodebert II (2) et Thierry II (3) allèrent plus loin. Ils se firent une guerre cruelle pendant laquelle on livra, non loin de Toul, une bataille sanglante. Théodebert vaincu, fut mis à mort avec ses enfants par son frère dénaturé. Celui-ci, à son tour, subit avec sa famille la loi du talion, en même temps que son aïeule Brunehaut (4). Constatons ici que la

(1) Dans cette guerre, Childebert imposa aux Lombards un tribut annuel de douze mille sous. Warnachaire et Hugues... pour consentir à l'abolition du tribut reçurent chacun mille sous d'or. Clotaire, lui, en obtint trente-six mille et le traité fut consenti. (HUGUENIN, pp. 328-29.)

(2) Théodebert, pour favoriser le commerce, accorda sept mille pièces d'or aux marchands de Verdun, dont la corporation des marchands se fit caution. C'étaient probablement des tiers de sol... La somme vaudrait environ 200,000 fr. aujourd'hui. Le roi refusa le remboursement. (CLOUET, *Hist. de Verdun*.)

(3) Le moine irlandais Colomban reprocha à Thierry ses dérèglements. Brunehaut, réfugiée alors à la cour de son petit-fils, en Neustrie, chassa ce réformateur du monastère qu'il venait de fonder à Luxueil, au milieu des solitudes des Vosges, et le fit rembarquer sur la Loire pour le renvoyer dans son pays.

(4) Brunehaut, flétrie par les historiens, courtisans de Clotaire II et de ses descendants, est loin de mériter les anathèmes dont on accabla sa mémoire. Assurément elle ne fut pas exempte des crimes communs aux puissants de son époque ; mais elle conçut et fit exécuter de grands projets. Grâce à son initiative, on répara les anciennes voies romaines ; on perça de nouvelles routes ; elle assainit certaines parties de ses Etats, favorisa l'agriculture, embellit Metz, la capitale de l'Austrasie, fit construire des chaussées, dessécha des marais, encouragea le commerce, etc. Or, tous ces efforts, ces améliorations, avant et après elle, avaient laissé et laissèrent fort à désirer. Ainsi, les chemins (DIGOT, *Aust.*, t. III, p. 303), par exemple, lorsque les pluies longues et abondantes étaient tombées, rendaient les voyages difficiles. Théodulphus, troisième abbé du monastère de Saint-Thierry, rencontra un jour un cultivateur qui labourait un chemin public...

furie Frédégonde mourut tranquillement dans son lit, après avoir couronné la série de ses assassinats par celui de son mari Chilpéric, le Néron du Nord, comme l'appelle Grégoire de Tours.

Ce monarque (1) « fit faire dans tout son royaume des rôles d'impositions nouvelles et très pesantes ; ce qui fut cause que beaucoup d'habitants quittèrent leur cité et abandonnèrent leurs propriétés (2). En effet, on avait ordonné que le possesseur payerait pour ses propres terres une amphore de vin par arpent ; et, de plus, il y avait beaucoup d'autres charges à acquitter, tant pour les autres terres que pour les serfs qu'on y employait ; de telle sorte qu'il était impossible d'y satisfaire. De son côté, le peuple du Limousin, se voyant

(1) Chilpéric, au milieu de ses vices et de sa barbarie, avait pourtant des instincts d'administration et des velléités de compositions littéraires. Après avoir lu le *Paschale Carmen*, de Seuulus, il se mit à composer des hymnes, des messes et des opuscules théologiques, dont les évêques se moquaient à voix basse. (Grégoire de Tours, t. VI, p. 46.) Il inventa de nouvelles lettres pour représenter dans l'alphabet les sons de la langue des Barbares ; et, bien que cette invention ait eu alors peu de succès, l'orthographe de nos idiomes modernes semble avoir justifié les idées du vieux monarque mérovingien... Grégoire de Tours (t. V, p. 45) a figuré les lettres de Chilpéric par des caractères grecs (ω, ψ, ζ, δ) sur lesquels les manuscrits ne sont point d'accord, et qui, d'ailleurs, ne représentent pas les sons indiqués en caractères latins par l'historien lui-même. Ces derniers sont l'ô circonflexe et les lettres doubles œ the, rui. Vui est évidemment le W ; œ est la lettre double œ : l'ô circonflexe est admis depuis longtemps, de sorte que le *th* seul ne trouve pas d'équivalent dans notre langue ; mais il existe en anglais. (Clouet, p. 684, note.)

(2) Nous avons assisté, dit Ozanam, aux rigueurs du cens territorial sous Chilpéric quand les exacteurs, armés du cadastre, levaient une amphore de vin par arpent et poussèrent les possesseurs du sol à ce point de désespoir que plusieurs abandonnèrent leurs terres pour aller vivre sous d'autres lois. Au VIIe siècle, la capitation était exigée avec tant de dureté que les pères laissaient mourir leurs enfants plutôt que de les voir inscrits sur les rôles. Les abus du fisc qui avaient précipité la ruine des provinces et la chute de l'empire, les spoliations si éloquemment flétries par Lactance et Salvien, n'eurent pas d'excès qu'on ne retrouve dans ces pages de Grégoire de Tours, où, en présence des exactions de Chilpéric il commence à croire à la fin prochaine des temps. (*Etudes germaniques*, t. II, pp. 335-36. — Roussel, t. I, pp. 67-68.)

accablé sous un pareil fardeau, se rassembla le jour des Kalendes de mars et voulut mettre à mort Marc, le référendaire qui avait reçu l'ordre de dresser ces nouveaux rôles. » (LE HOUËROU, p. 213.)

Avoués. — Voués. — Commendes. — Ce fut également Chilpéric qui inventa (CLOUET, *Verd.*, t. I, pp. 112-113) différents moyens de faire refluer les biens du clergé en mains séculières. Le premier fut l'établissement de défenseurs qu'on appela à la suite les *Avoués* ou *Voués* : c'étaient des laïques puissants, chargés d'exercer, au nom des seigneurs ecclésiastiques, les fonctions de justice et de milice dont ceux-ci ne pouvaient convenablement s'acquitter en personne ; et, comme ce ministère de défenseur se trouvait loin d'être gratuit, ceux qui l'exerçaient se firent de très belles parts, soit dans le domaine, soit dans le revenu clérical.

... Une autre invention fiscale, spécialement dirigée contre le revenu des moines, fut la *Commende*, qui prit aussi naissance sous les rois mérovingiens. Ils l'introduisirent d'abord dans les abbayes de fondation royale. Quand l'abbé d'un de ces riches monastères venait à mourir, sous prétexte d'absence de religieux capable de remplir la dignité vacante, le roi nommait un intérimaire, qui touchait les deux tiers des revenus attribués à l'abbé. Pépin-le-Bref nomma une de ses maîtresses commendataire de l'abbaye de Bèze-en-Bourgogne... *quia ejus stupro politus fuerat.* (SPICILE., t. I, p. 30.) Charles Martel *commenda* très largement à ses compagnons d'armes les abbayes et les évêchés. Hugues-le-Blanc, père de Hugues-Capet, fut surnommé *abbé*, à cause des grands revenus ecclésiastiques qu'il possédait de cette manière. (*Ibid.*, p. 414.)

**Clotaire II** (*a*). — Devenu maître de toute la monarchie par la mort de Brunehaut et des siens, Clotaire se fit aimer de ses sujets et craindre de ses ennemis. Assez puissant pour imposer la paix, on jouit sous son règne d'un calme d'autant plus doux qu'il succédait à des siècles de tourmente. Ce monarque ne résidait point à Metz. Radon, premier maire du palais dont parle l'histoire, fut chargé de gouverner cette ville au nom du roi ; mais bientôt les Austrasiens obtinrent de Clotaire qu'il leur enverrait son fils Dagobert. Pépin, maire du palais, et saint Arnoul, évêque de Metz, furent les ministres de ce tout jeune roi.

Clotaire (D. CALMET) tenait souvent des assemblées, nommées en latin *Placita*, d'où est venu le nom de *plaids*, qui signifie certaines séances que tiennent dans leurs terres les seigneurs particuliers et où ils recevaient les hommages de leurs sujets (t. I, p. 378).

A cette époque s'organisèrent en Lorraine un grand nombre d'établissements pieux. Les monuments romains restés debout reçurent une destination nouvelle. A Metz, la vaste église de Saint-Clément s'élevait au milieu des basiliques du Sablon ; les abbayes de Saint-Jean et de Saint-Martin-aux-Chênes étaient desservies par des moines ; le monastère de Saint-Mihiel, autour duquel s'est groupé la ville de ce nom, se trouvait à sa naissance ; saint Romaric, prince austrasien, d'origine gauloise, fondait l'abbaye de Remiremont, et les vallées méridionales des Vosges se transformaient en une nouvelle Thébaïde, remplie de solitaires, disciples de saint Colomban. Telles furent aussi la montagne au sommet de laquelle se retira saint Arnoul, la colline d'Épinal où l'évêque de Metz, saint Goëric, vint mener la vie érémitique, une des vallées méridionales où saint Déicole fonda Lure, et le val de Galilée où s'établit saint Déodat. (BEXON.)

**Dagobert I$^{er}$ (a).** — Ce souverain fut le plus puissant et resta le plus populaire des rois mérovingiens. Son règne offre comme un temps de repos entre la période des conquêtes et celle de la décadence.

« Parmi les rois d'Austrasie (HUGUES DE TOUL) (1), Dagobert fut un de ceux qui traitèrent les Grands avec le plus d'inso-

(1) *Hist. de Lorraine*, extraite des *Annales de Hainaut*, par Jacques DE GUYSE, par le marquis de Fortia. Paris, 1838.

lence : sans égard pour eux, sans retenue dans son avidité, substituant sa volonté propre aux lois et coutumes des Austrasiens, il persécuta ceux-ci jusqu'à la fin de ses jours... Il porta le luxe jusqu'à se donner un trône d'or massif, dont la matière provenait du commerce extérieur, qui prit quelque vigueur sous son règne ; la façon était l'ouvrage des habiles orfèvres qui se formèrent sous saint Eloi, depuis évêque de Noyon. Mais il accabla le peuple d'impôts pour subvenir à ses dépenses et appauvrit ses provinces pour enrichir sa cour (p. 150)... »

Parmi ses expéditions guerrières, Huguenin (*Aust.*, p. 37, note) cite la suivante : — « Les leudes du Rhin et de la Moselle ayant refusé de marcher contre les Venèdes, et s'étant révoltés dans les cantons voisins de la capitale de l'Austrasie, il y eut une lutte violente. Dagobert, vainqueur, fit subir aux vaincus toute la rigueur des lois de la guerre : on vendit les prisonniers à vil prix pour servir comme esclaves.

Luxurieux à l'excès, Dagobert commença par répudier, en 628 ou 629, sous prétexte de stérilité, sa femme Gomatrude, cet espion domestique que les leudes lui avaient donné (1). Il la remplaça par une toute jeune fille de sa domesticité, souple, aimante, docile. C'était la belle Nanthilde, esclave saxonne, qui devint une reine habile et gouverna à la fois avec douceur un roi voluptueux et un royaume agité. Or, un jour (an 629) que Dagobert, « en une pompe magnifique, parcourait l'Austrasie, Ragentrude, jeune fille charmante, frappa ses yeux. Il la prit pour maîtresse, négligea la reine dont il était fatigué, finit même par la répudier, appela d'autres femmes dans sa couche royale et quitta Metz pour se soustraire aux graves conseils de Pippin et d'Arnulph. Ce dernier revenait quelquefois des solitudes vosgiennes et tâchait de

(1) C'était alors (*Hist. de Metz*, t. I, p. 381) l'usage, comme il paraît par les formules de Marculfe, de répudier sa femme lorsqu'elle ne plaisait plus. Les canons et l'autorité royale abolirent dans la suite une coutume si contraire à la religion chrétienne.

l'arrêter sur la pente de l'abîme (1). Fixé dans la ville neustrienne de Paris, Dagobert, au lieu d'une femme légitime, en eut trois, sans compter des concubines si nombreuses que Frédégaire, effrayé (*Chron.*, p. 60), ne prend pas la peine de les compter. Peu à peu le trésor royal s'épuisa; le roi, naturellement prodigue et généreux, n'ayant plus de quoi satisfaire aux exigences des courtisans, dépouilla les églises qu'il avait jadis enrichies, et ne conserva de sollicitude qu'en faveur de Saint-Denis, où il accumula même divers objets enlevés arbitrairement à d'autres édifices. (*Chroniq. de Saint-Denis*, t. I, pp. 318, 351 et 352.)

Cet esprit de dépravation, commun à presque tous les mérovingiens, et que Dagobert porta à son comble, explique les lignes suivantes de Digot (*Aust.*, t. III, p. 278):

« Les Mérovingiens avaient introduit dans leur demeure un certain nombre d'eunuques. La précaution n'était pas inutile, car plusieurs des successeurs de Clovis (fils aînés de l'Église) eurent de véritables harems, et le bon roi Dagobert entretenait lui-même trois reines et beaucoup (*plurimæ*) de concubines. Il était absolument nécessaire d'avoir des eunuques pour garder tant de femmes... A une date postérieure, les négociants de Verdun faisaient un grand commerce de ces malheureux, commerce qui devait avoir commencé plusieurs siècles auparavant (p. 278) (2).

(1) Les deux dernières femmes de Dagobert (D. CALMET, pp. 629-398) furent Vulfegonde et Berchilde, sans compter un très grand nombre de concubines. — Pour contenter leur avidité et leur avarice, il se mit à usurper les biens des églises et à surcharger ses sujets de nouveaux impôts.
C'est au baptême de Sigebert, fils de Dagobert et de Ragnetrude, en 630, « qu'arriva ce miracle fameux, rapporté dans la vie de
« saint Amand, évêque d'Utrecht, qui est que, ce saint homme faisant
« la cérémonie du baptême du jeune prince, comme il récitait la prière
« sur les cathécumènes, n'y ayant personne des assistants qui répondit
« *Amen*, l'enfant le répondit lui-même d'une manière très distincte.
« Il n'avait alors que quarante jours. (*Ibid.*, p. 398.)
(2) Les chanoines de Verdun (NOEL, *Mém.* V, p. 88) passent pour avoir fourni les premiers castrats, marchandise que ces messieurs fournirent aux infidèles, puis aux catholiques.

Dagobert, au début de son règne, se montra libéral en faveur de Toul. Vers 622 il donna à l'église de cette ville les châteaux de Vicherey et de Void, la forteresse de Liverdun, la maison de Royalmeix, le bourg de Blénod et un grand nombre de villages qui formèrent depuis le domaine de l'évêché et celui du chapitre de la Cathédrale. Pour mieux assurer à l'église de Toul (1) la possession et la libre jouissance de tous ces biens, Dagobert lui donna un ban royal, c'est-à-dire un terrain franc, de quatre lieues de longueur sur autant de largeur, qu'il exempta pour toujours d'impôts, de tailles (de *teloneum*) et de subsides, voulant que la juridiction en fût attribuée aux évêques seuls, et faisant défense expresse aux comtes de s'immiscer dans l'exercice de leur justice, et d'élever aucun château ou forteresse dans toute l'étendue de ce ban. Ces donations et concessions de privilèges et de droits, furent confirmés, par une charte de Charlemagne de l'année 801 (BENOIT, p. 258), par une autre d'Arnoul, roi de Lorraine, de 891, et par une troisième de

---

(1) Il est essentiel, fait remarquer avec raison Thiéry (*Hist. de Toul*, t. I, p. 63) de ne pas confondre l'*évêché* de Toul avec le *diocèse* de Toul. Celui-ci comprenait tous les pays sur lesquels s'étendait la juridiction spirituelle de l'évêque quelle que fût la nation à laquelle aient appartenu les populations qui y étaient soumises ; tandis que l'évêché était seulement formé du territoire régi civilement par l'évêque comme prince temporel. L'évêché était pour l'évêque ce qu'étaient les Etats de l'Eglise pour le pape, et le diocèse, ce qu'est pour le même le monde catholique..

C'est à cette époque que remonte l'origine de la puissance temporelle des évêques de Toul, puissance dont le cercle s'agrandit tellement dans le cours du x<sup>e</sup> siècle que, de simples seigneurs suzerains qu'ils étaient sous Dagobert I<sup>er</sup>, n'ayant aucune autorité dans leur ville épiscopale où un *comte* commandait au nom du roi, ils devinrent princes souverains, relevant seulement nominativement des empereurs d'Allemagne, et réunissant dans leurs mains, au pouvoir spirituel le pouvoir politique sur la ville de Toul aussi bien que sur tous les villages et sur toutes les terres de l'évêché. (*Ibid.*, pp. 62-63).

Ces remarques, avec quelques modifications de dates, sont également vraies, et peuvent être appliquées aux villes et territoires des évêchés et diocèses de *Metz* et de *Verdun*.

Frédérick, roi des Romains, datée de 1225. Plusieurs papes, corroborèrent encore, par des brefs ou par des censures, ces mêmes droits ou donations. (Thiéry, t. I, pp. 62-63.)

**Sigebert II** (*saint Sigisbert*) (*b*). — La royauté avait déjà perdu beaucoup de son éclat à l'avènement de ce *fils naturel* au trône d'Austrasie. Pépin de Landen (1), maire du palais, fort de l'engagement pris par Clotaire II (lors de la trahison qui lui livra Brunehaut), de n'être jamais dégradé, rendit la mairie du palais héréditaire dans sa famille.

Sigebert, occupé uniquement d'œuvres pies, bâtit (*Hist. de Metz*, t. I, p. 399) douze monastères (2); plusieurs auteurs

(1) Les premiers mérovingiens, vivant entourés d'une foule nombreuse de leudes, il y avait toujours autour d'eux beaucoup de bruit et de tumulte. Pour mettre un peu d'ordre dans ce cahos, on institua de bonne heure un maire du palais, juge de toutes les querelles qui s'élevaient dans la demeure royale. Peu à peu, cet officier, qui n'avait que la police du palais et le commandement des leudes, sous les ordres du roi, s'empara du pouvoir suprême.

(2 Sigebert II (Clouet, *Verd.*, t. I, p. 182), fit de son palais un vrai cloitre; il mettait sa paisible et pacifique gloire à bâtir de belles églises. Il fonda ainsi jusque douze et, selon d'autres traditions, vingt grands monastères, parmi lesquels figure celui de Saint-Martin-lès-Metz, où après sa mort on transporta son corps qui fut anéanti dans les circonstances que voici :

« Henri II. dit le Boiteux, dit le Saint, roi de Germanie (Noel, *cat.* II, p. 73) avait dans ses excursions en Lorraine, détruit de fond en comble l'église du ban de Saint-Martin, et probablement aussi le tombeau de saint Sigisbert qui se trouvait dans cette église. Mais ce saint roi, pour la rémission de ce péché, fit rebâtir, à ses frais, une nouvelle église à Saint-Martin. On assure qu'elle était magnifique, la plus belle et la plus riche qui fût alors dans la chrétienté ; la construction en fut terminée en 1063. La relique de saint Sigisbert fut remplacée par un corps nouveau, bien entier, bien conservé, pieuse fraude destinée à entretenir la piété des fidèles et les revenus du couvent. Ce corps, vers 1427 fut transporté à Nancy.

On sait que depuis de longs siècles, dans les temps de pluie ou de sécheresse persistante, on a coutume de faire des neuvaines autour de ces reliques exposées à la vénération des fidèles pour faire cesser ces fléaux.

En 1793, les révolutionnaires anéantirent dans un bûcher les ossements, vrais ou faux (selon Noël), du roi mérovingien. Sous la Restauration on produisit des pièces attestant que les précieuses reliques

prétendent qu'il en fonda jusqu'à vingt. Les douze étaient placés dans les Ardennes. Ces libéralités, jointes à une conduite régulière, inconnue chez les Mérovingiens, expliquent la béatification.

**Clovis II** (656) (*a*). — A la mort de Sigebert II, le maire du palais, Grimoald, comptant sur l'appui des grands, essaya de proclamer roi d'Austrasie son propre fils, au préjudice de

avaient été sauvées par des mains pieuses Ce qui fait dire au peu révolutionnaire Courbe (*Rues de Nancy*. I, p. 70) :
... « Il faudrait être logique avec les faits et se souvenir que les hommes qui siégeaient au comité de surveillance dans l'hôtel O'Mahoni, n'étaient pas de nature à capituler et à transiger avec ce qu'ils appelaient les « spectres du fanatisme et de la superstition. » Nous croyons qu'il eut été bien dangereux de s'emparer, soit avant, soit après le brûlement, d'une parcelle des reliques du saint condamnées à disparaître.
Nous connaissons une note écrite, en 1839, et laissée par un ancien maire de Nancy et député de la Meurthe sur le sujet qui nous occupe...
« C'est dans la maison qui fait angle sur la rue et la place d'Alliance d'un côté, et la rue Sainte-Catherine de l'autre, maison qui a successivement appartenu au sieur Forel, au comte de Lobau et au baron de Vincent, que furent détruites et brûlées les reliques de saint Sigisbert, en 1793. C'est un sieur Tisserand, cordonnier, qui alla chercher le fagot pour faire le feu où ces reliques furent jetées. Pendant l'opération, on chantait ce refrain d'une chanson du temps :
  Grand saint ! Grand saint ! dans le creuset
   Tombez ! c'est le décret !
sur l'air de la *Marseillaise*. Cela n'empêche pas que maintenant encore (1839), il n'y ait toujours des reliques de saint Sigisbert qui, comme les anciennes, font encore la pluie et le beau temps ; mêmes prérogatives, même confiance. n'est-ce pas le cas de dire :
  Et puis allez dans vos cérémonies
  De tous les saints chanter les litanies.
« Les incrédules font la mauvaise plaisanterie de dire que les nouvelles reliques sont aussi authentiques que celles qui ont été brûlées... »
... Du reste pour mieux caractériser les hommes qui composaient le fameux comité de surveillance et révolutionnaire, nous rappellerons qu'en juillet ou en août 1793, le sans-culotte Philip, se trouvant à la cathédrale, s'écria devant le peuple assemblé pour une cérémonie religieuse: « Qu'on prenne les ordures qui sont dans cette boîte (le tabernacle) et qu'on les jette sur le fumier dans la rue ». C'est le représentant Faure qui raconte cela dans son rapport. Alors le conseil épiscopal siégeait encore, et le culte constitutionnel s'exerçait librement à la cathédrale (p. 73).

Dagobert, fils du roi défunt, pauvre enfant de trois ans qu'il avait envoyé en Irlande. La tentative était prématurée. Clovis II, roi de Neustrie, renversa l'usurpateur et réunit sous son sceptre toute la monarchie franque ; mais il mourut peu après (1). Sa femme, sainte Bathilde, ancienne esclave saxonne, fut proclamée régente, au nom de ses trois fils en bas-âge. Dès lors, l'intervention des évêques dans les affaires de l'Etat devint directe et plus sensible (2). Cette noble femme signala sa courte administration (LE HOUÉROU, *Inst. carl.*, p. 269), en essayant d'adoucir le sort des pauvres tributaires que la dureté du fisc réduisait quelquefois à la nécessité de

---

(1) Des chroniqueurs attribuèrent la décadence des Mérovingiens à ce qu'en 640, Clovis II détacha « à l'instigation du diable » un bras de saint Denis. (*Gesta Francorum*, ch. 54). Voici, dit Th. Lavalée (t. I, p. 145, note), comment un biographe de Dagobert raconte ce sacrilège : Clovis I*r*, voulant avoir en sa possession leurs reliques (des saints martyrs, Denis et ses compagnons) « fit découvrir leur sépulcre. A la
« vue du corps du bienheureux Denis, plus avide que pieux, il lui cassa
« l'os du bras, l'emporta, et, frappé soudain, tomba en démence. Le
« saint lieu fut aussitôt couvert de ténèbres si profondes, et il s'y ré-
« pandit une terreur telle, que les assistants, saisis d'épouvante prirent
« la fuite. Le roi pour recouvrer le sens, donna ensuite à la basilique
« plusieurs domaines, fit garnir d'or et de pierreries l'os qu'il avait
« détaché du corps du saint, et le replaça dans le tombeau ; mais
« il ne recouvra jamais la raison entière, et, au bout de deux ans, perdit
« la vie... »

(2) Cette influence, au milieu de la barbarie du temps, fut salutaire aux déshérités de l'ordre social — Un concile de Paris, confirmé par Clovis II, défendit d'adjuger qui que ce fût, comme esclave, avant d'avoir consulté l'évêque ou le curé du lieu (*propositus ecclesiæ*). — Le concile de Reims frappa d'excommunication ceux qui raviraient la liberté à un ingénu, et le concile réuni à Chalon-sur-Saône, en 650, exprima le vœu de voir l'esclavage définitivement aboli. Très souvent, pour affranchir les esclaves, on les offrait aux fondateurs et aux abbés des monastères qui les admettaient à faire profession de la vie religieuse, ou les attachaient (comme serfs) à la culture des terres appartenant à leur communauté... L'Ile de la Grande-Bretagne était alors le grand marché aux esclaves, et les Anglo-Saxons vendaient, non seulement les Bretons qu'ils faisaient prisonniers, mais encore leurs propres enfants, lorsque leurs familles devenaient trop nombreuses. (DIGOT, *Aust.*, t. III, pp. 294-95.)

*rendre leurs enfants*, pour diminuer d'autant leur part dans les charges publiques... En revanche, elle était dure pour les aristocrates qui, après avoir poignardé sous ses yeux l'évêque de Paris, Sigebrand, sans doute un de ses familiers, l'envoyèrent elle-même mourir dans le monastère de Chelles qu'elle avait fondé.

**Childéric II** (*a*). — La mort tragique de ce souverain montre la profonde décadence de la dynastie mérovingienne. L'*Hist. de Metz* (t. I, p. 109) raconte, en ces termes, ce sanglant événement : « Bodillon que Childéric fit attacher à un poteau et fouetter *comme un esclave*, pour lui avoir représenté un peu librement le danger d'une imposititon excessive qu'il cherchait à établir, l'assassina dans la forêt de Livri et fit subir le même traitement à la reine Blichilde, son épouse, qui était enceinte, et à Dagobert leur fils encore enfant.

**Dagobert II** (*b*), fils de Sigebert II, fut rappelé de l'Irlande et élu roi par les Austrasiens, en 674. Dans une guerre qu'il soutint, vers 679, contre Thierry III, les deux armées en vinrent aux mains sur les frontières des deux diocèses de Toul et de Langres. Dagobert fut battu. Cet échec (GUILLAUME., t. I, p. 201) causa la ruine du pays toulois, que le vainqueur fit complètement ravager. « Les villes furent dépeuplées, écrit l'auteur de la vie de sainte Salaberge, les cités, les villages, les châteaux, les monuments et, ce qui est plus affreux, les corps des saints furent impitoyablement livrés au feu. »

Dagobert fut assassiné comme son prédécesseur. Ce prince (BÉGIN, t. I, p. VIII) fonda beaucoup de monastères et reçut, après sa mort, des lettres de canonisation. C'était un genre d'expiation fort commode que celui qui consistait à créer des couvents pour racheter des crimes, et à s'aplanir les voies du ciel avec des indulgences gagnées au poids de l'or. Telle était cependant la dévotion de l'époque.

On vit alors les maires du palais usurper tous les attributs et privilèges de la royauté. Les seigneurs donnèrent à leur maire Martin (1) et à son fils Pépin d'Héristal (2), tous deux petits-fils de Pépin de Landen et de l'évêque Arnoul, le titre de duc des Francs. Cette famille, illustre entre toutes, comptait cinq femmes béatifiées, auxquelles on joignit encore Pépin et Arnulf ou Arnoul (3), et possédait, en Austrasie, jusqu'à cent vingt-trois domaines (4).

(1) Ce duc Martin eut une fin lamentable. Après une défaite, il s'était retiré dans la forteresse de Laon. Attiré dans une conférence par Ebroïn, maire du palais de Neustrie, il refusa de sortir de son asile à moins que Agilbert, évêque de Paris, et Réole, évêque de Reims, ne jurassent sur une châsse de reliques qu'il ne lui serait fait aucun mal. Les évêques jurèrent, après avoir pris la précaution de vider la châsse, et le duc tomba sous le poignard des sicaires d'Ebroïn. (SAINT-MAURIS, t. I, p. 32, note.)

(2) Pépin d'Héristal, un jour de chasse, donna à l'évêque Rigobert, de Reims, une petite maison et tout le terrain que le prélat put parcourir pendant le sommeil du maire du palais. (Ap. BOLLAND, t. IV, januarii, p. 1745. HUGUENIN, Aust., pp. 497-98.)

(3) Voici un trait curieux de la vie d'Arnoul (GUILL., t. I, p. 175) qui peint bien l'esprit crédule et naïf de cette époque. « L'auteur de sa vie raconte que, traversant un jour la Moselle sur un pont..., Arnoul, tout préoccupé de la grandeur de ses fautes et de la sévérité des jugements de Dieu, tira de son doigt l'anneau qu'il portait et le jeta dans le fleuve en se disant intérieurement : *Je croirai que Dieu m'a remis mes péchés lorsque cet anneau me sera rendu.*

Devenu évêque de Metz, il advint qu'un jour on lui présenta un poisson qu'il fit préparer pour son souper, car depuis sa promotion il s'était astreint à une continuelle abstinence. Le cuisinier, ayant ouvert le poisson, trouva un anneau dans ses entrailles. Il le porta bien vite au saint qui le reconnut comme sien, admira les effets de la grâce et remercia la miséricorde de Dieu. Paul Diacre ou Warnefride, qui a écrit l'histoire des évêques de Metz, s'étonne de ce que l'auteur de la vie de saint Arnoul ait omis ce fait si remarquable, *que j'ai appris, dit-il, non d'un homme du commun mais de bouche même de l'empereur Charlemagne.* On a conservé cet anneau dans le trésor de la cathédrale de Metz jusqu'à la Révolution de 93... » (Suit la description et l'histoire miraculeuse de cet anneau, toujours encore à la cathédrale de Metz.)

(4) En 726, Eberard, fils du duc d'Alsace, vint passer plusieurs mois dans les Vosges; il faisait sa résidence à Remiremont, y tenait des assemblées et y donnait des audiences publiques. (LEPAGE., *Hist. des Vosges*, pp. 352-353.)

**Thierry III** (*a*). — Ce fut Pépin d'Héristal qui, par la victoire des Austrasiens sur les Neustriens, à Testry (près de Péronne), assura la domination de la France teutonique sur la France romaine et prépara les voies à l'avènement des Carlovingiens. Après ce triomphe, disent les chroniques, le vaillant maire fit encore beaucoup de guerres heureuses, — contre Rabad, duc païen des Frisons et d'autres princes, contre les Suèves et d'autres nations.

**Charles Martel.** — Le véritable fondateur de la seconde dynastie fut un fils *naturel* de Pépin, Charles dit Martel. Après avoir assuré de nouveau par les armes la domination de l'Austrasie sur la Neustrie, ce guerrier valeureux se tourna vers les autres nations germaniques. Six fois il pénétra sur les terres des Saxons toujours en révolte; mais ce fut sa victoire de Poitiers qui arrêta les progrès des Arabes en Europe, qu'on considéra comme son plus glorieux fait d'armes.

Tant de guerres épuisèrent le trésor public. Charles, pour se procurer des ressources, s'adressa au clergé jusqu'alors exempt d'impositions.

« Partout (CLOUET, *Verd.*, t. I, p. 207) on se mit à dire qu'en présence des Saxons et des Musulmans, il fallait à la chrétienté des soldats et non des moines; que, d'ailleurs, les biens d'église s'accroissaient outre mesure et que, chaque jour, les monastères s'emparaient des héritages au moyen de mille ruses perverses ; en conséquence on établit sur les domaines ecclésiastiques ce qu'on appelait alors des Précaires (1), c'est-à-dire des usufruits au profit de la noblesse

---

(1) On nommait Précaire (ROUSSEL, t. I, p. 155, note) un contrat par lequel une église accordait à un laïque, moyennant une redevance annuelle, la jouissance de quelques-unes de ses propriétés... » Ces bénéfices d'une espèce nouvelle furent d'abord concédés à vie... Au IX siècle, Hincmar, archevêque de Reims, affirma que, sous le gouvernement de Charles Martel, il ne restait plus en cette ville qu'un petit nombre de clercs, obligés de se livrer au négoce pour vivre, et si peu amis des lettres qu'ils prenaient les chartes et les livres d'église pour envelopper

militaire qui jouissait ainsi du revenu, sous bénéfice du serment de fidélité et de l'hommage envers Charles, en attendant qu'elle pût s'emparer du fonds. Aux prélats qui se plaignirent, le Duc répondit qu'il ne tenait qu'à eux de tenir leurs terres franches..., en venant en personne à l'armée à la tête des hommes de leurs Bénéfices... Beaucoup jugèrent l'avis bon et le suivirent, aux applaudissements de Charles et de ses leudes; de sorte qu'il se forma en Austrasie un haut clergé militaire, transgressant et tournant en dérision les obligations canoniques... Les églises du royaume de Metz (d'Austrasie) souffrirent surtout de ces innovations.

Charles Martel, dit sur le même sujet D. Calmet (pp. 535-536), s'empara de plusieurs abbayes considérables du pays, et, entre autres, de celles de Senones, de Saint-Dié et de Moyenmoutiers (1). Le comte Odoard, un de ses favoris,

leurs gains (*Præf. Vitæ sancti Remigii*). A la place des pasteurs chassés de leurs sièges, « des barbares qui ne savaient pas lire, et qui venaient à peine d'abjurer Odin ou Fosith (Dieu des Frisons) pour le Christ, s'installèrent avec leurs femmes, leurs soldats et leurs chiens de chasse, dans les palais épiscopaux des cités gauloises et se croyaient les évêques les plus réguliers du monde, quand ils avaient coupé en rond sur leur crâne leurs longs cheveux roux et endossé une chasuble pardessus leur jacque de fer... L'Eglise gallicane semblait prise d'assaut par les Germains, et l'on eût dit que les derniers rayons de l'intelligence chrétienne allaient s'éteindre, et que le monde était livré aux hasards de la force brutale. » (HENRI MARTIN, *Hist. de Fr.*, t. II, p. 186.— ROUSSEL, p. 167, note.)

L'usage des Précaires continua dans la suite, et « le roi, sous ce rapport (LE HUÉROU, *Inst. carl.*, p. 532) était le plus grand coupable de son royaume. S'il ne partageait pas les églises comme les propriétés ordinaires, il les donnait en partage à sa femme, à ses filles, à ses fils, et le plus souvent encore au premier homme d'armes dont il avait besoin d'acheter les services et le dévouement. C'était déjà l'usage sous les Mérovingiens, et l'abus s'était cruellement aggravé sous Charles Martel...

(1) Nous lisons à ce sujet dans le *Pouillé du diocèse de Toul*, de 1711 : ... « Charles Martel se mit en possession de donner ces abbayes en COMMENDE, et d'exiger des commendataires qui étaient des laïcs, (comtes, ducs, officiers de l'armée), un nombre de soldats et des chevaux, des dons annuels, des *droits de gîte et de fourrage*, des services

usurpa celle de Saint-Epvre. L'évêque (de Toul) Godon en fit de grandes plaintes, mais sans effet; l'usurpateur continua de jouir de cette abbaye, ainsi que nous le voyons par un titre du roy Charles-le-Chauve, donné à Gondreville, la première année de son règne en Lorraine (869). »

L'Austrasie était à cette époque le principal théâtre où se faisait la guerre; vainqueurs et vaincus désolaient à la fois le territoire par leurs rapines et leurs brigandages (HUGUES DE FLAVIGNY). — La ville de Toul fut brûlée et les archives de l'église consumées dans l'incendie. (*Hist. épisc. Tullens.*, cap. 32. — THIÉRY, t. I, p. 74). Pépin-le-Bref répara ces désastres.

L'église de Verdun fut aussi, vers la même époque, le théâtre de graves désordres. Le comte Anselin (RAGON, *Précis de l'Hist. de Lorr.*, p. 13) ambitionnait le siège épiscopal de cette ville, et ses prétentions, violemment repoussées par ses compétiteurs, remplissaient la cité de dissensions et de combats. Charles intervint militairement et fit élire de force un de ses parents, Magdalveus. Les habitants se soumirent; mais, dans la lutte, la ville avait été ravagée et l'église incendiée.

Pour résumer ce quart de siècle où figuraient au pouvoir, pour la forme, les derniers rois mérovingiens, disons avec Bégin (*Hist. de Lorr.*, t. I, p. 9), que Charles Martel, toujours en armes, contint les Barbares, fit rentrer sous le joug les peuples tributaires et rendit la ville de Metz opulente, parce que les nations vaincues payaient les frais des guerres qu'il soutenait. Sous lui, la France fut respectée de ses voisins; mais pour s'attacher les seigneurs, il s'empara des biens du clergé, qui outragea sa mémoire (1). La pos-

militaires, à raison et à proportion des revenus de l'abbaye. — Ce fut dans ces temps de désordres que les religieux de Moyenmoutiers se sécularisèrent, et, comme ceux de Saint-Dié et de Senones n'étaient pas moins séculiers, par leurs mœurs et leur relâchement, on fut obligé de les chasser.

(1) Boniface, évêque de Mayence (RAGON, p. 13), assura à Pépin et à

térité l'a vengé d'un blâme stupide et le regarde encore comme un des caractères les plus éminents du moyen-âge.

La déchéance des Mérovingiens (DAULNOY, p. 37) fut proclamée, en 752, au Champ-de-Mars de Soissons, dans le même lieu où, 260 ans auparavant, Clovis avait fondé la monarchie.

---

## Etat social sous les Mérovingiens

CLERGÉ. — Dans le cours de ce chapitre nous avons montré l'étendue du pouvoir acquis par le clergé, grâce à son alliance avec Clovis et ses descendants. Ajoutons ici un certain nombre de détails complémentaires.

« Quand vous remportez la victoire, dirent les évêques à Clovis, c'est nous qui triomphons avec vous. » Rien de plus vrai que cette déclaration. Ce fut bien le clergé catholique orthodoxe qui bénéficia du triomphe des Francs. Il avait sur ses associés barbares la supériorité que donnent l'instruction et la domination déjà acquise moralement avant la conquête, et légalement proclamée après la victoire. En courbant la tête devant saint Remy, en acceptant de ses mains l'onction sacrée, Clovis s'inclinait devant une autorité qui donnait ou du moins légitimait son pouvoir. Dès lors, comme le dit avec quelque raison Chateaubriand (*Etud. hist.*, t. III, p. 81), la société entière prit la forme ecclésiastique : tout se gouverna pour et par l'Église, depuis les nations jusqu'aux rois, dont le sacre était purement le sacre d'un évêque. Le clergé, au reste, eut soin de consacrer sa suprématie dans les conciles dont il provoqua la réunion et où il dicta la loi (1).

Carloman, ses fils, que leur père était damné ; et plus tard, l'archevêque Venilon, l'écrivait à Louis de Germanie, au nom de tous les évêques de Neustrie et d'Austrasie.

(1) Que des laïcs fussent admis à siéger dans ces conciles, ce n'était

Au concile d'Orléans, qui accorda aux églises le droit d'asile, en 511, on fixa les principes du droit de régale, droit assurant au fisc les revenus d'un bénéfice pendant sa vacance. Ce fait atteste les richesses du clergé, déjà alors si considérables. Ajoutons qu'au concile de Mâcon, en 585, on imposa l'obligation de payer au clergé la dîme (la dixième partie) de tous les produits, sous peine d'excommunication. — Au concile de Clermont, en Auvergne (province qui dépendait du royaume d'Austrasie), on fit, en 535, des règlements dont voici quelques articles...

5° Que ceux qui demandent au roi les pauvres possessions de l'Église soient excommuniés, et que les dotations ainsi extorquées soient nulles ; 6° excommunication majeure contre ceux qui *contractent mariage avec les juifs* (1) : 8° défense de prêter les ornements de l'église pour les festins des noces ; 9° défense d'établir les *juifs juges des chrétiens* (2) ; 10° d'usurper les paroisses d'un autre évêque ; 11° de recevoir et d'ordonner des clercs étrangers, sans la permission de leur évêque ; 12° excommunication contre ceux qui contractent des mariages incestueux ; 13° peine de déposition contre les prêtres et les diacres qui violeraient les lois de la continence (3)...

pas une coutume insolite ; dans plusieurs conventions religieuses les empereurs romains présidaient, et les grands officiers de la couronne délibéraient ; nous avons vu des philosophes et des païens même assister au concile de Nicée. (CHATEAUBRIAND.)

(1 et 2) Ces prohibitions indiquent qu'à cette époque les barrières élevées depuis entre chrétiens et juifs n'existaient pas, que des mariages mixtes avaient lieu et que des israélites siégeaient dans les tribunaux. C'est donc le clergé qui fit des israélites de véritables parias.

(3) C'était un acheminement vers le célibat des ecclésiastiques qu'allait imposer plus tard Grégoire VII (Hildebrand). Rien de pareil n'existait alors. En effet (CLOUET, *Égl. sous les Méror.*, p. 776), « on lit dans une lettre écrite, en 452, par le pape saint Léon à Rustique de Narbonne, que les clercs des ordres inférieurs étaient mariés pour la plupart, et qu'ils ne devaient point, lorsqu'on les élevait aux ordres majeurs, rompre leur mariage, mais seulement cesser de cohabiter avec leurs femmes, lesquelles conservaient le rang d'épouse légitime et portaient

L'article 5, adopté au concile de Verberie, en 776, concile auquel assistaient les évêques de Metz, Crodegang, et Jacob de Toul, porte que. . « un mariage contracté avec un esclave, homme ou femme. que l'on croyait libre, ne subsiste point. (D. CALMET, t. I, p. 536.)

Dans le cinquième concile d'Orléans, tenu l'an 549 (D. CALMET, t. I, pp. 326-27), on défendit d'acheter l'épiscopat et on exigea qu'il fût le résultat de l'élection du *clergé et du peuple*, confirmé par l'agrément du Roy. On y déclara que nul évêque ne doit être donné aux populations malgré elles, ni par suite de violences employées pour forcer le choix des *citoyens* ou des *clercs*. (L'Abbé, Concil., 5⁵ col., 193.) Ainsi furent élus à Toul (même plus tard), Brunon de Dachsbourg (le pape Léon IX), en 1165, Pierre de Brixey, en 1165, et, en 1192, Eudes de Vaudémont. Cette forme d'élection dans laquelle intervenaient le clergé et le peuple fut abolie en 1215 par le concile général de Latran. (THIERY, t. I, pp. 53-54.)

Dans ce concile, on *défendit* aux évêques de lancer légèrement la sentence d'excommunication ; aux ecclésiastiques, accusés d'avoir dans leurs maisons des femmes pour les

même, dans l'usage commun, les noms d'*episcopæ*, *presbyteræ*, *diaconæ* et *subdiaconæ*.

Dans le concile d'Estines, tenu en 743, on stipula: Que les serviteurs et servantes de Dieu qui seront tombés dans la fornication soient mis en prison et fassent pénitence au pain et à l'eau ; que les prêtres qui tomberont dans le même crime soient frappez de verges, demeurent deux ans en prison, et après cela, l'évêque pourra encore en ajouter, s'il le juge à propos. On condamne les religieux et les religieuses qui seront tombez dans ce désordre à un an de prison, après avoir été trois fois frappez de verges ; et de plus, les religieuses furent condamnées à être entièrement rasées... Il ordonne, en outre, que les évêques empêchent es adultères et les mariages incestueux, et qu'on ne donne pas *les Esclaves chrétiens aux Païens*. Enfin, il renouvelle l'ordonnance de Charles Martel, condamnant à quinze sous d'amende celui qui faisait des observations payennes. (D. CALMET, t. I, pp. 489-490.) Digot (*Aust.*, t. III, p 268) confirme ce fait. On lit dans le quatrième canon du concile de Liptinæ, que Charles Martel condamnait à une amende de *quinze solidi aurei*, les individus convaincus de s'être livrés à l'idolâtrie (*paganæ observationes*).

servir, de garder celles-ci ; aux clercs mariés, de retourner avec leurs femmes après leur ordination ; aux évêques, d'ordonner un clerc d'un autre diocèse, sans lettres démissoires du propre évêque, et d'ordonner *l'esclave* ou *l'affranchi* d'un maître sans sa permission, sous peine, pour l'évêque ordonnateur, de ne pas célébrer la messe pendant un mois, et pour l'esclave ordonné de rentrer sous la puissance de son premier maître (1). Si le clerc ordonné a un maître séculier, il pourra continuer à le servir dans les choses qui ne dérogent point à l'honneur de la cléricature ; mais si le maître séculier exige de son serviteur les services accoutumez, l'évêque qui l'a ordonné, sera contraint, suivant les canons, *de donner deux esclaves pour dédommager le maître*, et il retiendra le clerc au service de son église...

... Qu'on ne réduise pas de nouveau en servitude les esclaves qui auront été affranchis dans l'Eglise (2), « à moins qu'ils

(1) Le clergé déjà nombreux alors (Digot, *Aust.*, t. III, pp. 110-111) se recrutait dans la classe des hommes libres et dans celle des esclaves, parmi les Barbares comme parmi les Gallo-Romains, surtout chez ces derniers (p. 109)... La multitude de ceux qui voulaient entrer dans l'Eglise devenait si grande que les Mérovingiens, renouvelant des lois promulguées autrefois par les empereurs, disposèrent que les *ingenui* seraient obligés, avant de se consacrer à l'autel, d'en obtenir la permission du roi ou du comte qui en tenait la place... On comprend qu'un clergé recruté de la sorte, parfois sans aucune préparation, devait laisser évidemment quelque chose à désirer. On peut lire dans les lettres du pape saint Grégoire-le-Grand, plus d'une doléance sur les mœurs de beaucoup de prêtres austrasiens, et Grégoire de Tours reproche au clergé du diocèse de Châlons-sur-Marne d'avoir pris la mauvaise habitude de boire, dès l'heure où l'on chantait les matines...

(2) Or, c'était surtout vers l'Eglise que les malheureux accouraient, car son joug était doux et sa puissance presque sans limites... « Si un homme libre veut livrer sa tête ou sa personne à l'Eglise, que nul ne puisse l'en empêcher, ni le duc, ni le comte, ni aucune autre personne; mais que tout chrétien soit libre de se vouer au service de Dieu, à son gré ou de se racheter avec son bien (*Lex Alamannor*, tit. I, I)... Si quelqu'un poursuit un fugitif libre ou esclave et que le malheureux cherche un asile dans l'intérieur de l'Eglise, que nul n'ait le droit de l'en arracher. Et si quelqu'un l'en arrache qu'il paie dix-huit sous à l'Eglise et au fisc soixante, parce qu'il a enfreint la loi ; parce qu'il a

ne se soient rendus indignes de la liberté par des fautes marquées dans la loi . » (ROUSSEL., t. I, p. 101, note.)

Un demi-siècle plus tard, au concile de Paris, en 614, soixante-dix-neuf prélats, déclarèrent nulles, suivant les anciens canons, les ordinations épiscopales faites par force, par cabale, par argent, ou sans le consentement du métropolitain, des évêques de la province, du clergé et du *peuple* du diocèse. Ils prononcèrent des peines contre les clercs qui, méprisant l'autorité épiscopale, auraient recours aux rois ou aux seigneurs, avant qu'ils eussent obtenu le pardon de leur évêque. Les prélats déclaraient aussi que les juges séculiers, c'est-à-dire les comtes et les vicaires, ne pourraient, sans encourir les peines fixées par les canons, juger ni condamner les prêtres, les diacres et même les simples clercs. Ils mirent sous la protection spéciale des évêques les individus affranchis devant l'Eglise. Ils prononcèrent l'excommunication contre les usurpateurs des propriétés ecclésiastiques, et contre les séculiers qui, avec ou sans la permission du roi ou des juges, s'emparaient des biens laissés par les évêques et les clercs. Ils statuèrent que les donations faites à l'Eglise par les membres du clergé seraient toujours valides, même *quand le titre serait défectueux.* Ils enjoignirent, à ceux d'entre eux qui auraient ensemble quelque différend, de s'adresser à leur métropolitain, et ils portèrent une peine sévère contre les évêques qui recouraient aux juges séculiers. Enfin, pour nous borner aux dispositions les plus importantes, ils prohibèrent certains mariages comme incestueux, interdirent aux *juifs de réclamer en justice* le paiement de ce qu'ils prétendaient leur être dû et demandèrent qu'ils ne fussent plus employés dans la perception des impôts. (DIGOT, *Aust.*, t. III, pp. 156-157.)

Ces citations prouvent le soin que mettait alors déjà le

refusé à l'Eglise l'honneur dû à Dieu, le respect qu'il lui devait, et afin que les autres sachent que les chrétiens craignent Dieu et honorent l'Eglise. (*Ibid.*, t. III, p. 423.)

clergé à maintenir sa domination, à créer son *self government*, et surtout à augmenter ses richesses. Ajoutons que, dans une assemblée d'évêques et de leudes, convoquée à Paris, en 614, et composée de prélats et de leudes, on confirma l'hérédité des bénéfices. Clotaire II (1), obligé de sanctionner les canons de ce concile, publia en 615, un *edictum*, dans lequel il introduisit diverses explications qui dénaturaient notablement le sens et la portée des résolutions prises par les prélats. (Digot, *Aust.*, t. III, p. 157.)

Déjà alors, au lendemain de la mort de Brunehaut, le pouvoir séculier crut nécessaire de défendre les droits de l'Etat contre les envahissements du clergé. — Au concile de Compiègne (D. Calmet, pp. 536-37-38) on stipula entre autres choses : 5° Un mariage contracté avec un esclave, homme ou femme, que l'on croyait libre, ne subsiste point. — 7° Un vassal, marié malgré lui par un seigneur, n'est pas obligé de demeurer avec sa femme. D. Calmet cite de curieux exemples de corruption, corrigés par de non moins curieuses prescriptions ecclésiastiques.

Paganisme. — L'ancien culte n'avait pas entièrement disparu à l'arrivée des Francs au pouvoir suprême. Il persista longtemps encore, dans les campagnes surtout. Cependant rien n'avait été négligé pour l'extirper, l'anéantir. Sous Valentinien (Digot, *Hist. de Lorr.*, t. I, p. 52), pour arrêter les invasions des Barbares, on entoura les villes les plus importantes de murailles. On employa à cet effet les débris des temples païens, les autels et les images des dieux, et les

---

(1) Sous les deux premières races de nos rois (Clouet, *Egl. sous les Mérov.*, p. 771), la cléricature servait de refuge aux princes et aux seigneurs, lorsqu'ils tombaient au pouvoir d'un ennemi puissant. On cessait de les poursuivre dès qu'ils s'étaient fait couper les cheveux et qu'on les avait agrégés à un monastère ou au clergé d'une basilique. C'est ainsi que saint Cloud vécut en paix ; et ses frères, petits-fils de Clovis, n'auraient pas été égorgés si la reine Clotilde ne se fût écriée, dans un premier mouvement d'indignation, qu'elle aimait mieux voir ces enfants morts que tondus.

tombeaux païens si nombreux dans le voisinage de cités antiques. Dans la partie méridionale de la première Belgique, on fortifia de la sorte les villes de Toul, de Solimariaca, de Decempagi, de Scarpone et plusieurs autres. En effet, selon Beaulieu et D. Calmet, « les murailles gallo-romaines de Toul reposaient en grande partie sur de grandes pierres provenant des édifices publics, des temples et des cimetières et couvertes d'inscriptions, la plupart sépulcrales. » (*Ibid.*, p. 52, note.)

On trouve, continue Digot (t. I, p. 106), dans les conciles, des peines rigoureuses contre les superstitions païennes qui existaient encore (1).

Il fut défendu de vénérer les arbres, les fontaines, d'y allumer des flambeaux ou d'y pratiquer d'autres rites du

(1) Après l'édit de Childebert (CLOUET, *Eglis. sous les Mérov.*, t. I, p. 851), qui, vers l'an 554, ordonna la destruction des monuments idolâtriques, il ne subsista plus de l'ancienne religion que des vestiges enracinés par l'habitude dans les mœurs populaires. Cependant Pirmin, réformateur de couvents (BÉGIN, *Metz dep. dix-huit siècl.*), établi à Medelsheim et à Hornbach (vers 708). Pirmin s'élevait avec chaleur contre les superstitieuses croyances qui s'attachaient au culte des pierres, des arbres et des fontaines ; il condamnait les sortilèges, les auspices, les divinations, les solennités calendales, les furies, les bouffonneries, les chansons déshonnêtes, les danses publiques et particulières comme autant d'œuvres sataniques, léguées par le paganisme (pp. 237-38). — Dom Calmet (*Hist. de l'abb. de Senones*, pp. 64-65) dit également à ce sujet : « Tout le monde sait qu'anciennement les payens suspendaient aux arbres et aux murailles de leurs temples des images votives, comme autant de marques de leur reconnaissance. C'est de là qu'est venu, dans l'Eglise chrétienne, l'usage des *appensa*, des *ex-voto* que l'on voit dans nos temples où l'on honore certaines images miraculeuses. On sait aussi que les peuples des Gaules, d'Allemagne et de la Grande-Bretagne étaient très attachés au culte des arbres, des fontaines et des rochers, et que dans plusieurs conciles on condamna ces cultes superstitieux. Il n'est pas moins certain que les peuples jetaient leurs offrandes dans des fontaines pour honorer leurs divinités qui y présidaient ou pour reconnaitre les faveurs qu'ils croient en avoir reçues. La ville de *Lunéville*, située près de Léomont, conserve encore des vestiges de cette antiquité, par son nom de ville de la Lune ou de Diane, et le village d'Antlupt, *ante lucum*, rappelle le bois de Léomont dédié à Diane... »

même genre. On proscrivit les sacrifices profanes qu'on faisait autour des églises (concile de 742), à l'exemple de ceux qui avaient eu lieu antérieurement autour des temples, les sortilèges, les enchantements, les augures, les devinations. Le concile de Francfort, en 794, prescrivit de détruire les arbres et les bois sacrés.

VALFROY. — A côté des prescriptions du pouvoir séculier, on trouve contre le paganisme l'action des fanatiques du catholicisme. Le récit suivant, emprunté par D. Calmet (pp. 350-51) à Grégoire de Tours, en est un curieux spécimen. Il retrace un épisode de l'histoire de Vultilaïque ou Valfroy, disciple de saint Magneric (an 586) :

« Je me retirai dans le territoire de Trèves et j'y bâtis par mon travail l'édifice que vous voyez. J'y trouvai une statue de Diane, que le peuple adorait comme une divinité. J'y élevai aussi une colonne, sur laquelle je demeurai nuds pieds et debout, en sorte que, pendant les grands froids de l'hyver, j'en étais tellement pénétré, que souvent les ongles de mes pieds se détachaient et tombaient par terre, et que l'eau de la pluie qui coulait de ma barbe, s'y gelait et pendait comme des chandelles...

« Et comme nous lui demandâmes, ajoute Grégoire, quelle avait été sa nourriture et comment il avait abattu cette statue de Diane, il nous dit : Ma nourriture était un peu de pain et des légumes, et ma boisson était de l'eau. Et comme il venait à moi une grande multitude de peuples des lieux voisins, je ne cessais de leur prêcher que Diane n'était rien, que les Idoles ne méritaient aucun culte... Je m'adressais aussi souvent à Dieu pour le prier de convertir les cœurs et d'ouvrir les yeux de ce peuple et de faire abattre cette Idole...

« Ayant donc assemblé un grand nombre de personnes, nous nous mîmes à la tirer de force avec des cordes; mais voyant qu'on ne pouvait rien faire, je courus à l'église de Saint-Martin, et prosterné par terre, je demandai à Dieu que puisqu'on ne pouvait renverser cette Idole par force humaine, il lui plût la détruire par sa vertu divine. Après ma prière je sortis de l'église, et ayant mis la main à la corde, dès que nous commençâmes à tirer, l'Idole tomba du premier coup, après quoi je la réduisis en poussière à coups de marteau.

« Ajoutons que les évêques lui défendirent de rester sur sa colonne, qu'ils renversèrent pendant son absence. »

Sans doute les prélats jugèrent inutiles dans notre pays les hauts faits d'un émule de Siméon le Stylite. Pour prouver la supériorité du christianisme sur l'ancienne religion, n'avaient-ils pas à exhiber les nombreux et étonnants miracles qu'on a jugé convenable d'attribuer à l'*époque, dite légendaire*. Le clergé de notre époque sceptique semble ne plus vouloir les avouer que sous bénéfice d'inventaire. Ils n'en ont pas moins fait l'édification des fidèles pendant de longs siècles. A ce titre ils doivent figurer dans les annales historiques. Citons les plus remarquables. Plusieurs d'entre eux se ressemblent; quelques-uns reproduisent les actes extraordinaires de l'Ancien et du Nouveau Testament. Nous les transcrivons textuellement et sans commentaires, d'après le récit d'écrivains orthodoxes. Au lecteur le soin d'apprécier ces faits étranges, souvent en opposition avec les données de la science, avec les lois de la nature.

MIRACLES. — *Le Dragon de Metz et de Verdun.*

*Metz*. — On attribue, disent les auteurs de l'*Hist. de Metz* (t. I, pp. 203-204), à Paul, diacre, le récit suivant (récit auquel les savants bénédictins semblent ne pas ajouter foi) :

Clément (1er évêque), voyant l'amphithéâtre de Metz former le repaire d'une quantité prodigieuse de serpents dont le souffle infectait tellement les environs que personne n'osait, sans risquer sa vie, approcher, ni sortir de la ville, promet de secourir le peuple messin, s'il veut abandonner le culte des faux dieux. On accepte la condition. Le saint, offre le sacrifice de la messe, pour se préparer au combat et s'approche de l'amphithéâtre. A peine les

*Verdun*. — L'histoire légendaire (CLOUET, *Verd.*, t.I, pp.119-20) attribue à saint Vannes d'avoir délivré le pays d'un Dragon ou grand serpent qui avait établi son repaire dans les rochers sur lesquels s'élève aujourd'hui la citadelle, s'élançant de là sur les hommes et les animaux et répandant au loin la mort par son souffle empesté. On essayait vainement de le détruire ; on chanta des messes et des psaumes; enfin saint Vannes, prenant avec lui quelques fidèles, marcha hardiment à la caverne du monstre. Le peuple

serpents l'entendent-ils venir, qu'ils sortent de leurs cavernes et s'élancent pour le dévorer. Un signe de croix les apaise. Alors le zélé missionnaire saisit le plus gros d'entre eux, le lie avec son étole, et le conduit jusqu'aux bords de la Seille. Là, il le lâche, lui ordonne de passer au plus tôt la rivière avec sa troupe maligne, avec défense de nuire dorénavant aux hommes et aux animaux. Le monstre obéit sur-le-champ ; il se jette à la nage ; les autres serpents le suivent ; ils disparaissent tous. Après un prodige de cet éclat, les messins se convertissent et reçoivent le baptême (pp. 203-204)...

le regardait de loin et priait Dieu. On le vit pénétrer seul dans ce lieu d'horreur... ; enfin il reparut, tirant par son étole le hideux reptile, qu'une puissance invisible semblait dompter à ses pieds ; et il le traîna ainsi jusqu'à la Meuse où l'effroyable bête se jeta et disparut pour toujours...

## LES DÉCAPITÉS. — *Saints Elophe, Eucaire et Livier.*

*Saint Elophe (Saint Eliphius)* (1). — « Julien (l'apostat) (D. CALMET, t. I, p. 199), condamna Eliphe (Elophe) à perdre la tête (an 362). On le conduisit au lieu du supplice ; il demanda un moment pour faire sa prière ; il pria pour ses bourreaux ; il demanda aussi à Julien qu'il lui permit de recevoir la sépulture sur une montagne qu'il lui montra de loin, à six milles de là. Julien y consentit. Eliphe reçut le coup de la mort sans trembler, et sa tête étant tombée à ses pieds, il la ramassa, la prit à deux mains et la porta ainsi jusqu'à la montagne nommée aujourd'hui de Saint-Elophe, entre Gran et Fromenteuse, à six milles de l'une et de l'autre. Etant arrivé sur la montagne, il s'assit sur une pierre blanche qui s'amollit sous lui et prit la figure de son corps. Les fidèles lui donnèrent la sépulture au même lieu, et bâtirent sur son tombeau un oratoire où Dieu fit, par son intercession, quantité de miracles. Il fut martyrisé dans une belle plaine, sur la rivière Vaire, assez loin de Gran, le 17 des calendes de novembre ou le 16 d'octobre. C'est ce que dit l'abbé Rupert »...

*Saint Eucaire.* — Julien allant avec son armée des Gaules en Allemagne, et n'ayant pu (GUILL., t. I, p. 110), ni par caresses, ni par menaces, l'amener à renoncer à J.-C., lui fit trancher la tête avec Elophe, son frère et la vierge Libaire, sa sœur... La légende rapporte (p. 113) qu'immédiatement après son martyre, sur les bords de la Meurthe, il se leva, prit dans ses mains sa tête coupée, et la porta, en suivant la vallée de Pompée jusqu'à la distance d'un milliaire ; il s'arrêta sur les confins de la forteresse de Liverdun, déposa sa tête sur un quartier de roche et s'arrêta... ; de ce lieu les chrétiens le transportèrent dans l'enceinte du castrum qui était proche, et l'y ensevelirent honorablement (p. 113).

*Saint Livier.* — Il fut amené, dit Guillaume (t. I, p. 121), par les Huns jusqu'à Marsal, petite ville aux portes de laquelle ils le décapitèrent (vers 450), le 27e jour de novembre. La légende ajoute que, comme d'autres martyrs, il ramassa sa tête et la porta jusqu'à la montagne voisine, où son corps fut inhumé.

(1) Digot (*A. L.*, an. 1861, pp. 24-25) donne pour ce saint la version suivante : D'après Rupert et un biographe moderne de saint Eliphius... « le saint eut la tête tranchée sous les yeux mêmes de l'empereur. Mais il se releva immédiatement, prit sa tête de la main droite, saisit de la gauche un bâton qui se trouvait là et se dirigea vers la hauteur où il avait demandé à être inhumé. Après avoir fait une partie

MANTEAU SUSPENDU PAR UN RAYON DE SOLEIL. — BATON TENU DEBOUT. — Ce double et étonnant miracle eut lieu à deux époques assez éloignées. D. Calmet (t. I) les rapporte en ces termes :

Saint Goar ou Gouver ou Geuver fut accusé par deux officiers de l'évêque de Trèves, Rustique, comme un homme de bonne chère et qui, sous prétexte d'hospitalité, violait les lois du jeûne et de la tempérance. L'évêque le fit venir et l'on assure qu'étant entré avec son compagnon dans la salle d'audience, il quitta son manteau et le jeta sur un rayon de soleil qui paraissait comme un bâton lumineux, au coin de la salle. Ce rayon devint solide et soutint le manteau du saint. Ce miracle étonna l'évêque, mais il ne le convertit pas. Dans ce moment on apporta un de ces enfants (trouvés, exposés à la porte de l'église Cathédrale) à l'évêque Rustique qui demanda à Goar s'il pourrait découvrir le père de cet enfant... (Après divers refus, le saint dut obéir à l'évêque)... Goar fit sa prière ; et puis, s'adressant à l'enfant, il lui ordonna de dire les noms de ses père et mère. L'enfant répondit : Mon père est l'évêque Rustique que voilà ; et ma mère s'appelle Flavie. A ces mots l'évêque, chargé de confusion, se jette aux pieds du saint, lui demande pardon et reconnaît sa faute (l'an 651. pp. 410-411).

On raconte que saint Cadroë, abbé de Saint-Clément, de Metz, étant allé voir Frédéric duc de Lorraine (?) le prince se leva pour l'embrasser. Cadroë pour répondre à son honnêteté accourut, et ayant quitté son bâton, croyant qu'un de ses disciples le suivait et le recevait, ce bâton demeura sans tomber, soutenu par un rayon de soleil qui donnait par la fenêtre (p. 1011.)

Après Rupert, cité par D. Calmet, lisons un autre écrivain religieux, souvent cité, RUYR, auteur des *Sainctes Antiequitez des Vosges*. Le naïf écrivain, entre autres miracles, relate une espèce de passage de la mer Rouge. Nous trouverons, au reste, ce même miracle opéré, vers l'an 964, à

du chemin, il s'arrêta un instant et planta son bâton dans une roche, de laquelle sortit aussitôt une fontaine — qui est aujourd'hui dans une niche. Julien ordonna alors à ses gardes de poursuivre le saint. Il venait de s'asseoir sur un rocher qui prit miraculeusement, pour le recevoir, la forme d'un siège, et, à l'approche des gardes, le rocher s'ouvrit de lui-même et déroba à leurs regards le corps de saint Eliphius, qui ne reparut qu'après le départ de l'empereur. Les chrétiens du voisinage lui donnèrent la sépulture sur le sommet de la colline. Les païens tentèrent vainement d'y mettre obstacle, et il y eut une lutte dans laquelle plusieurs personnes perdirent la vie. Telle est la légende de saint Eliphius où quelques faits authentiques sont épars au milieu d'une quantité de fables puériles... »

L'abbé Guillaume (t. I, p. 115) donne la version suivante : — Pendant que l'empereur Julien persécutait l'église de J.-C., des juifs, réunis par ses ordres à des païens, s'étant saisis d'Elophe, le jetèrent en prison avec trente-trois autres chrétiens. Par un effet de la puis-

Bouxières-aux-Dames, par saint Gérard, évêque de Toul. Ici il s'agit d'une Vosgienne, sainte Menne.

SAINTE MENNE. — Cette « jeune vierge, » fille d'un « prince d'autorité, » était recherchée en mariage par plusieurs princes, et son père avait ordonné les préparatifs de la fête nuptiale. La jeune fille, effrayée, se réfugia près de l'évêque de Châlons qui l'avait catéchisée, le conjurant de la vouer immédiatement à Dieu, en lui imposant le voile qu'elle lui présentait. L'évêque, édifié, n'en fit rien cependant, voulant enseigner à sa fervente novice à ne pas se raidir contre la volonté de son père, et, d'autre part, à ne pas augmenter le mécontentement de Baccius et de sa famille. Mais voici que le voile se serait haut élevé, par le ministère des saints anges, pour descendre ensuite, et « affubler doucement » le chef de Menne, en présence de l'évêque et d'une foule d'assistants. Le père, ayant connu le prodige… aurait cessé toute opposition et, reçut son enfant « autant gracieusement » que son départ inopiné de la maison l'avait mécontenté.

Ses parents étant morts et la persécution renouvelant ses fureurs, il fallut à Menne quitter la maison paternelle… Elle s'éloigna donc avec une seule chambrière, put *traverser à pied sec un torrent, dont elle divisa les eaux par le signe de la croix*, puis vint se fixer dans un lieu nommé Fontenay. (L'abbé GUILLAUME, t. I, pp. 119-120.)

SAINT SPINULE. — Nous nous abstenons de mentionner ici

sance divine, la porte de la prison s'ouvrit pendant la nuit; Elophe s'échappa et ses compagnons le suivirent. Traversant un jour la petite rivière de Vaire, il aperçut des juifs réunis à des payens pour offrir leur adoration à des idoles (*sic*). Ces juifs, remarque l'auteur, manquaient alors aux prescriptions de la loi mosaïque, comme leurs pères avaient fait autrefois. Elophe les harangua, annonça le Verbe de Vérité avec tant de zèle et d'onction que, sans parler des femmes, près de six cent vingt hommes se convertirent et reçurent le baptême. Ce qu'ayant appris Julien… il ordonna que le saint confesseur fût décapité. Comme son frère Euchaire, Elophe ramassa sa tête et la porta jusqu'au sommet de la montagne voisine où, trouvant une pierre de couleur blanche, il se reposa dessus. (RUPERT, *apud* MIGNE, t. 170, col. 424.)

les nombreux miracles ordinaires opérés dans notre région (guérison des sourds, aveugles, paralytiques, etc.) dont fourmillent les annales de l'époque ; nous passons même sous silence la conversion de l'eau en vin au profit d'un saint, pour relater le fait original que voici. Il s'agit de *saint Spinule*, disciple de saint *Hydulphe*. Ce bienheureux étant mort « son corps (abbé GUILLAUME, t. I, p. 189) fut transporté à Moyenmoutiers... Les miracles qui se firent à son tombeau furent si nombreux que, de toutes parts, on y venait pour l'invoquer. A peu près dans le même temps, on découvrit une source d'eau salée dans le voisinage du monastère. Ces deux circonstances, qui pouvaient devenir le principe d'avantages matériels considérables pour l'abbaye, affligèrent sensiblement Hydulphe, bien plus soucieux du recueillement de ses frères que de l'intérêt de sa maison. Aussi, dans la vivacité naïve de sa foi, se rendit-il au tombeau de son disciple pour commander à saint Spinule, en vertu de l'obéissance, de ne plus faire de miracles. Le bienheureux se résigna ; les miracles cessèrent et, en même temps, les eaux salées ayant repris leur douceur naturelle (1), les pèlerins et les visiteurs se retirèrent, et les religieux jouirent de leur première tranquillité... »

SAINT AMÉ. — L'histoire de ce saint, qui vécut au vii<sup>e</sup> siècle, trouve sa place ici à cause d'un miracle extraordinaire dont il fut l'objet. Après avoir été élevé par son mérite à l'honneur du sacerdoce, ce saint passa trente années dans la retraite, quitta son cloître pour se réfugier dans le creux d'un rocher. Ses anciens compagnons lui firent bâtir une cellule où il se retirerait avec plus de commodité. L'ouvrier chargé de ce travail, ayant mal pris ses mesures, dit la légende, coupa une poutre qui se trouva trop courte. Il en allait quérir une autre lorsque le saint lui dit : Retournez à

(1) Gravier (pp. 28-29) attribue à la puissance séculière la défense d'exploiter ces eaux salées qui faisaient concurrence à celles de Marsal...

votre ouvrage et ayez confiance en Dieu. Cet homme obéit et il trouva la pièce de bois trop longue d'autant qu'il l'avait raccourcie. Alors le saint lui dit : N'en retranchez rien car c'est un don de Dieu. L'auteur de la vie de saint Amé dit avoir vu cette poutre qui passait au delà du toit de la cellule. Ce pieux solitaire défricha, tout près de sa retraite, un petit terrain dans lequel il semait de l'orge pour sa nourriture. Il est juste, disait-il, que chacun vive de son travail. Il tournait lui-même la meule d'un moulin à bras qu'il avait fait disposer pour moudre son grain ; et afin d'ajouter une mortification à ce travail, il la tournait *nu-pieds, marchant sur de petites pierres fort pointues*, qu'il avait répandues là tout exprès. Son vêtement était de peaux de mouton; pendant le carême, il ne prenait que cinq noix et un peu d'eau pour son repas. Il ne mangeait jamais, d'ailleurs, que le soir, après avoir satisfait à son office... C'est lui qui, envoyé par l'abbé de Luxeuil pour prêcher dans les diverses villes de l'Austrasie, détermina Romaric à se retirer dans le désert et à fonder l'abbaye de Remiremont... (L'abbé GUILLAUME, t. I, pp. 168-69.)

Il faudrait des volumes pour reproduire le récit de miracles extraordinaires relatés sans sourciller par les écrivains ecclésiastiques lorrains, anciens et modernes (1). L'abbé Clouet, cet esprit élevé, critique finement (*Hist. de Verd.*,

---

(1) Plusieurs saints avaient chacun leur spécialité. Ainsi « de nos jours encore (CLOUET, t. I, p. 181) on descend à la cathédrale de Nancy le corps de saint Sigisbert pour ou contre la pluie. Autrefois, on imagina que sainte Lucie pouvait faire avoir des enfants aux « brehaignes », femmes stériles. Il s'établit un pèlerinage assez bizarre de ces femmes qui entraient dans la grotte de la sainte et s'y asseyaient sur une sorte de fauteuil taillé dans la pierre. Ainsi fit, vers 1612, Marguerite de Gonzague, duchesse de Lorraine, qui voulait un héritier mâle ; on ouvrit la châsse pour elle; mais sainte Lucie n'accorda rien à cette illustre cliente, qui fut obligée de se contenter des deux filles qu'elle avait déjà. En 1632, la reine Anne d'Autriche, non encore mère de Louis XIV, alla aussi à ce pèlerinage dont elle avait ouï parler à Verdun, lorsqu'elle y vint avec Louis XIII. »

t. I, p. 167) ces affirmations étranges dans les citations suivantes :

... « Les histoires de cloches sonnant toutes seules reviennent assez souvent dans les légendes de Flodoard; il est possible qu'on avait quelque mécanique pour émerveiller le peuple par ce bruyant et innocent prodige...

« A Jérusalem, ajoute-t-il (t. II, pp. 51-52, note), des pèlerins lorrains, vers 1026-1027, assistèrent, le samedi saint, à la distribution du feu nouveau qui s'allumait de lui-même à la lampe du sanctuaire. Ce feu nouveau se produisait à l'aide d'un verre brûlant, ou lentille convexe des physiciens. Il y eut quelque chose d'analogue dans nos églises au VIIIe siècle; du moins saint Boniface, lors de ses missions en Germanie, consulta à ce sujet le pape Zacharie, qui lui répondit que *de cristallis nullam habemus traditionem*. (SISMONDI, Concil., t. I, p. 579.) Le peuple croyait ce feu venu du ciel. »

MONASTÈRES. — Ce furent les Vosges qui reçurent les premiers fondateurs de monastères dans notre région. Après saint Remi, citons saint Colomban, moine irlandais, dont nous avons déjà parlé. En 585, ce religieux obtint de Childebert II la concession des ruines de Luxeuil, ville florissante sous les Romains, pour y établir un monastère. Romaric, favori de Brunehaut, dégoûté des grandeurs humaines, fonda, en 620, deux monastères, l'un d'hommes, l'autre de femmes avec quatorze cents habitations. Il en abandonna la moitié au souverain, à charge de protéger l'autre moitié, léguée à ses religieux des deux sexes. Vingt ans plus tard, Gondebert, archevêque de Sens, abdiqua l'épiscopat et vint fonder dans les Vosges un monastère, qu'en souvenir de son ancien évêché, il appela Senones. Vers la même époque (660-661), Dieudonné, évêque de Nevers, après diverses pérégrinations, vint dans notre pays et se fixa au confluent de la Meurthe avec le ruisseau de Robache, dans un beau vallon auquel il donna le nom de Val-de-Galilée. Un peu plus tard,

Hydulphe (1), archevêque de Trèves, fuyant les grandeurs et secondé par Gondebert et Dieudonné, fonda un nouveau monastère sous le nom de Moyenmoutiers. Celui-ci l'emporta bientôt en richesses sur ses aînés. Chacun de ces monastères eut ses succursales particulières qui devinrent, par la suite, de simples presbytères. Ces succursales se multiplièrent, en raison des donations faites aux monastères et du progrès des missions (2). Un auteur, justement estimé, (l'abbé Bexon) compare à une invasion du Nord la multitude prodigieuse des moines qui peuplèrent tout à coup quatre de ces monastères des Vosges. Or, tous ces moines n'étaient pas prêtres. Laïques pour la plupart, défrichant des terres ou exerçant quelque métier (3), ils n'étaient distingués du

(1) Au sujet de saint Dié et de saint Hydulphe, nous avons trouvé dans le manuscrit n° 17 ; — Actes ou titres de l'Insigne Eglise de Saint-Dié, p. 198 (Biblioth. de Nancy) les curieux détails qui suivent :

« Saint Gérard, évêque de Toul, s'étant rendu (vers 980) à Saint-Dié, prit les bâtons pastoraux de saint Dié et de saint Hydulphe.

« C'étaient les deux bâtons pastoraux dont les deux saints s'étoient servis durant leur vie qui étoient de *simples bâtons* d'un bois fort commun et sans aucune façon ny ornement, lesquels on conservoit dans le trésor des Reliques (à Saint-Dié) et étoient plus propres à faire connoitre l'esprit de pauvreté et la modestie de ces deux saints qu'à seruir de marque et d'ostentation ni Jurisdiction.

« Saint Gérard fut sensiblement touché de devotion envers les deux saints solitaires en voyant la forme et la matière de leurs bâtons pastoraux bien *diferente de la magnificence qui se pratiquoit deia du temps de saint Léon*...

« Saint Gérard fit soigneusement enrichir ces deux bâtons pastoraux d'autres reliques et de précieux métaux non pas pour les employer à son propre usage, mais pour les placer dans le trésor des reliques de l'Eglise de Toul... »

(2) Citons à ce propos l'abbaye de Beaulieu, en Argonne, fondée par l'écossais saint Rouin. Le roi Childéric confirma aussi les grandes donations que les personnes riches et pieuses firent à saint Rouin, pour la subsistance de ses religieux... Les biens donnés à ce monastère étaient si considérables, sous ce premier abbé, qu'il y avait jusque soixante familles *serves* qui en dépendaient. (Roussel, I, p.195.)

(3) L'industrie (Clouet, *Egl. s. Mérov.*, p.703) devint une étude cléricale et elle fut exercée à l'ombre des églises par de riches et puissantes associations. « Je ne doute pas, dit Blanqui (*Hist. de l'économie*

peuple, dans les églises, que par l'habit. On n'appelait le frère à la cléricature qu'à défaut de prêtres : ce qui arrivait rarement, dans les premiers temps surtout. Mais dès que les moines furent assez riches pour renoncer au travail (1), on multiplia le nombre des prêtres. Bientôt, tous les abus qu'engendrent la richesse et l'exercice absolu du pouvoir envahirent les diverses abbayes... Les partis qui se formèrent à la suite des guerres soutenues par Charles Martel s'abattirent sur les monastères des Vosges. Saint-Dié résista. Bientôt la famine avec son sinistre cortège fondit sur le pays et y sema la désolation. (D'après GRAVIER, *Hist. de Saint-Dié.*)

PEUPLE. — ESCLAVAGE. — Par les citations éparses dans ce chapitre, on a vu « que la nature des propriétés ne changea guère sous la domination des Franks (CHATEAUBRIAND, t. III, p. 106) (2) ; l'esclavage était de droit commun chez les Barbares comme chez les Romains, bien qu'il fût plus doux chez les premiers. Ainsi, la servitude que l'on remarque en

*polit.*, t. I, p. 118 ; que telle ne soit la véritable origine des corporations industrielles ; leur naissance se confond avec celle des couvents où le travail manuel était prescrit ; c'est de là que l'industrie, esclave chez les Romains, serve chez les Francs, sortit libre pour s'établir au sein des villes du moyen âge... Dans les monastères, la plupart des constructions, des travaux et des œuvres d'art, étaient exécutés par les moines eux-mêmes, auxquels les anciennes règles prescrivaient le travail des mains. » Ces règles devinrent, entre les mains de quelques abbés durs et méchants, un moyen de les opprimer et de les traiter en véritables manœuvres. « Nous vous supplions, très glorieux empereur, disaient ceux de Fulde, dans une requête à Charlemagne, qu'on ne nous exténue plus de travaux pour les immenses et superbes édifices de l'abbé Ratgaire, et qu'on nous laisse au moins quelques instants pour vaquer à la lecture... » (MABILLON, *Annal. bénédic.*, t. II, p. 394.)

(1) Constatons ici, que c'est à cette époque qu'on tenta dans notre pays d'utiliser les cours d'eau comme moteurs pour l'industrie et que les moulins devinrent fréquents en Austrasie. (GUYOT, *les Forêts lorraines*, t. I, p. 59.)

(2) Guérard évalue le sou d'or à 9 fr. 28 cent., valeur réelle, et à 99 fr. 33 cent., valeur actuelle. On vendait (DIGOT, *Aust.*, t. I, pp. 276-77), pour 90 *solidi aurei*, aujourd'hui 12,000 fr., un esclave, sa femme et son fils ; — un bœuf valait 308 fr. environ, une vache 154 fr.; un bon cheval 925 fr.; une jument 462 fr. de notre monnaie.

Gaule, devenue franque, n'était point le résultat de la conquête ; c'était tout simplement ce qui existait parmi le peuple vainqueur et parmi le peuple vaincu, l'effet de ces lois grossières nées de la rude liberté germanique et de ces lois du despotisme raffiné de la civilisation romaine. Les Gaulois que la conquête franque trouva libres restèrent libres ; ceux qui ne l'étaient pas portèrent le joug auquel les condamnaient le code romain et les lois salique, ripuaire, saxonne, gombette et visigothe. La propriété moyenne continua à se perdre dans la grande propriété...

« Quant à l'état des personnes, le tarif des *compositions* annonce bien la dégradation morale de ces personnes, mais ne prouve pas le changement de leur état. »

Voici quelques chiffres de ces compositions dans ces temps où tout, le meurtre comme le vol, se rachetaient, se compensaient avec de l'or (*wehrgeld*, argent de défense). La vie d'un Gallo-Romain est toujours estimée la moitié de la vie d'un Franc.

Pour le meurtre du Barbare libre, compagnon ou leude du roi, tué dans sa maison par une bande armée chez les Saliens.................................... 1.800 sols.

L'évêque chez les Ripuaires, — le Romain, leude du roi, chez les Saliens................ 900 id.

Tout leude du roi, un comte, un prêtre né libre, un juge libre..... .............. 600 —

Un diacre chez les Ripuaires, 500. — chez les Alamans et les Saliens.................. 400 —

Le Salien ou Ripuaire libre............... 200 —

Le Barbare libre des autres tribus......... 160 —

L'esclave, bon ouvrier en or........... .... 150 —

Le Romain propriétaire, le lite germanique, l'esclave, ouvrier en argent................ 100 —

L'affranchi....................... 80 —

L'esclave barbare..................... 55 —

L'esclave forgeron..................... 50 —

Le serf de l'Église, du Roy, et le Romain tributaire .................................. 45 sols.
Le gardien de porcs.................... 30
L'esclave chez les Bavarois............. 25 etc.

Les Francs, comme nous l'avons vu, réduisaient en esclavage les prisonniers de guerre. Sans aucun doute on en transporta un grand nombre dans les domaines des divers chefs où, comme les anciens colons, ils devinrent plus tard serfs de la glèbe, c'est-à-dire attachés au sol et astreints à un travail réglé au lieu d'un service arbitraire. Cette nouvelle classe s'accrut par en bas et par en haut. Les esclaves s'y élevèrent, les colons et les hommes libres ruinés y tombèrent. Aux IX<sup>e</sup> et X<sup>e</sup> siècles, cette transformation se trouva opérée ; alors il n'y eut plus d'*esclaves*, mais seulement des *serfs*. Ajoutons que, d'un autre côté, les leudes, les seigneurs devenus, par le traité d'Andelot (587) (1), propriétaires à perpétuité de leur commandement, profitèrent des embarras de la royauté pour consolider ou usurper certains droits ou des privilèges nouveaux. Nombreux, fort riches, propriétaires d'esclaves ils avaient conservé les tribunaux domestiques établis par la législation impériale, et cherchèrent à étendre leur juridiction sur tous les *coloni* établis sur leurs propres domaines. (DIGOT, *Austl.*, t. III, pp. 281-82.) On s'acheminait vers le régime féodal (2). Les sciences et les lettres comptèrent quelques (très rares) écrivains.

(1) L'hérédité des bénéfices (LE HOUEROU, *Instit.*, vol. I, p. 600) était aussi ancienne que la monarchie; le traité d'Andlaw vint la confirmer. Les rois Gontran et Childebert durent sanctionner les grâces arrachées pendant les derniers troubles. Nouvelle consécration en 615. Charles Martel non seulement donna aux leudes les anciens bénéfices, il en établit de nouveaux, même aux dépens de la propriété ecclésiastique. Charlemagne, dans ses Capitulaires, est vu sans cesse occupé à réprimer les empiètements de ses vassaux.

(2) Les officiers et comtes du roi travaillaient de longue main à se substituer peu à peu à la personne du prince, en retenant pour eux-mêmes les profits et les hommages qui devaient remonter jusqu'à lui... Leur principal soin était d'enchaîner dans leur dépendance, la liberté

« En résumé, la société dans sa décomposition (CHATEAU-
BRIAND, t. III, p. 3) et sa recomposition lente et graduelle,
fut presque immobile sous les Mérovingiens : une transformation sensible ne se manifesta que vers la fin de la seconde
race... Cette époque fut le RÈGNE ET L'OUVRAGE DE L'EGLISE... »

de ceux qui refusaient de s'engager dans les liens du vasselage, en
transformant les charges publiques dont l'Etat seul devait profiter, en
prestations et en redevances particulières à leur usage. Ce n'étaient
plus les serfs et les colons du comte qui faisaient ses semailles, sa
moisson, sa vendange; c'étaient les hommes libres du canton, les
*payenses*, ceux qui combattaient dans les armées royales et siégeaient
dans les cours de justice. (*Ibid.*, pp. 604-615.)

# TROISIÈME SECTION

# PÉRIODE CARLOVINGIENNE

## EMPIRE FRANC

### CHAPITRE IV

SOMMAIRE. — *Pépin-le-Bref* et la Papauté. — Expéditions contre les Saxons. — Grandeur de l'Austrasie. — Concile de 753. — Libéralités envers Toul. — *Charlemagne*. — Expéditions contre les Saxons. — Expéditions militaires. — Charlemagne empereur. — Metz, siège d'une académie. — Monastères des Vosges. — Voués. — Résidences de Charlemagne. — Capitulaires. — Conciles. — Dérèglements de Charlemagne. — Charges et organisation militaires. — Charlemagne et le clergé. — Dîme obligatoire. — Seigneurs et esclaves. — Lettres et arts. — *Louis-le-Débonnaire*. — Sa faiblesse devant le clergé. — Révolte de Bernard d'Italie. — Appel aux armes. — Évêques guerriers — Pénitence publique. — Dégradation. — Réhabilitation. — Lettres, arts. — Assistance judiciaire. — *Missi dominici*.

*Notes.* — Union du trône et de l'autel. — Causes déterminantes. — Rôle du clergé. — Capitulaires de 789-76-91 (prix des denrées) et 805. — Adalgise, première femme de Charlemagne. — Chant romain. — Résidences royales en Lorraine. — Assemblées nationales. — Règlements de 813. — Législation domestique. — Filles et maîtresses de Charlemagne. — Appel de Hetti, archevêque de Trèves. — Misère générale. — Contributions de guerre. — Drogon. — Amalarie. — Sa règle pour les églises de France.

**Pépin, dit le Bref** (*a*). — « Ce fils de Charles Martel (*Hist. de Metz*, Préface, v) fixa la couronne sur sa tête; il sut joindre les chaînes de la religion à celles de l'autorité. » En effet, ce fut avec la complicité du clergé que les Mérovingiens, pourtant souverains légitimes, selon l'Église, oints, sacrés par elle, furent écartés du trône. Le pape Zacharie, à cette question qu'on lui fit : — Quel est celui qui doit régner, de l'homme qui, pour le bien du peuple, exerce depuis longtemps le pouvoir royal sans le titre de roi, ou de l'homme qui, portant le titre de roi, n'en sait point exercer la puissance? selon Eginhard, répondit : — Qu'il valait mieux que celui qui possédait déjà l'autorité de roi le fût en effet, — et, donnant son plein assentiment, il enjoignit que Pépin fût fait roi (1). Dans cette année (752), d'après la

(1) Le pape avait de puissants motifs pour consentir à une espèce de troc, de pacte avec Pépin, à donner l'onction sacrée en échange d'une protection armée efficace. Saint Boniface, évêque de Mayence, lui avait écrit, en ces termes (742) : «... La plupart des villes et sièges épiscopaux sont livrés en proie à des laïques cupides qui les exploitent comme un bien ordinaire, ou à des clercs fornicateurs et publicains qui en jouissent comme des séculiers. On trouve aussi parmi eux quelques évêques qui prétendent être ni fornicateurs, ni adultères; mais ils sont ou ivrognes ou chasseurs, combattent à la guerre avec des armes et répandent indistinctement le sang des chrétiens et celui des païens... »
— On comptait sur Pépin pour mettre à la raison, pour dompter le mauvais vouloir de ces singuliers prélats...

Ce même saint Boniface écrivit au pape Grégoire II : « Sans la protection du prince des Francs, je ne pourrais ni gouverner le peuple, ni défendre les prêtres, les moines et serviteurs de Dieu, ni empêcher les cérémonies païennes et l'idolâtrie dans la Germanie... »

... « Nous rendons grâce à Dieu, écrit à Boniface le pape Grégoire III, de ce que nous apprenons par vos lettres, que vous avez converti en Germanie jusqu'à cent mille âmes avec le secours de Charles, prince des Francs... »

Ce même saint Boniface (Digot, *Aust.*, t. III, p. 239) écrivait à saint Cuthbertus, métropolitain de Canterbury, que l'on voyait, dans presque toutes les villes gauloises, des femmes de race anglo-saxonne qui exerçaient le métier de prostituées. Dans une lettre au pape Zacharie, le même saint rapporte qu'il n'était pas impossible de trouver des ecclésiastiques entretenant publiquement une demi-douzaine de concubines; et le souverain pontife, répondant à saint Boniface, lui dit qu'il est instruit de ces désordres et que même des prêtres, connus pour leur libertinage, sont parvenus à l'épiscopat.

Ainsi, dit Le Houérou (auteur de ces citations, pp. 349-351), la propagation du christianisme, dans le Nord, et l'affermissement du trône pontifical, en Italie, furent les deux grands intérêts qui rapprochèrent les Carolings et les Papes...

En effet (D. Calmet, *Hist. de Lorr.*, t. I, col. 495), Fulrade, abbé de Saint-Denis, qui joua un rôle considérable dans ces négociations, fut député par Pépin vers Zacharie. Le premier venait de conclure avec Astolphe, roi des Lombards, un traité en vertu duquel le souverain italien devait céder au pape l'exarchat de Ravenne et la Pentapole.

« L'abbé Fulrade fut commis pour l'exécution de ce traité. On lui livra

sanction du pontife romain, Pépin fut appelé roi des Francs, oint, pour cette haute dignité, de l'onction sacrée, par la sainte main de Boniface, archevêque et martyr, d'heureuse mémoire, et élevé sur le trône, selon la coutume des Francs, dans la ville de Soissons. » (EGINHARDT.)

Par la cérémonie hébraïque du sacre, Pépin voulut donner à sa royauté nouvelle une sorte d'inamovibilité religieuse. Par là, au contraire, il ébranla la force de la puissance temporelle, jusqu'alors restée sans partage entre les mains des rois ou de ceux qui gouvernaient en leur nom. A dater de ce moment, le pouvoir religieux, qui avait en quelque sorte octroyé le trône, put aspirer à la direction du pays : ce qui eut lieu, en effet, à partir du règne de Louis-le-Débonnaire. Les malheureux Carolings ne tardèrent pas à protester contre les prétentions du clergé, et s'intitulèrent dans tous les actes: rois, empereurs, *par la grâce de Dieu*. (LE HOUEROU, t. II, p. 330.)

Pépin témoigna à l'Eglise sa reconnaissance par deux expéditions contre les Saxons, qui promirent un tribut de trois cents chevaux et la libre entrée de leur pays aux prêtres chrétiens. Il fit plus encore. Le pape Etienne étant venu lui-même implorer contre les Lombards les armes de la France, le nouveau monarque, après s'être fait sacrer une seconde fois par ce pontife, fit deux expéditions en Italie au profit de la souveraineté temporelle du pape. Touchant échange de procédés!

L'Austrasie, berceau de la puissance des Pépins et de la famille carlovingienne, tint, depuis l'avènement de cette dynastie jusqu'à sa chute, le premier rang dans la monarchie des Francs. Siège habituel de la nouvelle royauté, non

---

vingt-deux places, dont il réunit les clefs sur le tombeau de saint Pierre avec la donation qui en avait été faite par le roi Pépin, quoique toujours sous la souveraineté du roi de France. Voilà l'origine de la puissance temporelle des papes. (Pierre BLANCHARD, *Beautés de l'Hist. de Fr.*, p. 120, note.)

seulement elle eut la principale part aux grandes entreprises militaires qui signalèrent les premiers règnes, mais, en outre, cette province et surtout Metz, sa capitale, fut comme le foyer d'où Pépin et Charlemagne s'efforcèrent de faire jaillir les lumières qui devaient éclairer ce siècle de barbarie.

En 753, se tint à Metz un concile célèbre, composé de seigneurs et d'évêques (1), qui régla, sur un grand nombre de points, la jurisprudence ecclésiastique et séculière. En même temps, l'évêque saint Crodegang publiait, pour l'église de Metz, un règlement qui fut étendu à toutes celles d'Austrasie et de Neustrie. Pépin établit à Metz une école publique et, en 735, accorda des franchises à la ville de Toul.

Cette cité, selon Adson, paraît avoir été éprouvée alors par un nouvel incendie qui n'aurait pas épargné les archives. (GUILL., t. I, p. 217.) « Les autres auteurs sont moins explicites, dit-il. En toute hypothèse, soit que les maisons bourgeoises eussent été détruites par ce sinistre, soit qu'elles n'eussent pas encore été reconstruites depuis leur combustion sous l'avant-dernier épiscopat, l'évêque Borno, vivement touché de la pauvreté des habitants de la ville principale, emprunta des évêques Crodegang, de Metz, et Maldavé, de Verdun, des sommes considérables pour leur fournir le moyen de se loger. Pépin, selon le Père Benoît, Charlemagne, selon le Manuscrit de la Cathédrale, fut si touché de la grande charité de ce prélat, qu'il fit rembourser, par le fisc, l'argent emprunté pour soulager les Toulois. L'un ou l'autre de ces souverains (*Charlemagne*), suivant la chronologie qu'il plaira d'adopter, fit restituer à l'église de Toul l'abbaye d'Offonville et lui donna le village de Molsey (peut-être le *Mulcey* d'aujourd'hui). »

**Charlemagne.** — Digot dit, avec raison, que « le règne

(1) Les assemblées de Compiègne, en 757, et d'Attigny, en 765, furent composées des mêmes éléments. Comme tous les usurpateurs et conquérants, Pépin rechercha l'appui du clergé.

de Pépin et celui de Charlemagne, si féconds en faits intéressants pour les annales de la France, ne fournissent presque rien qui se rattache précisément à la Lorraine.

Charlemagne est réclamé par l'Allemagne comme le premier empereur germain, sans doute à cause de la guerre d'extermination, qu'à l'exemple de ses prédécesseurs (Charles Martel, Pépin-le-Bref) il fit pendant trente-trois ans aux Teutons, aux Saxons surtout. Ce prétendu empereur allemand arracha à leurs foyers les familles germaines, et ordonna de les transporter dans d'autres provinces, après avoir fait mettre à mort 4,500 nobles ou hommes libres, choisis entre les plus ardents adversaires des *Francs* et du christianisme. Dès l'an 787, il avait promulgué, pour l'organisation de la Saxe, un capitulaire où la peine de mort se retrouve presque à chaque article, non seulement pour les crimes que les lois punissent ainsi, mais pour de simples infractions aux ordonnances de l'Église, pour avoir rompu le jeûne (1) qua-

(1) Dans les Capitulaires rédigés à Aix-la-Chapelle, en 789, figurent les clauses suivantes : On gardera le dimanche d'un soir à l'autre, à commencer au samedy soir... Les œuvres serviles sont interdites le dimanche; on y permet de charroyer, dans ces trois cas seulement : sçavoir, dans la guerre, pour y mener des choses absolument nécessaires à la vie et pour enterrer les morts... (D. CALMET, t. I, pp. 565-66.)

Auparavant déjà, en 776, on avait décrété : ... Que les évêques ayent droit de corriger les incestueux et les veuves de leurs diocèses... Le parjure est condamné à perdre la main, sans qu'il puisse la racheter. Le voleur, pour la première fois, perdra un œil, la seconde fois, la main, la troisième fois, la vie. (D. CALMET, *ibid.*, p. 556.) (Il y avait alors une famine et une mortalité qui faisaient de grands ravages dans la France. Charlemagne imposa, pour les pauvres, une contribution aux riches.)

Dans le concile de Francfort, en 794, on fit plusieurs Canons de discipline dont voici les plus remarquables : On ne vendra jamais les denrées plus cher, soit en temps d'abondance ou de disette, qu'il a été réglé dans le concile : sçavoir, le boisseau ou *modius* d'avoine, un denier, le boisseau d'orge, deux deniers. Si on veut les vendre en pain, — douze pains de froment pesant chacun deux livres se vendront un denier, et ainsi du reste à proportion. Si l'on vend des grains des magasins du roy, on les donnera à meilleur marché que les autres; sçavoir, deux boisseaux d'avoine pour un denier, un boisseau d'orge un

dragésimal, refusé le baptême, noué des intrigues avec les païens, ou brûlé comme eux le corps d'un homme mort (1).

Ses cinquante-trois expéditions militaires furent dirigées principalement sur l'*Allemagne*, et quelques-unes sur l'Espagne et l'Italie. Ces dernières étaient peu justifiées. Il avait épousé, *malgré le pape* (sic), Adalgise, fille de Didier, roi des Lombards (2) ; au bout d'un an, non seulement il renvoya brutalement cette princesse, mais, sur l'avis du pape Adrien, il s'empara des provinces de son ex-beau-père qu'il détrôna et prit le titre de roi d'Italie, non sans avoir confirmé la donation faite, en 774, au souverain pontife, par son père Pépin; aussi, en 800, le pape Léon III couronna-t-il empereur d'Occident ce zélé champion de l'Eglise romaine. Les pontifes, successeurs de Léon, invoquant cette céré-

denier, un boisseau de seigle deux deniers, un boisseau de froment trois deniers. Les douze deniers d'argent faisaient le sol (sou) du temps de Pépin et de Charlemagne. Les vingt sols faisaient la livre d'argent. (D. CALMET, *ibid.*, p. 572.)

A Thionville, en 805, dans une assemblée, on fit trois Capitulaires... Que chaque évêque et chaque abbé ayent un secrétaire qui sçache écrire correctement... Qu'on ne prenne pas un trop grand nombre d'*esclaves* dans les monastères, afin que les fermes et les villages ne demeurent pas déserts. Qu'on ne donne pas le voile à des jeunes filles avant qu'elles ne sachent faire le *choix* de leur état; et qu'on les exerce dans la mortification, selon la règle. Qu'on n'établisse pas des séculiers pour le gouvernement intérieur des monastères, ni des laïques pour être archidiacres... Défense de porter les armes dans le pays, ni de paraître dans le lieu où l'on tient les Plaids avec l'épée, le bouclier et le casque. *Les hommes libres ne peuvent se consacrer au service de Dieu sans la permission du prince ; parce que plusieurs s'y engageaient, moins par dévotion que pour éviter la milice*, ou d'autres charges auxquelles ils étaient tenus. (D. CALMET, t. I, pp. 581-582.)

(1) Chez les Romains eux-mêmes (CLOUET, *Eglis. méroc.*, p. 813) tous les corps n'étaient pas brûlés; les esclaves et les pauvres qui n'avaient pas de quoi payer le bûcher et les parfums, ensevelissaient leurs proches sans les réduire en cendres...

(2) Charlemagne, dit Le Houërou (t. II, p. 339), « épousa, malgré le pape, Adalgise, fille de Didier. Le pape, après une première lettre contre ce mariage, en écrivit une seconde qu'il déposa d'abord sur la Confession ou tombeau de saint Pierre, et sur laquelle il célébra la messe et consacra l'hostie... »

monie comme un droit, une consécration indispensable pour l'exercice du pouvoir suprême, exigèrent, pendant le moyen âge, que les empereurs vinssent à Rome recevoir, des mains mêmes du pape, l'onction sacrée.

Nombre de guerres sanglantes, désastreuses pour les peuples, sortirent de ce bizarre droit nouveau, imaginé par les successeurs du pauvre pêcheur Pierre.

Administration. — École de chant a Metz. — L'Austrasie, c'est-à-dire les provinces du Rhin et de la Meuse, recueillirent une large part de la gloire et des travaux de Charlemagne. Elles furent, dans leur administration intérieure, l'objet de ses prédilections. Il voulut qu'au lieu d'être confiées, ainsi que les autres provinces, à un gouverneur particulier, sous l'inspection d'un *missus dominicus* (envoyé royal), elles relevassent directement de sa personne et de son palais d'Aix-la-Chapelle. Le grand palatin, représentant l'empereur, évoquait toutes les causes à son tribunal. Charlemagne appela auprès de lui les hommes les plus recommandables de ces contrées.

Angelram, évêque de Metz, était son aumônier et l'un de ses conseillers les plus intimes. La cathédrale de Metz, l'abbaye de Saint-Arnoul, furent enrichies et dotées avec une prodigue magnificence. Metz devint le siège d'une de ces académies (1) instituées par Charlemagne dans le dessein

(1) Ces académies respiraient l'esprit profondément clérical de l'époque. Bégin (*Metz dep. dix-huit siècles*, t. II, p. 269) a dit avec raison : « Sous Charlemagne, on préférait les Pères de l'Eglise aux auteurs profanes qu'on ne connaissait même plus que de nom ; la religion et ses livres attachaient les esprits cultivés ; la théologie avait tellement pénétré partout, que de son alliance bizarre avec la littérature dégénérée, ressort la véritable physionomie scientifique de l'époque. J'aime mieux, disait Alcuin, avoir l'esprit rempli des quatre Evangiles que des douze livres de l'Enéide... »

Un auteur, lotharingophile distingué, l'abbé Marchal (*A. L.*, an. 1868, p. 15) juge ainsi les chroniqueurs de cette époque : — « On ne doit pas oublier que tout ce que nous savons des princes de la race chevelue a été écrit sous la domination carlovingienne, alors que l'usurpation des Maires était déjà consommée : les écrivains timides ou

d'étendre les lumières. C'est aussi dans cette ville qu'il plaça l'école de chant qui devait fournir des maîtres au reste de l'empire (1). Pierre, envoyé de Rome par le pape Adrien Ier, en fut le premier directeur, et, par les soins de l'évêque Drogon, fils naturel de Charlemagne, les progrès devinrent si rapides et si brillants que le chant de Metz passa en proverbe. Le goût de la musique se conserva longtemps dans cette ville, qui brillait alors d'un éclat particulier.

CHARLEMAGNE ET LES MONASTÈRES VOSGIENS. — Sous le

corrompus ne cherchaient plus qu'à flatter les nouveaux maîtres, qu'à faire oublier, autant qu'il était en eux, ceux dont leur plume mercenaire n'avait pas embrassé la cause... »

(1) Dès le règne de Pépin, les rites et les chants usités à Rome avaient commencé à s'introduire dans les Gaules. Il existe une lettre du pape Paul Ier à Pépin (vers 758), par laquelle il lui mande de lui adresser un antiphonier et un livre de répons. On sait que le pape envoya vers le même temps un certain Siméon, qui était le second de l'école des chantres de Rome, à Remy, archevêque de Rouen, afin qu'il montrât le chant romain aux moines de son diocèse; mais la mort de Georges, son premier chantre, força le pontife à rappeler Siméon. Les chantres français ne voyaient pas sans déplaisir la préférence donnée au chant étranger. Charlemagne qui, selon l'expression de Mézerai, *avait fort à cœur cette chanterie*, éprouva de grandes contradictions pour faire prévaloir la musique italienne. Les exécutants français prétendaient chanter mieux que leurs rivaux romains : tous se moquaient les uns des autres, se contrefaisaient, se disputaient et se haïssaient fort. Les Romains appelés en France eurent beaucoup de peine à instruire les chantres français, qui ne voulaient ou ne pouvaient pas les imiter parfaitement; la rudesse de leur gosier, dit le moine d'Angoulême, ne leur permettant pas de rendre *certains tremblements et certaines délicatesses du chant des Italiens*. Ceux-ci apprirent aussi aux Français à toucher l'orgue, instrument inconnu en Gaule jusqu'au temps de Pépin, et dont l'usage n'a commencé que sous Charlemagne. Ce fut dans ce même temps que l'ancienne liturgie gallicane fut remplacée par la liturgie romaine... (RAGON, *Précis de l'Hist. de Lorr.*, pp. 15-16, note.)

De nos jours, l'ultramontanisme a remplacé de nouveau par la romaine l'ancienne liturgie gallicane. On a effacé du *Graduel* messin, entre autres choses si éminemment françaises, ce cri d'amour, pour la chère patrie, de la dernière strophe de la prose de l'Assomption.... *Amet suam Galliam*...— La France se trouvait expulsée de l'Eglise orthodoxe avant que l'Allemagne écartelât notre pauvre Lorraine.

règne de Pépin, les monastères de Moyenmoutiers et de Galilée furent cédés à Jacob, évêque de Toul. (GRAVIER, p. 47.) Charlemagne, usant des mêmes droits que son père, disposa du petit monastère de Galilée qui déjà (769) portait le nom de son fondateur, en faveur de l'abbaye de Saint-Denis, à charge d'entretenir constamment dix ou quinze frères... : il fit reconstruire l'église Notre-Dame et réparer le monastère... Les autres abbayes des Vosges excitèrent également la sollicitude de l'empereur.... Il fit ouvrir des écoles dans les abbayes et leur donna de nouveaux chefs. Fortunat fut nommé à Moyenmoutiers. C'est sous son administration que cet établissement acquit ce degré de splendeur qui en fit la première abbaye des Vosges... Senones fut donné à Angelram, évêque de Metz. Dès lors, ce monastère, de royal qu'il était jusqu'alors, devint un simple fief de l'évêché. Angelram, pour consoler les moines irrités de ce changement, leur envoya le corps de saint Siméon, septième évêque de Metz ; ils refusèrent de recevoir le saint dans leur chapelle, et le prélat dut en faire bâtir une dans le voisinage pour abriter les reliques si outrageusement dédaignées.

Angelram, attaché à la cour de Charlemagne et trop éloigné pour défendre contre des voisins avides les biens de l'Église, confia à un avoué le soin de protéger l'abbaye. Les autres monastères crurent assurer leur tranquillité par la même institution, et firent le sacrifice d'une partie de leurs revenus, en faveur de chevaliers qui juraient de les défendre. Les troubles survenus plus tard par la faiblesse du Débonnaire replongèrent les Vosges dans la confusion, l'anarchie et la révolte ; les invasions rendirent l'institution des voués, non seulement inutile mais encore à charge aux monastères, par les rapines et les brigandages auxquels se livraient ces nobles chevaliers. (GRAVIER, pp. 51-52.)

Déjà du temps de Charlemagne on dut sévir contre certains ravisseurs. Cet empereur voulut faire restituer par les seigneurs de sa cour les terres de Void et de Vicherey qu'ils avaient usurpées sur l'Eglise de Toul, bien que la charte dît textuellement « que l'Eglise ait en sa possession *depuis le ciel jusqu'à l'abîme.* » Les seigneurs rendirent Vicherey mais non Void. L'évêque les frappa des censures ecclésiastiques et se plaignit à Charlemagne. Le monarque irrité bannit (805) les ravisseurs et rendit au prélat, outre la terre de Void, quatre bans situés dans le Saintois.

Résidences de Charlemagne. — Cet empereur n'eut pas, à proprement parler de capitale, mais seulement quelques résidences de prédilection. Il vint au palais public de Thionville au commencement de 772 (1) ; cet fut en le quittant qu'il entreprit contre les Saxons cette guerre d'extermination qui dura trente-trois ans. Après la première campagne, il revint passer l'hiver à Thionville où il se trouvait encore quand le pape Adrien Ier lui fit demander des secours contre Didier, roi des Lombards. La conquête de la Lombardie terminée, le vainqueur se rendit de nouveau à Thionville. On l'y trouve, en mai 775, à l'époque de l'année où se tenaient les assemblées de la nation, *placitum generale, conventus generalis.* Eloigné de cette ville pendant l'été et l'automne, il y revint dès le mois de novembre. Après le massacre des Saxons, il retourna en France et vint célébrer à Thionville les fêtes de Noël et celles de Pâques.

Cette époque est mémorable par la mort de la reine

(1) Les rives de la Moselle (Bégin, *Hist. de Lorr.*, pp. x et xi) étaient alors couvertes de domaines concédés en propre au souverain. Elles offraient aux rois d'Austrasie leurs plaisirs favoris, la chasse et la pêche. Dans les seuls départements de la Meurthe et de la Moselle, on reconnait comme *villa regia* Marsal, *Marsallum* ; Moyenvic, *Medianus vicus* ; Vic, *Bodesius vicus* ; Scarpone, *Scarpona* ; Gondreville, *Gondulfi villa* ; Thuilley-aux-Groseilles, *Tusiacum* ; Flavigny, *Flaviniacum* ; Savonnières, *Saponariæ* (aujourd'hui ferme dépendante de Fougi ; Royaumeix, *Regalis hortus* ; Vicherey, *Viskerium* ; Florange, *Floringæ* ; Thionville, *Theodonis villa*, etc. Il y avait aussi une résidence royale à Champ, près de Bruyères, où Charlemagne reçut son fils, Louis-le-Débonnaire, à son retour de la Pannonie. (*Annal. franç.*, p. 805.)

Hildegarde, la femme bien aimée du monarque, et qui, plus que *toute autre*, avait su fixer son inclination et ses goûts. Charlemagne fit transporter son corps à Metz et gratifia, du domaine de Cheminot, l'abbaye Saint-Arnoul dépositaire des précieuses dépouilles de la reine. A dater de ce moment on ne trouve plus l'empereur à Thionville qu'en 805. C'est là que furent alors publiés les Capitulaires célèbres (1), propres à dé-

(1) Pendant les quarante-trois ans du règne de Charlemagne, il y eut trente-cinq assemblées nationales. Elles nous ont laissé soixante-cinq capitulaires qui contiennent 1,151 articles, dont 621 de législation civile et 414 de législation religieuse. Ajoutons aux extraits qui figurent plus haut les fragments suivants (D. CALMET, t. I, pp. 586-87) :

En 813, on tint divers conciles à Arles, Reims, Mayence, Tours et Chalon-sur-Saône, où on stipula que :

... En temps de famine, chaque lieu nourrisse ses pauvres...; on ne tienne ni plaids, ni marchés le jour de dimanche.. ; les prêtres n'entrent dans les monastères des vierges que pour y célébrer la messe...; les laïcs communient au moins trois fois l'année...; on ne rompra pas *le mariage des esclaves*, encore qu'ils *appartiennent à différents maîtres*...; tous les fidèles doivent communier le jeudi saint...; que la table des évêques soit frugale et *qu'ils mangent toujours avec les pauvres et les étrangers.*

Citons quelques articles curieux de la législation domestique de l'empereur (*de Villis fisci*, en 70 articles) :

« Les intendants du domaine sont tenus d'amener au palais où Charlemagne se trouvera le jour de la Saint-Martin d'hiver, tous les poulains, de quelque âge qu'ils soient, afin que l'empereur, après avoir entendu la messe, les passe en revue.

« On doit élever au moins dans les basses-cours des principales métairies cent poules et trente oies.

« Il y aura toujours dans ces métairies des moutons et des cochons gras, et, au moins, deux bœufs gras, pour être conduits, si besoin est, au palais.

« Les intendants feront saler le lard ; ils veilleront à la confection des cervelas, des andouilles, du vin, du vinaigre, du sirop de mûres, de la moutarde, du fromage, du beurre, de la bière, de l'hydromel, du miel et de la cire.

« Il faut, pour la dignité des maisons royales, que les intendants y élèvent des laies, des paons, des faisans, des pigeons, des perdrix et des tourterelles.

« Les colons des métairies fourniront aux manufactures de l'empereur, du lin et de la laine, du pastel et de la garance, du vermillon, des instruments à carder, de l'huile et du savon.

velopper la perfectibilité morale dans nos contrées, si la voix d'un homme de génie avait pu avoir du retentissement au sein de la barbarie dont il était entouré.

En 806, Charlemagne vint d'Aix-la-Chapelle à Thionville et à Metz, d'où il partit pour chasser dans les Vosges. Aux fêtes de Noël il revint à Thionville avec ses trois fils, les grands de la nation et toute la cour, pour y convoquer une assemblée brillante, la plus auguste et la plus nombreuse qu'on eût jamais vue. C'est dans cette réunion qu'il opéra le partage de ses états entre Charles, Pépin et Louis. (BÉGIN, *Hist. de Lorr.*, pp. XI et XII.)

Charlemagne, comme les Mérovingiens, ses prédécesseurs, ne se piquait pas d'avoir des mœurs rigides. « Sa gloire serait sans tache, dit Mézerai (1), si ce n'est qu'il eut de l'incontinence pour les femmes et trop d'indulgence pour la mauvaise conduite de ses maîtresses et de ses filles (2). »

« Les intendants défendront de fouler la vendange avec les pieds. » Charlemagne et la reine qui entrent également dans tous ces détails, veulent que la vendange soit très propre.

Il est ordonné, par les articles 39 et 65, de vendre au marché, au profit de l'empereur, les œufs surabondants des métairies et les poissons des viviers.

Les chariots destinés à l'armée doivent être tenus en bon état, les litières couvertes de bon cuir et si bien cousues qu'on puisse s'en servir au besoin comme de bateaux pour passer une rivière.

On cultivera dans les jardins de l'empereur et de l'impératrice toutes sortes de plantes, de légumes et de fleurs ; des roses, du baume, de la sauge, des concombres, des haricots, de la laitue, du cresson alénois, de la menthe romaine, ordinaire et sauvage, de l'herbe aux chats, des choux, des oignons, de l'ail et du cerfeuil... (CHATEAUBRIAND, t. III, pp. 126, 27, 28.

(1) On sait que Colbert révoqua la pension accordée à Mézerai par Richelieu, parce qu'il « s'était donné *la licence de juger la conduite des rois, ancêtres du monarque régnant.* »

(2) On s'étonne (D. CALMET, t. I, p. 585) qu'ayant un grand nombre de filles qu'il aimait beaucoup, et qui étaient très bien faites, Charlemagne n'en maria aucune ; mais il les garda toujours auprès de lui, disant qu'il ne pouvait se résoudre à les éloigner de sa présence. Il les menait même avec lui dans ses voyages et ne mangeait jamais sans elles. Il avait soin de les occuper à des ouvrages de fil et de laine, afin

« Charlemagne, ajoute Michelet, eut bien des maîtresses (1)
et fut marié cinq fois...; mais à la mort de sa cinquième
femme il ne se remaria plus et choisit quatre concubines

qu'elles ne demeurassent jamais oisives. Rotrude, dont on a parlé, eut un fils naturel nommé Louis. Berthe eut aussi, dit-on, quelque galanterie, de même qu'Imma que l'on accuse Eginhard d'avoir débauchée et ensuite épousée. L'histoire en est assez connue ; mais est-elle bien certaine ?...

(1) Réginie, l'une des premières de ces maîtresses, fut la mère de l'évêque de Metz, Drogon, qui joua un rôle considérable sous le règne de Louis-le-Débonnaire. Charlemagne (SAUVAL, *Galanteries des rois de France*, p. 54), ayant passé par Mayence, lorsqu'il allait faire la guerre aux Saxons, le comte Gauclou qui tenait un rang considérable dans cette partie de l'Allemagne, le pria de recevoir Réginie, sa parente assez proche, au nombre des filles d'honneur de l'impératrice Lutgarde qui l'avait accompagné dans ce voyage. Charlemagne y consentit volontiers et trouva cette fille si aimable qu'il prenait souvent plaisir à l'entretenir pour se délasser de ses pénibles occupations. Ce prince, qui n'avait cru d'abord ne faire de ces entretiens qu'un amusement, s'aperçut qu'il était devenu sensible pour Réginie et désira qu'elle répondît à sa passion. Réginie se laissa vaincre et devint grosse. Charlemagne, craignant que l'impératrice s'aperçût de cette intrigue, la laissa à Aix-la-Chapelle où elle mourut bientôt après. Cependant Réginie accoucha de Drogon qui fut depuis évêque de Metz, et l'année suivante d'un autre prince, nommé Hugues. Réginie, ajoute cet écrivain, fut toujours considérée par Charlemagne qui nomma même ses enfants dans son testament ; mais, les grands du royaume et les états dépendant de l'empire ne voulurent pas permettre qu'ils partageassent avec les légitimes... Réginie et les trois autres femmes que Charlemagne prit successivement n'avaient que la qualité de concubines ; mais il ne faut pas croire que le concubinage, nom infâme de nos jours, était alors regardé de même... C'était une union légitime qui, quoique moins solennelle, n'était pas moins indissoluble que le mariage ordinaire. Les lois civiles l'autorisaient, lorsque le défaut de dot ou de naissance de la part de la femme ne lui permettait pas, selon le droit romain, de contracter avec les personnes d'un certain rang ; or, quoiqu'une concubine ne jouît point dans la famille de la même considération qu'une épouse de condition égale, c'était cependant un nom d'honneur ; nom auquel on attachait alors une idée bien différente de celle que présente aujourd'hui celui de maîtresse. Les enfants sortis de ces unions n'en étaient pas moins habiles à succéder, et les usages reconnaissent la volonté du père comme un titre suffisant pour les admettre à la succession. L'Église d'Occident, pendant plusieurs siècles, a regardé cette sorte d'alliance comme une société légitime. Le premier concile

dont il se contenta désormais. Le Salomon français eut six fils et huit filles, celles-ci fort belles et fort légères. On assure qu'il les aimait fort et ne voulut jamais les marier. »

ORGANISATION CIVILE ET MILITAIRE. — Charlemagne, pour ses nombreuses guerres, eut besoin d'une quantité énorme de soldats; aussi (LE HOUÉROU, t. II, pp. 422-23), les seigneurs jouissaient-ils paisiblement, et de son aveu, du double droit de rendre justice à leurs vassaux et de réclamer leurs services dans leurs querelles particulières...; alors existaient déjà non seulement des seigneurs et des vassaux, mais encore une chaîne indéfinie d'arrière-vassaux qui s'éloignaient du point central, pour ainsi dire méthodiquement, de degré en degré, en se tenant par la main...

Les clercs eux-mêmes ne furent pas exempts des charges militaires. Nombre de prélats vinrent dans les camps, les armes à la main. La lettre suivante, adressée par Charlemagne à l'abbé Fulrade, en est la preuve. Elle nous donne une idée de l'organisation des corps de troupe à cette époque :

... « Nous vous ordonnons de vous rendre, avec vos hommes armés et en bon ordre, au lieu indiqué, le douzième jour des Kalendes, afin de pouvoir vous porter, sans délai, du côté que nous vous indiquerons avec ces mêmes hommes munis d'armes, d'ustensiles, de tous les instruments guerriers, des vivres et des vêtements nécessaires. Que chaque soldat soit pourvu d'un cheval, d'un bouclier, d'une lance,

de Tolède décide formellement *qu'un homme ne doit avoir qu'une femme ou qu'une concubine, à son choix...* Si ces mariages ont enfin cessé d'être permis, ce n'est pas qu'ils fussent illicites par eux-mêmes, surtout lorsque l'engagement était réel et pour toujours ; c'est que le défaut de solennité faisait naître mille abus; c'est aussi par cette raison, que les lois romaines, quoiqu'elles regardassent comme légitimes les enfants qui provenaient de cette union, ne leur accordaient cependant point le droit de succéder ; et ce fut sans doute la raison, ou du moins le prétexte dont les autres enfants de Charlemagne se servirent, pour faire exclure Drogon, Hugues et Thierry de la succession de leur père. (*Hist. de Metz*, t. I, pp. 588-89.)

d'un espadon, d'un demi-espadon, d'un arc et d'un carquois garni de flèches. Qu'on trouve dans vos chariots des ustensiles de toute espèce, des coins, des pierres à aiguiser, des haches, des pelles, des piques de fer et autres instruments indispensables quand on marche vers l'ennemi. Il y aura sur les chariots des vivres pour trois mois et des vêtements pour une demi-année.

« Nous vous ordonnons surtout de vous rendre tranquillement au lieu de votre destination, et, en suivant le plus court chemin pour arriver, de n'exiger des habitants rien autre chose que des fourrages, de l'eau et du bois. Respectez les propriétés. Que les conducteurs des chariots ne s'en éloignent jamais jusqu'au lieu désigné, afin que l'absence du conducteur ne serve pas de prétexte à vos gens pour commettre des vexations. » (BÉGIN, *Metz depuis dix-huit siècles*, t. II, p. 281.)

Ainsi la Gaule tendit (Th. LAVALÉE, t. I, p. 184) à être possédée par quelques milliers de seigneurs, seuls formant la nation, seuls maîtres des pouvoirs publics, et ayant sous eux des millions d'esclaves. Le nombre de ceux-ci devint si grand que l'on ne comptait plus la fortune des individus que par têtes d'hommes. Alcuin en avait jusqu'à vingt mille. Leur condition était très misérable, puisque Charlemagne, dont les domaines étaient pourtant les mieux administrés de la Gaule, ordonna, dans un capitulaire, de prendre garde qu'aucun de ses esclaves ne *mourût de faim* « autant que cela peut se faire, avec l'aide de Dieu. »

CHARLEMAGNE ET LE CLERGÉ. — Cet empereur (Th. LAVALÉE, t. I, p. 181) consacra toute sa vie guerrière à faire l'œuvre de l'Église, en combattant les païens du Nord, les ariens de l'Italie, les musulmans d'Espagne. Aimé et vénéré du clergé qui voyait en lui un nouveau Théodose, il ne trouva pas, dans les prêtres, pour ses projets de gouvernement et de civilisation, toute l'assistance qu'il espérait, à cause de la décadence morale et intellectuelle où ils étaient tombés... Il interdit aux évêques la chasse et la guerre (privée sans doute), et rencontra sur ce point de la résistance... Il laissa aux leudes une grande partie des biens et dignités ecclésiastiques, nomma directement aux évêchés et abbayes, empiéta sur le pouvoir spirituel, prescrivit aux prêtres ce qu'ils devaient enseigner, prêcher, convoqua et présida seul les conciles, publia les canons ecclésiastiques, jugea et décida lui-même, non seulement les questions de discipline, mais les articles de foi.

Il voulut que les visites pastorales fussent générales. Pendant ces tournées, l'évêque et sa suite étaient défrayés par les populations, et probablement aussi par les clercs qui étaient l'objet principal de leur visite. Ils lui devaient... une rétribution annuelle fixée, dans un document contemporain, à une mesure de froment, une mesure d'orge, une mesure de vin, un agneau de la valeur de six deniers. Le tout était évalué à deux sols d'argent. (LE HOUÉROU, t. II, p. 198.)

DIME. — L'Église réclama (*Ibid.*, p. 181) la dîme de bonne heure comme un droit, déjà sous les Mérovingiens. Elle réussit quelquefois à l'obtenir, mais comme par exception. Les Carolings, plus heureux ou plus habiles, parvinrent enfin à la doter de cette magnifique institution. Pépin-le-Bref ordonna de payer la dîme accidentellement pour remercier Dieu d'une année d'abondance. Charlemagne la rendit universelle et employa la contrainte contre les opposants (1). En 779, il lui donna une sanction pénale. « Le

---

(1) « A mesure que l'Église s'enrichissait (RAMBAUD, t. I, pp. 145-146) la dîme devenait toujours plus lourde et s'attaquait toujours à de nouveaux objets. Le pape Alexandre III, au XIIe siècle, décide que la dîme s'applique non seulement aux produits de l'agriculture, mais à ceux des moulins, des rivières, des pêcheries, à la laine des moutons, à la cire et au miel des abeilles. Les produits de toute espèce d'industrie y étaient soumis : même le militaire, le négociant, l'artisan devaient savoir que l'intelligence qui leur procurait leur subsistance venait de Dieu et qu'ils lui en devaient les prémices. » On exigea la dîme des profits obtenus même par des métiers réputés infâmes... (*Hist. de la civilis. en France*, t. I, p. 145.)

comte viendra en aide à l'évêque contre le récalcitrant. Si celui-ci ne se soumet pas, après que l'Eglise lui a été interdite, on lui interdira sa propre maison, occupée par des garnisaires. » Chez les Saxons vaincus, la dîme aura une sanction plus sévère : la peine de mort (RAMBAUD, t. I, p. 97). Charlemagne affranchit même l'Eglise de la juridiction séculière. Ce David, ce Salomon des Francs, se trouva plus prêtre que les prêtres et fut ainsi leur roc. (MICHELET, t. I, p. 299.)

On connaît l'ardeur que mit Charlemagne à faire revivre les lettres, les arts et les sciences. Parmi ses collaborateurs, dans cette louable entreprise, figurait un de nos compatriotes, Smaragde, abbé de Saint-Mihiel, auteur d'une grammaire latine. Vers 800, cet écrivain, dans l'un de ses ouvrages, *la Voie royale*, trace ces lignes admirables, pour l'époque surtout :

... « Très clément roi, ne souffrez point que personne soit réduit en esclavage, ni vendu comme captif dans votre empire ; n'êtes-vous pas frère de tous ceux qui répètent chaque jour avec vous : *Notre père qui êtes aux cieux?* Moïse ordonnait qu'on punît de mort l'Israélite qui, pour de l'argent, aurait vendu son frère, enfant d'Israël comme lui, et un autre prophète a dit, au nom de l'Eternel : Je ne pardonnerai point le crime de celui qui vend l'opprimé pour de l'or et le pauvre pour des vêtements.

« Faites traiter les serfs avec justice et bonté, et prenez soin qu'ils puissent recouvrer leur liberté. La Bible défendait encore aux Hébreux de retenir leurs frères Hébreux plus de six ans en servitude ; mais nous préférons imiter les mauvais juifs qui transgressent si souvent ce précepte divin. Cependant nous devons savoir que nous avons été créés tous dans l'égalité, et que c'est le péché qui asservit les hommes les uns aux autres. Détruire la servitude, c'est donc détruire l'œuvre du péché, et c'est imiter la bonté de Dieu que de remettre les hommes dans l'état de liberté où il les avait créés. » (CLOUET, *Verd.*, t. I, p. 241.)

**Louis-le-Débonnaire.** — Moine plutôt que souverain, le Débonnaire inaugura, inconsciemment, la longue lutte entre les tenanciers du trône et de l'autel. Ses prédécesseurs, Pépin et Charlemagne, en fondant la puissance temporelle de la papauté, entendaient traiter au moins d'égal à égal avec le souverain pontife : c'était d'eux que découlaient la force et la condescendance. Le Débonnaire fit le contraire. En 816, il laissa les Romains instituer un nouveau pape, sans attendre la sanction de la confirmation impériale. Bien plus, il permit à Etienne IV, venu en France pour le sacrer, de prononcer, sans qu'il essayât de protester, ces paroles altières, expression du désir du pontife de s'arroger le droit de disposer de la couronne : — « Pierre se glorifie de te faire ce présent, parce que *tu lui assures la jouissance de ses libres droits.* »

Par diverses mesures impolitiques et le partage de ses Etats entre ses trois fils, le Débonnaire sema de nombreux germes de mécontentement. Il revenait d'une grande chasse dans la forêt des Vosges, pour passer l'hiver à Aix-la-Chapelle, quand il apprit la révolte de son neveu Bernard, roi d'Italie.

Appel aux armes. — Immédiatement il fit adresser à tous les seigneurs l'ordre de prendre les armes. Les plus hauts prélats de l'empire ne furent pas exempts de l'appel, à en juger par la pièce suivante que Hetti, archevêque métropolitain de la province de Trèves, adressa à Frotaire, évêque de Toul (ami particulier du Débonnaire), et sans doute aussi aux évêques de Metz et de Verdun. (Clouet, *Verd.*, t. I, p. 245.)

« Au nom du seigneur Hetti, par la miséricorde divine archevêque de Trèves, délégué du sérénissime empereur Louis, à notre vénérable confrère Frotaire (1).

« Nous avons reçu de l'empereur ordre strict et rigoureux

(1) C'est à partir de l'épiscopat de Frotaire (ab. Guill.) que les annales de Toul offrent quelque certitude.

(*terribile imperium*), de faire proclamer, partout le territoire de notre légation, que l'on se prépare à marcher en armes vers l'Italie où, à l'instigation du diable, le roi Bernard vient de se révolter. Vous avez, en conséquence, à pourvoir en toute hâte, prudence et sagacité, à ce que, dans votre diocèse, tous ceux qui doivent le service militaire au roi, soit seigneurs ecclésiastiques, abbés ou abbesses, soit comtes et vassaux royaux, soit peuple (des cités sans doute), se trouvent prêts à partir, même de nuit, quand l'ordre arrivera, car le seigneur empereur veut se rendre en hâte en ce pays avec ses fidèles... »

Frotaire, suivant l'usage du temps, se mit lui-même à la tête de ses vassaux (1). On se dirigea sur Châlons-sur-Marne, chaque homme, d'après la législation des Capitulaires, emportant de quoi se défrayer pendant trois mois. De là, on partit pour l'Italie où l'on séjourna jusqu'après la soumission de Bernard. On sait que le jeune et imprudent rebelle, comprenant son impuissance, vint déposer aux pieds du Débonnaire ses armes et implorer son pardon. Louis, aveuglé par la colère, lui fit crever les yeux et bannit ou fit raser ses complices. Bernard mourut trois jours après la cruelle opération qu'il avait subie.

Quelques années après cette expédition d'Italie, le Débonnaire fit donner à Frotaire l'ordre de marcher avec ses milices vers les Pyrénées contre les Sarrazins d'Espagne. Le prélat écrivit à Gerange, son ami, de lui obtenir de l'empereur la dispense de faire cette campagne. « Vous savez,

(1) Aujourd'hui un évêque guerroyant, casque en tête, lance à la main, serait le comble du ridicule, car le prêtre n'a que des doctrines à défendre, des âmes à conquérir; mais alors, et au moyen âge plus encore, les évêques, devenus héritiers directs des grands officiers romains, ayant un Etat, des sujets, investis du pouvoir suprême d'une haute autorité, comme le prouve la lettre d'Hetti, se trouvant ainsi, sous le rapport politique, liés aux principales monarchies, comme ils l'étaient à Rome sous le rapport religieux, devaient tenir une attitude complexe. Ils avaient pour mission d'instruire et de protéger. (BÉGIN. *Metz dep. dix-huit siècles*, t. III.)

dit-il, que l'année prochaine l'empereur doit visiter notre ville (Toul), et que, s'il ne m'exempte de ce long voyage, je ne pourrai lui rendre mes services en ce pays-ci comme je le souhaite. Depuis que je vous ai vu la dernière fois à la cour, j'ai fait dire pour vous *cent messes et cinquante psautiers.* » Malgré ces représentations, l'évêque fut obligé de se mettre à la tête de ses troupes et de marcher vers l'Espagne.

Disons, en passant (ab. Guill., p. 221), que les évêques, de même que les seigneurs laïques, étaient obligés, non seulement de lever des troupes, et de conduire leurs vassaux à la guerre, mais encore de les équiper, de les habiller, de les nourrir (1); que, de plus, ils étaient soumis au *droit de gîte* et à faire chaque année au prince des présents. De telles charges épuisaient les églises dont les revenus suffisaient à peine pour les supporter.

PÉNITENCE PUBLIQUE. — Après la mort de Bernard, aveuglé par ordre du Débonnaire, celui-ci, dévoré de remords, convoqua à Attigny (822) une assemblée des notables de la nation pour y confesser publiquement ses fautes, à l'exemple

(1) Ce n'était pas toujours facile. Ainsi, dans une lettre de Frotaire, adressée aux abbés de Senones et de Marmoutiers, on lit « qu'après plusieurs années de peste et de disette, les campagnes qui paraissaient magnifiques et promettaient une abondante récolte, furent tout à coup ravagées par une prodigieuse multitude de souris. Ces animaux mangeaient le blé et le raisin et faisaient ainsi appréhender la famine et les horreurs qui en sont la suite. » D'un autre côté, les loups « s'échappant des forêts, se jetaient sur les voyageurs et les mettaient en pièces. Ils étaient en telle quantité que, dans une autre lettre, Frotaire annonce que, depuis son avènement à l'épiscopat, il a fait tuer, dans les forêts de l'abbaye de Moyenmoutiers, deux cent vingt de ces terribles quadrupèdes. » (Guill., t. I, p. 227.)

C'est pour le service militaire que Frotaire exigea des religieux de Saint-Epvre, ses favoris, qu'ils fissent présent à l'évêque de Toul d'un cheval de la valeur de trente sous (environ 247 fr.), ou bien de cette somme en numéraire, d'un bouclier, d'une lance, de deux cuirs, de deux cilices, et, en temps de guerre, d'un chariot attelé de deux bœufs, lequel serait entretenu aux frais de l'évêque, mais dont les bœufs seraient rendus au monastère s'ils pouvaient être ramenés. » (*Ibid.*, p. 225.)

de Théodose. Le clergé consentit facilement à l'absoudre, trop heureux d'établir ainsi la supériorité de son pouvoir sur celui de l'autorité séculière. L'imprudent souverain ne se borna pas à cette seule fausse mesure.

Sa première femme, Hermengarde, étant morte en 818, il épousa, peu après, Judith, fille du comte de Bavière, cette femme altière qui lui donna bientôt un fils, Charles dit le Chauve. Pour doter ce nouvel héritier, le Débonnaire défit le partage solennel opéré en 817, en faveur de ses trois fils ainés, partage que les notables avaient sanctionné deux fois, à Aix-la-Chapelle et à Nimègues. Cet acte provoqua une insurrection générale qui aboutit à la séquestration, dans des cloîtres, de l'empereur, de sa femme et du fils de celle-ci. Cependant, grâce à un revirement subit de l'opinion, Louis fut rétabli sur son trône en 830.

De nouvelles maladresses amenèrent une seconde coalition, dans laquelle le pape Grégoire IV joua un rôle peu avouable. Ecoutons les Bénédictins, auteurs de l'*Hist. de Metz* (t. I, p. 552) :

... « Lors de la révolte des enfants de Louis-le-Débonnaire, les armées étaient en présence, lorsque les trois frères, par une politique digne de leur perfidie, prièrent le pape, qui s'était rendu à leur camp, d'aller, sous prétexte de négocier leur réconciliation, débaucher l'armée impériale. Grégoire IV ne s'acquitta que trop bien de sa commission et, la nuit même du jour où il prit congé de l'empereur, la plupart de ses combattants passèrent dans le camp des rebelles. Louis, abandonné de presque tout le monde, renvoya... Drogon (1), son frère, évêque de Metz, quelques autres prélats, quelques abbés et un petit nombre de seigneurs... » puis il se livra lui-même.

(1) Drogon, fils de Charlemagne, fut fait évêque de Metz dès l'âge de vingt ans... Un jour qu'il prenait le divertissement de la pêche dans l'Oignon, près de l'abbaye de Luxeuil, et poursuivait un poisson d'une grandeur extraordinaire, il tomba dans l'eau et se noya. (*Hist. de Metz*, t. I, pp. 596 et 597.)

DÉGRADATION. — Prisonnier de ses indignes fils, le malheureux Débonnaire fut contraint de lire un long récit de ses fautes. Il s'accusait d'avoir exposé le *peuple* à des parjures, et l'État aux meurtres et aux pillages, en faisant dans l'empire des divisions nouvelles, en provoquant la guerre civile, d'avoir fait marcher une armée en *carême*, et *assemblé le parlement* (?) *un jeudi saint*... »

Les évêques, après cet acte de contrition, vinrent solennellement lui enlever son baudrier militaire et lui donner l'habit de pénitent.

Dans ces tristes circonstances, Drogon resta fidèle à son frère infortuné. Frotaire s'unit à lui. Leur action combinée opéra bientôt un revirement; aussi, en 835, dans un nouveau concile à Thionville, on déclara nul ce qui avait été fait contre Louis dépouillé du pouvoir et confiné misérablement à la porte de l'église. Les prélats, presque omnipotents, au nombre de plus de quarante, jugèrent à propos de venir à Metz pour rendre plus solennelle la réhabilitation de l'empereur, en la faisant dans la cathédrale de l'antique capitale de l'Austrasie. La cérémonie eut lieu le dimanche de la Quinquagésime, dernier jour de février.

Drogon, avant de célébrer la messe, lut à haute voix, dans la basilique, les décrets promulgués précédemment, et sept archevêques tenant les mains étendues sur la tête de l'empereur, lurent les sept oraisons que l'Église récite pour la réconciliation des pénitents, prirent la couronne impériale qui était déposée sur l'autel et la placèrent sur le front de Louis. (DIGOT, t. I, p. 130.)

Cet acte accompli, les membres retournèrent à Thionville où ils procédèrent contre les évêques rebelles. Ebbo, archevêque de Reims, regardé comme le chef de la conjuration contre Louis, fut déposé; il est vrai que cinq ans plus tard, il fut rétabli à Worms, dans une assemblée dont faisaient partie (ses anciens adversaires) Hetti de Trèves, Drogon de Metz et Frotaire de Toul. (GUIL., t. I, p. 228.)

Tout est étrange, bizarre, à cette époque de foi ardente, — et les distractions de l'esprit saint, inspirant tour à tour aux oints du Seigneur des idées de rigueur et de mansuétude, — et l'action odieuse de ces fils aînés de l'Église, s'érigeant en bourreaux de leur père, également fils aîné de l'Église.

Le Débonnaire en Lorraine. — Ce prince (Bégin, t. I, p. XII) montra, pour les rives de la Moselle, la même prédilection que son père. On le vit, soit à Metz, soit à Thionville, dans les années 816, 821, 828, 831, 834, 835, 836, 837. Il y tint plusieurs diètes et plusieurs conciles (1) et célébra à Thionville, le mariage de Lothaire, son fils aîné, avec la princesse Ermengarde. Le pays messin fut témoin des seuls moments heureux dont jouit ce prince infortuné.

Drogon, Frotaire, Angelrame, et même un simple prêtre du diocèse de Metz, Amalaire (2), réunirent leurs efforts pour soutenir, en Lorraine, le goût des sciences, des lettres et des

(1) Parmi les réunions et conciles tenus dans notre région, citons les suivants : Metz en 753, Thionville en 821 et en 835, Trèves en 815, Savonnières en 859 (1ᵉ, Thuzey en 860, Metz en 863, Gondreville en 873 et Metz en 888. (Digot, t. I, p. 172.)

(2) Amalaire est célèbre par la règle, pour toutes les églises de France (Toul, Metz, Verdun compris), qu'il rédigea, sur la demande du Débonnaire, en 817.

« Les chanoines vivans ensemble recevront tous également la nourriture et la boisson, sçavoir, chaque chanoine, par jour, quatre livres ou même cinq livres de vin si l'église est riche et le vin y est commun. Que si le pays n'est pas fertile en vin, trois livres de vin et autant de bière. Si le pays ne produit point du tout de vin, une livre de vin et cinq livres de bière. Dans les églises qui ne sont point riches et qui n'ont, par exemple, que DEUX OU TROIS CENTS FAMILLES DE SERFS, avec les terres, les maisons et les animaux en dépendans (car il y avait telle église qui avait jusque HUIT MILLE FAMILLES ET QUELQUEFOIS PLUS, et c'est ainsi qu'on comptoit leur richesse en ce temps-là), dans les églises qui étoient pauvres, on donnoit seulement deux livres de vin à chaque chanoine ; et si le pays ne portoit point de vin, on leur donnoit 3 livres de bière, et, si l'on pouvoit, une livre de vin. Il est permis aux évêques

(1) Le Xᵉ statut de ce Concile porte : « ...Les princes et les évêques seront exhortés à établir des écoles publiques, tant des Saintes-Écritures que des Lettres humaines dans tous les lieux où il y aura des personnes capables de les enseigner. » (*Dictionnaire des Conciles*, t. II, col. 813.)

beaux-arts développés par Pépin et Charlemagne. Diverses écoles jetèrent un vif (?) éclat. Il en sortit des sujets distingués parmi lesquels on peut citer Amalaire et Advence. Leur réputation de savoir est parvenu jusqu'à nous. (BÉGIN, t. I, XII.)

ASSISTANCE JUDICIAIRE. — Ce fut Louis-le-Débonnaire (SCHMITT, *A. L.*, 1872), qui fit décréter, dans l'une des assemblées générales tenues sous son règne, une institution dont le précieux germe existait dans deux capitulaires de Pépin-le-Bref (785) et de Charlemagne (789) et qui est devenue, mille ans plus tard, le type de notre assistance judiciaire. « Si des veuves, des mineurs, des *pauvres* (libres, sans aucun doute, car il n'est pas question des serfs) ont un procès devant le comte, leur cause passera la première, et, s'ils sont embarrassés pour leurs preuves, le comte doit les aider et leur donner un homme habile qui dirige leur procès ou plaide

d'ajouter à cette mesure, mais non pas d'en diminuer. La livre étoit de 12 onces. On ne règle rien sur la mesure et la quantité de la nourriture; mais on veut qu'on en donne raisonnablement. » (D. CALMET, t. I, p. 592.)

Quant aux chanoinesses... elles recevront également la mesure du boire et du manger, c'est-à-dire trois livres de pain par jour et autant de vin. Si le pays ne produit point de vin, elles auront deux livres de vin et deux livres de bière, ou trois livres de bière et une de vin. Dans les monastères qui sont pauvres, elles auront deux livres de vin ou deux livres de bière et une de vin. On pourra ajouter à cette mesure, mais on ne pourra pas la diminuer. Aux jours de grande fête, on les traitera mieux qu'à l'ordinaire. L'abbesse leur fournira abondamment la viande, le poisson, les légumes, les herbes et le bois nécessaire, comme aussi la laine et le lin, avec quoi elles feront leurs habits. On leur distribuera également leur part des aumônes et des offrandes qu'on fera au monastère. (*Ibid.*, p. 593.)

On voit par ces détails (RAGON, p. 18) que certaines églises possédaient des richesses immenses, et que la règle d'Amalaire ne leur prescrivait pas des lois très rigoureuses de sobriété et de frugalité. Au reste, Pierre Damien, qui vivait au XI° siècle, a fait désapprouver cette règle, principalement en ce qu'elle accordait à chaque chanoine quatre ou cinq livres de vin, et en ce qu'elle leur permettait d'avoir quelque chose en propre, quoi qu'ils fussent nourris et entretenus des biens communs de l'église... »

pour eux... » (*Notice hist. sur le Barreau lorr.*, par L. MANGIN.)

MISSI DOMINICI. — Le Débonnaire maintint l'institution si utile aux petits des *missi dominici*. Un document publié à ce sujet donne les curieux détails suivants :

« Pour ce qui est de la dépense de nos *missi*, voici ce qu'il faudra donner à chacun, suivant sa qualité : à un évêque quarante pains, trois agneaux, trois mesures de boisson fermentée, un jeune porc, trois poulets, quinze œufs, trois mesures d'avoine pour les chevaux ; à un de nos vassaux, dix-sept pains, un agneau, un jeune porc, une mesure de boisson, deux poulets, dix œufs, deux mesures d'avoine pour les chevaux... » (LE HOUEROU, t. II, p. 474.)

COMMERCE. — INDUSTRIE. — Tous deux éprouvaient alors de grandes difficultés. Les routes étaient rares et mal entretenues. Pour traverser les rivières il fallait avoir recours à des bateliers qui rançonnaient les voyageurs. L'industrie se trouvait fort limitée, et resta aux VIII$^e$ et IX$^e$ siècles ce qu'elle était précédemment. La fabrication de la bière et la cervoise qui remplaçaient le vin, rare alors, continuait à occuper une multitude d'individus. (DIGOT, t. I, p. 159.)

On exploitait le sel à Moyenvic, à Vic et à Marsal, et des mines d'argent découvertes dans la vallée de Sainte-Marie qui, dès lors, fut appelée Sainte-Marie-aux-Mines.

La calligraphie était parvenue à une grande perfection. Elle s'attachait surtout aux ouvrages religieux.

LES SUCCESSEURS DE CHARLEMAGNE. — Si jamais ces vers de Lafontaine...

De tout temps
Les petits ont pâti des sottises des grands...

reçurent une application lamentable, ce fut sans contredit, sous l'administration inepte des fils du Débonnaire.

Dans les chapitres précédents nous avons enregistré les misères causées aux masses par les compétitions, les querelles criminelles des Mérovingiens et des Maires du Palais se disputant le pouvoir, les provinces, vengeant des querelles personnelles (1). Ce spectacle navrant va se reproduire, dans les pages suivantes, à un tel point que, grâce à des massacres et à des exterminations incessants, une poignée de barbares, les Normands, purent ravager impunément les provinces les plus peuplées, les plus florissantes...

Donnons ici la liste des descendants de Charlemagne et de Louis-le-Débonnaire qui ont régné sur le royaume de LORRAINE, né du démembrement de l'empire Carlovingien, démembrement dont nous allons parler.

817. **Lothaire I<sup>er</sup>.** — 843. **Lothaire II.**
869. **Charles-le-Chauve,** avec *Louis de Germanie*, son frère, en 870.
877. **Louis-le-Bègue,** avec *Louis de Saxe*, fils du Germanique.
879. **Louis de Germanie,** seul.
881. { **Charles-le-Gros,** deuxième fils du Germanique, en lutte avec *Hugues* (l'abbé), fils naturel de Lothaire II.
{ FRANCE. — *Louis III* et *Carloman*.
887. **Arnould** (petit-fils de Louis-le-Débonnaire). — *Louis IV*, dernier carlovingien d'Allemagne
895. **Zuintibolde.** — En FRANCE, *Charles-le-Simple*.
900. **Louis-l'Enfant** (frère du précédent). — En FRANCE, *Charles-le-Simple*.
911 ou 912. **Charles-le-Simple.**

(1) Alors déjà, et plus tard encore, la misère et l'oppression avaient armé contre la société nombre de déshérités. « A chaque page des Capitulaires (LE HUÉROU, p. 606), il est question d'attroupements, de rassemblements à main armée, de spoliations, de violences contre les personnes et contre la propriété... La mendicité et le vagabondage paraissent déjà avoir été l'une des plaies de la société à cette époque... »

# ROYAUME DE LORRAINE

## CHAPITRE V

SOMMAIRE. — *Lothaire I*. — Guerre fratricide. — Partage de l'Empire. — Bataille de Fontanet. — Traité de Verdun. — *Lothaire II*. — Ses possessions. — Guerres intestines. — Conciles de Metz, — Savonnières, pour la paix. - Les reines Teutberge et Waldrade. — *Charles-le-Chauve*. — Guerre pour la possession de la Lorraine. — Invasion des Normands. — *Louis-le-Bègue*. — Lettre de Louis de Germanie. — Traité de Mersen. — *Louis-le-Germanique*. — Guerre contre Hugues, dit l'Abbé, et d'autres seigneurs et prétendants. — Normands. — Bataille de Remich. — *Charles-le-Gros*. — Traité avec les Normands. — Hugues et Godefroy tués dans un guet-apens. — Déposition de Charles-le-Gros. — *Arnould*. — Concile de Metz. — Nouvelle invasion des Normands. — Voués. — *Zuintibolde*. — Guerres intestines. — *Louis IV l'Enfant*. — Lutte contre les Hongrois. — *Charles-le-Simple*. — Anarchie. — Seigneurs se rendant indépendants du pouvoir central. — Brigandage intérieur. — Invasion des Hongrois. — Décadence de la race carlovingienne.

*Notes*. — Territoire lorrain. — Insubordination. - Lorrains rêvant une indépendance autonome. — Conciles protecteurs du clergé. — Discipline relâchée. — Jugements de Dieu (épreuves de — la croix, - le feu, — l'eau bouillante, — le fer rouge). — Titre d'affranchissement en 876. — La Lorraine au Chauve et non au Germanique. — Misère effroyable. — Conciles divers. — Bénéfices donnés en dot. — Serfs armés, massacrés par les Normands. — L'évêque Vala. — Etival à l'impératrice Richarde. — Portrait de Louis-le-Gros. — Don d'Arnould à son médecin. — L'évêque de Toul persécuté. — Dons à l'église de Toul. — Vers sur Arnould. — Concile de Tibur. (Ses diverses prescriptions). — Souverainetés indépendantes. — Système féodal. — Vassaux et arrière-vassaux.

**Lothaire I**<sup>er</sup>. — A la mort de Louis-le-Débonnaire commença une guerre fratricide entre ses trois fils, Lothaire, Louis-le-Germanique, Charles-le-Chauve et leur neveu Pépin d'Aquitaine. Dans le partage qui fut fait, le Chauve eut la Neustrie avec l'Aquitaine ; le Germanique, toutes les provinces situées sur la *rive droite* du Rhin et quelques villes sur la *rive gauche*, telles que Spire, Mayence (*propter vini copiam*, à cause de l'abondance du vin qui manquait à ses Etats, disent les annalistes); Lothaire obtint, outre l'Empire, l'Italie et les provinces situées entre le Rhin, le Rhône, la Saône, la Meuse et l'Escaut. (HENRIQUEZ, t. I. pp. 2 et 3.)

Lothaire, auquel dans ce partage était échu notre pays, faible partie de ses États, quoique, seul, il ait conservé le nom de ce prince (1), se montra follement ambitieux, et trouva dans Adalbert, comte de Metz (2) un compagnon complaisant. Dans la grande querelle intestine entre les Carolings, il s'était uni à Pépin contre ses deux frères. Il fut battu, le 25 juin 841, dans la mémorable bataille de Fontenay ou Fontanet, près d'Auxerre, où périrent quarante mille hommes, chiffre effrayant pour l'époque. Le traité de Verdun (843) (3) qui mit

(1) Vers 825 (PICARD, p. 286), les loups désolaient le diocèse (de Toul) ; les souris mangeaient le blé et les raisins, ce qui allait faire succéder la famine à la peste qui, l'année précédente, avait fait de grands ravages.

(2) Par suite de ce traité, le royaume de Lothaire formait, entre la France et l'Allemagne, un territoire long et disproportionné allant d'Aix-la-Chapelle à Rome. Dès 855, un nouveau partage entre les trois fils de Lothaire en détacha l'Italie et la Provence.

(3) Le traité de Verdun fut juré par les fils du Débonnaire, chacun en leur langue : Louis et Lothaire en allemand ou idiome tudesque, et Charles (le Chauve) en langue romane ou en latin corrompu qui était alors en usage en France.

Constatons ici que, dès le premier partage, les différents pays assignés à Lothaire ne reconnaissaient pas tous son autorité. Une armée commandée par Drogon, évêque de Metz, alla ravager les environs de Rome pour faire rentrer dans le devoir le pape Sergius qui avait méconnu l'autorité du nouveau souverain.

Toutes ces guerres, venant après celles de Charlemagne et du Débonnaire, épuisèrent la nation et, quand arrivèrent les Normands, cette poignée de barbares, grossie par les bandits, les désespérés du pays même, elle ne trouva plus assez de guerriers vaillants pour leur résister. Beaucoup d'habitants, dit un chroniqueur du temps, oubliant qu'ils avaient été régénérés par les eaux saintes du baptême, se précipitaient dans les erreurs ténébreuses des païens ; ils mangeaient avec eux des chevaux immolés à Odin et à Thor, puis s'associaient à leurs forfaits. Et ces renégats étaient les plus à craindre. Ils servaient de guides aux envahisseurs, savaient déjouer les ruses de leurs concitoyens pour tromper l'avidité des barbares, et avaient encore moins de respect et de pitié que ceux-ci pour le culte et le peuple qu'ils avaient désertés. Parfois même, quelques-uns des grands se faisaient payer par ces Normands pour ne pas les inquiéter dans leurs courses, et prélevaient la dîme du pillage de la France. (DURUY.)

Nombre de serfs maltraités allèrent chercher une vengeance sous le

fin à cette compétition criminelle, conserva à Lothaire, le titre d'empereur, et, entre autres provinces, lui assura la possession du territoire situé entre la Meuse et le Rhin, avec Metz pour capitale. Bientôt Lothaire tomba malade, dévoré de remords au souvenir de sa criminelle conduite passée (1). Il abdiqua et se retira dans le monastère de Prum (près de Trèves), léguant la souveraineté de notre pays à son troisième fils, Lothaire II (en 855).

**Lothaire II.** — Les possessions de ce prince comprenaient une partie de l'ancien royaume d'Austrasie, c'est-à-dire les pays situés entre l'Escaut, la Meuse, le Rhin, le Rhône, le lac de Genève, le mont Jura et la Saône. On les désigna dès lors sous le titre de Royaume de Lothaire (2), *Lotharii regnum*, puis *Lotharingia* d'où en vieux français *Loherrègne*, *Lorrène* et enfin par contraction *Lorraine*, en allemand *Lothringen*.

Le séjour que fit à Metz et à Thionville Lothaire II ne fut pas plus favorable à nos contrées que ne l'avait été celui de son père. La guerre civile continuait toujours entre les Carolings, mais sourdement et sans éclat. C'était une suite de conférences, de perfidies, d'expéditions presque sans but et sans résultat. Tantôt Louis-le-Germanique envahissait les états de Charles-le-Chauve, tantôt Charles s'unissait avec le jeune Lothaire pour dépouiller Louis. Le clergé, pris pour arbitre de ces querelles, voyait de jour en jour sa puissance s'accroître (3). L'indépendance et le pouvoir des évêques

couvert des barbares, entièrement semblables aux *outlaws* d' Angleterre, sous les successeurs de Guillaume-le-Conquérant.

(1) Lothaire, pendant les luttes que nous avons signalées plus haut, « avait amené à son père (DIGOT, *Hist. de Lorr.*, t. I, p. 135) une armée de Saxons auxquels on avait promis, pour les gagner, de *retourner au paganisme* », bizarre résultat des conversions brutales opérées par les Carolings, ces soi-disant empereurs allemands.

(2) *Lotharius æquivoco suo, id est Lothario regnum quod ex suo nomine vocatur, concessit.* (Annales Metenses, *ad annum 855*.)

(3) Le clergé (RAGON, p. 271, malgré son influence, n'en était cependant pas moins exposé à la spoliation et à la violation de ces temps

forment le caractère de cette époque. Les prélats de Lorraine, plus éclairés et plus riches que leurs égaux, étaient à la tête de cette puissante aristocratie ecclésiastique. Au milieu des désordres des princes, ils s'assemblent à Metz, en 859,

de barbarie. Aussi voit-on les ecclésiastiques provoquer de nombreux règlements pour mettre, par des peines canoniques et pécuniaires, leurs personnes et leurs possessions en sûreté contre le meurtre et le brigandage. En 821, le concile de Thionville renouvela et aggrava les dispositions des anciens codes salique et ripuaire qui protégeaient la vie des clercs, par une composition plus considérable que celle affectée au meurtre des autres citoyens. On condamna le meurtrier d'un diacre à six ans de pénitence et à six cents sous d'amende; le meurtrier d'un prêtre à douze ans de pénitence et à neuf cents sous d'amende. Une blessure ou un outrage fait à la personne d'un évêque entraînait une amende de dix-huit cents sous; et si l'évêque en mourait, le meurtrier devait, tout le temps de sa vie, s'abstenir de chair et de vin; le mariage lui était interdit ainsi que le service militaire. — En 860, un concile, tenu dans la vallée de Tusey, près de Vaucouleurs, prononça l'anathème et l'excommunication contre tous ceux qui envahiraient les biens de l'Eglise ou qui les recevraient de la main des usurpateurs, mis sur la même ligne que les homicides et les incendiaires. En 878, le concile de Troyes, en Champagne, présidé par le pape Jean VIII, fit une obligation à chacun d'honorer les évêques et de ne s'asseoir, en leur présence, qu'avec leur permission, et aux évêques de s'entr'aider les uns les autres pour réprimer les vexations et les usurpations des ennemis de l'Eglise. Ces précautions n'arrêtaient pas toujours les attentats qu'elles étaient destinées à prévenir, et la richesse du clergé l'exposait sans cesse, en ces temps où *l'anarchie était peut-être encore plus grande que la superstition*, aux entreprises de la cupidité. Une foule d'églises et d'abbayes furent ruinées par les Normands. Mais le clergé n'était pas seulement en butte aux attaques de ces barbares..., car bien souvent leurs défenseurs (les voués ou avoués) ne leur étaient guère moins redoutables que des ennemis. En 881, on voit Vala, évêque de Metz, excommunier les comtes Gérard, Etienne et Matfride qui, investis de l'avouerie de plusieurs monastères de son diocèse, y commettaient des vexations et des violences. Nombre d'abbayes étaient possédées en fief par des gens de guerre, qui les pillaient et souvent en chassaient les religieux. Dans une telle confusion, la discipline ecclésiastique se perdait. Le relâchement enfantait l'ignorance, et la religion n'avait plus que d'indignes ministres. Tel fut l'état du clergé pendant la plus grande partie du moyen âge. On croit communément qu'à cette époque il fut l'objet d'une profonde et aveugle vénération. C'est une erreur. On ne se faisait nullement scrupule de le piller, et il se trouvait perpétuellement en butte à l'oppression et à la violence des

dans le but louable de mettre fin aux guerres civiles, et envoient à Louis-le-Germanique une députation présidée par Advence, évêque de Metz, chargé d'exhorter ce prince à la paix et de lui ordonner la pénitence. La même année, ils tiennent un second concile à Savonnières (1), près de Toul, dans le même but. Bientôt un troisième concile s'assemble à Metz, pour juger le roi Lothaire lui-même et sa femme légitime, la reine Tietberge ou Teuteberge, fille du comte de Bourgogne, Boson. La pauvre princesse était accusée de diverses fautes et même de crimes plus ou moins imaginaires.

TEUTEBERGE ET WALDRADE. — Lothaire (SAINT-MAURE, t. I, pp. 50 à 55) avait épousé la princesse bourguignonne, quoique vivant déjà dans une étroite union avec Waldrade, sa maîtresse, sœur de l'archevêque de Cologne et nièce de celui de Trèves (MICHELET, pp. 365-66) (2). Il crut apparemment qu'il serait libre de garder celle-ci, tout en prenant une femme légitime, ainsi que cela s'était passé pendant plus de deux

seigneurs et de leurs bandits. Les statuts publiés par Eudes de Vaudémont, évêque de Toul, en 1192, contre les envahisseurs des biens ecclésiastiques, signalent encore, au temps de Philippe-Auguste, les mêmes brigandages qu'aux temps des derniers Carlovingiens, et leur opposent le même épouvantail, l'excommunication. Mais l'anathème, trop prodigué, devait perdre de ses terreurs. Les peuples, souvent frappés d'interdit pour des causes assez légères et qui n'auraient dû regarder que leurs seigneurs, s'accoutumaient à se passer du service divin. Les barons, habitués à la guerre et au pillage, négligeaient ou méprisaient les censures. Enfin les ministres de l'Eglise, peu instruits de leurs devoirs, étaient loin d'avoir cette autorité que la vertu et la science leur eussent donnée plus sûrement et plus légitimement qu'une opulence, objet d'envie, en même temps que source de désordres. » (Pp. 27, 28, 29, note.)

(1) Notons ici que près de Thuilley-aux-Groseilles, entre Toul et Vézelise, était la maison royale de Tussey, *Tussiacum*, où Charles-le-Chauve publia, en 865, les Capitulaires qu'il adressa aux Bourguignons.

(2) Hilduin, frère de l'archevêque de Cologne et sans doute frère de Waldrade, alla, l'épée à la main, déposer la protestation des évêques (contre la sentence du pape) sur le tombeau de saint Pierre. (RAGON, p. 30.)

siècles, sous les descendants de Clovis, et comme cela se pratiquait encore par ceux de Charlemagne.

Bientôt on cherche un prétexte pour un divorce. Accusée d'inceste, la reine nie et se disculpe victorieusement par l'épreuve (1) de l'eau bouillante; peu après, devant une assemblée d'évêques, convoquée par Lothaire, à Aix-la-Chapelle, en 860, la même Teuteberge, sortie triomphante de l'accusation, confesse son crime avec larmes et repentir et demande à faire pénitence dans un couvent. On assure que

(1) Un mot, en passant, sur l'organisation de la justice criminelle à cette époque et plus tard encore, surtout vers le XII<sup>e</sup> siècle (DUMONT, Inst. crim., t. I). « Celle-ci était rendue par les hommes libres les plus importants de la seigneurie ou de la cité, sous la présidence du chef ou de son représentant. Devant ce jury, l'accusation était abandonnée au zèle des citoyens, l'audience était publique; l'instruction et les débats avaient lieu oralement, sans écritures, avec des formes et une solennité qui se comprennent d'autant plus facilement que ces institutions ont aujourd'hui des analogues. »

Trois sortes de preuves étaient admises : par *témoins*, par *serment* et par *jugement de Dieu* (pp. 3 et suiv.) :

Les épreuves consistaient à soumettre l'accusé à des expériences physiques telles que, sans un événement surnaturel, il devait en subir inévitablement l'effet destructeur... La *croix*, l'*eau froide*, l'*eau bouillante* et le *fer rouge*, étaient les moyens mis en usage pour arriver à ce but sacré.

Les diverses épreuves avaient lieu dans l'église et en présence du clergé qui déployait tout ce que l'appareil de ses pompes avait d'imposant. L'accusé se préparait à les subir par le jeûne, la pénitence et les actes les plus fervents de piété : il se confessait et communiait. Au moment fatal, le prêtre qui avait béni les instruments de l'épreuve et prononcé tous les exorcismes nécessaires, répandait encore sur lui de l'eau bénite, lui en faisait boire et en lavait la main destinée au sacrifice...

... On usait en certains cas graves du *serment sur les reliques des saints*, pour les laïques, et de l'épreuve du corps de Jésus-Christ pour les prêtres. Sous l'épiscopat de Brunon, archevêque de Trèves, au XII<sup>e</sup> siècle, un prêtre ayant été soupçonné d'hérésie, se justifia par ce moyen qui fut employé de la manière suivante : Au moment de la communion, l'archevêque lui dit : « Si vous avez nié que le sacrement de notre salut, que vous tenez entre vos mains, soit le corps et le sang de Jésus-Christ, je vous défends de le recevoir ; mais si vous le croyez, selon la foi catholique, recevez-le hardiment. » Il reçut, acheva la messe et fut déclaré innocent. Mais Dieu permit quelque temps après (D. CALMET, t. II, p. 311) qu'il fut surpris en adultère, et on le fit mourir, *comme il le méritait*.

L'épreuve de la *croix* se faisait en plaçant l'accusateur et l'accusé les bras tendus en croix, en face de J.-C. crucifié; le premier des deux qui tombait de lassitude était le vaincu.

L'épreuve de l'*eau froide* consistait à plonger, dans une rivière ou dans une cuve pleine, l'accusé, lié en peloton. S'il surnageait il était coupable; s'il enfonçait, il était innocent.

Pour l'*eau bouillante*, il fallait retirer, sans traces, un anneau reposant au fond d'un vase. — Pour le *fer rouge*, on devait prendre, à pleine main, une barre de fer assez lourde, rougie au feu, la tenir pendant un temps donné ou la lancer à une distance prescrite. Après l'épreuve, la main était enveloppée dans un sac que l'on scellait et, au bout de huit jours, il ne fallait pas qu'elle portât des traces de brûlure...

des menaces avaient imposé à la pauvre femme ce langage étonnant, contradictoire.

... Dans un second concile à Aix-la-Chapelle, elle se jette à genoux devant son mari et implore la permission de s'enfermer dans un cloître. Elle va même jusqu'à remettre une confession écrite de ses fautes. Après tant d'aveux, le concile la condamne à une pénitence publique (1). Waldrade se sauve en France. Une troisième assemblée d'évêques... décide que le roi a légitimement quitté son épouse incestueuse et que, *incapable*, d'après son aveu, d'observer *la continence*, il peut prendre une autre femme. Sans attendre la sanction pontificale, Lothaire épouse publiquement Waldrade.

Le pape, après avoir pris connaissance des actes du concile d'Aix, ordonne la révision entière du procès et envoie deux légats en Lorraine. Un concile nouveau se réunit à Metz, en 863. Les représentants du souverain pontife se laissent corrompre, ne produisent pas leurs lettres de créance, et les prélats lorrains confirment leur précédente sentence.

Le pape Nicolas I<sup>er</sup>, esprit ferme (2), convaincu qu'une grande iniquité s'était commise, cassa les actes du concile de Metz, déposa les archevêques de Cologne et de Trèves, et força le roi à rendre les honneurs royaux à Teuteberge et à la réintégrer dans son palais. Hélas ! la pauvre princesse dut s'effacer de nouveau devant sa rivale. La mort de la favorite put seule faire cesser ce scandale. Son fils adultérin, Hugues, dit l'Abbé, à cause des nombreuses possessions ecclésiastiques dont le dotèrent son père et ses oncles, Louis-

---

(1) Ce fut une reproduction du drame de Louis-le-Débonnaire.
(2) Dans ce procès (Th. LAVALÉE, t. I, p. 218), ce pontife tint un langage nouveau. « Les rois, quand ils ne règnent pas selon la justice, doivent être regardés comme des tyrans ; il faut leur résister et se dresser contre eux... » Hincmar, archevêque de Reims, professa une doctrine à peu près semblable : « Les rois ne sont soumis au jugement de personne, s'ils se gouvernent selon la volonté de Dieu ; mais s'ils sont adultères, homicides, ravisseurs, ils doivent être jugés par les évêques. » (HINCMAR, *Œuvres*, t. I, p. 693.)

le Germanique et Charles-le-Chauve, recueillit, en outre, l'Alsace de l'héritage paternel. Plus loin nous verrons à l'œuvre ce triste et misérable personnage.

**Charles-le-Chauve.** — Lothaire mourut sans laisser d'enfants légitimes. Son frère Louis, roi d'Italie, devait hériter de ses États. Moitié des seigneurs et les prélats lorrains contestaient ses droits et appelèrent Charles-le-Chauve. A leur tête se trouvaient Advence, évêque de Metz, Arnould, de Toul, et Hatton, de Verdun. Hincmar, archevêque de Reims, harangua les Lorrains et leur persuada d'élever au trône le Chauve, venu à Metz. On adopta son avis. Charles fut oint, le 9 septembre 869, dans l'église cathédrale, avec le saint chrême au front, aux tempes et au haut de la tête. Les évêques lui mirent tous ensemble la couronne sur la tête, la palme et le sceptre dans la main, puis il alla prendre possession d'Aix-la-Chapelle qui lui ouvrit ses portes.

Le parti hostile au Chauve protesta. Louis-le-Germanique, appelé par les vassaux, Gozelin, abbé de Saint-Denis, à leur tête (LE HOUEROU, p. 614), se mit immédiatement en campagne, « traînant à sa suite une armée nombreuse, telle qu'il la fallait pour une aussi grande expédition ; elle eut peine à subsister dans le Verdunois, désolé par plusieurs famines successives, de sorte que les soldats se livrèrent au pillage, sous prétexte qu'ils ne trouvaient pas de vivres à un prix raisonnable, et il se commit chez nous des excès tels que les annales carlovingiennes les comparent aux ravages des Normands. (CLOUET, *Verd.*, t. I, p. 273.) Il accepta enfin du Chauve la moitié de la Lorraine et s'en retourna.

« Le partage se fit plutôt par comtés, pais, territoires et abbayes que par provinces B. PICARD, p. 60), car Charles-le-Chauve eut les comtés de Toul, de Verdun, etc., et poussa la frontière du royaume de France jusqu'à l'Escaut, et posséda même chez les Ripuaires ou Basse-Lorraine six comtés considérables. »

Pendant ces discordes et ces guerres, les Danois ou Normands qui, dès l'avènement du Débonnaire, avaient insulté les côtes de France, étendirent leurs ravages en Lorraine. Après avoir ruiné Trèves et beaucoup d'autres villes, ils pénétrèrent à plusieurs reprises jusqu'aux portes de Metz qu'ils menaçaient du pillage. « Nous levons les mains au ciel, disait le vénérable évêque Advence, car nous n'avons plus de confiance qu'en lui. » Le Chauve, trop faible pour les combattre, acheta leur retraite. C'était les exciter à revenir (1). En effet, on les revit en Lorraine en 889, 891, 892.

(1) Sous ce règne, la misère était si grande que les hommes, à demi morts de faim, étaient réduits à mêler de la terre avec un peu de farine et à s'en nourrir. Les loups, enhardis par la solitude, attaquaient les voyageurs et marchaient en ordre de bataille à travers les champs.
« Il y eut, cette année-là, une famine et une mortalité inouïes, dans toute l'étendue de l'empire des Francs, mais surtout en Aquitaine et en Bourgogne, au point que la charité des vivants ne pouvait suffire à ensevelir la multitude des morts. Dans la ville de Sens on recueillit, en un jour, cinquante-six cadavres. Il se rencontra aussi, en ce même temps, dans le même pays, des hommes et des femmes qui furent convaincus, ô horreur! d'avoir tué d'autres hommes et de les avoir dévorés ; car, à Pons-sur-Yonne, quelqu'un ayant donné l'hospitalité à une femme honorable, la dépeça membre à membre, la sala comme une viande de boucherie, la fit cuire et la mangea, lui et ses enfants... Dans la ville même, une femme en fit autant d'un jeune garçon. On disait communément que semblable chose s'était passée en d'autres lieux ! Au mois de mai, la mesure d'avoine, à Sens, se vendait huit sols, la mesure de seigle sept et demi, la mesure d'orge six et demi, la mesure de millet cinq, la mesure de sel douze sous. Mais, par la bonté de la Providence divine, la moisson nouvelle devança l'époque ordinaire ; car le neuvième jour des calendes de juin, le premier jour des Rogations, on offrit, à Sens, du pain nouveau à l'autel et plusieurs en prirent des eulogies, en rendant grâce à Dieu. » (*Annales sanct. Columbæ Senones*, an. 868, pp. 350-351.)
Charles-le-Chauve, comme ses aïeux, aimait à réunir des conciles. Vers 872, il convoqua une assemblée générale des évêques et des seigneurs à Gondreville et, en 876, présida le concile de Troyes, en Champagne, après s'être fait couronner empereur à Rome. Dans ce concile (D. CALMET) le pape Jean... condamna fortement les laïques qui, du vivant de leurs premières femmes, en épousent d'autres, comme aussi les évêques qui, par ambition, passent d'une moindre église à une plus grande (t. I, p. 707). — En 888, dans un concile tenu à Metz, on ordonna que le prêtre seul jouît des dîmes, sans que les seigneurs laïques y aient aucune part... Il fut interdit aux chrétiens de boire et de manger avec les juifs et de recevoir d'eux aucune nourriture. (*Ibid.*, p. 768.)

Dans sa courte domination (RAGON), le Chauve acheva de ruiner ce malheureux pays déchiré par la guerre civile et la guerre étrangère. Il dépouilla la cathédrale de Metz et l'abbaye de Saint-Arnould des dons de Charlemagne et donna même leurs possessions en fief au comte Hugues (l'Abbé), fils naturel de Lothaire et de Waldrade (1).

Louis-le-Germanique mourut en 876 ; Charles-le-Chauve lui survécut peu (877). La confusion allait sans cesse en s'accroissant et, sous leurs faibles successeurs, l'anarchie, le brigandage et le despotisme des seigneurs arrivèrent à leur comble.

L'ignorance était alors si profonde, selon Ségur (*Hist. de Fr.*, t. III, p. 379), que Fulrade, évêque de Paris, et Frotier, évêque de Poitiers, ne trouvaient pas, en 876, de prêtres dans leur diocèse qui *sussent lire* ; ils chargèrent le moine Abbon d'apprendre par cœur à leur clergé quelques prières.

**Louis-le-Bègue.** — A la mort du Chauve, son fils et héritier, Louis-le-Bègue, vit ses trois cousins de Germanie lui disputer la partie de la Lorraine que lui avait léguée son père. Dans les pourparlers qui eurent lieu, Louis II, de Germanie, écrivit au Bègue la curieuse lettre que voici :

... « Je vous envoie un cheval, beaucoup plus estimable par sa vigueur et sa vitesse que par sa grandeur et son embonpoint. La selle est, de même que la mienne, plus propre à un guerrier et à un capitaine qui cherche l'utile et l'avantageux, qu'à un homme qui n'affecte que la vanité et l'éclat d'une brillante monture.

« Je vous envoie aussi un très beau pavillon, qui servira

(1) Vers 869 (*Hist. de Metz*, pp. 614-15), rien n'était plus commun que de voir les bénéfices entre les mains des séculiers et même des gens mariés. On les faisait entrer dans le commerce ; on les partageait comme les autres biens de famille. On a vu, dans certains inventaires, vendre les églises, les autels, les cloches, les ornements, les calices, les croix, les reliques. On a porté l'abus plus loin encore : lorsqu'on mariait une fille, on lui donnait une cure, dont elle affermait la dîme et le casuel.

dans votre palais, lorsque vous le ferez dresser au temps que vous tiendrez conseil. Sa seule vue réprimera les mauvaises intentions de ceux qui voudraient nous brouiller ; et ils seront pénétrés par cette marque, et de votre affection pour moi, et de mon attachement pour vous. Et comme votre vie et votre santé me sont précieuses, je vous envoie des aromates, des huiles de parfum et des remèdes, afin que leur odeur, leur épanchement et leur goût servent à vous faire plaisir, à conserver votre santé et vous engagent à m'aimer constamment, comme je m'efforcerai de le mériter par mon amitié et mon dévouement... »

Cette lettre révèle un beau caractère ; aussi les deux princes s'entendirent-ils facilement. Le traité de Merchen (Mersen) fut confirmé.

Le Bègue, dans son court passage sur le trône, fit présent à l'évêque de Toul de douzes métairies, et lui expédia une charte confirmative des abbayes de Saint-Martin, Saint-Epvre et Saint-Germain. (D. CALMET, *Preuves*, t. I, p. 315.)

**Louis II, le Germanique.** — A la mort de Louis-le-Bègue, Louis de Germanie reçut la visite de l'évêque d'Orléans et de deux comtes qui lui offrirent le duché de Lorraine, les Trois-Evêchés, une partie des Pays-Bas et plusieurs autres placés entre le Rhin et la Meuse, c'est-à-dire la portion de notre région échue au Chauve, lors du premier partage. Louis accepta et se rendit maître de tout le pays.

Le bâtard de Lothaire II et de Waldrade, Hugues dit l'Abbé, essaya de rentrer dans l'héritage paternel et s'empara d'un château près de Verdun. Il y mit une garnison qui désola tout le pays. Louis envoya contre lui des troupes qui, après l'avoir battu, assiégèrent le château que le bâtard venait de quitter. La forteresse fut prise, rasée ; on tua, on passa au fil de l'épée une partie de la garnison ; on envoya une autre partie en exil ; le reste eut les cheveux coupés ; on arracha même, avec la chevelure, la peau de la tête à quelques prisonniers.

Hugues, réfugié dans les montagnes, sut s'y maintenir et commença une guerre de ravages et d'escarmouches qui désola longtemps encore la Lorraine. Quant aux rois de France, successeurs du Bègue, Louis III et Carloman, ils consentirent, dans une entrevue avec le Germanique, à Gondreville, à ne pas le troubler dans sa possession; malheureusement cet accord louable, si rare alors, ne rendit pas la tranquillité au pays où l'autorité royale était presque partout méconnue.

Les grands, sans cesse armés les uns contre les autres, n'étaient d'accord que pour ravager la campagne dominée par leurs châteaux, véritables repaires de bandits. Les comtes Gérard, Etienne, Matfride, les aventuriers Thierry, Lambert et une foule d'autres, étendaient leurs courses jusqu'aux portes de Metz et menaçaient la ville de Toul. Hugues (l'abbé) continuait à soutenir, par ses brigandages, ses droits à la couronne de Lorraine, et s'alliait avec les Normands (1) dont les invasions venaient périodiquement se joindre à tous ces fléaux.

(1) Dans le tome IV de l'*Austrasie*, année 856, Ch. Abel (les Normands dans la vallée de la Moselle) a fait, dans l'épisode suivant, une peinture vivante de la société et des luttes de cette époque malheureuse (pp. 68-69) :

Les Normands, deux fois taillés en pièces par le roi de France Louis, en 881, sur les bords de l'Oise, viennent s'emparer du fort de Haslou (Hassel). Mais, informés de la mort de Louis, roi des Austrasiens, de nautonniers ils s'improvisent cavaliers et se jettent, en courant, sur la rive gauche du Rhin. Les abbayes de Malmédy, de Stavelot, désertées par les moines, enfuis à Bouvigny, tombent en leur pouvoir. Ils campent au mil eu des ruines fumantes d'Aix-la-Chapelle, faisant, par dérision, manger leurs chevaux dans la basilique impériale. Ils se jettent sur Bonn, Tolbiac et Nuys. Le dimanche de l'Epiphanie de l'année 882, ils étaient sous les murs de l'abbaye de Prum. Fondé, en 720, aux confins de l'Ardenne, dans une forêt royale, possédant dans son église un trésor enrichi de dons précieux, renfermant les sandales de Notre Seigneur Jésus-Christ et un voile de la Sainte-Vierge, pieuses reliques emportées, ainsi que les vases sacrés, à Mayence, cet établissement était fait pour exciter la convoitise des barbares. Réginon, gardien de l'abbaye, dont il devait écrire les annales, appelait autour de lui les serfs pour en faire une légion peu disciplinée. Ces dignes serviteurs de diverses fermes..., armés de faulx et d'épieux, attendent l'ennemi de pied ferme. Les Russes (Northmans), dit Réginon, voyant cette vile multitude, non seulement privée d'armes, mais sans ordre ni discipline, se jettent dessus, en poussant des cris féroces, et en font une horrible boucherie, comme s'ils avaient affaire, non à des hommes, mais à des bêtes brutes. La riche abbaye fut saccagée ainsi que les villas des environs. Ils emportèrent leur butin dans leur forteresse de Haslou et mirent le feu aux bâtiments. Il ne resta pas un être vivant pour éteindre cet incendie; on n'entendit pas même un chien aboyer sur ces ruines (p. 64)....

Cantonné à Haslou (aujourd'hui Esloo) sur la Meuse, Hugues, à peine informé de la mort du Germanique, inonda avec les Normands, ses alliés, la pauvre Lorraine et s'avança vers Metz. Vala (1), évêque de cette ville, Bertulse, archevêque de Trèves, et Adelard, comte du pays, les attaquèrent à Remich. Le brave Vala fut tué et l'armée battue ; le comte et l'archevêque prirent la fuite. Quant aux Normands et à Hugues, au lieu d'assiéger Metz, ils reprirent, les uns le chemin de la mer, les autres celui de Haslou où était leur camp.

**Charles-le-Gros (ou le Gras) (2).** — A la mort du Germanique, la ville de Metz et la plupart des seigneurs de la Lorraine vinrent offrir à Louis III, roi de France, la réunion de leur pays à ses Etats. Le conseil du roi, pour ne pas affaiblir les forces du royaume, en face de l'invasion des Normands, refusa l'offre patriotique. La Lorraine se donna alors à Charles-le-Gros.

... Le jour de Pâques, les Normands, chargés d'un butin immense, mirent le feu aux édifices de Trèves et se dirigèrent sur Metz... Les chefs des diverses abbayes firent appel à leurs sujets (des vallées de la Moselle, de la Seille et de la Nied). Les religieux distribuèrent à chacun des armes offensives et défensives ; aux uns une large épée de cavalerie (un *spathium*) et une lance ; aux autres un javelot ; à quelques-uns des boucliers ronds en bois blanc, avec les *schramsaxes*. Le plus grand nombre n'avait que des frondes et des épieux aiguisés; quelques-uns s'étaient armés du socle de leurs charrues. Un long sarrau de toile, serré à la taille, des brayes fixées par des bandelettes de cuir qui s'entrecroisaient sur la jambe, la dépouille d'une bête fauve jetée sur la tête et flottant sur les épaules complétaient l'équipement militaire de ces malheureux serfs. Les hommes libres, les Francs qui leur servaient de chefs, en qualité de seigneurs voués des couvents, étaient à cheval, avec la redoutable francisque passée à la ceinture de leur sarrau. La main gauche engagée dans les courroies d'un long bouclier bardé de fer, la main droite armée d'un javelot, la tête couverte d'un casque rond ; sur la poitrine étincelait un plastron de cuir sur lequel étaient cousues des plaques de métal; les courroies qui s'entrelaçaient sur les brayes étaient aussi ornées et défendues par de gros clous pyramidaux en cuivre... (Suit le récit de la marche au devant des barbares dont on arrêta péniblement le mouvement en avant, pp. 68-69.)

(1) Vala (VIVILLE, t. I, p. 662) fut réprimandé par le pape pour avoir voulu forcer un jeune homme d'épouser Walate, sa parente, qui s'était déshonorée par ses galanteries.

(2) Charles-le-Gros avait repris l'abbaye d'Etival au seigneur qui la possédait afin de la donner à l'impératrice Richarde, sa femme, qu'il avait répudiée pour cause d'adultère. Cette princesse, sortie victorieuse de l'épreuve du feu pour démontrer son innocence, après son séjour à Etival, fonda l'abbaye d'Andlau, en Alsace, tout en continuant à diriger le monastère des Vosges. (GRAVIER, p. 55.)

Le nouveau souverain, pour venger la mort de l'évêque Vala, marcha contre les Normands et les assiégea dans leur camp d'Haslou. Le siège traîna en longueur ; des chaleurs extraordinaires, des tempêtes et des maladies contagieuses détruisirent presque entièrement les deux armées. Le Gros traita avec Godefroy, chef des Barbares et avec Hugues (l'Abbé). On leur paya 2,080 livres pesant d'argent qu'on tira de la cathédrale de Metz et d'autres églises.

Hugues promit de renoncer à ses prétentions sur le royaume de Lorraine, à la condition de percevoir les revenus de l'évêché de Metz pendant la vacance du siège épiscopal. Bientôt il changea d'avis, donna sa sœur en mariage à Godefroy, son compagnon d'aventures, auquel Charles-le-Gros avait cédé la Frise, leva une armée de bandits, s'allia aux comtes pillards Thiébault, Albéric Bernaire (qu'il tua pour avoir sa femme douée d'une rare beauté)..., et marcha contre le Gros (1), devenu maître de toute la monarchie française, par la mort de Louis III.

Le faible Caroling, incapable de repousser ses ennemis par la force, s'en défit par un crime. Il attira Godefroy et Hugues dans une entrevue où le premier fut assassiné par un seigneur, son ennemi ; quant à Hugues, arrêté dans ce guet-apens, il eut les yeux crevés et fut enfermé dans l'abbaye de Saint-Gal.

(1) Ce monarque (TH. LAVALLÉE. t. I, p. 225) semblait fait exprès pour attester que tous ses titres étaient sans force et sans réalité. Lâche, maladif, corpulent, méprisé, il n'avait de dévouement que pour le clergé « obéissant très dévotement aux ordres ecclésiastiques, incessamment appliqué à l'oraison et au chant des psaumes. » (*Annales de Metz*.)

Il ne fut pas reconnu dans le midi de la Gaule où l'on datait les actes du règne de J.-C., en attendant un roi... Sous son administration et avant déjà... « tout était devenu vénal. (BÉGIN, *Hist. scien.*, p. 183.) On vendait églises, monastères, bénéfices, cures, ornements pontificaux et reliques ; le peuple ne formait plus qu'un troupeau d'esclaves avilis par des prêtres et des nobles qui se partagèrent ses dépouilles, et l'industrie s'ensevelissait pour longtemps sous les ruines des dernières institutions légales qui régissaient la France. »

Cette violation du droit des gens servit peu les intérêts de Charles-le-Gros. Reconnu inhabile au gouvernement à cause de sa paralysie et de l'affaiblissement de son esprit, il fut déposé à la diète de *Tibur* ou *Tewer*, en 888, et mourut de misère dans un village de la Souabe.

Chaque pays resta libre de se choisir un souverain. Divers compétiteurs surgirent. Les grands et le clergé de Lorraine reconnurent Arnoul, roi de Germanie, petit-fils de Louis-le-Débonnaire.

**Arnoul** (1). — Peu de temps après cette élection, pour pacifier un peu la malheureuse Lorraine, on tint un concile à Metz. Les comtes et les aventuriers les plus fameux par leurs brigandages y furent cités. Les coupables se gardèrent de répondre à l'appel. Guntbert, princier de Metz, présenta une plainte contre les juifs qui demeuraient dans cette ville et qui, dès lors, y étaient très nombreux... On peut citer, comme une particularité digne de mémoire, le canon XI qui exempte de la défense de communiquer avec les excommuniés, les serfs, les affranchis et les vassaux des seigneurs qui, seuls et personnellement encouraient cette peine.

Une nouvelle invasion des Normands vint mettre le comble aux désastres du pays, et cette fois les villes de Toul (2), de

---

(1) En 889, cet empereur donna au prêtre Amand, son médecin, en la seigneurie d'*Arez*... huit finages avec les maisons, cours et justice, tous les subjets et serviteurs de l'un et l'autre sexe, les vignes, terres labourables, champs cultivés et non cultivés, prés, pâturages, forêts, eaux, cours des eaux, moulins, pesches, chemins, et où il n'y a point de chemins, issues et entrées, meubles et immeubles trouvés ou qui sont à trouver, et tout ce qui peut se dire et nommer avec toutes les choses dépendantes de droit et légitimement des susdits huit finages. (*A. L.*, an. 1843, p. 45.) (Ces lignes constituent la formule des actes de cession de l'époque.)

(2) En 893, à la fin du règne d'Arnoul, l'évêque de Toul, Arnald, s'étant rendu à Reims, pour assister au sacre de Charles-le-Simple, malgré la défense du roi... encourut par ce fait la disgrâce de ce prince qui confisqua tous les biens de l'évêché de Toul, fit conduire à Mayence l'évêque que l'on accusa du crime de lèse-majesté, et, qu'en conséquence, on enferma dans les prisons d'Ingelheim, en attendant qu'on le condamnât à l'exil ou à la mort... Salomon, évêque de Constance, et

Verdun et les campagnes avoisinantes furent saccagées par les barbares (889). On croit que le pays messin subit le même sort. De nouvelles incursions eurent lieu en 891-892, etc. (*Hist. de Metz*, t. I, p. 648.)

**Zuintibolde.** — En 895, Arnoul délégua la souveraineté de Lorraine à son fils naturel, Zuintibolde, dans une assemblée tenue à Worms. C'était placer un fou à la tête de notre pays.

Hatton, évêque de Verdun, à force de sollicitations et de prières, obtinrent l'élargissement de leur collègue et celui des autres prisonniers qui étaient en grand nombre... (Abbé GUILLAUME, t. I, p. 238.)

Ludelme, successeur d'Arnald, obtint du roi Arnoul l'église de Gondreville avec vingt métairies dont il est impossible aujourd'hui de préciser l'emplacement. — Zuintibolde, fils naturel de ce prince, étant venu à Toul, en 898, voulut aussi faire quelques largesses au chapitre de cette ville. Il lui donna une partie des bois de Heis, libres de tout cens et avec le droit de chasse. Il accorda aux religieux de Saint-Epvre, celui de pêche, dans la Moselle, le mercredi et le vendredi de chaque semaine, et enfin se déporta des droits que ses officiers prétendaient avoir dans les bois de Saint-Epvre et dans ceux de la cathédrale.

Ludelme fit reconstruire la cathédrale de Toul, brûlée par les Normands, plus grande et plus haute qu'elle n'était, et lui donna le village de Villey-Saint-Etienne qu'il tenait de la libéralité du roi Arnoul. Dans une charte, Arnoul parle avec éloge des bourgeois de Toul qui, malgré l'affreuse pauvreté où ils se trouvaient réduits, avaient abandonné la meilleure partie des meubles et autres effets qu'ils avaient pu sauver du pillage, pour aider au rétablissement et à l'ornementation de leur principal monument religieux. (GUILLAUME, t. I, p. 241.)

Ce fut sous le règne d'Arnoul qu'on vit appliquer pour la première fois la peine de *Harnescar*. Les comtes Etienne, Gérard et Matfried qui avaient commis des exactions et des violences sur les terres de l'évêque de Toul, cités à Worms où se trouvait le roi, descendirent de leurs chevaux à un mille de la cité, firent le reste du chemin à pied portant les *angariæ* (une selle ou un chien) sur leurs épaules, vinrent déposer leur fardeau aux pieds de l'évêque, s'engagèrent à payer soixante-dix livres d'argent pour réparation de leurs méfaits, et promirent de ne plus rien faire contre les droits et possessions de l'église de Toul. (DIGOT, *Hist. de Lorr.*, t. I, p. 157.)

Au sujet de l'empereur Arnoul, on lit dans la Chronique en vers des Antiquitez de Metz (*Preuves* de D. CALMET, t. II, p. CXXIII) les curieux vers suivants :

> En l'an de l'Incarnation
> Neuf cens et douze, faict mention
> D'un empereur nommé Arnoult
> Qui fut mort, et mangé des poux.

Pour désarmer Eudes de France, qui lui disputait la souveraineté sur notre région, il épousa sa fille.

« Ce prince (D. CALMET, t. I, p. 807) se rendit de plus en plus odieux aux principaux de son royaume, en disposant des emplois en faveur de personnes sans nom, sans qualité et sans mérite, pendant qu'il dépouillait de leurs biens et de leurs dignitez, ceux qui les méritaient par leur naissance et leur service, suivant les conseils des femmes et des personnes de néant qu'il avait autour de lui, et à qui il avait donné sa confiance. Il s'alluma, dans le centre du royaume de Lorraine, le feu d'une division qui éclata bientôt par la défection de plusieurs seigneurs qui se rendirent auprès du roy Louis (IV, dit l'Enfant) de Germanie, et qui l'ayant introduit dans le royaume de Lorraine l'en proclamèrent roy, à Thionville (1). »

---

(1) On aurait pu espérer de grands avantages de la réunion de la Lorraine à la Germanie si le souverain eût été plus obéi ; mais les seigneurs, pour augmenter leur puissance, dans les domaines qu'ils avaient usurpés, portaient l'audace jusqu'aux dernières extrémités ; chacun voulait être indépendant ; tous armaient et désarmaient à leur gré. On peut regarder le règne de Zuintibolde comme l'époque de toutes ces souverainetés qui se formèrent insensiblement dans l'Etat, et en particulier de la grandeur temporelle de nos évêques. (*Hist. de Metz*, t. I, p. 653.)

... C'est alors (D. CALMET, t. I, p. 809) que surgirent « ces droits de régalie et d'indépendance dont se mirent en possession plusieurs Eglises-Cathédrales et plusieurs Abbayes, dont elles ont joui si longtemps et dont quelques-unes jouissent encore aujourd'hui... » Plusieurs monastères étaient possédés en bénéfice ou en fief par les seigneurs (voués, avoués usurpateurs) et par des gens de guerre qui les pillaient et les réduisaient à la dernière pauvreté, puis en chassaient les religieux que la licence et la pauvreté avoient rendus dérégl z. Quelquefois les abbayes demeuroient désertes ; d'autres fois on y mettait des chanoines. Dans une telle confusion on ne consultoit guères et on suivoit moins encore les règles religieuses et les canons de l'Eglise. — L'Ignorance est une suite du relâchement ; et quel moyen d'étudier au milieu des agitations de la guerre et des inquiétudes qui accompagnent la disette et la persécution. Tel fut l'état du clergé en Lorraine pendant la fin du IX° et durant la plus grande partie du X° siècle. (*Ibid.*, p. 809.)

Rappelons ici, que par les conventions antérieures avec les ecclésiastiques, les voués jouissaient de certains droits, tels que le tiers des amendes, le quart des péages d'entrée et le haut conduit, le droit de logement pour leurs troupes en campagne chez les sujets de l'évêque et du chapitre. — (DIGOT, t. I, p. 291.)

Le clergé, dans ces temps calamiteux, chercha à se protéger le mieux possible en édictant des peines sévères contre ses persécuteurs. Voici quelques articles extraits des cinquante-huit canons décrétés, en 895, au concile de Tibur, aujourd'hui Teuver, ville autrefois célèbre entre le Rhin et la Meuse, près de Mayence :

... « Les évêques déclarèrent excommunié un homme qui avait crevé les yeux à un

Auparavant ils avaient appelé Charles-le-Simple qui se retira après une courte apparition en Lorraine. A la tête des révoltés figuraient le duc Reginaire ou Reinier (au long cou), les comtes Odoacre, Gérard, Matfride que nous avons déjà vus plus haut figurer parmi les seigneurs rebelles.

Zuintibolde résista bravement ; mais il fut battu et périt les armes à la main.

**Louis IV** (dit l'**Enfant**). — Ce prince, fils légitime d'Arnoul, prit à Metz d'inutiles mesures pour arrêter le brigandage féodal ; il ne put empêcher les seigneurs de se faire la guerre (1). Louis (l'Enfant) accorda à Ludelme, évêque de

prêtre, quoique innocent du crime dont on l'accusait, et l'empereur Arnoul, qui était présent, ordonna que ceux qui, étant excommuniez, ne voudroient pas se soumettre à la pénitence canonique, fussent arrêtez par les officiers royaux et présentez au roy. (D. CALMET, t. I, p. 812)... Celui qui aura violé le ban de l'évêque, c'est-à-dire, qui n'aura pas obéi à son commandement et qui aura fait ce qu'il a défendu, fera quarante jours de pénitence au sel et à l'eau... *Les Dixmes* sont d'obligation, et on les donne : 1° afin d'obtenir de Dieu une plus grande bénédiction ; 2° afin que les ministres du Seigneur, dégagez des soins de leur subsistance servent Dieu avec plus de liberté ; 3° afin que les prêtres offrent tous les jours à l'autel l'offrande de ce qu'ils ont reçu du temple ; 4° afin qu'on emploie les Dixmes à la *sustentation des pauvres* et à l'entretien et au rétablissement des églises. Le concile veut, conformément à l'épître du pape Gélase, qu'on fasse quatre parts des Dixmes dont l'une sera pour les évêques, la deuxième pour les clercs, la troisième pour les pauvres, et la quatrième pour l'entretien et la réparation des églises... Les Dixmes se payeront aux anciennes églises, comme d'antiquité, de même que les novales (terres nouvellement exploitées) qui se cultivent dans le terrain qui en dépend (p. 813)... — Si un fidèle, libre de condition, est diffamé pour quelque crime, il se purgera par serment ; mais si la chose dont on le soupçonne est de conséquence, et que le peuple le croye véritablement coupable, en sorte que, ne se contentant pas de son serment, on ait produit un plus grand nombre de personnes qui déposent contre lui qu'il n'en a produit en sa faveur, il sera obligé de confesser sa faute et d'en faire pénitence ou de se purger par l'épreuve du fer chaud (p. 814).

« ...On défend aussi d'ordonner prêtre un esclave avant qu'il ait été mis en liberté (an 820, p. 815).

« ...On ne permet pas de prier pour les voleurs qui sont tuez dans l'exercice du vol, ni de donner l'aumône pour eux ; et défense aux clercs et aux pauvres de recevoir de telles aumônes. Mais si le voleur est simplement blessé à mort et qu'il demande d'être réconcilié et de recevoir les saints Mystères, qu'on lui accorde le pardon et la grâce de la Communion (p. 186).

« ...On distingue les mariages contractez entre personnes libres et entre *esclaves. Le mariage ne subsiste point proprement qu'entre personnes libres.* On distingue entre femme légitime et concubine. Le mariage avec une femme légitime est indissoluble mais on peut quitter une concubine. Si un homme épouse une affranchie, il ne peut la quitter comme il le feroit d'une concubine (p. 816).

« ...Ces Canons, ajoute D. Calmet, sont presque toujours pris sur les anciens conciles et respirent l'esprit de la plus pure discipline de l'Église (p. 818). »

(1) Alors le système féodal se trouvait dans son complet épanouissement. Partout on rencontrait le seigneur avec ses vassaux et ses vavassaux. Le vassal (LE HOUÉROU, *Inst. carl.*, p. 153), en s'avouant

Toul, le droit de battre monnaie dans sa ville avec le droit de péage et la franchise pour le comté de Toul. Ce souverain fut défait et tué en combattant les Hongrois qui avaient fait une invasion dans notre région.

**Charles-le-Simple.** — Les seigneurs reconnurent comme souverain ce prince, absolument comme ils l'avaient fait pour Louis IV de Germanie (l'Enfant.) Son règne ne fut qu'une suite de l'anarchie à laquelle ce royaume était en proie (1). Le Simple eut à repousser successivement les tentatives de Conrad et de Henri l'Oiseleur sur nos provinces, la révolte de Gislibert, qui voulut s'y rendre indépendant, et une irruption des Hongrois. Dans ces temps malheureux, un ennemi n'était pas plutôt vaincu qu'il en survenait un autre, et les peuples devenaient les tristes jouets de l'ambition démesurée des princes.

Ce fut au milieu de ces troubles que la Lorraine, cruelle-

---

l'homme de son seigneur, devenait, à ce titre, son familier et presque toujours son commensal. Il était nourri à sa table, ou du moins à ses dépens ; il était habillé par ses soins, et c'est de là qu'est venu l'usage des livrées, c'est-à-dire des distributions de vêtements aux principales fêtes de l'année. De plus le seigneur répondait de son vassal devant la loi ; il avait une part à sa composition ; il avait la garde de sa fille après la mort du père; si le père ne laissait point de fils, il lui donnait un mari de son choix ; et, enfin, lorsque le vassal le quittait, c'est-à-dire, lorsqu'il sortait de sa famille, il devait laisser entre les mains du seigneur, une partie de son bien, la moitié de tout ce qu'il avait gagné à son service, nous dit la loi (pp. 153-154).

(1) Certains auteurs parlent d'une cession de la Lorraine que le Simple aurait faite à Henri de Germanie. L'*Histoire de Metz* (t. II, p. 10) s'inscrit en faux contre cette assertion. « Il est faux, dit Pfeffel, p. 82, (Paris, 1766) que Charles-le-Simple ait cédé la Lorraine au roi de Germanie. Non seulement il n'en est pas fait mention dans tout le traité qui existe encore en entier ; mais de plus, les archevêques de Cologne et de Trèves, les évêques de Cambrai et d'Utrecht, tous les Etats de la Lorraine y ont signé du côté du roi Charles-le-Simple, comme sujets à sa domination. D'ailleurs, on continua de se servir dans la Lorraine de l'ère de Charles-le-Simple, et ce roi présida lui-même au synode de Coblentz, après le traité de Bonn. Enfin Henri ne compte lui-même les années de son règne en Lorraine que depuis l'an 923... »

ment déchirée depuis un siècle, vit rompre son unité et ses formes administratives. Cessant d'être un royaume, elle devint un ensemble de petites principautés dont les grandes puissances s'arrachaient tour à tour les lambeaux, ou qu'elles donnèrent à quelque vassal décoré du titre de duc, de marquis ou de comte, vers 907 (BÉGIN, t. I, p. XVI) (1).

(1) A ce siècle remonte l'origine des souverainetés de Dachsbourg, de Lunéville (un peu plus tard de Salm), de Castres, de Hombourg, de Blâmont, de Commercy, d'Apremont, de Sarrebourg, de Saarwerden, etc. Les couvents de Gorze, de Prüm, d'Epternach, de Saint-Dié, de Remiremont et beaucoup d'autres étaient de véritables forteresses. La Lorraine entière se trouvait couverte de châteaux forts. Il est peu de points escarpés qui n'en offrent quelques débris. On voit des ruines de châteaux à la Mothe ; à Schambourg ; à Fénétrange; à Kœurs, à Erize (la brûlée); à Bitche ; à Belrouart, au-dessus de Raon-l'Etape ; à Laveline ; à Bruyères ; à Fauleompierre ; à Arches ; à Epinal ; à Bayon ; à Gondreville ; à Gondrecourt (le château) ; à Foug ; à Conflans (en Jarnisy) ; à Briey ; à Sancy ; à Châtel-Saint-Blaise ; à Mousson ; à Turquestein ; à Immeling ; à Blâmont ; à Cirey ; à Réchicourt ; à Dabo ; à Custines ; au confluent de la Moselle et de la Meurthe ; à Savigny, où une partie des fortifications existe encore ; à Becquing et Berus, près de Sarrelouis ; à Berg, près de Sierck ; à Baslieu, près de Villers-la-Montagne ; à Dilling, au confluent de la Brems et de la Sarre ; à Lusse, au levant de Saint-Dié ; à Mansberg, frontière du Luxembourg ; à Pierre-Percée, près de Badonviller ; à Weidesheim et à Gerolseck, sur la Sarre ; à Sarreguemines, du côté de Puttelange ; à Frauenberg, près de Sarreguemines ; à Siersberg, sur une montagne entre la Sarre et la Nied ; à Sitzelbourg, district de Fénétrange ; à Saint-Dié, à Chartnes, à Sampigny on a bâti sur les ruines ; à Dombasle, au confluent du Sanon et de la Meurthe étaient deux châteaux dont un subsiste encore ; Velaine était le nom d'un château des comtes de Vaudémont, près des ruines duquel Vézelise est bâti. A Pompey, on voit celles du château de l'Avant-Garde ; à Passavant, celles du fameux château de ce nom ; près de la source de la Moselle, à Bussang, était celui de Sourbronne ; le Châtelet, à droite de la rivière du Vair, où l'on voit encore deux tours fortes, formait le donjon de Thierry d'Enfer ; Deuilly, près de la Marche, fut une forteresse considérable ; à Vertuzey, l'église est au milieu d'un vieux fort ; à Morley, entre Saint-Dizier et Gondrecourt, les rois de la première race eurent un palais ; ceux de la seconde en eurent un à Savonnières ; Montfort, au-dessus de They et de Domèvre, est une hauteur escarpée où une forêt couvre les ruines d'une grande forteresse. Il reste à Amermont, à deux lieux d'Etain, une vieille tour forte ; à Deneuvre une tour, appelée la tour du Bacha, débris de la forteresse ; à Waldeck, sud-est de Bitche, deux grosses tours de quatre-vingts pieds de haut, une citerne et des logements dans le roc ; à Moyen, près de Gerbéviller des ruines remarquables et une cave admirablement conservée ; Prény, Dieulouard présentent aussi des ruines imposantes ; et je connais plusieurs localités, telles que Goin (Goddinga-Villa) où plusieurs châteaux ont été élevés en divers emplacements à des époques différentes... (BÉGIN, t. I, Introd., pp. XVIII-XIX.)

Généralement le seigneur de ces domaines, plus ou moins étendus, avait divisé sa terre en deux parties : l'une qu'il s'était réservée pour l'exploiter directement se nommait *manse dominical*, ou terre *salique* ; l'autre était distribuée en tenures à des conditions invariables. — Chaque manse servile (GUYOT, p. 251) est cultivé par une famille qui doit des corvées au seigneur pour les travaux du manse dominical et qui jouit en échange de droits d'usage importants. Trente manses peuvent être considérés comme un chiffre moyen. Chacun de ces manses se compose surtout de terres arables, d'un peu de pré, parfois de parcelles de vignes et de quelques bois taillis ; c'est la quantité jugée nécessaire pour faire vivre une famille ; elle varie nécessairement suivant les localités, soit de cinq à dix hectares.

Le manse seigneurial contient proportionnellement très peu de terre arable, contre de très vastes espaces en pâturages et en forêts. La forêt avec les pâturages représente parfois les neuf-dixièmes de la surface totale...

Reinier (au long cou) avec le consentement, et grâce à l'investiture de Charles-le-Simple, prit le titre de duc de Lorraine. A côté de lui, on remarquait les comtes de Metz, de Toul, de Verdun, des Ardennes, etc., qui tous entretenaient de petites armées, bâtissaient des forteresses, ruinaient les villes et détroussaient les voyageurs. Les monastères se fortifiaient comme les châteaux ; les abbés avaient quelques troupes et les évêques guerroyaient ; les bourgeois et les vilains s'armaient de leur côté, se retranchaient dans les villes et les bourgades, prêts à défendre leurs modestes immunités et privilèges. Ils se rangeaient, dans la plupart des querelles, du côté du clergé dont les mœurs, quelque corrompues qu'elles fussent par les malheurs du temps, étaient cependant bien préférables encore à celles des seigneurs laïques. Toul fut en proie à une guerre civile acharnée au sujet de l'élection de son évêque, et ce ne fut qu'après une foule de combats sanglants, la ruine et l'incendie d'une moitié de la ville, que l'autre reconnut l'évêque Drogon comme ministre de l'Evangile.

Pour ajouter aux désastres de la Lorraine, les Hongrois, renouvelant les atrocités commises par les Normands, firent de nouvelles invasions dans notre pays. On en compte au moins quatre ou cinq (D. CALMET), entre les années 910 et 936 ou 937. Les maux qu'ils commirent furent tels que les peuples, abandonnant les villages, se retiraient dans les montagnes (1) et les villes fortifiées, emportant avec eux ce qu'ils avaient de meilleur. Ces barbares pillaient, saccageaient, mettaient tout à feu et à sang. Les anciens monuments du pays nous apprennent que la plus grande partie des habitants des diocèses de Metz, Toul et Verdun (2)

(1) Les paysans du toulois se retirèrent dans les montagnes appelées *scropuli*, c'est-à-dire aux environs du village d'Ecrouves, peu éloigné de Verdun.

(2) Dans la première année de l'épiscopat de Hugues Bernoin (à Verdun), les Hongrois, s'étant répandus dans la Lorraine, y commirent mille ravages et en particulier dans la ville et dans l'évêché de Verdun.

périrent dans ces temps malheureux. (D. CALMET, t. I, p. 829.)

Les abbayes de Saint-Dié, de Moyenmoutiers, d'Etival, de Remiremont furent saccagées à diverses reprises et presque entièrement détruites. L'opinion commune voyait dans ces barbares, Gog et Magog, dont parle le prophète Ezéchiel : ce que Remy d'Auxerre prit la peine de réfuter. (RAGON, 37.)

Charles-le-Simple vint à Toul en 911 et confirma au Chapitre la possession de tous ses biens, à condition qu'après sa mort, on ferait un anniversaire pour le repos de son âme. (D. CALMET, t. I, p. 829.) Il fut le dernier Carlovingien, maître, au moins nominal, de la Lorraine.

Comme les Mérovingiens, et plus vite qu'eux, les descendants de Charlemagne s'abâtardirent (1). Cependant les derniers rejetons de cette race montrèrent plus de vigueur que ceux de la race précédente (2).

Ils se jetèrent à l'improviste dans la maison épiscopale, y brûlèrent et pillèrent tout ce qui s'y trouvait, même les titres et privilèges des Eglises. Après avoir pillé la ville, ils mirent le feu à presque tous les villages et tuèrent ou emmenèrent captifs tous ceux qui tombaient entre leurs mains. (D. CALMET, t. I, p. 895.)

(1) En quelques années (L. DUFEYROX, *Essai sur la séparation de la France et de l'Allemagne aux IXe et X siècles*), huit rois carlovingiens succombèrent, l'empereur Louis II, fils de Lother, Louis-le-Germanique et deux de ses fils, Karloman de Bavière et Louis de Saxe, Charles-le-Chauve et son fils (Louis-le-Bègue), et vite il ne resta plus d'une race naguère si nombreuse, qu'un enfant posthume, Charles, appelé plus tard le *Simple*, et un prince, aussi lent d'esprit que de corps, Charles-le-Gros, fils de Louis-le-Germanique.

(2) Charles de Lorraine, rival de Hugues Capet, pris à Laon, ou plutôt son fils Othon, mort sans enfants mâles, furent les derniers héritiers du grand nom de Charlemagne. « Ce fut alors (VIVILLE, t. I, p. 59, qu'on vit s'établir les comtes héréditaires de Luxembourg, d'Alsace, de Bar, de Hainaut, de Namur, de Limbourg. Deux duchés seulement subsistèrent : ceux de Basse-Lorraine ou de Ripuaire, et de Mosellane ou de Haute-Lorraine. »

# QUATRIÈME SECTION

# DUCS BÉNÉFICIAIRES

## ÉVÊQUES DE METZ, TOUL, VERDUN

Les Ducs bénéficiaires sont ainsi appelés, parce que le gouvernement de la Lorraine leur fut concédé simplement à titre de bénéfice *temporaire* pour les quatre premiers, et *viager* pour les cinq derniers, soit par les rois de France, soit par les empereurs d'Allemagne, en sorte qu'ils n'avaient pas le droit de transmettre ces fonctions à leurs enfants.

Cette espèce d'institution atteste les progrès de la féodalité, en même temps qu'elle constate l'impuissance des souverains de France et de Germanie à faire prévaloir, d'une manière incontestable, permanente, leur pouvoir sur la Lorraine, depuis si longtemps l'objet de contestations et de guerres entre ces deux puissances dont les souverains étaient issus également de la famille des Carlovingiens.

### DUCS BENEFICIAIRES, RÉVOCABLES A VOLONTÉ.

| Souverains contemporains. | France. | Allemagne. |
|---|---|---|
| 911. **Reinier** au Long-Cou. | Charles IV, le Simple. | Conrad de Franconie. |
| 916. **Gislibert**. | Id. | Henri l'Oiseleur, 919 |
| 939. **Henri**, sous la tutelle du comte de Verdun. | Robert. | Othon I<sup>er</sup>, 936. |
|  | Raoul. |  |
| 953. **Conrad** de Franconie, gendre d'Othon. | Louis IV, d'Outremer. | Id |
| 959. **Brunon** de Cologne, dit l'Archiduc. |  |  |

## DUCS BENEFICIAIRES A VIE.

984. **Frédéric I<sup>er</sup>**, duc de Bar.
1024. **Thierry** ou **Ferry II.**
1033. **Gothelon**, duc de Basse-Lorraine.
1043. **Albert**, comte d'Alsace.

Lothaire (954).
Hugues Capet (987)
Robert I<sup>er</sup>.
Henri I<sup>er</sup>.

Othon II, 973.
Othon III, le Sanguinaire, 983
Henri II, 1002.
Conrad II, 1024.
Henri III, 1039.

1048. *Premier duc héréditaire* : **Gérard** *d'Alsace*.

# CHAPITRE VI

## Ducs bénéficiaires, révocables à volonté

SOMMAIRE. — *Reinier* au *Long-Cou*. — Son administration. — Gislebert ou Gislibert. — Il passe de la souveraineté de Charles-le-Simple à celle d'Henri l'Oiseleur. Ravages en Lorraine. — L'évêque de Metz mutilé. Saint Gauzelin à Toul se rallie à l'Oiseleur qui lui accorde le droit de battre monnaie. Mort de Gislebert. — *Henri*. Courte administration en son nom. — *Conrad* de Franconie. Révolte contre l'empereur d'Allemagne. — Peste à Metz. — *Brunon*. — Les Hongrois en Lorraine. — Ravages. — Partage de la Lorraine. — Haute et Basse Lorraine.

*Notes*. — Ravages des Hongrois. — L'Oiseleur selon Chantereau-Lefebvre. — La France n'a jamais renoncé à la Lorraine. — Laine abandonnée à cause des ravages.

**Reinier** (au *Long-Cou*) (911). — Ce prince fut le premier duc qui, par suite de son investiture ou plutôt de la délégation donnée par Charles-le-Simple, gouverna souverainement la Lorraine. Il ne prit parfois que le titre de comte et administra de 911 à 916. C'était un homme sage et prudent qui mourut dans le palais de Merchen, près de Maëstricht. Charles-le-Simple assista aux funérailles de ce fidèle serviteur et lui donna pour successeur son indigne fils, Gislebert.

**Gislebert** ou **Gislibert** (916). — Esprit inquiet et remuant, un de ces scélérats puissants comme le x<sup>e</sup> siècle n'en vit que trop, Gislebert, sous prétexte que ses droits sont méconnus par le roi de France, se révolte et tente de se rendre indépendant. Charles-le-Simple entre en Lorraine avec des troupes ; une révolte des seigneurs français le force à revenir sur ses pas. Il laisse notre pays en proie à la discorde et divisé en deux partis, l'un appelant le roi de Germanie, Henri I$^{er}$, l'Oiseleur ; l'autre qui reste fidèle à la France. Les ducs et comtes Gislebert, Reinier (fils), son frère, Bozon (1) et Othon se font une guerre acharnée. A la faveur de ces troubles, Raoul de Bourgogne, rival du Simple, devenu roi de France, s'empare de la plus grande partie de la Lorraine (924). Mais Henri l'Oiseleur (2), appelé par Gislebert, et le parti vaincu, la lui enlève aussi promptement qu'il l'avait conquise... « Il ravage pendant cinq ans (D. CALMET, t. I, p. 841) tout le pays qui se trouve entre la Moselle et le Rhin, enlevant le bétail, prenant des captifs et pillant tout ce qu'il rencontre... » Jamais peut-être tant de misère n'avait accablé ce malheureux pays. Il assiège et prend les villes de Metz et de Toul, vainement défendues par

---

(1) Le comte Bozon, vers 915, après une bataille contre les troupes de l'évêque de Verdun, Dudon, surprit la ville, mit le feu à l'église cathédrale qui fut réduite en cendres, avec tous les ornements, les chartes, etc. (ROUSSEL, t. I, p. 200.) Il brûlait tous les villages de l'évêché et pillait tous ceux qui lui tombaient entre les mains. (D. CALMET, t. I, p. 832.) Verdun fut encore pris par les Hongrois en 922, 923. Les terres n'ayant pas été cultivées cette année, il y eut, en Lorraine, une grande famine pendant laquelle le rez de froment se vendait plus de quarante livres, ce qui était alors un prix excessif. (Ibid., p. 202.) — En 926 (Hist. de Metz, t. II, p. 10), il y eut une sécheresse extraordinaire et, en 927, des ravages étranges exercés par la peste en France et en Germanie.

(2) Vers 922, dit Chantereau-Lefebvre (Consid. hist. sur la généalog. de la maison de Lorr., Paris, 1644, p. 108), Charles (de France) ayant été obligé de retirer les gens de guerre qu'il avait en garnison en Lorraine et d'y faire des levées, ce qui laissa le païs dénué de défense, et le rendit exposé aux entreprises de l'empereur, Henri, très bien nommé l'Oiseleur, à cause qu'il savoit la manière de faire venir au leurre les oiseaux de passage ; je veux dire qu'il ne laissait s'échapper aucune occasion de s'accroître. La conquête que Charles avoit faite de la Lorraine, du temps de son prédécesseur, estoit trop récente pour l'avoir ostée de sa mémoire... »

leurs évêques Vigeric et Gozlin. Dans une seconde expédition, il assure, par des traités, l'ouvrage de ses armes. Après sa victoire, il reçoit l'hommage de Bozon et de Reinier. Il donne sa fille Gerberge en mariage à Gislebert et, à son tour, le fait reconnaître duc de Lorraine ; mais aucune autorité réelle ne suivait ce titre. Gislebert n'avait d'influence qu'en raison de sa puissance et de ses talents. Notre province n'était alors qu'un vaste champ de bataille où l'évêque de *Verdun*, Dudon, dévoué à l'Oiseleur, combattait contre Bozon, Bozon contre Gislebert, Gislebert contre Héribert, et tous s'alliaient avec Raoul, roi de France, pour ravager les terres du comte de Vermandois (1).

Les villes n'étaient rien moins que tranquilles. Le peuple de *Melz* prit les armes contre l'évêque Bennon, que l'Oiseleur lui avait imposé. Le prélat, battu et fait prisonnier, eut les yeux crevés et fut horriblement mutilé.

A *Toul*, l'évêque Gozlin (saint Gauzelin) accepta le gouvernement de l'Oiseleur et s'attacha à ce nouveau souverain. Celui-ci, pour récompenser cette évolution, donna au prélat « par une charte de 928, la ville et le comté de Toul, pour en jouir, *lui et ses successeurs, avec tous les droits régaliens* (1). » Ce titre devint le principe et le solide fondement des droits de souveraineté que les évêques de Toul ont ensuite exercés dans toute l'étendue du comté de ce nom, surtout à partir de l'épiscopat de Gilles de Sorcy, en 1261. (THIÉRY, I, p. 70, note.) Ludelme et Drogon, prédécesseurs de saint Gauzelin, avaient bien obtenu quelques immunités pour ce comté et le droit d'y faire battre monnaie ; mais cette concession n'était que personnelle ; elle n'a réellement commencé à être héréditaire que sous l'épiscopat de saint Gauzelin qui, le premier, disposa du gouvernement de son comté, en

(1) Vers 925, CLOUET, *Verd.*, t. I, p. 312), on élut, en présence des évêques de Soissons et de Châlons, pour évêque, un des fils de Hugues de Vermandois (qu... .t empoisonné Charles-le-Simple, quoi qu'il ne fût âgé que de cinq ans. Le pape Jean X confirma l'élection... »

faveur d'un officier auquel il donna son nom... » (GUILLAUME, t. I, p. 251.) (1)

A la mort de l'Oiseleur, en 936, les seigneurs lorrains reconnurent son fils Othon I$^{er}$.

Gislebert, méconnu et irrité, appela le roi de France, Louis d'Outremer, qui comptait en Lorraine nombre de partisans. Othon avait prévenu son rival. Il fallait combattre. Gislebert, la veille de la bataille, avait permis à son camp de se livrer à l'indiscipline et au désordre. On se trouvait au milieu d'une orgie quand l'ennemi apparut soudain. Gislebert et le duc de Franconie, son allié, furent battus à Andernach. L'indigne fils de Reinier, malgré sa prodigieuse vigueur corporelle, se noya dans le Rhin qu'il essayait de traverser; triste fin de ce chevalier d'aventure qu'on vit tour à tour au service de tous les partis.

Louis d'Outremer épousa sa veuve, dans l'espoir de se faire par cette alliance de nombreux partisans en Lorraine. Son calcul fut amèrement déçu. Othon fit rapidement la conquête du pays; il ne trouva de résistance que devant Metz. L'évêque Adalbéron soutint un long siège et, par ce trait de courage, conquit l'amitié d'Othon qui l'admit dans l'intimité de ses conseils. A l'exemple de l'Oiseleur, Othon, suivant quelques auteurs, donna à l'évêque le titre de comte et lui remit ainsi la ville de Metz en toute souveraineté avec les droits régaliens.

(1) Jusqu'alors les comtes royaux avaient eu en main la justice. Ils étaient assistés de sept juges ou échevins, élus, tantôt par le peuple, tantôt désignés par le comte lui-même. Les *plaids* se tenaient quatre fois par mois, d'abord sur une place publique, puis devant le portail de la cathédrale, enfin dans une salle appelée *Mallum publicum*. On y jugeait toutes les affaires, tant civiles que criminelles. (THIÉRY, t. I, pp. 107-108.)

Les plaids de l'évêque, pour ses sujets personnels, se tenaient à Liverdun, à Blénod, à Maizières et à Brixey, villages ou bourgs qui devinrent plus tard les chefs-lieux des châtellenies de leurs noms.

Les chanoines exerçaient aussi dans leurs terres un droit de juridiction. Void, Vicherey et Villey-Saint-Etienne étaient les sièges de leur ustice seigneuriale. (*Ibid.*, p. 108, note.)

Maître en Lorraine par les armes, Othon laissa son frère Henri, dit le Querelleur, gouverner la province ; mais les nobles ne purent supporter longtemps le joug de ce seigneur. Leur révolte força l'empereur à nommer un prince indigène pour gouverner le pays.

**Henri** (sous la tutelle d'OTHON DE VERDUN) (939). — Ce seigneur devait administrer la Lorraine comme tuteur du jeune fils de ce fameux Gislebert qui se noya après sa défaite à Andernach ; mais, curateur et pupille moururent vite tous deux : l'enfant en 945, Othon en 948.

**Conrad de Franconie** (953) (1). — L'empereur Othon donna alors le gouvernement de la Lorraine à son gendre, le

(1) Les rois de France n'abandonnèrent jamais leurs prétentions légitimes à la possession de la Lorraine. Sous l'administration des deux Othon, le roi Lothaire envahit, à deux reprises, la Mosellane, vint s'emparer (GUILLAUME, t. I, p. 281) de Metz, puis d'Aix-la-Chapelle où Othon se tenait en parfaite sécurité. L'armée de ce prince ayant traité le Toulois particulièrement en pays conquis, c'est-à-dire l'ayant désolé et ruiné, la peste se déclara, fit de cruels ravages dans la ville de Toul, et acheva le désastre de cette malheureuse cité. Les maisons y étaient désertes et abandonnées, dit Widric, les rues y étaient jonchées de cadavres... Cette peste était accompagnée d'une disette presque absolue, suite naturelle de la guerre dont il vient d'être question... p. 282).

Rappelé en France par des affaires pressantes, Lothaire abandonna ses conquêtes qui retombèrent sous la domination de l'empereur.

Vers 974, dit, sur le même sujet, Th. Lavallée (t. I, pp. 240-41), les seigneurs, en Lorraine, se révoltèrent et firent alliance avec Lothaire, roi de France. Celui-ci, aidé de Hugues Capet, entra en Lorraine et ravagea tout jusqu'à Aix-la-Chapelle. Othon le battit à son tour et ravagea tout jusqu'à Paris. Pour terminer la querelle, les seigneurs de France proposèrent un combat singulier entre les deux rois. « C'est de la folie, disait le comte d'Anjou, *d'exposer tant de braves gens à la mort pour la discorde de deux princes ; qu'ils descendent dans le champ clos, et nous reconnaîtrons pour chef le vainqueur.* » Le comte des Ardennes répondit : « Nous avons toujours ouï dire que les Français méprisaient leurs rois ; aujourd'hui nous en demeurons convaincus par votre propre bouche. » Malgré cela, la paix fût faite et la Lorraine resta à Othon... « à charge, dit Nangis, qu'il la tiendra en fief de la couronne de France... » (*Hist. de Metz*, t. II, p. 84) ; mais il donna à Charles, frère de Lothaire, le duché de Basse-Lorraine ou Brabant...

duc Conrard de Franconie, dit le Sage, sans doute parce que, après avoir ruiné le pays en appelant les Hongrois, il s'en repentit. Pour inaugurer son administration, nouvel Absalon, Conrad n'eut rien de plus pressé que de se joindre à son beau-frère Ludolf, révolté contre son père (1). Battu par les généraux d'Othon, il se vengea de cet échec sur la ville de Metz, qu'il prit d'assaut et qu'il livra aux flammes et au pillage. Vingt-deux églises, dépendantes du temporel de l'évêché, furent incendiées. La peste suivit ces ravages. Elle fit périr, disent les *Mémoires* de PRAILLON, plus de dix mille personnes en un an, dans la seule ville de Metz. (*Hist. de Metz*, t. I, pp. 60-61.)

**Brunon.** — Othon, exaspéré, le dépouilla du duché de Lorraine, qu'il conféra à son frère Brunon, archevêque de Cologne, enfant comme lui de Henri l'Oiseleur. Conrad, furieux, appela à son secours les Hongrois, établis dans l'ancienne Panonnie depuis le règne de Charles-le-Gros. Ces barbares entrèrent de nouveau en Lorraine, en 951, pillèrent, saccagèrent tout le pays et, entre autres villes, prirent Toul, qu'ils dépouillèrent de telle sorte que les habitants furent obligés d'aller chercher leur subsistance au dehors. A peine resta-t-il trois chanoines pour faire l'office de la cathédrale; encore avaient-ils beaucoup de peine à trouver de quoi ne pas mourir de faim. (GUILLAUME, t. I, p. 254.)

(1) Lutolf, fils d'Othon (HUGO, t. I, pp. 88-89), et Conrad de Lorraine, son beau-frère, pillèrent Metz, fidèle à Othon... Ils firent plus encore, en excitant les Hongrois à tenter une nouvelle invasion dans notre pays. Conrad hébergea et gratifia leur chef à Worms. Pillant, violant et brûlant, ces hordes sauvages parcoururent rapidement le duché... Dans une première invasion, ils avaient détruit les abbayes de Saint-Dié, Moyenmoutiers, Remiremont et Etival (917). En 926, ils brûlèrent Verdun. Dans leur quatrième, celle dont il est ici question, ils parcoururent le diocèse de Metz, brûlèrent les abbayes de cette ville, détruisirent deux cent vingt églises de ce diocèse et pillèrent également celui de Toul. Ils furent enfin défaits. — Ces barbares dévastèrent (DIGOT, t. I) la Lorraine vers 910, 917, 926 ou 27, prirent Verdun, puis Toul. Ils furent enfin battus en 955.

Conrad, effrayé de ces désastres et des progrès de ces terribles alliés, se réconcilia avec l'empereur (955), et fit vœu, entre les mains de l'Eglise, de ne prendre aucun repos avant de les avoir chassés de Lorraine. Il fut tué, en Italie, dans une grande bataille où les Hongrois furent tellement anéantis qu'ils durent renoncer pour toujours à leurs invasions.

Quant à Brunon, il ne put rendre immédiatement la paix à la Lorraine, ravagée par les Hongrois et morcelée entre les mains de tant de seigneurs rivaux. C'était un homme d'un rare mérite, qu'on surnomma l'*Archiduc*, en raison du vaste domaine mis sous son obéissance. Ce prélat était continuellement en guerre avec ses sujets. « Ayant ordonné (D. CALMET, t. I, p. 917) qu'on démolît certaines villes forteresses de Lorraine, que les seigneurs avaient récemment bâties, et sur le bruit qu'il voulait imposer au peuple de nouvelles charges, les Lorrains se soulevèrent contre lui en 959 (1). » Après avoir dompté cette rebellion, Brunon comprit la difficulté de régir d'une manière satisfaisante un pays aussi étendu. Avec l'agrément de son frère Othon, il divisa en deux parties l'ancien royaume de Lothaire. L'une fut appelée *Haute-Lorraine* et l'autre, qu'il se réserva, *Basse-Lorraine*.

La *Haute-Lorraine*, appelée aussi duché de Mosellane, parce que la Moselle la traversait depuis sa source jusqu'à son embouchure, comprit l'Alsace, la Lorraine et le Barrois, le pays de Luxembourg, tels qu'ils étaient au siècle dernier. La *Basse-Lorraine*, ou duché de Brabant, s'étendait depuis

(1) Depuis les ravages des Huns on n'habitait plus que les lieux escarpés ; la plaine était abandonnée aux courses désastreuses d'une infinité d'aventuriers qui pillaient les voyageurs, brûlaient les maisons, dévastaient les églises. Mais bientôt ces asiles de la faiblesse devinrent les retraites de la violence. Brunon voulut en faire raser plusieurs. Ce fut la cause ou le prétexte d'une révolte générale, et la noblesse lorraine éleva de nouveaux remparts derrière lesquels se retrancha l'impunité. (BÉGIN, t. I, p. XVIII.)

Coblentz, en suivant le Rhin, jusqu'aux bouches de l'Escaut, de la Meuse et du Rhin ; elle eut pour limites, à l'ouest et au nord, la mer du Nord et le Zuiderzée (1).

Brunon donna le gouvernement de la Haute-Lorraine (notre pays) à Frédéric I$^{er}$, comte de Bar et de Chaumontois, beau-frère de Hugues Capet, et neveu, par alliance, d'Othon et de Brunon (2).

Quant aux villes de Trèves, Metz, Toul et Verdun, elles ne furent comptées ni dans l'un ni dans l'autre de ces duchés. Brunon, donnant la confirmation du droit à ce qui existait en fait depuis quelque temps, reconnut les évêques de Metz, Toul et Verdun et l'archevêque de Trèves en qualité de souverains, ou au moins d'administrateurs de leurs villes épiscopales. Celles-ci continuèrent à relever du roi de Germanie, comme duc de Lorraine. (DIGOT, t. I, p. 200.)

(1) C'est de la Basse-Lorraine que fut duc, dans la seconde moitié du XI$^e$ siècle, Godefroy de Bouillon, le héros de la première croisade et le premier roi chrétien de Jérusalem. Ce prince était fils de Godefroy-le-Barbu, le rival victorieux de Gérard d'Alsace.

(2) Hugues Capet était neveu de Brunon (CHANTEREAU-LEFEBVRE, pp. 122-23), gouverneur de la Lorraine, qui mourut à Reims. Ce fut lui qui tira tant de belles villes du royaume de Lorraine pour les donner à diverses églises ; son père Henri (l'Oiseleur) avait commencé, mais l'empereur Othon et lui achevèrent. C'est ce qui a rendu les prélats des rivières du Rhin, de la Meuse et de la Moselle si grands seigneurs et les estrangea tout à fait de la France ; ils se tournèrent du côté d'où leur venaient l'honneur et le bien... »

# CHAPITRE VII

## Ducs bénéficiaires à vie.

SOMMAIRE. — *Frédéric I<sup>er</sup> de Bar.* — Son administration. — *Thierry de Bar.* — Guerre pour la possession de l'évêché de Metz. - Thierry, avoué de divers monastères. — *Frédéric II.* — Il désarme ses rivaux. — *Gothelon.* — Sa puissance — Victoire sur le comte de Champagne. — *Albert d'Alsace.* — Sac de la Cathédrale de Verdun par Godefroy. — Sa pénitence. — Sa lutte contre Albert d'Alsace. — *Gérard d'Alsace,* duc héréditaire.

*Notes.* — Château de Bar et Barrois. — Misère de l'abbaye de Moyenmoutiers. — Horrible misère de 1028 à 1031. — Bruno, évêque de Toul, devient pape. — Hildebrandt.

État social. — La féodalité. — Les seigneurs féodaux. — Serfs. — Servage. — Serfs de l'Église. — Premiers affranchissements. — Misère générale. — Commerce. — Décadence intellectuelle. - Droit d'asile. — Monastères. — Abbayes. — Bouzières-aux-Dames. — Miracles. — Saint Gérard et le caillou de saint Étienne. — Le saint Clou. — L'an mil. — Trêve de Dieu. — Conclusion.

*Notes.* — Violences sous les seigneurs. — Société féodale. — Formariage. — Forfuyance — L'abbaye de Gorze. — Serfs. — Dons du seigneur Regimbold. — Peste à Toul. — Saints guérisseurs. — Châsses. — Saint Gengoult. — Peigne de saint Gauzelin. — Saint Gérard molesté. — Thierry de Metz et le saint Clou. — Trêve de Dieu. — La Lorraine une espèce de République aristocratique.

**Frédéric de Bar** (959) (1). — Ce prince, investi du gouvernement de la Lorraine-Mosellane par Brunon, administra avec beaucoup de sagesse et de prudence (2). Othon III

---

(1) Le Château de Bar remonte aux premiers temps de la monarchie franque. Il existait au temps de Childéric I<sup>er</sup>, roi des Francs, qui y trouva un asile. L'édifice fut reconstruit et considérablement agrandi, vers 967, par le comte Frédéric, beau-frère de Hugues Capet, qui l'opposa comme une barrière (BAR) aux ravages des Champenois. (RAGON, p. 41.) Quant au Barrois (DURIVAL. t. I, p. 13) il était connu sous ce nom dès le temps du Vulfoade, au commencement du VIII<sup>e</sup> siècle. Ceux qui en avaient la seigneurie se qualifièrent ducs de Bar, depuis l'an 958 jusqu'en 1032 ; alors ils prirent la qualité de comtes et n'en changèrent plus.

(2) Sous son administration, l'armée de Lothaire roi de France, entra en Lorraine (983) et força la ville de Verdun à lui ouvrir ses portes ; ce qui ne contribua pas moins à réduire cette province dans un état pitoyable, que les troupes de Germanie venues pour s'opposer aux Français. L'historien de Toul en fait une triste peinture. On ne voyait,

et plus tard Henri II étaient alors empereurs d'Allemagne et suzerains nominaux de la Lorraine. Ce dernier tint même, en 1003, une diète à Thionville pour la pacification du pays.

**Thierry de Bar** (984), fils de Frédéric, lui succéda sans opposition. Ce prince donna l'évêché de Metz à son fils Adalbéron, encore enfant (1009). Un autre Thierry, beau-frère de l'empereur, chasse le jeune Adalbéron et se fait proclamer à sa place. Cet évêque guerrier se maintient, par les armes, sur le siège qu'il a conquis violemment, résiste à l'empereur qui veut le déposer, bat complètement le duc Thierry, le fait prisonnier et ne le rend à la liberté qu'à d'onéreuses conditions. Pour soutenir cette guerre (D. Calmet, t. I, p. 1006) « il engage... plusieurs terres dépendantes de son évêché à divers seigneurs afin de les obliger à lui fournir des secours. La guerre dura huit ans, depuis 1004 jusqu'à 1012. »

Pendant la captivité de Thierry, sa mère, Béatrix, administra sagement le pays.

A peine échappé des fers de l'évêque de Metz, le duc dut lutter contre un autre prélat guerrier, Amalaric, archidiacre de Langres, qui ravageait le duché à la tête d'une armée de bandits. Thierry court à sa rencontre, et, blessé au commencement du combat par l'archidiacre lui-même, il le défait ensuite et le tue, lui reprochant, dit la Chronique, sa félonie envers Jésus-Christ. Hélas ! la plupart des prélats méritaient alors le même reproche.

Ce Thierry, à la fois duc de Lorraine, comte de Bar, d'Amance, de Chaumontois, avoué des abbayes de Saint-Dié, Moyenmoutiers (1), Saint-Mihiel, Remiremont, etc.,

---

dit-il, de toutes parts que des spectacles affreux, des mourants ou des tas d'hommes morts. (*Vie de saint Gérard*, p. 319.) Ceux qui cherchaient leur salut dans la fuite, allaient errants dans la campagne, sans secours, sans consolation, et souvent, après avoir évité la peste par leur retraite, ils tombaient dans le sein de la mort par la faim. (Roussel, t. I, pp. 211-212.)

(1) Moyenmoutiers avait plus de quinze cents familles de serfs établis

commençait, par ses talents personnels aussi bien que par l'étendue de ses domaines, à affermir sa puissance sur le duché, lorsqu'il mourut, en 1024.

**Frédéric II** (1024), son fils, le remplaça (1). — Conrad le Salique, élu empereur de Germanie, avait été reconnu pour suzerain par les seigneurs lorrains. Mais bientôt Gothelon et Frédéric, les ducs bénéficiaires des deux Lorraines, *Haute* et *Basse*, se révoltèrent contre lui. Conrad sut les apaiser, et son apparente autorité ne fut plus guère contestée (2). Frédéric mourut en 1036.

**Gothelon** (1036). — Conrard permit à ce prince de réunir

sur les terres défrichées par les moines ou sur les domaines qui avaient plus tard été donnés au monastère. (DIGOT, t. I, p. 180.)
Les moines mis hors d'état, par les malheurs du temps et les guerres continuelles de fournir au roi Lothaire (vers 829) trente soldats, leur contingent, le monarque livra le monastère au duc de la province. Celui-ci vexa les religieux et confisqua non seulement les quinze cent onze familles de serfs qui faisaient la richesse de cette abbaye, mais encore les domaines et les prieurés en dépendant. . « Il ne laissa aux religieux, obligés de venir résider tous au monastère, qu'une seule petite métairie. Ceux-ci, manquant alors des choses les plus nécessaires, furent obligés de se disperser pour chercher à vivre, en sorte, qu'à peine il en resta dix ou douze dans le monastère. » (D. CALMET, t. I. p. 764.)

(1) Sous son administration, de 1028 à 1031 « la famine fut chose horrible pendant trois ans pour tout le monde. (D. CALMET, t. I, p. 1,087.) La cause du mal était la pluie qui fut si continuelle qu'à peine, en trois ans, on trouva le temps de semer un sillon à profit. Le blé devint d'un prix exorbitant ; et, en quelques lieux, on mangea et on vendit publiquement de la chair humaine. Un de ceux qui en avaient exposé en vente fut pris et brûlé et les chairs enfouies dans la terre. Mais un autre, vaincu par la faim, alla les déterrer et les mangea et lui-même fut pris et brûlé. On lit cent autres effets de ce cruel fléau. Le nombre des morts fut infini. Les loups attirés par ce carnage (car on ne pouvait suffire à enterrer les morts) se jetaient aussi sur les vivants et en firent périr un grand nombre... »

(2) Vers 1033 (Th. LAVALLÉE, t. I, p. 267), après le refus d'agir du roi Robert, fils de Hugues Capet, Eudes de Blois, comte de Champagne) entra en Lorraine, attaqua les forteresses du pays et le 31 octobre mit le siège devant Toul (D. CALMET, p. 949), prit Bar, et marcha vers Aix-la-Chapelle. Il fut vaincu et tué le 23 novembre 1037 à Honol-sur-l'Oise par les seigneurs lorrains.

Plus tard Henri Ier, roi de France, ne put secourir les seigneurs

sous son administration les deux duchés (Haute et Basse-Lorraine) ; il devint ainsi le plus puissant des ducs bénéficiaires. Sous sa domination la Lorraine fut exempte, sinon de guerres intestines, suite inévitable du système féodal, du moins de ravages des ennemis extérieurs. Eudes, comte de Champagne s'était emparé du château de Bar. Après avoir assiégé Toul, défendu par les bourgeois animés par leur évêque Brunon (le futur pape Léon IX), et avoir brûlé le bourg Saint-Amand, les abbayes de Saint-Epvre et de Saint-Mansuy, le bourg de Void, la ville de Commercy et le château de Stainville, il s'avançait vers le centre de la Lorraine, lorsqu'il fut attaqué et défait par Gothelon (1037). Le belliqueux évêque de Metz combattait vaillamment à la tête de ses milices et décida la victoire. Eudes fut tué et son armée dispersée (RAGON. p. 45). C'est à dater de cette défaite que les duc de Champagne renoncèrent à vouloir dominer en Lorraine.

**Albert d'Alsace (1043).** — A la mort de Gothelon (1043), ce prince fut investi par l'empereur Henri III du duché de la Mosellane. Le fils aîné de Gothelon, Godefroy, dit le Hardi ou le Breux, le Barbu, à qui l'empereur avait d'abord promis le duché, se révolta pour se venger du refus qui, finalement, lui en avait été fait. Forcé de se soumettre, en 1045, mis en prison mais délivré l'année suivante, il s'insurgea de nouveau, prit (D. CALMET, t. I, pp. 952-53) la ville de Verdun, le 10 octobre 1046, y mit le feu, brûla la cathédrale Notre-Dame et en pilla le trésor... La perte que fit l'église de Verdun dans cet incendie est inestimable. Godefroy lui-même en fut touché ; il fit une pénitence publique et restitua à l'église les seigneuries et les fonds qu'il lui avait enlevés ; puis

lorrains révoltés contre l'empereur Henri III et qui lui offraient la couronne. Les souverains germains, pour mettre un terme à ces révoltes et à ces guerres sans cesse renaissantes, nommèrent duc héréditaire Gérard d'Alsace (p. 269.)

La Lorraine-Mosellane devint ainsi une souveraineté indépendante, ne relevant que nominalement de l'Empire.

demi-nud et déchaussé, rampant sur ses genoux, il vint de l'extrémité de la ville jusqu'au grand autel de la cathédrale qu'il avait brûlée, et y reçut publiquement la discipline (des mains du clergé). Il fit de grands dons à cette église pour la dédommager de ses pertes. On ajoute même que, quand il fut question de la rebâtir et d'en réparer les brèches, il se mit au rang des maçons et portait lui-même les pierres et le mortier; et comme il était ordinaire, dans la pénitence publique, de se couper les cheveux, Godefroy, pour se racheter de cette cérémonie, donna une grande somme d'argent à l'église...

« Ces marques de conversion et de pénitence ne l'empêchèrent pas de revendiquer le comté de Verdun comme une dignité qui lui appartenait, et de faire à ce sujet la guerre à Albert, duc de Lorraine... »

Ce dernier qui, par représailles, avait envahi la Basse-Lorraine donnée à Godefroy, fut vaincu et tué, en 1048, dans une bataille sanglante. Dans cette affaire, dit Laurent de Liège (*Hist. de Verdun*), le vainqueur « fit un carnage extraordinaire d'hommes et désola cette province au delà de tout ce qui se peut exprimer. Il réduisit en cendres toutes les villes et les villages jusqu'au Rhin, excepté seulement les lieux dont les fortifications les mirent à couvert de ses hostilités, ou qui se rachetèrent du pillage à force d'argent... Parmi tous les désordres qu'il a commis dans le pays, un des plus considérables fut l'incendie qu'il fit, à Neumagen, du Palais-Royal, dont le travail admirable ne trouvait rien qui lui fût comparable... »

Godefroy ne gagna rien à la mort d'Albert et n'obtint pas la souveraineté des deux Lorraines qu'il ambitionnait.

Henri III voyant, comme l'avaient constaté ses prédécesseurs, un sujet permanent, éternel, de discordes dans les tendances françaises de la Lorraine-Mosellane, toujours prête à se soustraire à la domination allemande, se décida à en faire une barrière neutre entre la France et l'Empire, en y établissant des princes particuliers. Dans ce but, il donna, en 1048 (1), le duché de la Haute-Lorraine à Gérard d'Alsace, fils de Gérard, comte de Metz, neveu de l'ex-duc bénéficiaire Albert II, et tige de la maison ducale de Lorraine.

(1. Cette année 1048 est doublement remarquable, par l'avènement de Gérard d'Alsace en Lorraine, et par celui de Bruno, évêque de Toul, sur le trône pontifical. Ce prélat fut élevé à la tiare, à Worms, par Henri III, désireux de mettre fin au schisme résultant de l'élection, à la fois, de plusieurs papes dont l'un, Benoit IX, n'avait que douze ans. (VIVILLE.) Bruno s'était fait connaître comme un réformateur. Dans un concile à Rome, il tâcha d'exterminer la simonie en déposant quelques évêques qui en étaient convaincus. Il prescrivit l'usage des décimes qu'il rendit général par toute l'Eglise. Il y abolit les mariages incestueux devenus fort fréquents parmi la noblesse. Vers le carême 1051, il tint encore un concile où il ôta le scandale et les désordres que les femmes publiques causaient dans la ville, et excommunia l'évêque de Verceil pour cause d'adultère et autres crimes publics. (BENOIT PICARD, pp. 358-359.)

Léon IX s'en allait de Toul à Rome, quand, en passant par l'abbaye de Cluny, il y rencontra le moine Hildebrand, très versé dans les saintes lettres et orné de toutes les vertus. « Cet ecclésiastique (LAVALLÉE, t. I, pp. 276-77) était le génie créateur qui devait commencer la monarchie universelle de l'Eglise. Le moine démontre à Bruno que son élection est nulle et criminelle, que le droit de toute fonction ecclésiastique émane de l'élection libre des fidèles, que l'Eglise doit être indépendante du pouvoir temporel, sortir de l'égoïsme féodal, redevenir plébéienne et évangélique. Bruno, étonné et convaincu, se dépouille de la pourpre, et, pieds nus, un bâton à la main, s'en va à Rome avec Hildebrand et se soumet aux suffrages du peuple. Il est élu et prend le nom de Léon IX.

« Hildebrand (RAMBAUD, Hist. de la civilis. en France, t. I, p. 208), qui jouissait d'une grande autorité sur les papes, profita de la minorité de l'empereur Henri IV pour faire décréter, par un concile tenu à Rome, en 1059, que l'élection des papes serait faite désormais par les cardinaux-évêques : ainsi fut constitué le sacré-collège. Devenu pape en 1073, sous le nom de Grégoire VII, il réunit, en 1075, un autre concile qui défendit de reconnaître la qualité d'évêque ou d'abbé à quiconque aurait reçu son évêché ou son abbaye des mains d'un laïque. Il déclara excommunié quiconque, empereur, roi, duc, margrave ou comte, oserait donner l'investiture d'un évêché ou d'une dignité ecclésiastique quelconque. Or, comme la possession de biens considérables était attachée aux dignités ecclésiastiques, cette mesure devait enlever aux princes la disposition de ces biens qui venaient d'eux en grande partie.

« ... On vit, en 1077, le plus puissant des Césars allemands, Henri IV, attendre trois jours, les pieds nus, dans la neige, en la cour du châ-

## État social

FÉODALITÉ. — SEIGNEURS FÉODAUX. — La féodalité se trouvait à son apogée, en Lorraine, à l'avènement de Gérard d'Alsace. Grâce à l'hérédité des fonctions publiques, admise, reconnue, par Charles-le-Chauve à Kiersy-sur-Oise, en 877, et plus encore, grâce aux invasions fréquentes, pendant près d'un demi-siècle, des Huns, semant partout la ruine et la dévastation, la population presque entière de notre pays s'était rangée, groupée autour des guerriers disposés à résister aux barbares et en état de le faire. « Aussi (St-MAURIS, t. I, p. 185) quiconque avait la force en main s'attribuait le droit de lever des soldats, de construire des forteresses, de vider par les armes ses propres querelles, de sorte qu'au milieu de tant de causes de désordres, il était impossible que la voix de la justice (1) se fît entendre. Rien de plus odieux que la

---

teau de Canossa, qu'il plût au Saint-Père d'accueillir sa pénitence. » Enfin, en 1122, un concordat fut conclu à Worms, entre l'empereur Henri V et le pape Calixte II. Telle fut l'origine de la querelle entre le *Sacerdoce* et *l'Empire* dont nous aurons à parler plus loin.

(1) Noël (*Mém.* VI), dans les lignes suivantes, après une rapide esquisse historique rétrospective, a tracé un tableau exact de la société à l'époque où nous sommes arrivé :

L'homme libre, le bourgeois ne se conçoit pas pour ces temps; il fallait être vassal ou seigneur; une terre franche, un franc-alleu appartenant à un homme libre, non noble, était, nous le croyons, à cette époque, chose impossible. Dans les villes capitales, dites cités, comme Metz, Toul, Verdun ; dans les villes chapitrales, comme Remiremont, Saint-Dié où le clergé avait conservé ou acquis la domination, les principes de la loi municipale romaine furent conservés et suivis avec peu de modifications. C'est cette loi romaine qui a créé les *main-mortables* (ici *main* signifie puissance) ; les charges municipales étaient fort considérables ; nul ne pouvait s'en affranchir, même par la fuite. Les villes ci-dessus nommées étaient donc peuplées de main-mortables, mais qui jouissaient du droit de propriété, avaient la faculté d'acquérir, de commercer, formaient plus tard des confréries... Les étrangers qui venaient s'établir dans ces villes devenaient, au bout de l'an et jour, eux-mêmes main-mortables de la ville.

Dans les campagnes, il y avait le manoir, résidence du seigneur, et autour du manoir habitaient les colons... Les Barbares laissèrent les villes se gouverner à la mode du clergé. Celles qui surent modérer la puissance de l'évêque, leur protecteur-né, formèrent au moyen âge des républiques ; la ville qui, en Lorraine, acquit le plus de célébrité et conserva le plus de liberté, ce fut Metz. « On y fabriquait, dit Rambaud, des bijoux, de l'or filé, des étoffes brochées, des franges, des ceintures en or massif... Ce qui prouve combien l'industrie était peu développée à cette époque, c'est le prix énorme des objets

manière dont les ducs, comtes, évêques ou villes libres, pratiquaient entre eux le droit public dans leurs nombreux différends. S'ils ne pouvaient se mettre d'accord, et c'était presque toujours le cas, ils *gageaient* réciproquement les sujets l'un de l'autre ; ce qui veut dire que le réclamant se payait par ses mains de l'objet contesté, en pillant indistinctement les terres et les villages sous la domination de la partie adverse, sauf à celle-ci de dédommager les victimes comme bon lui semblerait. » « Ces pillages et violences passèrent en coutume et n'étaient plus regardés comme des

manufacturés en comparaison des produits agricoles. Ainsi une vache ne valait qu'un sou d'or, pendant qu'une cuirasse en valait douze ; un cheval coûtait moins cher que son mors. » (T. I, p. 115.) Metz devint la capitale du royaume d'Austrasie. « Mais il n'en fut pas de même dans les campagnes... Sous les Romains elles étaient peuplées de colons de diverses natures ; quelques-uns de ces colons s'approprièrent les terres qu'ils faisaient valoir et furent reçus à les conserver, sous certaines redevances envers les francs barbares, les nouveaux maîtres ; ils formèrent l'origine des vassaux libres et seigneurs des temps de la féodalité. Ces colons principaux avaient sous eux d'autres petits colons qui ne cultivaient pas moyennant redevance, et ne faisaient pas ce qu'on appelle en droit *fruit sien*, mais dont tout le travail appartenait au maître du sol, et qui étaient confondus et vendus avec la terre qu'ils cultivaient... Ces esclaves auxquels on donna par la suite le nom de serfs, furent traités par leurs maîtres, laïcs ou clercs, comme s'ils ne faisaient pas partie de l'espèce humaine... Quoi qu'il en soit, dans les temps dont nous nous occupons, le maître a sur le serf toute la puissance qu'on peut concevoir ; il le distrait du sol, il le vend, il le donne, il l'échange ; ce n'est pas le *plus ou le moins*, le *haut et bas* qui expriment ses droits ; ceux-ci sont illimités. Ces expressions que nous venons de rappeler supposent déjà un règlement qui n'existe pas dans le servage absolu. Néanmoins, dans ces temps, on créa, comme pour servir de contre-poids à l'abus de la puissance des maîtres, des *droits d'asile* (p. 301) dont jouissaient, non seulement le lieu où se trouvait demeurer un prélat, mais encore des couvents, des chevaliers ; et même on est allé jusqu'à indiquer des champs où l'homme poursuivi se trouvait à l'abri de l'ennemi ; enfin on créa des entre-cours... Ainsi les campagnes étaient occupées par les seigneurs ou chevaliers, par leurs vassaux et les serfs. Ces chevaliers et leurs vassaux, occupés exclusivement du métier des armes, étaient inhabiles à façonner les choses indispensables à la vie ; et pour obtenir ces objets, ils avaient, près de leur maison ou château une certaine population, tirée du servage qui, n'étant plus attachée au sol, n'en restait pas moins attachée au maître et qui était destinée à confectionner les choses utiles ; c'étaient, pour ces temps, des artistes. Sans doute, dans cette population, les seigneurs prenaient leurs écuyers, y formaient de nouveaux vassaux ou gens de guerre, car ceux qui étaient restés serfs, attachés au sol, n'étaient pas reçus dans les armées. Ces populations près du château constituaient la puissance du seigneur : elles donnèrent naissance à ce qu'on appelle les villes champêtres ; c'est ainsi que se formèrent Nancy, Lunéville, Gerbéviller, Blâmont, Mirecourt, Neufchâteau. D. Calmet et Picard donnent une nomenclature des seigneuries qui subsistaient en Lorraine du temps de Gérard d'Alsace. Ces populations de château étaient honorées ; elles n'étaient point esclaves comme les serfs ; elles n'avaient cependant pas la liberté ; le seigneur, étant d'autant plus puissant qu'il avait un plus grand nombre d'hommes qu'il pût armer sous ses ordres, n'accordait à personne le droit de pouvoir le quitter.

« Dans un état social semblable, il devait se trouver un grand nombre d'individus aspirant à plus de liberté, et s'enrôlant facilement dans ces bandes de vagabonds, *ennemis à tout venant*. » (Pp. 138 à 142.)

crimes. Ceux qui s'y trouvaient exposés étaient les marchands et les laboureurs, mais encore plus les moines et les clercs, à qui leur profession défendait l'usage des armes. En même temps une famine affreuse, causée par le dérangement des saisons, obligea de vendre les trésors et ornements des églises pour subvenir à la misère publique qui dura depuis 1030 jusqu'à 1033. » (T. IX, concil., p. 910. ROUSSEL, *Hist., de Verdun*, p. 231.)

Ce lamentable état de choses qui subsista, avec plus ou moins d'étendue et de violences, jusque vers la fin du XVI<sup>e</sup> siècle, se trouvait à son apogée à l'époque où est arrivé notre récit. Entre le seigneur sur le qui-vive, derrière les remparts de son manoir avec ses hommes d'armes, et les serfs disséminés dans les villages, hameaux et les fermes, il n'y a ni population, ni pouvoir intermédiaire. L'absence de sécurité, en face des invasions extérieures et intérieures, rompt toute possibilité de relations avec le dehors. C'est au château qu'il faut tout confectionner, armes, harnais, vêtements, ustensiles de toute nature ; c'est là encore qu'il faut entasser des vivres, non-seulement pour les hôtes habituels de la demeure seigneuriale, mais encore pour les serfs auxquels on a ménagé un abri dans le castel, et que les forêts ne peuvent mettre à l'abri des incursions des pillards. D'autre part, il faut remplacer les hommes que dévorent les combats presque incessants. A cet effet, il devient indispensable de se rabattre sur les travailleurs les plus robustes et les moins résignés à végéter dans l'ornière du passé. Lorsque ceux-ci ont fait leurs preuves de bravoure devant l'ennemi et rendu parfois d'éclatants services, ils arrivent forcément à remplacer les anciens compagnons d'armes que la mort a moissonnés. Quant aux malheureux serfs qui ont encouru la disgrâce du maître ou qui ne peuvent se plier aux brutales exigences de ce régime de fer, il ne leur reste d'autre ressource que de se joindre aux bandes d'aventuriers, de brigands, en rupture de ban avec la société. Quelques esprits ouverts, intelligents, trouvent un refuge dans la cléricature, quand ils ont su intéresser en leur faveur un ecclésiastique influent, assez heureux d'obtenir du maître la permission, pour le serf, de quitter la glèbe.

SERFS. — SERVAGE. — Le peuple des campagnes (CLOUET, *Verd.*, t. I, pp. 106-107) était tombé, après la conquête franque, dans la servitude de la glèbe, autrement dit de main-morte... La cause de cet asservissement fut la rareté des cultivateurs dans les campagnes, après les massacres du siècle des invasions; la terre avait perdu toute valeur quand on ne possédait point d'hommes pour l'exploiter... Le serf (NOEL, *Cat. rais.*, t. III, p. 822) était réputé appartenir à son seigneur au même titre qu'il pouvait posséder un cheval, et dans ce temps il semble qu'on faisait plus de cas d'un cheval que d'un homme (1).

Quoique les esclaves ne pussent alors ni tester, ni paraître en justice, ni disposer de leurs enfants, ils avaient cependant leur pécule dont ils étaient les maîtres. Leur corps était à leur seigneur; on les donnait, on les vendait, on les échangeait, on les laissait par testament, on les dévouait au service des églises, sous un certain cens annuel, marque de leur dévouement et de leur servitude. (*Hist. de Metz.*)

Le cas de félonie des serfs étaient de *forfuir*, c'est-à-dire de fuir hors de la terre seigneuriale, et de se *formarier*, en épousant, sans permission ni arrangements préalables entre les maîtres, une personne d'une autre seigneurie : ce qui

---

(1) En Lorraine, comme ailleurs, vers le xe siècle, on pouvait vendre ou donner à titre gratuit non seulement les serfs attachés à la culture des terres concédées, mais encore ceux qui ne dépendaient pas d'un domaine ; c'est ainsi qu'au xe siècle l'abbaye de Saint-Mansuy possédait quatre pêcheurs (*quatuor piscatores*) à Dommartin, et l'on rencontre des mentions semblables dans quelques diplômes d'une date plus reculée. (DIGOT, t. I, p. 156.)

En 1014, huit cents familles de serfs quittèrent spontanément la seigneurie appartenant à l'église Saint-Etienne de Metz. En 1057, des serfs et brigands insurgés étaient maîtres de Vaucouleurs et s'y défendirent pendant trois mois, contre les forces de l'évêque de Toul. (NOEL, p. 822.)

entraînait la forfuyance de l'un des époux. Ces actes étaient tous deux sévèrement punis.

Serfs ecclésiastiques ou des églises. — On ne saurait nier que l'Eglise, comme la puissance séculière, ait eu ses serfs. En général ceux-ci étaient traités moins rigoureusement que les serfs laïques. De nombreux actes de donation attestent la cession de serfs qu'on désigne nominativement avec le domaine qu'ils habitaient. La formule des contrats de donation d'immeubles avec les esclaves qui les occupaient est presque uniforme et contient cette phrase significative :

... *Tam casis, mansis, campis, pratis, sylvis, pascuis, aquis, aquarumque decursibus,* mancipiis, *ibidem aspicientibus...* (Acte de l'an 716, D. Calmet, *Preuves.*)

H. Lepage (*l'abbaye de Bouxières, A. L.,* t. IX, p. 270) cite les lignes suivantes :

... Heresinde donne à cette abbaye sa terre de Pixerécourt... *cum manso indominicato, ubi sunt servitores Hermericus major, Iangulfus, Gontherus, Folkoinus, cum suis uxoribus et infantibus, et nemore ibi consito, vineis, campis, pratis, molendino et quicquid ad illum mansum pertinere videtur.*

Le clergé tenta, à diverses reprises, d'enrayer la progression de l'esclavage. Ainsi, le concile de Châlons, de l'an 650, défendit de vendre les esclaves *chrétiens* pour les lieux situés *en dehors* des limites du royaume de Clovis, en alléguant que... « la religion veut que les chrétiens soient rachetés entièrement des liens de la servitude. » (*Rev. d'Aust.*, t. IX, pp. 472-73). Rien ne put arrêter l'élan donné. Les monastères, les cathédrales, les évêques (1), les chapitres,

---

(1) En 745, l'évêque de Metz (*Rev. d'Aust.*, an. 1866, t. IX, pp. 65-66), Chrodegang, fondait, à la source du ruisseau la Gozia, un monastère de Bénédictins sous le vocable de Saint-Pierre (la célèbre abbaye de Gorze).

Le 20 mai, il donnait plusieurs domaines de la cathédrale de Saint-Etienne, et, entre autres, celui de Saint-Remy, avec l'église de ce nom à Sigeium (Scy) tel que l'avait possédé Advence, et, en outre, quatre métairies de vignes avec les bâtiments, les terres, les *vignerons,* hommes, femmes, filles et enfants. Cette charte renferme les noms de ces

tous reçurent, acceptèrent des esclaves. L'afflux fut tel, déjà du temps de Charlemagne, que, dans ses Capitulaires, il prescrivit de ne pas recevoir dans les monastères un trop grand nombre de serfs, de peur de dépeupler les villages. (BÉGIN, *Hist. des lett. et scienc.*, p. 155.)

« L'an 939 (D. CALMET, *Senones*, p. 44), l'évêque de Metz (à titre de suzerain), dans une charte, confirme à l'abbaye de Senones l'église de Vacqueville, qui lui avait été donnée par quelqu'un de ses prédécesseurs, comme aussi neuf familles de serfs qui dépendaient de cette église. L'évêque ajoute que si quelqu'un des sujets, serfs de l'abbaye de Senones, épouse une fille libre de la dépendance de Saint-Étienne de Metz, il transfère à ce monastère tout le droit qu'il avait sur ces personnes pour le cens et le service qu'ils lui devaient (1). »

pauvres serfs, attachés à la glèbe et que l'on se transmettait comme le bétail de l'étable. Ajoutons cependant que leur position sociale tenait plutôt du colonat que de l'esclavage romain ; aussi avait-on inventé le mot nouveau de *servage* pour spécifier qu'ils n'étaient tenus qu'à un *servitium* les mettant à l'abri du caprice des maîtres qui, jadis, séparaient les ménages et les familles. N'est-il pas curieux de connaître les noms des premiers habitants qui ont fécondé de leurs sueurs le coteau vignoble du mont Saint-Quentin, il y a plus de mille ans ? C'étaient un nommé Hardouin et sa femme, qui avait été affranchie par lettre ; Elofried et sa femme Ragaulinde ; Erluff et sa femme, celle-ci affranchie par lettre ; Vendelbert et sa femme, affranchie par lettre, et les filles serves Amelberge, Rigorbotane, Eminane. Tels sont les ancêtres des habitants de Scy, qui ne se doutaient pas qu'ils ont un titre qui fait remonter leur généalogie cinq siècles avant les croisades. Y a-t-il beaucoup de familles nobles, de nos jours, qui pourront en dire autant ?

Chrodegang donna, en outre, aux bénédictins de Gorze le dixième du revenu de toutes les vignes qui restaient sur le territoire de Sigeium, propriété de la cathédrale. Cette dîme devait porter sur le vin, les céréales, en un mot, sur tout ce que pouvait produire le ban de Sigeium.

Non généreux à demi, l'évêque de Metz donna encore à son nouveau monastère trois métairies de vignes *ad Castellum*, avec les vignerons, leurs familles et leurs biens, savoir : Adalfried et sa femme Gaucie, qui était serve ; Anglefried et sa femme ; Adelfried et Vandelberg, sa femme, qui était serve ainsi que sa sœur. Mesdames les vigneronnes de Chazelles n'avaient pas su, comme leurs voisines de Scy, trouver le moyen de se faire affranchir. Elles étaient toutes serves, c'est-à-dire que leurs enfants ne pouvaient se marier que dans le village, avec des serfs et avec l'agrément de leurs maîtres les religieux de Gorze, en vertu du *droit du seigneur*. (Ch. ABEL, Voir *Archives de Paris, Biblioth. de Metz. Cartulaire de l'abbaye de Gorze.* — L. VEUILLOT. *Le Droit du seigneur au moyen âge*.)

(1) L'évêque de Metz, Adalbéron, ordonna que les hommes de Senones qui prendraient des femmes dans le diocèse de Metz, demeureraient sujets de cette abbaye, eux et leurs enfants (30 décembre 986). (*Hist. de Metz*, t. II, p. 105.) Voici un acte, à peu près de même nature, cité pa rles mêmes auteurs (p. 162) : « On trouve dans le cartulaire de Gorze, une donation de dix-sept journées de terre et de trois fauchées de prés, faite en 1055, par l'abbé Henri, à Martin de Tucheimant, à condi-

A côté des serfs, esclaves par la naissance ou par le fait de la guerre, il y avait, dans les églises surtout, des personnes qui s'étaient *dévouées* aux établissements religieux. En voici quelques exemples, toujours d'après Dom Calmet (*Ibid.*, p. 52) :

« La princesse Ermengarde, petite-fille de Charles de France, frère du roi Lothaire, se voua, elle et sa postérité, à l'église de Saint-Dié, en 1051, et s'obligea à donner à cette église un cierge le jour de la fête de Saint-Diey. »

On voit dans l'histoire ecclésiastique de ce temps là et des siècles suivants plusieurs exemples de pareille dévotion. « Quelquefois un homme dévouoit sa personne, sa femme, ses enfants, sa postérité à une certaine église, à un saint auquel ils avoient dévotion et ils demeuroient serfs de cette église. D'autres fois ils se contentoient de dévouer leurs biens ou certaine partie de leurs biens qu'ils chargeoient à perpétuité d'un certain cens en argent, en cire ou en autre chose. Il étoit aussi très ordinaire de donner des hommes et des femmes, de condition servile, qui demeuroient esclaves du monastère, eux et leur postérité. On en voit divers exemples dans nos titres (de l'abbaye de Senones). Voyez, par exemple, ceux des années 1174, 1224, 1259. » (D. CALMET, p. 52.)

L'indignité civile du serf était universellement admise. L'article 15 des canons de Reims, dressés en 615, dit : ... Les esclaves ne peuvent intenter d'accusation... En 1096, dans un procès, on appela les témoins. Ils se levèrent tous, dit le chroniqueur, hommes libres, car les serfs n'étaient pas reçus au témoignage.

PREMIERS AFFRANCHISSEMENTS. — C'est aux évêques et abbés de Metz que revient l'honneur d'avoir inauguré, dans notre région, le retour de l'homme des champs à sa dignité native. Constatons d'abord avec Clouet (*Verd.*, t. I, p. 43)

tion que ses fils prendront des femmes de la dépendance de l'abbaye, et qu'il donnera ses filles en mariage aux garçons de Gorze, sans quoi la donation est nulle... »

que le peuple traversa trois périodes de servitude décroissante : — la TAILLE (contribution) et la CORVÉE A MERCI ET MISÉRICORDE des seigneurs, pendant les temps mérovingiens et carlovingiens (1); l'ASSISE, c'est-à-dire le tribut fixe ou assis à une certaine somme de *deniers* et à un certain nombre de *corvées* sous nos premiers ducs ; enfin l'*affranchissement* proprement dit qui était, non pas notre liberté moderne, mais un simple échange de la main-morte contre un impôt foncier dit *champart* ou *terrage*, sans préjudice des autres droits féodaux..., innovation heureuse, salutaire, qui fut introduite dans notre pays à partir du XIIe siècle.

Ce fut donc près de Metz qu'eut lieu le premier affranchissement en Lorraine (2).

« En 968 (LEPAGE, *A. L.*, an. 1852-53, pp. 73 et suiv.), les habitants de Morville étant venus prier Jean, abbé de Saint-Arnou, de les affranchir de la servitude où ils avaient été jusqu'alors, celui-ci, après avoir assemblé ses religieux, et par le conseil de Théodebert, comte du palais et voué de son monastère, leur accorda ce qu'ils demandaient et leur prescrivit les devoirs auxquels ils seraient tenus dans la suite, entre autres, de payer tous les ans, pour chaque manse ou métairie, *une once d'argent;* de faire *deux jours de corvée;* de *passer deux jours et sept nuits* aux prés de chaque saison, et de *faire deux charrois* quand on le jugera à propos.

« Villaume, l'un des successeurs de Jean, (vers 998) ordonna,

(1) Les serfs (BEAUMANOIR) sont si sujets à leurs seigneurs que les sires peuvent prendre tout ce qu'ils ont, à mort et à vie, et jeter leurs corps en prison, toutes les fois qu'il leur plait, à tort et à droit, sans qu'ils en doivent compte qu'à Dieu.

(2) Ce village de Morville avait été cédé par le seigneur Regimbold désireux de recevoir la sépulture dans la célèbre abbaye de Saint-Arnou, située hors des murs de la ville de Metz. A cet effet, il abandonna à ce monastère, par un diplôme daté du 12 des kalendes de juillet de l'an 958, son alleu de Morville (*allodum... vocabulo Maurivillam*) avec ses dépendances, ses églises (*ecclesiis*), ses serfs de l'un et de l'autre sexe, ses maisons, ses vignes, ses bois, ses champs, ses eaux... etc.

en outre, que si un homme de son abbaye ou village de Morville venait à épouser une femme d'une autre seigneurie et l'emmenait dans ce village, ils seraient soumis tous deux aux mêmes lois que les autres sujets de Saint-Arnou.

« Les habitants de Morville obtinrent, dans la suite, des franchises plus étendues et furent soumis, tout à la fois, à *la loi de Beaumont* et aux coutumes du village de Cheminot (Moselle), dont les dispositions ne sont pas connues. »

A cette époque, les affranchissements devenaient communs dans le pays messin ; on voit, dans un cartulaire de l'abbaye de Gorze, un acte par lequel un nommé Godon affranchit la famille de l'un de ses domestiques, nommé Rainier, à la condition que, tous les ans, les hommes donneraient *cinq sols* et les femmes *deux* pour le luminaire de l'abbaye.

On possède aussi d'Advence, évêque de Metz (vers 876), un acte d'affranchissement donné à une personne de condition servile qu'on voulait *promouvoir* aux ordres sacrés : ce qui ne pouvait se faire que du consentement du maître du serf, et en présence de gens d'église et de quelques laïques de distinction. (*Hist. de Metz*, t. I, p. 629.)

COMMERCE. — Le commerce, si l'on peut appeler ainsi quelques échanges nécessités par les premiers besoins, ne se faisait probablement qu'à la porte des monastères, car les ateliers de la province n'existaient pas ailleurs, et l'on ne devait trouver que là des produits surabondants. Parmi d'autres avantages faits à l'abbaye de Saint-Arnou, par Adalberon, en 940, cet évêque accorde aux religieux le droit d'avoir, près de leur monastère, une boutique franche sous certains cens à tirer sur tout ce qu'on vendait à la foire annuelle qui se tenait dans le faubourg, à la fête patronale. (BÉGIN, *Scienc.*, p. 195.) Plusieurs monastères jouissaient absolument du même privilège, car l'institution des foires et des marchés a toujours été le seul mode de commerce des peuples policés. (*Hist. de Metz*, t. II, p. 144.) Au milieu du XIe siècle, une bulle du pape Léon IX établit, sous le bon plaisir de l'empereur Henri III, une foire annuelle près de l'église (monastère) de Saint-Arnou. En 1075, l'évêque Hermann ordonne de rendre à cette maison son droit de foire, au jour de la Dédicace. Cette même foire fut nouvellement autorisée, en 1126, par Etienne de Bar. Dans l'acte dressé à ce sujet, le maitre échevin, les officiers et les notables de la ville renoncent à leur droit sur la foire ; preuve évidente que les abbayes partageaient alors certains bénéfices avec les laïques. (*Ibid.*, pp. 260-261.)

L'empereur Frédéric Ier, mort en 1190, établit des foires et des marchés à Vergaville, dépendance du diocèse de Metz. Les officiers de ce diocèse avaient aussi le droit de foire et de marché à Nomeny. (*Hist. de Metz*, t. I, p. 179.) Le commerce de sel fut une des premières branches exploitées par l'industrie monacale. Il y avait des poêles à Vic, à Moyenvic et dans d'autres lieux, tels que Saltzbronn, qui étaient la propriété de l'évêque ou du chapitre de Metz. (*Ibid.*, p. 262.)

Verdun avait conservé ses débouchés commerciaux. Au commencement du xie siècle, ses marchands se rendaient jusqu'en Espagne. Les rivières qui sillonnent la Lorraine servaient de voies de communication. On coupait dans les épaisses forêts des Vosges d'excellents bois de construction qui descendaient ensuite la Moselle, soit réunis en radeaux, soit chargés sur des barques. (Digot, t. I, p. 241.)

Décadence intellectuelle. — Pendant cette période d'anarchie croissante, au milieu de cet épouvantable chaos de guerres générales et privées, quelques hommes seulement cherchèrent à réagir contre la barbarie de leur siècle. Jean de Gorze, les évêques de Metz, Adalbéron et Vigeric, Bertaire de Verdun, Adson de Toul, Brunon, évêque de cette même ville et plus tard pape sous le nom de Léon IX, Hugues Metellus (1) et quelques autres personnes méritent

(1) Cet écrivain vécut vers le xiie siècle. Il nous semble piquant, à titre de spécimen des productions de cet auteur, de transcrire ses observations au sujet de l'usage du poisson et non pas de la chair des animaux

d'être signalés comme possédant quelques connaissances littéraires.

Vigeric (de Metz) composa un traité de musique, seul art alors connu et cultivé ; Bertaire, prêtre de Verdun, écrivit l'histoire de son temps ; Dadon, évêque de la même ville, composa un poëme en vers élégiaques sur les invasions des Normands et les malheurs du peuple et, en outre, des mémoires sur la vie de ses prédécesseurs ; Adson dirigea les écoles de Toul qui eurent alors quelque célébrité. Citons encore Nantaise, abbé de Saint-Mihiel, la seule personne sachant alors parler français, et que le duc de Lorraine put envoyer comme ambassadeur à la cour de France.

Les livres étaient rares et coûtaient cher, d'abord pour la main-d'œuvre, ensuite à cause du prix élevé du parchemin. Au IXe siècle, la femme du comte d'Anjou, pour obtenir un recueil d'homélies, est obligée de donner deux cents moutons et un certain nombre de boisseaux de froment, seigle et millet. Un beau manuscrit, même dans les siècles suivants, pouvait coûter plusieurs mille livres. (RAMBAUD, t. I, p. 351.) Aussi vit-on, dans notre pays, déposer comme chose sacrée, comme don, des manuscrits sur l'autel de l'église.

DROIT D'ASILE. — Ce droit (NOEL, Catal. rais., t. III,

pendant le saint temps du carême. (Abbé GUILLAUME, Hist. du diocèse de Toul, t. I, pp. 449-50.)

... « C'est parce que les poissons ne reproduisent point par la copulation, mais qu'ils se nourrissent et se meuvent dans un élément pur. Cependant les canons défendent l'usage de la chair des monstres marins... Puis, il ajoute : j'ai trouvé dans saint Augustin une solution plus solide. Ce saint docteur rapporte, en effet, que Dieu a maudit la terre, mais non pas l'eau ; bien plus, et comme on lit dans la Genèse, il a béni les poissons qui vivent dans l'eau. Pourquoi cela ? Parce que, plus tard, l'eau a prêté son concours pour la destruction du genre prévaricateur, lorsque Dieu a perdu les méchants par le déluge ; et que, sous la loi de grâce, elle a lavé le péché par le baptême. Aussi, après sa résurrection, le Seigneur a mangé du poisson rôti et non pas de la chair, le poisson ayant été béni dans l'eau par le Seigneur. La plaie du déluge, continue saint Augustin, n'a atteint aucun des êtres qui vivent dans l'eau, elle a seulement affligé les animaux terrestres... Les animaux qui mangent les produits d'une terre maudite ne peuvent échapper à la malédiction, surtout puisque la terre a été maudite avec tous les êtres qu'elle supporte. Saint Jérôme ajoute : Que le poisson est une nature froide, parce qu'il naît et vit dans un élément froid et que c'est pour cela que les religieux le choisissent comme aliment et qu'il est permis d'en user pendant le carême, parce que leur chair ne provoque pas à la concupiscence comme la chair des animaux. Que si l'on demande pourquoi Dieu, en suite du péché d'Adam, n'a pas maudit les eaux ? Facilement l'on répondra : parce que l'homme n'a pas bu de l'eau, mais mangé le fruit de la terre, contre la défense de Dieu. (T. I, p. 450.)

p. 822) existait chez les païens. Les temples, les autels, les tombeaux, les statues des héros, les bois consacrés étaient des lieux où l'on se mettait à l'abri de la violence des tyrans et de la sévérité des lois... Les empereurs Honorius, Théodose et le pape Boniface V, transférèrent les privilèges des temples païens aux églises catholiques, amplifièrent ces privilèges et, par ce moyen, étendirent la puissance du clergé... Les plus grands criminels ont bénéficié du droit d'asile. Frédégonde, soupçonnée du meurtre de son mari Chilpéric, se retira dans la cathédrale de Paris, à l'abri des poursuites de Gontran, roi d'Orléans, et de Childebert, roi de Metz ; Dagobert se réfugia à Saint-Denis pour se mettre à l'abri des poursuites de la colère du roi Clotaire, son père.

Le droit d'asile existait en Lorraine. L'abbaye de Saint-Remy, fondée à Lunéville au xie siècle; le prieuré de Notre-Dame de Nancy, l'église Saint-Georges, en jouissaient. On peut même conclure de divers faits cités (LEPAGE) « que les églises de Lorraine, comme en France, étaient, par leur nature même, en possession de ce droit, et que, pour ce motif, on regardait comme inutile de les consigner dans les actes qui le concernaient. (*Droit d'asile en Lorr.*, p. 14.) Le château d'Arches (Vosges), une maison seigneuriale à Gosselming (près de Fénétrange), un endroit du territoire de Vandœuvre, de Parroy, jouissaient de ce droit. (*Ibid.*, p. 15.) D'un autre côté, continue Noël, les seigneurs qui avaient haute et basse justice sur leurs terres, les gentilshommes à châteaux-forts ou maisons fortes, dans les villes, jouissaient du droit d'asile comme étant indépendants. Aussitôt qu'on s'était réfugié sur leurs terres ou dans leurs demeures, les sergents ou officiers de tout autre seigneur, même du roi ou des prélats, ne pouvaient arrêter l'évadé sans le consentement et le concours des officiers du seigneur chez lequel on s'était réfugié.

« La maison seigneuriale de Mangonville (LEPAGE, *A. L.*, 1872, pp. 162-63) est de telle nature et franchise que si un personnage defforain dudict lieu avait commis un homicide, s'il peut entrer dans ladicte maison, icelle lui sert de sauvegarde pour quarante jours après ladicte entrée et ne peut non ne doit estre durant (avant iceulx quarante jours) prins ni appréhendé en ladicte maison et ne lui doit aucun tort estre inféré... » Mangonville était un des plus anciens domaines de l'abbaye de Bouxières.

Le droit d'asile se trouvait en grand crédit dans le Barrois et dans les Évêchés, principalement à Metz. A Verdun, l'église de la Madeleine, bénite par le pape Léon IX, était un lieu d'asile.

Malheureusement, on ne respectait pas toujours ces asiles sacrés. Ainsi, à Verdun, en 1109, l'archidiacre Gui essayait de ramener l'évêque et les chanoines révoltés à l'obéissance qu'ils devaient au pape. Battu et traîné par les cheveux... il avait pu gagner l'asile. Les chanoines, hors de raison, l'en arrachèrent, sans respect pour la sainteté du lieu.

Plus tard, en 1445, Martin Crochet, suspect d'avoir publié un libelle, se réfugia dans le chœur de la cathédrale de Verdun. Saisi par les gouverneurs, ceux-ci durent, non-seulement ramener le fugitif, mais encore payer quatre mille florins aux chanoines, trois mille aux pauvres et réparer l'église. (DUMONT, t. I, p. 61.)

MONASTÈRES. — ABBAYES. — Un certain nombre d'abbayes d'hommes et de femmes furent fondées à cette époque (1). Dans ce nombre figure celle de *Bouxières-aux-Dames.* H. Lepage (*A. L.*, t. IX) donne à ce sujet les curieux détails suivants :

L'évêque de Toul, Gauzelin, vers 935, donna, pour fonder l'abbaye..., « des biens de l'évêché, l'église de Bouxières...avec

---

(1) Notons qu'alors (1042) les moines, à Verdun et ailleurs, travaillaient encore de leurs mains, et il est fort douteux que saint Benoit, l'auteur de leur règle, eût approuvé les divers prétextes d'études et d'affaires qu'ils inventèrent, dans la suite, pour faire tomber cet article en désuétude. (CLOUET, *Verd.*, t. II, pp. 48-49.)

les dîmes, les vignes et tout ce qui en dépendait, ainsi que tout ce qui appartenait, dans ce lieu, à l'église de Toul, tant en *serfs des deux sexes* qu'en terres, en vignes, en prés et en cens de la terre. » Une bulle d'Etienne VIII atteste qu'en 942, l'abbaye possédait d'autres propriétés en grand nombre.

Bouxières était dotée (et c'était sa principale richesse) de beaucoup de reliques précieuses, objet de la dévotion publique, et à quelques-unes desquelles elle devait une partie de son illustration.

Le plus ancien document que l'on possède à cet égard est la permission donnée, en 1454, aux religieuses de Bouxières, par l'archidiacre de Toul, Ferry, de faire une quête pour rétablir les bâtiments de leur monastère. Dans cette intention, dit-il, on portera les reliques de saint Gauzelin (1) et celles de tous les autres saints et saintes que possède l'abbaye, savoir :

(1) Les reliques du saint évêque ne se réduisent pas à ses seuls ossements desséchés. On possède encore de lui : un calice, une patène, un évangéliaire et un peigne liturgique... Autrefois, les personnes attaquées de la teigne allaient en pèlerinage à Bouxières-aux-Dames, et demandaient que leur chevelure fût touchée du peigne de saint Gauzelin. C'est probablement à cette circonstance qu'il faut attribuer la disparition des dents les plus fines de ce petit meuble. Quant aux autres, elles ont dû triompher nécessairement des chevelures les plus incultes. D'où vient qu'autrefois, en Lorraine, on disait d'un individu dont la chevelure était en désordre, qu'il s'était peigné avec le peigne de saint Gauzelin. (GUILLAUME, t. I, p. 226.) Dans l'origine, dit Bretagne (*Quelques recherches sur les peignes liturgiques*, A. L., t. X, p. 165), l'usage des peignes liturgiques était probablement nécessaire, surtout pour les membres inférieurs du clergé, tirés généralement des rangs du peuple. D'un autre côté, les serfs, si abrutis par leur dure condition, ne nettoyaient guère leur tête, et leur contact, dans les églises, ne devait pas permettre au prêtre d'avoir la chevelure suffisamment nette pour approcher de la sainte Eucharistie. De là, les prescriptions de se peigner avant de monter à l'autel, prescription qui est tombée avec les progrès de la civilisation, laquelle a généralisé les habitudes de propreté... — On voit, chez les dames de Bouxières, un ancien livre des Evangiles, écrit par les ordres d'Arnald (de 872 à 894) qui vivait près de cent ans avant saint Gauzelin, et le peigne d'ivoire du même saint. Les peuples vont en foule, le dimanche de la Trinité, visiter et vénérer ses reliques. (D. CALMET, t. I, col. 984, p. 171.)

... *De la barbe de saint Pierre..., du sang de sainte Cécile..., de la chaussure de saint Paul...* (1), *de la poussière du Saint-Sépulcre..., de l'arbre qui était dans le paradis terrestre..., un caillou de la lapidation de saint Etienne* (pp. 247, 48, 49) (2).

(1) Au sujet de cette relique, citons les lignes suivantes du sceptique Noël : « .. H. Lepage, dit-il (*Collect. lorr.*, n° 6,171), respecte l'ignorante crédulité de ses lecteurs au point de leur donner, de sang-froid et sans réflexions, la kyrielle des reliques de la cathédrale, où l'on trouve le chef entier d'une vierge, compagne de sainte Ursule (une des onze mille vierges), un os du bras de l'un des Innocents, une dent de saint Jean l'Evangéliste, la chemise de Notre-Dame, des cheveux et les *souliers* de saint Pierre, un morceau du sépulcre de la vierge Marie (qui fut ravie au ciel), la verge d'Aaron, etc., etc... M. Lepage, qui cherche avec tant de soin à faire sortir de l'oubli les noms des artistes plus ou moins habiles, s'empressera sans doute de nous faire connaitre le nom du cordonnier de saint Pierre. »

Constatons ici que H. Lepage, pauvre et très libéral au début de sa carrière littéraire, comme, au reste, la généralité des hommes de son époque, dut, en sa qualité d'archiviste et pour conserver ses fonctions, se plier aux exigences de la réaction cléricale, omnipotente après le coup d'Etat de 1851. De là ces publications qui excitaient la verve sarcastique du riche et indépendant Noël. Mais, dès que ce fut possible, le loyal Lepage, désabusé, devenu sceptique, s'attacha uniquement au document, au texte authentique, irréfutable. C'est ainsi que nous l'avons vu un jour, heureux, radieux, pour avoir trouvé, dans les archives, les manuscrits concernant les coutumes générales du duché de Lorraine.

(2) Voici le texte de la légende consignée dans les v<sup>e</sup> et vi<sup>e</sup> leçons de l'office des Dames de Bouxières (LEPAGE, *A. L.*, t. IX, p. 135).

Suivant cette tradition, qu'une pieuse crédulité avait transmise presque jusqu'à nous, la sainte Vierge, en l'honneur de qui Gauzelin avait exprimé plus d'une fois le vœu d'ériger une église, apparut une nuit au saint évêque et lui annonça qu'elle voulait exaucer sa prière. « Demain, lui dit-elle, dès le lever du soleil, prends tes chiens et, aussitôt que tu seras dans la forêt, une biche blanche se montrera à toi ; suis-la, et l'endroit où elle s'arrêtera et creusera la terre avec son pied sera celui où je veux que tu me bâtisses un temple. »

Gauzelin fit ce que la mère de Dieu lui avait ordonné, et la biche lui apparut, et elle le conduisit jusque dans le bois qui s'élevait au-dessus du village de Bouxières, creusa la terre avec son pied, puis disparut à ses yeux.

Alors le prélat alla trouver Adalbéron, évêque de Metz, à qui appartenait le terrain où la biche s'était arrêtée et, pour en obtenir la propriété,

Bouxières devint dans la suite monastère aristocratique. Les dames aspirantes (Lepage) devaient donner les preuves de noblesse « quatre écus ». La supérieure était dame haute

il lui donna *le bâton de saint Pierre, la besace de saint Materne et un caillou qui avait servi au martyre de saint Etienne* (redemandé plus tard par saint Gérard), reliques dont saint Mansuy avait fait présent à la cité des Leukes.

Aussitôt après, saint Gauzelin se mit à faire commencer son église ; mais, avant qu'elle fût achevée, il survint une grande famine et, comme l'évêque manquait d'argent, il eut recours à sa divine protectrice. Alors la sainte Vierge apparut à la reine de France et lui commanda de venir en aide à son pieux serviteur. Celle-ci fit charger trois chameaux et les laissa aller sans conducteur, ainsi que la mère de Dieu le lui avait prescrit. Les chameaux partirent et arrivèrent bientôt sur le bord de la Meurthe, en face du village de Bouxières, à l'endroit où se trouvait, sur l'autre rive, une nef destinée à passer les voyageurs. Cette nef se détacha d'elle-même et aborda près des chameaux, qui traversèrent ainsi la rivière. Un muet, qui était préposé à la garde du pont, courut en avertir Gauzelin, lui racontant ce qu'il avait vu et disant que Dieu lui avait rendu la parole. Or, les trois chameaux portaient, le premier des tapisseries et des ornements de soie pour l'église, le deuxième de l'or et de l'argent et le troisième des vivres.

Gauzelin, voyant que le moment était arrivé de consacrer son église, invita l'archevêque de Trèves, les évêques de Metz et de Verdun et tout le clergé des environs à venir assister à cette cérémonie. Ils se trouvèrent assemblés la veille de saint Denis dont le jour était choisi pour la solennité. Durant la nuit, Gauzelin pensa qu'il serait honteux pour lui que quelque chose manquât dans sa chapelle ; il se leva donc et, étant arrivé à la porte, il l'ouvrit. Aussitôt ses yeux furent éblouis par une grande lumière, et il entendit le chœur des anges qui chantaient déjà l'office de la consécration. Il se hâta d'appeler l'archevêque et les évêques, et ceux-ci s'étant rendus à l'église, ils virent ce que le prélat leur avait annoncé, assistèrent à l'office et ne se retirèrent qu'après avoir reçu la bénédiction.

Dès que la consécration fut achevée, un des officiants se leva et dit : « Je veux vous apprendre que celui qui a célébré l'office est le fils de la bienheureuse Vierge, Jésus-Christ lui-même ; » puis il annonça quelle indulgence serait accordée aux fidèles qui visiteraient cette église le jour anniversaire de sa consécration. Après ces paroles, ceux qui étaient dans le temple disparurent et ceux qui étaient restés à la porte trouvèrent, en entrant, l'autel richement paré, avec le pavillon, le missel, le calice et le bénitier.

Gauzelin adressa alors une nouvelle prière à la sainte Vierge, afin qu'elle lui apprît par quelles religieuses elle voulait que son église fût desservie.

justicière. Au moyen âge et jusque dans les temps modernes, on avait coutume de qualifier, en ces termes, les quatre grandes abbayes de femmes du pays : Les DAMES de Remiremont (1) ; les DEMOISELLES d'Epinal ; les FEMMES DE CHAMBRE de Poussay ; les SERVANTES de Bouxières.

MIRACLES. — A cette série de miracles extraordinaires, joignons les suivants qui ne sont ni moins éclatants ni moins significatifs. Ils peignent parfaitement cette époque de ténèbres grossières. Le P. Benoît Picard y ajoute une foi absolue. « Ces miracles, dit-il, ont eu pour témoins oculaires et irréprochables les deux grands évêques Gauzelin et Gérard, et ce furent eux qui, pour glorifier Dieu dans les merveilles de son saint, ordonnèrent à l'abbé Adson de les recueillir (p. 90). » Adson vécut au xe siècle. On a de lui une signature de l'an 969.

PASSAGE A PIED SEC DU LIT DE LA MEURTHE DÉBORDÉE. — Ce miracle eut lieu, sous l'épiscopat de saint Gérard, en face de l'abbaye de Bouxières-aux-Dames. Voici à quel propos. La peste faisait de grands ravages dans le diocèse. (PICARD, p. 192.) Le prélat, pour faire cesser le fléau, ordonna que la châsse renfermant les reliques de saint Mansuy fût portée

Marie apparut au saint évêque et lui dit : « Va vers le pont Saint-Michel et là viendront à toi trois femmes, l'une à six, l'autre à neuf heures et la dernière à midi. »
Gauzelin fit ce qui lui avait été commandé, et il trouva les trois femmes qu'il amena à son église, auxquelles il donna des statuts et assigna des prébendes. Ces filles vécurent sous la règle de saint Benoît et conservèrent le costume qu'elles avaient en arrivant. (Voir LYONNOIS, Hist. de Nancy, t. I, p. 59. — GUILLAUME, t. I, pp. 257 à 263.)

(1) L'abbaye de Remiremont remonte presque à 620, année où Romaric fonda dans le pays un établissement d'hommes et de femmes. — Suivant Ruyr, saint Gœric, au sortir de la cour du roi d'Aquitaine, vint se fixer dans les Vosges, sur les bords de la Moselle et y édifia un monastère en faveur de sa fille, vouée au célibat. Telle fut l'origine de l'établissement des Demoiselles d'Epinal. — Quant à l'abbaye de Poussay, fondée par Bertholde, évêque de Toul, en 1018, achevée en 1043 par le pape Léon IX, elle ne reçut dans la suite que des filles nobles ayant fait preuve de seize quartiers de noblesse paternelle et maternelle, jurée par trois chevaliers.

processionnellement jusqu'à Bouxières. Mais la rivière de la Meurthe se trouva si grosse qu'on ne crut d'abord pouvoir, sans danger, en tenter le passage. On ne laissa pas d'y présenter la châsse. Elle eut sur cette rivière le même effet que l'Arche d'Alliance avait eu autrefois sur le fleuve Jourdain. Les eaux s'écoulèrent d'un côté et s'arrêtèrent de l'autre, et laissèrent ainsi le passage libre à une foule de peuple qui accompagnait l'instrument de ce prodige. C'est le dernier qu'Adson rapporte, en ayant été témoin, et par où il finit le recueil des miracles de notre premier évêque. Au sujet des miracles opérés par saint Evre ou Aper (septième évêque de Toul), l'auteur de l'ouvrage *Miracula sancti Apri* dit « que ces miracles étaient autrefois bien plus fréquents; et que, s'ils sont devenus plus rares, ce n'est qu'au manquement de foi qu'il faut s'en prendre (p. 227). »

Il nous semble que c'est pour confondre les incrédules que les miracles seraient nécessaires ; ils sont superflus pour les croyants.

SAINT GÉRARD (1) ET LE CAILLOU DU MARTYRE DE SAINT ETIENNE. — Saint Gérard (abbé GUILLAUME) avait fait renverser l'ancienne cathédrale de Toul, pour la remplacer par une nouvelle beaucoup plus grande et plus magnifique dont il fit la dédicace, en 981.

Voulant donner plus d'éclat à cette auguste cérémonie, il se rendit à Metz à l'effet d'obtenir de Théodoric, alors évêque de cette ville, qu'il l'honorât de sa présence et qu'il voulût bien enrichir le nouveau temple de quelques reliques, mais surtout d'une parcelle d'un caillou qui avait servi au

(1) Peu avare d'excommunications, ce saint « avait cette louable coutume (BENOIT, p. 316), de donner, après la prière du soir, l'absolution à tous ceux qu'il avait excommuniés... » — Ce fut ce prélat (B. PICARD) qui obtint de l'empereur Othon « que le clergé pourrait élire un évêque en toute liberté (p. 153). Il donna à son chapitre la nomination de toutes les prébendes qui viendraient à vaquer.... », et ordonna que toutes les maisons des chanoines, tant dans la ville que dehors, fussent libres et exemptes de tous subsides et impositions...

martyre de saint Etienne, qui en portait encore les marques sanglantes et dont son église était dépositaire. Théodoric s'excusa de ne pouvoir se rendre à l'invitation de son collègue, pas plus que lui accorder la relique qu'il sollicitait. Saint Gérard le pria de lui montrer au moins ce caillou teint du sang du premier martyr. Ce qu'ayant obtenu... « il entra (PICARD, pp. 317-18) dans le sacraire de cette ville ; il prit le caillou respectable entre ses mains, le baisant et l'arrosant de ses larmes et désignant la partie qu'il en désirait. Dieu n'attendit pas que Théodoric eût satisfait à la demande de notre pieux évêque ; le caillou, frappé d'une main invisible, se divisa de lui-même, et la portion que saint Gérard avait marquée de son doigt demeura dans ses mains. L'étonnement saisit les spectateurs à la vue d'un miracle qu'ils regardèrent comme l'ouvrage et la récompense de la piété de notre bienheureux évêque, auquel on permit d'emporter dans son église cette relique dont le ciel semblait approuver la translation. »

LE SAINT CLOU. — L'histoire du saint clou (BEAUPRÉ, *Recherches hist. et bibl. sur les commencements de l'imprim. en Lorr.*, p. 490, note) peut être résumée en quelques lignes. Un miracle avait fait trouver à sainte Hélène, mère du grand Constantin, la croix de Jésus-Christ et les trois clous du crucifiement ; et un second miracle ramena devant elle, au-dessus des flots, un des clous qu'une pieuse sollicitude lui avait fait jeter dans la mer Adriatique pour le salut des navigateurs. Cette précieuse relique fut donnée, par la sainte impératrice, à la métropole de Trèves, avec la robe sans couture (1) de Jésus-Christ ; et quand, au x° siècle,

(1) On croyait cette robe perdue depuis de longs siècles, quand, en 1512, elle s'est retrouvée dans le grand autel de la cathédrale de Trèves. — Il est vrai (BEAUPRÉ, *Ibid.*) que Calvin, dans son *Traité des reliques*, ne cite pas moins de quinze églises qui se glorifient de posséder des clous du crucifiement, et il est encore assez loin de compte ; car il y en a jusque vingt-six, suivant l'auteur d'une *Notice*

saint Gérard (1), évêque de Toul, alla solliciter l'archevêque Brunon de lui donner, pour son église qu'il venait de réédifier, quelques parcelles des richesses sacrées dont l'église de Trèves était largement dotée, un troisième miracle sépara

*historique et critique sur la sainte couronne d'épines*, imprimée en 1828 (p. 490, deuxième note).

(1) A voir le ciel manifester par les miracles les plus éclatants sa prédilection pour saint Gérard, on devrait croire que ses heureuses ouailles ne juraient que par leur saint pasteur. Il n'en est rien cependant. L'auguste prélat (GUILLAUME, t. I, pp. 286 et suiv.) fut menacé de mort par deux nobles seigneurs, Oldéric et Richard. Voici à quel propos.

A son retour d'Italie, l'évêque régla la police de Toul, établit, pour la vente des grains et du vin, des mesures fixes qui sont restées en usage dans le Toulois jusqu'à l'introduction du système décimal, fit de remarquables ordonnances pour la sécurité publique et pour une bonne et prompte administration de la justice à ses subordonnés... Pour soulever plus facilement le peuple, Olderic et Richard... l'accusèrent de ravir le bien des pauvres, par un principe de honteuse avarice qu'il déguisait sous le manteau d'une prévoyante charité... Gérard appréhendant que son peuple abusé, ne se portât à quelques excès, excommunia solennellement les coupables dans son église cathédrale, en présence de son clergé réuni... Les deux seigneurs irrités, résolurent la mort de leur évêque. En effet, ayant appris que ce prélat, en visite diocésaine, se trouvait au village de Manoncourt, à trois lieues de Toul, Olderic s'y rendit avec une troupe de scélérats, pour l'attaquer et s'en saisir. Le saint, logé dans une maison rapprochée de l'église, y avait laissé les gens de sa suite, et s'était retiré au pied du tabernacle pour s'entretenir avec Dieu. Les séditieux mettent le feu à la maison ; bientôt les flammes gagnent le saint lieu, menaçant de réduire en cendres les habitations d'alentour et suffoquant plusieurs serviteurs de l'évêque, qui ne peuvent s'échapper. Olderic pénètre dans l'église où il trouve son premier pasteur, faisant à Dieu le sacrifice de sa vie et se préparant à recevoir le coup mortel. Il s'avance, un poignard à la main, et le menace de le frapper sur l'heure s'il ne lui donne l'absolution. Saint Gérard répond d'abord par un refus formel, afin de montrer qu'il ne céderait pas à la violence ce qui ne doit être accordé qu'au vrai repentir. Cependant, craignant qu'Olderic n'aggrave sa position par un crime nouveau, le charitable pasteur consent à l'absoudre, à la double condition qu'il fera une sérieuse pénitence et qu'il réparera le dommage qu'il avait causé par sa rebellion. Frappé de la noble fermeté du saint évêque, Olderic tombe à ses genoux et lui promet d'exécuter fidèlement ce qu'il lui plairait de prescrire. Alors seulement il fut relevé des censures qu'il avait encourues. Néanmoins, étant retourné à

en deux, comme par un coup de marteau, le saint clou qu'il tenait entre ses mains. Comment refuser, quand la volonté du ciel se manifestait d'une manière aussi éclatante? Brunon consentit au partage. Saint Gérard eut la pointe; la tête resta à Trèves (pp. 489-90) (1).

MISÈRE PROFONDE ET GÉNÉRALE. — L'époque dont nous nous occupons est une des plus calamiteuses de notre histoire. Alors, la peste et la famine régnaient à peu près d'une manière permanente sur une partie ou l'autre de notre province. Citons quelques faits seulement.

En 939, une maladie contagieuse ravagea la Lorraine. Dans la seconde partie du x° siècle (D. CALMET), une autre maladie enleva jusque dix mille personnes, dans la seule ville de Metz. Quelques années plus tard, Toul fut, à son

son premier vomissement, saint Gérard porta contre lui une sentence nouvelle d'excommunication, laquelle fut confirmée par les évêques de France réunis et par le souverain pontife.

Dans le même temps, la malice répandit contre saint Gauzelin un bruit outrageant à la réputation de ce Bienheureux. Sa vertu ne fut point respectée... Les méchants propos se répandirent et se soutinrent avec une telle persistance que, malgré sa prudence et ses idées personnelles sur la sainteté de Gauzelin, Gérard se sentit ébranlé dans sa conviction et comme porté à douter des mérites de ce digne prélat. Alors il se retourna vers Dieu... Après plusieurs jours de prières, de jeûnes et de larmes, Dieu lui fit entendre, pendant l'oraison, que Gauzelin était aussi glorieux dans le ciel, que saint-Appolinaire, premier évêque de Ravennes.

(1) L'évêque de Metz, Thierry, convoita aussi pour son église ce clou précieux. Mal lui en prit, selon Dom Calmet (t. I, p. 982). Le prélat messin « ayant voulu enlever le saint clou de Notre-Seigneur que l'on conserve à Trèves, en fit un autre, tout semblable, pour le mettre en la place du véritable; puis ayant caché, sans qu'on s'en aperçût, le sacré clou dans son aube, il fut bien surpris de voir couler le sang du lieu où il était. Les ministres qui l'accompagnaient le conduisirent promptement à la sacristie, où il avoua sa faute en demandant pardon, et donna même un acte par écrit qui contient le récit du miracle que nous venons de raconter. On voit encore dans le trésor de Trèves le clou qu'il avait fait pour le substituer au véritable, et on conserve dans un reliquaire du sang qui coula alors du clou du Sauveur... »

tour, en proie à la contagion. Le nombre des morts était si grand que l'on ne pouvait plus leur donner la sépulture. Il n'y avait pas de maison où le fléau n'eût fait des victimes. *Dix-neuf personnes* moururent dans une procession (1) qu'on fit pour faire cesser le fléau...

Vers 1009, Constantin, abbé de Saint-Symphorien, dit que, par l'excès de la misère, la vie était devenue à charge et que l'on ne pouvait se procurer les choses les plus nécessaires. « On voudrait bien s'enfuir, ajoute-t-il, mais, comme l'on manque de tout, on n'ose entreprendre le voyage. Les villes sont entièrement dépeuplées, les bourgs et les villages réduits en cendres ; le fer, le feu, la famine, la peste ont tout ravagé. Plusieurs d'entre les nobles sont réduits à l'indigence. Les vignes sont arrachées, les arbres coupés, les monastères dépeuplés, prêts à être totalement abandonnés et convertis en affreux déserts. »

Dithmar de Mersebourg, chroniqueur contemporain, ajoute que huit cents familles de serfs, appartenant à l'église Saint-Étienne, c'est-à-dire à la cathédrale de Metz, se trou-

(1) C'est sous l'épiscopat de saint Gérard que l'événement eut lieu... Ce prélat (GUILLAUME, t. I, pp. 282-83) ordonna un jeûne de trois jours ; il convoqua son clergé, le peuple de Toul et celui des paroisses environnantes, et fit dans la ville et aux alentours une procession dans laquelle furent portées les reliques des saints protecteurs du pays, c'est-à-dire, les corps de saint Mansuy et de saint Epvre... ; la procession n'était pas arrivée à Saint-Mansuy que seize nouvelles victimes avaient succombé. Les soupirs et les sanglots s'élevaient de l'assistance épouvantée. Saint Gérard de son côté redoubla de prières, de vœux et de larmes ; il exhorta son peuple d'une manière plus instante et plus pathétique : Il n'y a, lui disait-il, qu'une prière persévérante et une sincère pénitence qui puissent fléchir le Seigneur. Il le conduisit dans l'église de Saint-Epvre et là, prosterné devant Dieu, en présence des corps de nos bienheureux évêques, il fit chanter jusqu'à sept fois les litanies des saints ; mais voici qu'au moment où il se levait pour entonner l'antienne : *In voce deprecationis*, trois personnes qui assistaient à cette cérémonie furent frappées et moururent aussitôt. Ce fut le dernier coup du ministre des éternelles justices : pendant tout le reste de l'année, le fléau n'osa plus reparaître dans une localité qu'il avait si cruellement affligée...

vèrent réduites à une telle détresse, qu'elles émigrèrent secrètement et sans demander la permission à l'évêque, qui avait cependant déjà permis à beaucoup d'autres serfs de prendre le même parti...

Saint Gérard, à son retour de Rome, où, en compagnie de douze lévites et religieux, il était allé « offrir un présent de trois cents livres, pour célébrer les saints mystères sur l'autel dédié au prince des apôtres (faveur qui lui fut refusée)..., saint Gérard, à son retour, rencontra en Lombardie une troupe d'environ trois cents personnes de son diocèse, que la disette forçait d'aller chercher ailleurs de quoi ne pas mourir de faim. Il arrêta ces malheureux émigrants, les ramena dans leurs foyers, en les défrayant de la dépense du voyage, et leur fournit, en arrivant à Toul, les moyens de subsister jusque vers la moisson. (GUILLAUME, t. I, pp. 285-86.)

Dans la première moitié du XI$^e$ siècle, il se produisit une famine horrible, causée par des pluies excessives. L'archevêque de Trèves, Poppon, se rendant un jour à cheval dans une église..., fut entouré d'une foule de gens affamés qui lui demandaient de la nourriture. Le prélat ordonna à un de ses officiers de leur distribuer de l'argent; mais ceux-ci s'écrièrent tout d'une voix : « Gardez votre argent qui ne nous servirait à rien ou nous serait peu utile, puisqu'un seul muid de froment coûte trente-cinq sous (d'or ou d'argent) ; et, puisque vous n'avez rien autre chose à nous offrir, donnez-nous plutôt quelques-uns de vos chevaux afin d'apaiser notre faim. » Poppon mit aussitôt pied à terre, en engageant ses domestiques à en faire autant, et les chevaux furent immédiatement déchirés et dévorés en présence de l'archevêque. Cette famine dura trois années entières, 1028, 29 et 30. (DIGOT, *Hist. de Lorr.*, t. I, pp. 214, 37 et 38.)

De 1030 à 1033 (CLOUET, *Verd.*, t. I, pp. 27-28) régna la famine dont il est parlé dans toutes les histoires ; les angoisses furent telles, en certains pays, que des misérables égorgèrent des hommes pour se repaître de leur chair.

En 1042, apparut une maladie contagieuse, appelée *mal des ardents*.

En 1090, des pluies continuelles détruisirent toute espérance de récolte et causèrent une affreuse famine suivie, comme d'habitude, d'une maladie contagieuse. Les peuples, effrayés des symptômes foudroyants du mal, lui donnèrent le nom de *feu sacré* (1). En peu de jours, les bras, les jambes de ceux qui en étaient attaqués s'enflaient, se gangrenaient et devenaient entièrement noirs (2).

L'AN MIL. — La croyance, alors universellement répandue

(1) On ne se rendait pas compte alors des funestes effets du seigle ergoté, et de tous les grains en général recueillis avant leur maturité et leur parfaite dessication. Il est probable que cette épidémie était une maladie semblable à celle qui a régné dans l'Orléanais, sur la fin du XVIIe siècle et au commencement du XVIIIe, et que l'on appelle *gangrène sèche*. (GRAVIER, p. 86, note.)

(2) Alors, comme plus tard encore, quand éclatait une épidémie (HUGS. t. I, pp. 114-115), on n'appelait pas les médecins mais on exposait les reliques que touchaient et embrassaient les malades, répandant ainsi plus efficacement le venin de la maladie... Les grands guérisseurs de cette époque (BUVIGNIER, *A. L.*, t. VI, pp. 11-12) s'appellent à Verdun, saint Saintin, saint Maur, saint Salvin, saint Arateur, saint Vannes. Quand prières et messes sont sans influence sur la maladie, c'est sur la sépulture de ces anciens évêques que l'on transporte les moribonds. Ils en revenaient sains et vigoureux, *medica virtute Dei*, dit Berthaire (paragr. I, ap. D. CALMET, Preuves du t. I). Cet auteur qui vivait à la fin du IXe siècle a vu des aveugles, des sourds, des muets, des estropiés, des infirmes de tous genres guéris au seul contact de leurs tombeaux. Deux cents ans plus tard, la vertu des lotions d'eau bénite et des infusions de râclure d'une pierre du Saint-Sépulcre, précieusement gardée à l'abbaye de Saint-Vannes, nous est affirmée par Hugues de Flavigny.

« En présence de ces prodigieux moyens, on conçoit que les moines qui nous avaient transmis les faits et gestes de nos évêques se soient peu souciés de la science humaine. Pourtant, leurs contemporains ne paraissent pas avoir partagé leur foi exclusive dans ces pieuses pratiques. Un saint prélat, l'un des fils de Godefroy l'Ancien, le frère de ce Frédéric qui devait un jour échanger son comté contre une cellule de Saint-Vannes, Adalbéron, le second de ce nom qui occupa le siège de Verdun, atteint de nous savons quelle cruelle affection, n'hésite pas à abandonner cette terre de miracles, pour entreprendre un voyage bien long, difficile alors, celui de Salerne, dont l'école de médecine jouissait

que le monde allait périr quand arriverait l'an *mil*, favorisa singulièrement le pouvoir du clergé. Alors « on ne bâtit plus, on ne répare plus, on n'amasse plus pour l'avenir, du moins pour l'avenir d'ici-bas; on donne au clergé ses terres,

déjà d'une célébrité sans égale. (*Chronicon Hugonis*, *liber* I, *sub anno* 988.) »

Cette confiance dans l'intervention des bienheureux explique l'importance qu'à cette époque, et plus tard encore, on accordait aux châsses des saints. « C'est sur elles (*A. L.*, t. III, p. 98) que les rois juraient la paix ou la guerre. Une châsse devenait le rempart d'une cité, le boulevard d'un pays, l'espérance, le refuge et le salut de tout un peuple. Dans les calamités publiques, lorsque tout le reste avait fait défaut, les populations venaient embrasser les châsses des saints. Des moines élevaient une châsse dans la solitude, et les peuples accouraient près de cette châsse, non seulement des contrées voisines, mais d'au-delà des mers et des contrées les plus lointaines ; le commerce et l'industrie s'emparaient de la solitude, et nos foires célèbres prenaient naissance, et nos grandes villes se fondaient, et nos basiliques se construisaient comme par enchantement, pour recouvrir une humble châsse de bois, d'une châsse immense, prodige d'architecture, de sculpture et de tous les arts réunis. Aussi la sainteté de la châsse des saints fut pendant de longs siècles inviolable dans toute la chrétienté, comme si elle eût été inscrite parmi les premiers principes d'un code adopté par toutes les nations. »

Chaque saint avait sa spécialité. Pour n'en citer que deux, universellement connus, saint Médard provoquait ces pluies intempestives que saint Sigisbert avait la vertu de faire cesser. Nous avons cité plus haut sainte Lucie, la Providence des femmes « prochaines, stériles. » Elle avait comme contre-pied saint Gengoult, le patron des maris trompés. Gengulfus appartenait à une famille distinguée et servit avec honneur dans les armées, sous Charles-Martel et Pépin-le-Bref. Il se fit surtout remarquer par sa piété et ses largesses envers l'Église et les pauvres. Malheureusement il avait épousé une méchante femme qui, après avoir manqué à ses devoirs, le fit assassiner par le complice de ses désordres... La nature de sa mort (en dehors de nombre d'églises paroissiales qui le reconnaissent pour patron) lui a procuré une autre clientèle: celle des maris trompés ; de là d'étranges abus. Ainsi, en Lorraine, les jeunes villageois ont, ou plutôt avaient coutume, pendant la nuit du 10 ou 11 mai, de tracer des têtes munies de cornes formidables sur la façade des maisons dont les propriétaires passent ou passaient, à tort ou à raison, pour être malheureux en ménage, et les femmes, même les plus honnêtes, se levaient de grand matin afin d'effacer ces dessins accusateurs, avant le réveil de leurs maris. Quelques-uns de ceux-ci prennent du reste la chose en bonne part, et

ses maisons, parce que la fin du monde approche, *mundi fine appropinquante* ; mais cette heure d'angoisse et d'inexprimable terreur se passe comme toutes les autres. Le soleil se lève encore le premier jour de l'an 1001. La vie suspendue reprend son cours avec une impétuosité nouvelle. » Le clergé garde les richesses acquises, et une vive ardeur de construire des églises pour remercier Dieu se répand partout.

« Près de trois ans après l'an mil, dit un chroniqueur de l'époque, les basiliques et églises furent renouvelées dans presque tout l'univers, surtout dans l'Italie et les Gaules, quoique la plupart fussent encore assez belles pour ne point exiger de réparations. Les peuples chrétiens semblaient rivaliser entre eux de magnificence pour élever des églises plus élégantes les unes que les autres. On eût dit que le monde entier, d'un même accord, avait secoué les haillons de son antiquité, pour revêtir la robe blanche des églises. Les fidèles, en effet, ne se contentèrent pas de reconstruire presque toutes les églises épiscopales ; ils embellirent aussi tous les monastères dédiés à différents saints et jusqu'aux chapelles des villages... » (*Chron.* de Raoul GLABER, liv. III, chap. IV, traduit par Guizot.)

A la suite de cet élan religieux, toutes les localités de quelque importance eurent leur église.

TRÊVE-DE-DIEU. — Le clergé profita de son ascendant toujours croissant sur toutes les classes de la société pour entraver les désordres qui partout semaient des ruines. Vers 1041, on publia, dans plusieurs conciles, la *Trève-de-Dieu*,

ce jour-là, ils attachent au-dessus de leur porte un énorme bouquet de fleurs jaunes duquel sortent deux cornes de bœuf. (DIGOT, *Aust.*, pp. 249-50.)

A Saint-Mihiel (NOEL, *Mém.* V, p. 30, note) un habitant devant la maison duquel on avait mis un monceau de cornes, étant sorti du logis le premier, étonné de cet amas déposé devant chez lui, dit : « Quels sont les cornards qui sont venus se peigner devant chez moi ? » Cette saillie entrava le dépôt des cornes, mais non l'usage des dessins sur les portes, coutume qui existait encore en 1801...

afin de remédier aux violences et aux pillages publics des guerres entre les seigneurs particuliers, guerres que la faiblesse de l'autorité souveraine ne pouvait empêcher (1).

Les Austrasiens et les Lorrains embrassèrent la *Trêve-de-Dieu*, en 1041. (D. CALMET, t. I, p. 1,088.) La plupart de ceux qui ne voulurent pas s'y soumettre furent frappés de la maladie des *ardents*, c'est-à-dire d'un feu qui dévorait leurs entrailles. Ceux qui en étaient attaqués venaient en foule au monastère de Saint-Vanne où on leur faisait boire un vin bénit, dans lequel on avait jeté de l'eau bénite et où l'on avait lavé la pierre que le bienheureux Richard (abbé de Saint-Vanne) avait rapportée du Saint-Sépulcre et d'autres reliques, et ceux qui en buvaient étaient guéris, en promettant avec serment, d'observer la *Trêve-de-Dieu*. Le monastère était toujours plein de ces malades...

Comme conclusion de cette première partie, constatons que Gérard d'Alsace et ses successeurs trouvèrent en face d'eux un *clergé* puissant, doté d'un pouvoir prépondérant, possédant, dans les trois villes épiscopales de Metz, Toul et Verdun, en dehors de la domination spirituelle, un pouvoir temporel (local) égal au leur; des seigneurs, maîtres presque absolus dans leurs domaines, peu disposés à s'incliner devant un pouvoir central; des serfs complètement à la merci du bon vouloir de leurs possesseurs (2); enfin, dans

(1) L'église proposa et fit adopter un pacte ainsi conçu : « Du mercredi soir au lundi matin de chaque semaine, les jours de grandes fêtes, l'Avent, le Carême tout entier, il est interdit de faire œuvre de guerre. Ce sera la *Trêve-de-Dieu*. Celui qui l'enfreindra composera pour sa vie, ou sera banni du pays. »

(2) Chateaubriand (*Etud. hist.*, t. III, p. 158) a dit, avec raison, en parlant des temps antérieurs aux XIIe et XIIIe siècles :

« La France (comme la Lorraine) était une république aristocratique fédérative, reconnaissant un chef impuissant. Cette aristocratie était sans *peuple* : tout était esclave ou serf. Le servage n'avait point encore englouti la servitude; le bourgeois n'était point encore né; l'ouvrier et le marchand appartenaient encore à des maîtres dans les ateliers des abbayes et des seigneuries; la moyenne propriété n'avait point encore reparu; de sorte que cette monarchie (aristocratique de droit et de

quelques villes, des affranchis, des bourgeois, disposés à conquérir le *selfgovernment* et déterminés à le défendre énergiquement, au prix des plus grands sacrifices.

nom) était de fait une véritable démocratie; car tous les membres de cette société étaient égaux ou le croyaient être. On ne rencontrait point au-dessous de l'aristocratie, cette classe distincte et plébéienne qui, par l'infériorité relative du sang, fixe la nature du pouvoir qui la domine. Voilà pourquoi les chroniques de ces temps ne parlent jamais du peuple ; on s'enquiert de ce peuple; on est tenté de croire que les historiens l'ont caché, qu'en fouillant des chartes on le déterrera, qu'on découvrira une nation française inconnue, laquelle agissait, administrait, gagnait les batailles, et dont on a enseveli jusqu'à la mémoire. Après bien des recherches, on ne trouve rien, parce qu'il n'y a rien, et que cette aristocratie sans peuple est, à cette époque, la véritable nation française. »

# TABLE DES MATIÈRES

## DE LA PREMIÈRE PARTIE

|  | PAGES. |
|---|---|
| AVANT-PROPOS | 5 |
| ABRÉVIATIONS DES NOMS D'AUTEURS ET DES OUVRAGES LE PLUS FRÉQUEMMENT CITÉS | 11 |

## INTRODUCTION
### Indications préliminaires

| | |
|---|---|
| CHAPITRE Ier. — CHRONIQUEURS LORRAINS les plus anciens. | 17 |
| NOEL. — Biographie (1) (a) | 19 |
| MORY D'ELVANGES (a) | 20 |
| JEAN DE BAYON | 21 |
| NICOLAS ROMAIN | 22 |
| BEAUPRÉ, l'abbé MARCHAL, les CAYON (a) | 22 |
| JEAN LUD. — Texte et note | 23 |
| LOUIS D'HARAUCOURT | 24 |
| MICHEL ERRARD. — Style et idées de cet auteur. | 24 |
| BOURNON. — *Coupures* | 25 |
| FLORENTIN LE THIERRIAT | 26 |
| Jugement sévère de CHEVRIER sur cet auteur (a). | 28 |
| VOLCYR, historiographe du duc Antoine | 29 |
| La *Chronique lorraine* détruite par N. REMY (a). | 30 |
| GRINGOIRE | 31 |
| CHAPITRE II. — GÉNÉALOGISTES. — Grandeur de la maison ducale de Lorraine | 32 |

(1) Pour la commodité des recherches, nous indiquerons, en dehors du texte de l'ouvrage, le petit caractère ordinaire, en notes, par (*a*), le tout petit caractère, en notes, par (*b*).

| | PAGES. |
|---|---|
| Les écrivains courtisans (CHAMPIER, CHAMPION, le P. D'AULCY, EDMOND DU BOULLAY, GODEFROY) (a). — Caractère des Lorrains d'après le P. D'AULCY (b)............................................ | 35 |
| DE ROSIÈRES. — Arrestation, condamnation et récompense...................................................... | 35 |
| SALEUR. — RICHARD. — VINOT DE FROVILLE. — Saints lorrains; arbres généalogiques....... | 37 |
| Le bienheureux BERNARD DE BADE (a)........ | 37 |
| Le P. CHARLES HUGO et les généalogistes (a)... | 39-42 |

CHAPITRE III. — HISTORIENS. — Le P. BENOIT PICARD. — Jugements sur cet auteur...................... 40
M. DE MAILLET, historien (a)........................ 40
Le P. BENOIT maltraité (a)............................ 41
Supplice infligé à D. PELLETIER................. 42
D. CALMET. — Les Censeurs...................... 43
D. CALMET, courtisan (a).......................... 43
LÉOPOLD incertain sur la généalogie de sa maison (a). — Suppressions exigées (a)....... 44
Indication sur les *cartons* (suppressions) (a)... 45
CHEVRIER FRANÇOIS-ANTOINE. — Proscription de son histoire................................................. 46
Son jugement sur D. CALMET.................... 48

CHAPITRE IV. — LA CENSURE. — Suppression de divers ouvrages................................................ 50
GEORGES-BAUDOIN DE TALVENNE.............. 51
D. J. BARROIS. — Bienfaits de la Révolution de 1789............................................................. 52
AUGUSTIN DIGOT (selon COURBE, — DE SAINT-MAURIS)......................................................... 53
MEAUME. — Le comte D'HAUSSONVILLE. — E. BÉGIN............................................................. 54
L'abbé CLOUET. — L'abbé GUILLAUME........ 55
DUMONT. — GRAVIER. — *Les Œuvres de la Société d'Archéologie Lorraine*........................... 56

CHAPITRE V. — MONNAIES EN CIRCULATION DANS L'ANCIEN PAYS LORRAIN......................... 57
MONNAIES ROMAINES ET MÉROVINGIENNES....... 58

|   | PAGES. |
|---|---|
| Livre romaine (*a*). — Monnaie en circulation sous la domination romaine. — Valeur des comestibles, etc. (*a*) — Sols, triens | 59 |
| MONNAIES CARLOVINGIENNES | 61 |
| Monnaies du moyen âge | 63 |
| Monnaies lorraines | 67 |
| Fausse monnaie | 68 |
| Ateliers monétaires | 69 |
| Monnaies de René II | 69 |
| Monnaies en circulation sous le duc Antoine | 71 |
| Id. Charles III. — Henri II. | 72 |
| Monnaies du duc Léopold | 73 |

# PREMIÈRE PARTIE

## Temps antérieurs à l'autonomie de la Lorraine

### PREMIÈRE SECTION — PÉRIODE GALLO-ROMAINE

**CHAPITRE Ier** .......................................... 77

SOMMAIRE. — Notice historique et géographique. — Médiomatrices. — Leuquois et Verdunois. — Gouvernement. — Classes de citoyens. — Druides. — Nobles, Peuple et Esclaves. — Habitations des Gaulois. — Vêtements. — Cuisine. — Invasion romaine. — Gaule romanisée. — Institutions romaines. — Esclaves. — Le fisc impérial. — Curiales. — Décadence de la Gaule romanisée. — Le christianisme en Gaule. — Persécutions hypothétiques. — Invasion des barbares.

*Notes.* — La Médiomatrice. — Cités romaines. — Lycées. — Druidisme proscrit. — Oppidum. — Sangliers en Gaule. — Trèves. — Metz. — Toul. — Camps. — Forts romains. — Voies stratégiques. — Curtis. — Villapagus. — Industrie. — Misère des curiales. Domesticité impériale privilégiée. — Bagaudes. — Absence de documents sur l'établissement du christianisme. — Ravages sur le sol lorrain. — Sur les persécutions de Julien l'Apostat. — Misère du peuple. — Trèves et Cologne aux barbares. — L'empire barbare est l'empire romain continué.

### DEUXIÈME SECTION — PÉRIODE MÉROVINGIENNE

#### MONARCHIE FRANQUE

**CHAPITRE II** .......................................... 100

SOMMAIRE. — *Clovis.* Ses succès, sa conversion. — Conquête du midi de la Gaule. — Domination mérovingienne. — Conquérants et conquis. — Administration mérovingienne. — Impôts. — Esclavage — L'Église et l'esclavage. — Administration de la justice. — Industrie. — Instruction.

*Notes.* — Union du trône et de l'autel. — Suprématie de la papauté. — Habitants des solitudes vosgiennes. — Comtes mérovingiens. — Salines. — Esclaves des Francs. — Lois franques. — Origine du costume ecclésiastique.

Chapitre III. — **Royaume d'Austrasie**.................... 116

Sommaire. — Rôle joué par l'Austrasie. — Liste des rois d'Austrasie. — *Thierry I<sup>er</sup>*. — Expédition en Thuringe, en Auvergne. — Toul. — *Théodebert I<sup>er</sup>*. — Expédition en Italie. — Deuteria. — *Clotaire I<sup>er</sup>*. — Insubordination des Leudes. — Puissance du clergé. — *Sigebert I<sup>er</sup>*. — Expédition contre les Avares. — Lutte entre l'Austrasie et la Neustrie. — Brunehaut et Frédégonde. — Guerres de dévastation. — *Childebert II*. — Metz pillée. — *Théodebert II* et *Thierry II*. — Guerre fratricide. — *Chilpéric*. Rapacité du fisc. — *Clotaire II*. — Premier maire du Palais. — Placita. — Abbayes dans les Vosges. — *Dagobert I<sup>er</sup>*. — Son avarice. — Expédition contre les Venèdes. — Luxure de Dagobert. — Gomatrude. — Nanthilde. — Ragentrude. — Eunuques. Libéralités en faveur de Toul. — *Sigebert II*. — Pépin de Landen. — Monastères fondés par Sigebert. — *Clovis II* réprime l'usurpation de Grimoald. — Sainte Bathilde, régente. — *Childéric II*. — Bodillon. — *Dagobert II* battu et assassiné. — Ravages dans le Toulois. — *Pépin d'Héristal*. — *Thierry III*. — Victoire de Testry. — *Charles Martel*. — Guerres en Allemagne. — Précaires. — Clergé militaire en Austrasie. — Toul et Verdun. — Jugement sur Charles Martel.

*État social sous les Mérovingiens*. — Clergé. — Sa toute-puissance. — Conciles : d'Orléans en 511 et en 549, de Paris en 614. — Paganisme détruit. — Miracles. — Les Dragons de Metz et de Verdun. — Saints Elophe, Eucaire et Livier. — Saint Goar. — Saint Cadroë. — Sainte Menne. — Saint Spinule. — Saint Amé. — Feu sacré à Pâques. — Cloches sonnant seules. — Monastères. — Saints Romaric, Dieudonné, Hydulphe. — Peuple. — Esclavage. — Tarif des Compositions.

*Notes*. — Metz. — Commerce, industrie. — Actes de sainte Clotilde. — L'évêque Nicetus à Trèves. — Gloutonnerie des leudes francs. — Parthénius. — Ravages dans la Bourgogne transjurane. — Chramne. — Sainte Radegonde. — Trésor royal. — Les Mérovingiens possesseurs de domaines. — Décadence des lettres. — Période calamiteuse pour le peuple. — Ravages de la guerre. — Intempéries désastreuses. — Pouvoir absolu des rois. — Galswinthe. — Serment du roi et des leudes. — Brutalité des mœurs. — Esclaves maltraités. — *In pace*. — Tribut imposé aux Lombards. — Don aux marchands de Verdun. — Œuvres créées par Brunehaut. — Chilpéric, lettré et auteur. — Exactions du fisc. — Avoués, Voués, Commendes. — Répudiation usitée. — Vulfegonde et Berchilde. — Miracle fameux. — Castrats. — Diocèse et évêché (différence). — Puissance temporelle des évêques. — Origine des maires du palais. — Saint Sigisbert. — Sacrilège de Clovis II. — Influence salutaire du clergé pour les esclaves. — Mort tragique de Martin, maire du Palais. — Don à l'archevêque de Reims. — Saint Arnoul et le poisson. — Précaires. — Charles Martel damné. — Laïcs siégeant dans les conciles. — Mariages de chrétiens et de juifs prohibés. — Célibat des clercs, obligatoire. — Concile d'Estines (743). — Recrutement du clergé. — Cléricature, refuge des princes disgraciés. — Superstitions païennes proscrites. — Saint Elophe. — Saint Sigisbert. — Sainte Lucie. — Bâtons pastoraux. — Industrie dans les couvents. — Serfs des couvents. — Serfs germains et serfs gallo-romains. — Action bienfaisante du clergé. — Superstitions. — Hérédité des bénéfices. — Puissance de l'aristocratie.

## TROISIÈME SECTION — PÉRIODE CARLOVINGIENNE

### EMPIRE FRANC

Chapitre IV..................................... 164

Sommaire. — *Pépin-le-Bref* et la Papauté. — Expéditions contre les Saxons. — Grandeur de l'Austrasie. — Concile de 753. — Libéralités envers Toul. — *Charlemagne*. Expéditions contre les Saxons. — Expéditions militaires. — Charlemagne empereur. —

Metz, siège d'une académie. — Monastères des Vosges. — Voués. — Résidences de Charlemagne. — Capitulaires. — Conciles. — Dérèglements de Charlemagne. — Charges et organisation militaires. — Charlemagne et le clergé. — Dîme obligatoire. — Seigneurs et esclaves. — Lettres et arts. — *Louis-le-Débonnaire.* — Sa faiblesse devant le clergé. — Révolte de Bernard d'Italie. — Appel aux armes. — Évêques guerriers. — Pénitence publique. — Dégradation. — Réhabilitation. — Lettres, arts. — Assistance judiciaire. — *Missi dominici.*

*Notes.* — Union du trône et de l'autel. — Causes déterminantes. — Rôle du clergé. — Capitulaires de 789-76-94 (prix des denrées) et 805. — Adalgise, première femme de Charlemagne. — Chant romain. — Résidences royales en Lorraine. — Assemblées nationales. — Règlements de 813. — Législation domestique. — Filles et maîtresses de Charlemagne. — Appel de Hetti, archevêque de Trèves. — Misère générale. — Contributions de guerre. — Drogon. — Amalaric. — Sa règle pour les églises de France.

## ROYAUME DE LORRAINE

CHAPITRE V.................................................. 190

SOMMAIRE. — *Lothaire I*. — Guerre fratricide. — Partage de l'Empire. — Bataille de Fontanet. — Traité de Verdun. — *Lothaire II.* — Ses possessions. — Guerres intestines. — Conciles de Metz, — Savonnières, pour la paix. — Les reines Teutberge et Waldrade. — *Charles-le-Chauve.* — Guerre pour la possession de la Lorraine. — Invasion des Normands. — *Louis-le-Bègue.* — Lettre de Louis de Germanie. — Traité de Mersen. — *Louis-le-Germanique.* — Guerre contre Hugues, dit l'Abbé, et d'autres seigneurs et prétendants. — Normands. — Bataille de Remich. — *Charles-le-Gros.* — Traité avec les Normands. — Hugues et Godefroy tués dans un guet-apens. — Déposition de Charles-le-Gros. — *Arnould.* — Concile de Metz. — Nouvelle invasion des Normands. — Voués. — *Zuintiboble.* — Guerres intestines. — *Louis IV l'Enfant.* — Lutte contre les Hongrois. — *Charles-le-Simple.* — Anarchie. — Seigneurs se rendant indépendants du pouvoir central. — Brigandage intérieur. — Invasion des Hongrois. — Décadence de la race carlovingienne.

*Notes.* — Territoire lorrain. — Insubordination. — Lorrains rêvant une indépendance autonome. — Conciles, protecteurs du clergé. — Discipline relâchée. — Jugements de Dieu ; (épreuves de — (la croix, — le feu, — l'eau bouillante, — le fer rouge). — Titre d'affranchissement, en 876. — La Lorraine au Chauve et non au Germanique. — Misère effroyable. — Conciles divers. — Bénéfices donnés en dot. — Serfs armés, massacrés par les Normands. — L'évêque Vala. — Etival à l'impératrice Richarde. — Portrait de Louis-le-Gros. — Don d'Arnould à son médecin. — L'évêque de Toul persécuté. — Dons à l'église de Toul. — Vers sur Arnould. — Concile de Tibur. (Ses diverses prescriptions). — Souverainetés indépendantes. — Système féodal. — Vassaux et arrière-vassaux.

## QUATRIÈME SECTION — DUCS BÉNÉFICIAIRES

### ÉVÊQUES DE METZ, TOUL, VERDUN

CHAPITRE VI. — **Ducs bénéficiaires révocables à volonté**..... 213

SOMMAIRE. — *Reinier au Long-cou.* — Son administration. — Gislebert ou Gislibert. — Il passe de la souveraineté de Charles-le-Simple à celle d'Henri l'Oiseleur. — Ravages en Lorraine. — L'évêque de Metz mutilé. — Saint Gauzelin à Toul se rallie à l'Oiseleur qui lui accorde le droit de battre monnaie. — Mort de Gislibert. — *Henri*. — Courte administration en son nom. — *Conrad* de Franconie. — Révolte contre l'empereur d'Allemagne. — Peste à Metz. — *Brunon*. — Les Hongrois en Lorraine. — Ravages. — Partage de la Lorraine. — *Haute* et *Basse* Lorraine.

*Notes*. — Ravages des Hongrois. — L'Oiseleur selon Chantereau-Lefebvre. — La France n'a jamais renoncé à la Lorraine. — Plaine abandonnée à cause des ravages.

## Chapitre VII. — Ducs bénéficiaires à vie .................... 221

Sommaire. — *Frédéric Ier* de Bar. — Son administration. — *Thierry* de Bar. — Guerre pour la possession de l'évêché de Metz. — Thierry, avoué de divers monastères. — *Frédéric II*. — Il désarme ses rivaux. — *Gothelon*. — Sa puissance — Victoire sur le comte de Champagne. — *Albert d'Alsace*. — Sac de la Cathédrale de Verdun par Godefroy. — Sa pénitence. — Sa lutte contre Albert d'Alsace. — *Gérard d'Alsace*, duc héréditaire.

*Notes*. — Château de Bar et Barrois. — Misère de l'abbaye de Moyenmoutiers. — Horrible misère de 1028 à 1031. — Bruno, évêque de Toul, devient pape. — Hildebrandt.

*État social*. — La féodalité. — Les seigneurs féodaux. — Serfs. — Servage. — Serfs de l'Église. — Premiers affranchissements. — Misère générale. — Commerce. — Décadence intellectuelle. — Droit d'asile. — Monastères. — Abbayes. — Bouxières-aux-Dames. — Miracles. — Saint Gérard et le caillou de saint Etienne. — Le saint Clou. — L'an mil. — Trève-de-Dieu. — Conclusion.

*Notes*. — Violences sous les seigneurs. — Société féodale. — Formariage. — Forfuyance — L'abbaye de Gorze. — Serfs. — Dons du seigneur Regimbold. — Peste à Toul. — Saints guérisseurs. — Châsses. — Saint Gengoult. — Peigne de saint Gauzelin. — Saint Gérard molesté. — Thierry de Metz et le saint Clou. — Trève-de-Dieu. — La Lorraine une espèce de République aristocratique.

# DEUXIÈME PARTIE

## LA LORRAINE AUTONOME, DUCALE, FÉODALE ET PARLEMENTAIRE

# CONSIDÉRATIONS PRÉLIMINAIRES

Dans les lignes suivantes, D. Calmet (t. I, Préface, p. IX) a parfaitement caractérisé la situation morale et matérielle de notre pays, à l'avènement des ducs héréditaires.

... « Nos anciens souverains, je veux dire ceux qui ont vécu dans les XI$^e$, XII$^e$ et XIII$^e$ siècles, ne songeoient à rien moins qu'à cultiver les lettres et à faire fleurir les sciences. Leur unique, ou du moins leur première et principale occupation étoit la GUERRE *dont ils avoient fait leur CAPITAL* (1), et les exercices militaires. Environnez de toutes parts d'ennemis puissants, remuants et alertes, ils étoient dans l'obligation d'avoir presque toujours les armes à la main ; d'ailleurs les temps où ils ont vécu, étoient pour ce Pays, des siècles d'ignorance et de barbarie. Les gentilshommes étoient pour l'ordinaire peu versez dans les lettres ; les ecclésiastiques et les religieux, occupés du soin de défendre les biens de leurs églises contre les ennemis du dehors,

---

(1) ... « Jusqu'au règne de Charles III (D. CALMET, t. II, p. 1152), la plupart des ducs de Lorraine avaient fait leur CAPITAL DE LA GUERRE ; et lorsque les occasions de se signaler par les armes leur manquaient dans leur pays, ils allaient les chercher dans les pays étrangers et même au delà des mers. »

« Avant Charles III, dit à son tour le P. J.-B Wilhelm, de la compagnie de Jésus (*Abrégé de l'Hist. des ducs de Lorr.*, p. 100), les ducs de Lorraine avaient fait leur CAPITAL DU MÉTIER DE LA GUERRE ; mais, voulant être à plus juste titre le père de son peuple, il fit le sien de le *policer* et d'enrichir ses Etats dans la paix (*sic*) par les arts et le commerce... »

avoient tout autre chose à faire qu'à étudier ; ils étoient même quelquefois contraints de prendre les armes pour se défendre... »

« Les premiers ducs (NOEL., *Mém.* IV, pp. 91-92) ne possédaient guère que Chatenoy, Bitche, Amance, etc., etc. Les autres seigneuries, Lunéville, Blâmont, Gerbéviller, Blainville, Apremont, Salm, Bayon, Bioncourt, Bulgnéville, Fénétrange, Fresnel, Haussonville, Lenoncourt, Haraucourt, Lignéville, Oriocourt, Pulligny, Tantonville, etc., appartenaient à des familles aussi bien fieffées que le duc, et qui n'auraient point obéi aux volontés capricieuses de celui-ci. »

D'autre part, continue D. Calmet, la Lorraine « située entre la France et l'Allemagne, a été longtemps le sujet des guerres et des disputes entre les souverains de ces deux grandes monarchies qui s'en contestoient réciproquement la souveraineté et le domaine. La jalousie de ces deux puissances, les divisions qui régnoient entre elles, produisirent, entre la Meuse et le Rhin, cette multitude de souverainetés, de républiques et de seigneuries régaliennes qu'on vit depuis le X$^e$ siècle, et qui ont subsisté jusqu'aux XV$^e$ et XVI$^e$, se maintenant les unes contre les autres, par l'assistance et la protection des puissances voisines. Pendant ce temps de trouble, *les empereurs qui se disputoient l'Empire*, voulant, chacun de leur côté, se faire des créatures et s'appuyer par des alliances, accordoient aux évêques, aux abbayes, aux églises, aux seigneurs, des privilèges et des droits très étendus, afin d'engager ces seigneurs dans leur parti ou de les y conserver. Ils ajoutoient aux privilèges de grands domaines et des biens qui leur coûtoient peu, parce qu'ils n'en étoient pas paisibles possesseurs, et qu'ils ne croyoient pas pouvoir acheter à trop haut prix un empire, ou un royaume qui leur étoit contesté... »

L'impuissance réciproque de la France et de l'Allemagne à établir, à asseoir paisiblement, définitivement, leur pouvoir sur notre région, la tendance constante de la Lorraine-

Mosellane vers la France, déterminèrent l'empereur Henri III à y établir un pouvoir souverain héréditaire et indépendant.

« Si on excepte l'investiture (CHEVRIER, t. I, p. 285) (1), que les premiers descendants de Gérard d'Alsace prenoient de l'Empire, les ducs de Lorraine n'ont jamais prêté, comme ducs de Lorraine, aucun hommage personnel, ny réel, et ces souverains auroient eu le bonheur d'être absolument indépendants, s'ils n'avoient jamais été ducs de Bar. »

Non moins affirmatif que Chevrier, Lepage (*A. L.*, an. 1871, pp. 18 et suiv.) établit ainsi l'indépendance de nos anciens ducs, vis-à-vis de l'Allemagne :

... « Il serait curieux de savoir quels termes l'empereur avait employés en cédant le duché à Gérard d'Alsace... » On l'ignore d'une façon absolue ; mais on ne sauroit nier que, « les rapports de la Lorraine avec l'Empire restèrent longtemps fort incertains ; ce ne fut que vers le milieu du XVI<sup>e</sup> siècle qu'on les régla d'une manière définitive... Le duché de Lorraine (de même que celui de Bar), né du démembrement de l'ancien royaume de ce nom, qui représentait lui-même une portion du royaume d'Austrasie, n'appartenait ni à la France ni au saint Empire romain. Nos ducs furent, il est vrai, vassaux des comtes de Champagne et ensuite des rois de France, pour quatre ou cinq villes et villages ; mais cette vassalité partielle, fruit de traités comparativement assez récents, ne sert qu'à mieux établir l'indépendance du duché lui-même. »

Quoique les premiers ducs de Lorraine aient pris beaucoup de part aux affaires de l'Empire, soit à cause de leur parenté ou de leurs alliances avec quelques empereurs, soit à raison des traités ou d'autres circonstances ; quoiqu'on les ait vus plusieurs fois assister aux Diètes avant la réduction du nombre des électeurs, il est certain que les princes

(1) La formule d'investiture divine se retrouve toujours, mais n'est pas la même, au moins en latin. C'est le plus souvent *Dei gratia, divina gratia, Dei providentia* et *Dei prescientia*. (LEPAGE.)

lorrains ne relevaient de l'Empire que pour certains fiefs d'une nature particulière, comme l'avouerie de Remiremont, la ville d'Yve, le droit de battre monnaie, etc. (1).

La convention de Nuremberg, passée le 26 août 1542, régla définitivement les rapports des deux Etats entre eux et acheva de rompre les faibles liens qui rattachaient encore notre pays à l'Allemagne. (*L'Austrasie et le royaume de Lorr.*, p. 18.)

Quant à l'autorité souveraine, proprement dite, elle était fort restreinte à l'origine. « Les ducs (BENOIT, *A. L.*, t. XVI, p. 186), l'histoire le démontre, ne commencèrent à jouer un rôle important que lorsqu'ils furent parvenus à se débarrasser du joug incommode de leurs grands vassaux, dont ils res-

---

(1) L'abbé Bexon constate également l'indépendance de nos ducs vis-à-vis de l'Allemagne. — « En 1492, dit-il, René assista à la Diète de Worms et fit ses reprises des fiefs qu'il tenait de l'empire ; mais il refusa de prêter à l'empereur le même serment que les princes allemands. » — « C'est déraisonner que de dire, comme quelques écrivains, que Thierry Ier (1070) dut être feudataire de l'empire, parce que les ducs (bénéficiaires) l'avaient été longtemps avant lui ; les ducs amovibles et simples gouverneurs étaient encore moins que des feudataires. Quant à ce qu'on ajoute que les ducs héréditaires parurent aux Diètes, contribuèrent aux dépenses des Etats d'Allemagne, durent rendre à l'empereur le service de la guerre, l'histoire prouve que cette vassalité n'avait rapport qu'à quelques fiefs que les ducs tenaient de l'empire, et non à aucune dépendance du duché même dont ils ne firent jamais hommage, comme il parut de la manière la plus authentique à la Diète de Worms, en 1497, sous René II. » (LEPAGE, *Ibid.*, pp. 15 et 16.)

Constatons avec soin que, pendant les deux invasions de Charles-le-Téméraire, l'Allemagne ne fit aucun effort contre le ravisseur, l'usurpateur d'un prétendu fief de l'empire.

Dès 1611, Chantereau-Lefebvre (*Consid. hist. sur la généalogie de la Maison de Lorraine*) fait, par anticipation, justice des prétentions de l'Allemagne contemporaine :

« Pour avoir été le Duché de Lorraine recognu une principauté souveraine, et avoir été *alliée* à l'empire, cela empêche-t-il que le duc de Lorraine ne soit vassal de la France, à cause du duché de Bar, et de plusieurs villes, prévôtés et châtellenies du duché de Lorraine ; et que, manquant à son devoir, il ne puisse estre chastié comme félon, rebelle et criminel? Qu'est-ce que ces choses ont de commun avec l'empire et les alliances qu'il peut faire? » (P. 41.)

treignirent surtout les privilèges, en reconnaissant les franchises et les immunités des communes... Ces seigneurs, nous l'avons déjà dit, étaient nombreux et puissants. A côté de la Chevalerie lorraine, dite des Assises, figuraient les Hauts-Hommes, les Salm, les Linange, souvent en guerre avec les ducs eux-mêmes... »

En effet, Gérard d'Alsace trouva beaucoup de petits souverains ou régaliens qui, nommés comtes amovibles pour rendre (simplement) la justice sous l'autorité des ducs (bénéficiaires), avaient profité des troubles pour secouer le joug et se rendre indépendants et propriétaires des gouvernements particuliers qui leur avaient été confiés. (Durival, t. IV, p. 10.)

C'est contre ces seigneurs rivaux que les ducs eurent à lutter. Les croisades, la querelle des investitures, mais surtout l'invasion de Charles-le-Téméraire, favorisèrent la prédominance du pouvoir central sur celui des nobles désunis.

Il n'en fut pas de même quant au clergé. Le pouvoir des ducs, au spirituel, fut et resta toujours limité. Ils n'avaient pas de *ville épiscopale dans leurs Etats* ; quant aux abbayes, celles-ci furent toujours en règle et électives ou possédées par des cardinaux ; aussi les souverains s'attachèrent-ils le plus possible à y faire élire, comme supérieurs, des membres de leur famille.

Les ducs furent comtes de Metz jusqu'à Thiébaut I$^{er}$ (1220); à ce titre, ils se trouvaient être les magistrats de la ville jusqu'à l'époque de son affranchissement. En cette qualité, ils avaient le droit de nommer les trois maires qui devaient leur donner chacun quinze sous et un anneau d'or; ils permettaient le champ de bataille, ce qui était alors le pouvoir de rendre la justice; ils avaient le commandement des troupes et le droit de faire la guerre ou la paix, prenaient part dans le butin, ainsi que dans les amendes pour délits civils et dans les confiscations. (Justin Worms, *Hist. de la ville de Metz*, pp. 34-35.)

Nous avons constaté (1re partie) le soin que prit la maison ducale à rechercher et à obtenir des alliances illustres. Cette tendance ne fut pas sans devenir préjudiciable à l'union et à la force du pays. En effet, le comté de Vaudémont, les fiefs de Bitche, de Commercy, Ancerville, Loupi, Lixheim, Lillebonne, Chaligny, Nomeny, Fénétrange, ont été diverses fois donnés en apanage par les ducs à leurs cadets. (NOEL, *Mém.* V, p. 103, note.)

Comme compensation, les titres de duc de Bar, de comte de Vaudémont, de Blâmont, de Nomeny, de Salm et de Saarwerden sont les seuls, parmi ceux acquis par nos ducs, qui marquent des agrandissements de la Lorraine. (LEPAGE, *A. L.*, an. 1885, p. 305.)

Dès son avènement, Gérard d'Alsace possédait le titre de *marchis*, mot dérivé de marchia (marchio, marca, *id est transitus, tractus*) et qui signifie une marche, une limite, une frontière. Ses successeurs s'enorgueillissaient de ce titre (1).

(1) On donne ce titre (D. CALMET, *Abrég. de l'Hist. de Lorr.* (1734), préface, pp. 9-10) à un prince dont le pays se trouve situé entre deux États souverains, et qui tiennent des terres que l'on appelle marchisantes. Ainsi... le duc de Lorraine... dont le duché est situé entre l'Allemagne et la France, est nommé Marchis entre ces deux grands États, particulièrement envers l'Allemagne, dont il reprend la qualité de Marchis et les prérogatives qui y sont attachées, — le droit de sauf-conduit par terre et par eau, entre la Meuse et le Rhin, et celui d'assigner le champ de bataille entre les nobles dans tout ce terrain ; de juger de ces sortes de duels, d'être le guidon de l'Empire dans ce même pays, et de recevoir l'investiture de cette dignité par l'épée...

Saint-Mauris ajoute à ces prérogatives celle « de prendre tous les enfants illégitimes des clercs, nés dans son marchisat... » (T. I, p. 123, note.)

Ils recevaient aussi (D. CALMET, t. III, pp. 6-7) un guidon ou étendard... Enfin ils avaient le droit de créer un prévôt de la marche, qui étoit juge en cette matière, et qui connoissoit de ce qui se faisoit de contraire à ses droits de marchis. L'auteur ajoute : S. A. de Lorraine, comme marchis, est en possession de faire recevoir par ses prévôts de la marche les sujets de ses voisins, qui volontairement viennent se rendre à lui. Pour leur entrée de réception, ils doivent chacun douze gros pour le droit du prévôt qui les reçoit *bourgeois* enregistrez, et

Le pouvoir des premiers ducs se trouvait singulièrement amoindri par la modicité de leurs revenus. Ils n'avaient guère d'autres ressources que celle du domaine, c'est-à-dire une taille (contribution) peu considérable levée sur leurs sujets particuliers, quelques menus droits sur le sceau des contrats, le passage des marchandises, etc. Quand des circonstances graves l'avaient exigé, les Etats Généraux avaient voté des *aides* (impositions) extraordinaires ; mais ils s'étaient constamment refusés à établir un *aide* fixe et régulier (1).

Avant René II, qui réunit le Barrois à la Lorraine, nos ducs eurent fréquemment à lutter contre les princes de Bar. Ceux-ci, trop souvent, s'allièrent contre eux avec les comtes de Vaudémont, branche cadette de la maison de Lorraine, dont l'esprit remuant, rapace, les prétentions exagérées, donnèrent lieu, maintes fois, à des luttes cruelles, sanglantes,

---

tous les ans trois gros pour reconnoître qu'ils sont bourgeois entre la Meuse et le Rhin. (Titre du bourg de Château-Salins, IX.) C'est ainsi que la ville située à la marche de Lorraine et du Barrois fut nommée Commarchia (Commerci).

Le P. Benoît Picard dit que ce titre, charge de l'Etat à l'origine, devint par la suite un simple terme d'illustration. — Dupuy déclare « que cette dignité de marchis n'est qu'une chimère et non un office, un titre sans aucun privilège. » — Chifflet affirme que l'autorité de marchis consiste à donner des sauf-conduits dans sa marche (frontière), de connaître de tous les crimes qui se commettent sur les grands chemins de la marche ; ce qui se trouve assez conforme aux actes de reprises de Jean I<sup>er</sup>.

(1) Cet état de choses exista jusqu'au règne de René II. Au mois de juin 1489, les Etats accordèrent un aide extraordinaire pour payer la dot de sa sœur Marguerite, épouse du duc d'Alençon. Les aides avaient consisté jusqu'alors en quelques gros imposés sur chaque ménage, sur chaque jour de terre, de pré ou de vigne, parfois le dixième ou le septième pot sur le vin, la bière vendus en détail. — En 1489 ils accordèrent un impôt de *deux francs* sur chaque *conduit* (ménage) payable à la Saint-Remy (1<sup>er</sup> octobre) ; mais René dut signer des lettres patentes constatant que l'aide était une dérogation aux usages anciens et une pure libéralité de la part des Etats. (Digot, *Lorr.*, t. III, p. 389.)

dévastatrices (1). A ces deux puissances rivales, il importe d'ajouter les villes libres de Metz, Toul et Verdun qui, elles aussi, devinrent trop souvent l'occasion de luttes acharnées, calamiteuses, pour toute la région. Or, pour la clarté, l'intelligence de notre travail, nous avons dû fractionner le récit de l'histoire de ces petits États, enclavés dans la Lorraine. et l'incorporer, en quelque sorte, au règne de chaque duc contemporain ; aussi nous a-t-il semblé nécessaire de faire figurer, dans un tableau sommaire, la nomenclature des ducs et comtes de *Bar* et de *Vaudémont*, et, pour les *Trois Évêchés*, de condenser, dans une courte esquisse, l'ensemble des faits, des événements capitaux que nous verrons se dérouler dans ces principautés, dans le courant de plusieurs siècles.

## DUCHÉ DE BAR

Dès les premiers temps de la monarchie franque, sous Childéric, successeur de Mérovée, Bar était déjà une ville importante (2). Le pays environnant était cultivé, et les

(1) Pendant cinq ou six siècles, on pratiqua plus ou moins exactement la théorie exécrable qu'en 1301, Pierre de Bois, avocat du roi Philippe-le-Bel, indiqua à ce monarque pour soumettre la Lorraine... « le roi enverra..., au moment où les blés commencent à mûrir, une armée nombreuse de cavaliers et de fantassins devant les villes et les forteresses. Si les garnisons refusent d'en ouvrir les portes ou d'accepter immédiatement le combat en rase campagne, on arrachera les vignes et les arbres fruitiers, on brûlera les moissons dans tout le territoire. » (Digot, t. II, p. 187.)

Dans ces siècles monarchiques, *la force primait*, sans contestation, *le droit* qui, hélas! ne triompha que pendant notre immortelle Révolution.

(2) Le château de Bar, bâti par Frédéric Ier (951), se bornait encore, en 1048, à la ville basse. Les ducs attirèrent les habitants autour du château en leur accordant des franchises. On coupa les bois qui l'environnaient ; les citoyens les plus opulents s'y transportèrent et bâtirent la ville haute.

coteaux se trouvaient couverts de vignes. Sa juridiction embrassait alors comme plus tard, un terrain de quarante lieues de long sur douze de large.

Après avoir fait partie de la république des Leuquois et du royaume d'Austrasie, le Barrois (1) reçut des seigneurs particuliers, vers l'an 950. De cette époque à 1032, ces petits princes furent appelés ducs, vu que leur autorité s'étendait sur la Lorraine-Mosellane. De 1032 à 1354, ils furent nommés comtes. Leur pouvoir ne s'étendait alors que sur le seul Barrois. En 1354, ils reprirent leur ancienne appellation de ducs. Ces changements tenaient à ce que, dans l'empire d'Allemagne, les titres étaient attachés à la personne plutôt qu'au fief. Le Barrois fut gouverné par diverses familles.

**Ferry** ou **Frédéric Ier**, duc bénéficiaire, en 953, épousa Béatrix, sœur du roi de France, Hugues-Capet, et fortifia le château de Bar.

**Thierry Ier** (984), son fils, lutta contre les projets ambitieux de sa mère, la duchesse douairière, qui voulait retenir le pouvoir suprême. Faite prisonnière par son fils, cette princesse demeura longtemps captive. Thierry, pour expier ce manque de piété filiale, fit plusieurs fondations religieuses.

**Ferry II** (1024) ne laissa que deux filles. L'une d'elles, la princesse Sophie, épousa, en 1027, Louis de Montbelliard. Celui-ci réunit au Barrois le comté de Briey. Sous son règne l'abbaye de Saint-Mihiel obtint le prieuré d'Amance.

**Thierry II** (1092), son fils, épousa la fille de Guillaume de Bourgogne, surnommé Tête-Hardie.

**Thierry III** (1105), leur fils, régna fort peu de temps. Sa mauvaise conduite provoqua son expulsion.

**Renaud Ier** (1105), dit le Borgne, héritier des biens et des titres de son père déposé, épousa Giselle, fille du comte Gérard de Vaudémont. Révolté contre l'empereur Henri V, il fut

(1) Ce pays était connu sous ce nom dès le temps de Vulfoade, au commencement du VIIIe siècle. (DURIVAL, t. I.)

pris et retenu captif par ce souverain. Rendu à la liberté, Renaud alla s'illustrer en Palestine, sema son écu de croix d'or, institua l'abbaye de Riéval, et reçut la sépulture dans le prieuré de Mousson qu'il avait fondé.

**Hugues**, fils aîné de Renaud I<sup>er</sup>, vint au monde dans le castel de Mousson, pendant que l'empereur assiégeait cette place forte.

**Renaud II** (1149), le Jeune, suivit en Palestine le roi Louis VII.

**Henri I<sup>er</sup>** (1173), son fils, accompagna Philippe-Auguste, lors de la nouvelle croisade, et mourut glorieusement au siège de Saint-Jean-d'Acre.

**Thiébaut I<sup>er</sup>** (1192), son frère, se distingua par des fondations pieuses et par d'heureuses guerres. Il réunit le Clermontais au pays de Bar et fit prisonnier le duc de Lorraine, Ferry II, son gendre.

**Henri II** (1214), son fils, se signala à la bataille de Bouvines, employa les débris de l'antique palais de Savonnières à la construction du château de Foug, créa les Trinitaires de La Marche et l'abbaye de Sainte-Hoïde, et, dans une nouvelle croisade, mourut à Gaza, les armes à la main.

**Thiébaut II** (1239), son fils, eut plusieurs guerres à soutenir. Non loin de Marsal, il s'empara de Laurent, évêque de Metz. Ce prélat excommunia son antagoniste ; Thiébaut se fit absoudre par les Dominicains. L'évêque, indigné, lança les foudres de l'église contre ces moines audacieux. Il ne fallut rien moins que l'intervention du pape pour mettre fin à cet abus du pouvoir et de l'exploitation des choses saintes.

**Henri III** (1277), fils et successeur de Thiébaut, épousa Aliénor, fille du roi d'Angleterre et se déclara contre Philippe-le-Bel. Vaincu par Jeanne de Champagne, humilié, captif, il signa le déplorable traité de Bruges, par lequel il s'engageait à faire hommage au roi de France pour toutes les possessions des souverains de Bar, sur la rive gauche de la Meuse.

**Edouard Ier** (1302), aussi malheureux dans ses guerres que son père, accompagna Philippe de Valois en Flandre, et mourut dans l'île de Chypre, vers l'an 1337.

**Henri IV** (1337), son fils, épousa Yolande de Flandre et passa presque toute sa vie à la cour de Philippe de Valois.

**Edouard II** (1314) mourut jeune et eut pour successeur son frère Robert. Pendant la minorité des deux princes et jusqu'en 1356, leur mère, l'intrépide Yolande, gouverna le Barrois, comme régente.

**Robert** (1351), vers l'an 1354, obtint le droit de reprendre le titre de duc. Il épousa Marie, fille du roi de France, Jean II, fonda la maison des Augustines de Bar, consacra plus d'un demi-siècle de sa longue vie à régulariser le code domanial de ses provinces et réunit à son duché la châtellenie de Dun, conquise sur le sire d'Apremont.

**Edouard III** (1411), son fils, épousa Blanche de Navarre. Il ne laissa point d'enfants légitimes et mourut, en 1415, à la bataille d'Azincourt. Ses deux enfants naturels, Henri et Bonne firent de brillants mariages.

**Le cardinal Louis** (1415), frère et seul héritier d'Edouard III, donna, en 1419, le Barrois et le marquisat de Pont-à-Mousson à son petit-neveu René (le futur duc de Lorraine) qui fut duc de Guise. Louis était savant et s'employa beaucoup aux affaires de la politique et de la religion. Ce prélat mourut, en 1430, après avoir été successivement évêque de Langres, de Châlons-sur-Marne et de Verdun.

**René Ier**, déjà maître de la Provence et de l'Anjou, devint possesseur du Barrois, grâce à la cession du cardinal Louis; roi de Naples et de Sicile par l'adoption de la reine Jeanne II; duc de Lorraine à la suite de son mariage avec la princesse Isabelle, héritière du duc Charles II. Ce fut lui qui opéra la réunion de la Lorraine et du Barrois (1431).

## COMTÉ DE VAUDÉMONT

**Gérard** (1072), premier comte de Vaudémont, était fils de Gérard d'Alsace. Il épousa Helwide nièce du pape Léon IX, et fonda le monastère de Belval.

**Hugues Ier**, son fils, se distingua dans les croisades. En 1149, il demeura captif en Syrie.

**Gérard II**, son successeur, gendre du sire de Joinville, eut pour frère Eudes de Vaudémont, d'abord archidiacre, puis évêque de Toul.

**Hugues II** entreprit le voyage de la Palestine, laissant à sa femme, Helwide de Sarrebruck, la conduite de ses États et de sa famille.

**Hugues III** n'est connu que pour avoir donné la vallée de Ferrières aux moines de l'abbaye de Clairlieu.

**Henri Ier** eut de longues querelles avec Raoul d'Autrey, son vassal.

**Henri II** se laissa gouverner par sa femme dont les générosités mal entendues amoindrirent le fief de Vaudémont.

**Henri III** parvint à relever quelque peu la grandeur de sa race, en épousant Élisabeth de Lorraine.

**Henri IV** mourut sans enfants. Sa sœur Marguerite, femme d'Anselin ou Anselme de Joinville, lui succéda (1346).

**Henri V** (1349), leur fils, mourut sans laisser d'héritier mâle. De ses deux filles, l'aînée, Alix, détacha du comté, par son mariage, les terres de Chaligny, Bainville-aux-Miroirs, Ulracour et Châtel. La seconde, Marguerite, épousa Ferry de Lorraine, fils puîné du duc Jean, qui devint ainsi comte de Vaudémont, avec moitié seulement de la fortune et des titres de Henri V.

**Antoine de Vaudémont**, leur fils aîné, épousa Marie d'Harcourt, remporta sur le duc René Ier la victoire de

Bulgnéville, agrandit ses domaines et fit contracter à ses enfants d'illustres alliances.

**Ferry II**, son successeur, eut pour femme Yolande, fille d'Isabelle de Bar et de René d'Anjou (René I*er*). Ce mariage termina de longues guerres et amena la réunion du comté de Vaudémont au duché de Lorraine.

# METZ

Metz fut pour les Romains un séjour agréable et une cité importante. Au temps de Jules César elle était la capitale des Médiomatriciens... Cette ville, dévastée par Attila, passa sous la domination de Clovis, devint le siège du royaume d'Austrasie sous ses successeurs et fut souvent habitée par Charlemagne ainsi que par Louis-le-Débonnaire. Lors du partage de l'Empire entre les enfants de ce prince, il se forma un nouveau royaume, le royaume de Lothaire, d'où vint le nom de Lorraine...

Metz profita de la faiblesse des descendants de Charlemagne pour s'affranchir de toute domination et se constitua ville libre, sous la protection des empereurs. Il serait difficile de dire quelle fut d'abord la forme de son gouvernement; mais, dès 1032, il est fait mention d'un maître-échevin, magistrat à vie, qui jouissait d'une grande autorité. Plus tard, les fonctions de maître-échevin ne durèrent qu'un an; le sort le désignait entre six candidats, nommés par le princier de la cathédrale, l'abbé de Gorze et les abbés des quatre couvents de bénédictins que possédait la ville. Ce magistrat, qui devait se faire armer chevalier après son élection, était pris dans une des familles patriciennes appelées *Paraiges*, dont chacune avait son hôtel et sa bannière. Les chefs de ces paraiges, réunis à quarante députés de la bourgeoisie, nommaient tous les cinq ans le conseil des *Treize*, choisi aussi dans les Paraiges. Le maitre-échevin s'adjoignait vingt conseillers et réglait toutes les affaires publiques. Trois mayours ou maires avaient l'administration des finances ; douze wardours balançaient l'autorité des échevins ; des comtes-jurés, au nombre de vingt-cinq, élus par les paroisses et choisis dans le peuple, représentaient la Cité quand il s'agissait de faire des lois, de régler les impôts, etc.; enfin les sept de la guerre, les sept de la monnaie, veillaient sur ce qui concernait les objets indiqués par leurs titres.

Plusieurs lois de la République messine sont fort sages ; d'autres indiquent l'état de la société au moyen âge. Des lois ou *atours* ordonnaient que, dans les émotions populaires, chacun se retirât sans armes devant l'hôtel de son paraige, et défendaient, sous peine d'être exilé à Saint-Jean-d'Acre, de frapper, avec des armes quelconques, un citoyen dans une mêlée ou dans une querelle. En 1304 on déclara les religieux incapables de succéder. En 1308 on réduisit à dix le nombre des moines mendiants dans chaque couvent. En 1322, défense fut faite aux citoyens d'établir sur leurs biens aucune redevance en blé ou en vin, au profit d'établissements ecclésiastiques. Une loi, de la même année, prescrivit aux ordres religieux de quitter les habits séculiers et de s'abstenir de fréquenter le champ à panne, lieu où on se rassemblait pour les promenades et divertissements... Dix ans plus tard, l'on enjoignit de nouveau aux religieux « de ne plus porter de solers deshanchiers com chevaliers ; des chausses de colour, des robes des plus précioux et sintes de sintures d'argent avec las ou noves de soie, de chevaucher à grandes épées, d'aller de neu et de jor en place commune, en noces, en danses et en autres leus qui ne sont mie à dire, etc. »

D'autres lois défendirent de mettre le feu aux châteaux et aux maisons des ennemis de la République, sans un ordre exprès des magistrats. On établit que les pavés de la Cité et des faubourgs seraient entretenus par la ville aux frais des propriétaires de chaque maison, et que les rues auraient vingt-quatre pieds de largeur. Des peseurs publics furent institués. L'administration de plusieurs hôpitaux fut réglée. On arrêta que les filles ne pourraient se marier sans le consentement des parents, ou, s'ils étaient morts, sans le consentement de quatre de leurs amis ; que les cadeaux de noces ne pourraient coûter que le vingtième de la dot. On détermina la forme des tutelles et la manière de purger les hypothèques. Chaque procès dut être jugé dans l'espace de quarante jours, et l'on créa des juges-rapporteurs qui veillèrent à ce que les Treize et les Comtes-Jurés observassent les lois.

Grâce à ces dispositions, la République de Metz fut longtemps dans un état florissant ; elle envoya des députés aux diètes, des ambassadeurs aux rois, battit monnaie et traita d'égal à égal avec les souverains. Elle eut à résister à Charles VII (roi de France) qui, d'accord avec René Ier d'Anjou, vint, en 1444, faire le siège de Metz ; à combattre les brigandages de plusieurs seigneurs ; à se défendre contre les Ecorcheurs, contre Robert de Commercy, contre le duc de Lorraine, contre le sire de Rodemack, contre la trahison d'un de ses magistrats, contre l'ambition des empereurs. Ce fut pour échapper à la puissance de ces derniers que la République se jeta dans les bras du roi de France, Henri II, qui lui enleva ses antiques libertés. Le maître-échevin Androuin Roussel vit avec douleur l'humiliation de sa Cité. Il se tua, lorsque Vieilleville priva Metz du droit d'élire ses premiers magistrats (1).

(1) Complétons ces détails par les lignes suivantes que nous empruntons à Victor Jacob. (*Aust.*, t. XI., an. 1863, pp. 196, 97. 98.)

« Metz, ville libre impériale, jouissait, en fait, d'une indépendance absolue... La suzeraineté des empereurs d'Allemagne était plutôt nominale que réelle et se réduisait à quelques droits d'apparat, seulement en vigueur durant les rares séjours des empereurs à Metz. Il est vrai qu'à des époques périodiques, les magistrats messins lisaient au peuple la teneur de ses obligations envers l'Empire ; mais, une fois cette formalité accomplie, la République n'avait plus à relever de personne. Le gouvernement de la Cité se renouvelait tous les ans ; dans le choix

Si le siège épiscopal de Metz fut occupé par vingt-neuf saints, il le fut aussi par de puissants ennemis de la République ou par des prélats ambitieux et turbulents qui, souvent, mirent la cité dans une position alarmante. Au nombre des magistrats on faisait une large part aux exigences démocratiques ; mais il faut reconnaître ici, qu'à l'aide d'hommes qui avaient su, par leur intégrité et leur intelligence, conquérir le respect et les suffrages de tous, on avait trouvé le secret de tempérer l'élan des passions populaires. Nos chroniqueurs se plaisent à retracer avec orgueil ces nobles figures de magistrats inflexibles dans leurs fonctions, et n'obéissant qu'aux ordres d'une conscience pure et d'un profond amour pour l'indépendance de leur pays.

« Cet état des esprits, joint à l'heureuse situation de la ville, devait avoir une influence profonde sur la prospérité intérieure. Par sa position, Metz se trouvait l'entrepôt naturel des marchés de France et d'Allemagne, des Pays-Bas et de l'Italie ; son commerce sut bientôt tirer parti de ces facilités dans les transactions, et prendre un accroissement considérable. La cité regorgeait d'or ; les importants revenus qu'elle tirait du change des monnaies, des maltôtes, de la bullette, expliquent comment elle pouvait se gagner de puissants alliés, entretenir une armée bien pourvue, garnir ses tours et ses murailles d'une imposante artillerie.

« Ainsi, sagement administrée au-dedans, habilement conduite au dehors, respectée des ducs de Lorraine et de Bar qui dirigèrent contre elle de nombreuses et infructueuses entreprises, florissante par son commerce, riche enfin : telle était l'ancienne cité messine.

« Malheureusement sa prospérité, fruit légitime d'une prudente direction, attirant sur elle l'attention jalouse des empereurs d'Espagne et des rois de France, — Charles V et Henri II ne laissèrent pas échapper l'occasion, l'un d'attaquer, l'autre de défendre une ville aussi peu l'ennemie du premier que l'alliée du second, mais qui, pour tous deux, était un opulent objet de convoitise. Metz, leur servit de champ clos ; et, à la suite d'un choc terrible, les Espagnols disparurent à jamais de notre pays. La République messine ne devait pas tarder à succomber à son tour.

« Sous prétexte d'empêcher le retour des assaillants, Metz se vit occupée par une forte garnison, à la tête de laquelle fut bientôt placé (1553) un homme qui semblait avoir en partage toutes les facultés nécessaires pour consacrer l'œuvre d'asservissement. C'était le maréchal de Vieilleville, dont la sinistre figure s'est conservée jusqu'à nous, grâce aux mémoires d'un secrétaire dévoué (Vincent Carloix).

« La révocation de l'édit de Nantes, qui conduisit à l'exil tant d'hommes remarquables, priva Metz de ses principaux bourgeois et commerçants; ce fut le comble du désastre... » (P. 200.)

de ces derniers fut Thierry III qui, suivant M. Jouy, posa les fondements de la cathédrale, en expiation des premières années de son épiscopat...

« Quelque riche que Metz soit aujourd'hui (1844), elle est bien déchue de ce qu'elle fut autrefois. Dans ses vieilles enceintes, garnies de soixante-huit tours, se pressait une population de quatre-vingt mille âmes; la ville avait sept faubourgs; trois cent cinquante villages se reconnaissaient sous sa dépendance, et, par dix-sept portes, de tous les pays, arrivaient sans cesse des personnages de distinction. » (Th. DE PUYMAIGRE, *Aust*, t. I, deuxième année.)

# TOUL

La ville de Toul (*Tullum Leucorum*) est l'une des plus anciennes de France. Elle était autrefois la capitale des Leuquois, peuple adroit et belliqueux. César, dans ses *Commentaires*, vante leur courage, et Lucain leur habileté à tirer des flèches. Administrée, sous les Gaulois, par un sénat héréditaire et des magistrats élus par un peuple libre et indépendant, la ville de Toul (1), sous la domination romaine, fut

(1) Voici, à grands traits, l'histoire de Toul. Cette ville fut fortifiée par les Romains et, sous le règne de Valentinien, avait, croit-on, une enceinte défendue par vingt-huit tours... A l'époque des invasions barbares, elle fut plusieurs fois pillée, saccagée, brûlée par les Goths, les Bourguignons, les Vandales. Elle subit encore le même sort, vers 450, lors du passage des Huns, et, en 600, 680, pendant les guerres d'Austrasie. Incendiée de nouveau avec ses archives, à deux reprises différentes, par les Sarrasins, suivant les uns, par les soldats de Pépin selon les autres, Toul fut encore ravagé par les Normands, en 889, et par les Hongrois, en 954.

Dans la seconde moitié du moyen âge cette ville subit plusieurs sièges: d'abord, en 984, par les soldats de Lothaire, qui la prirent et la pillèrent; ensuite, sous l'épiscopat de saint Léon, par le comte de Champagne, qui ne put s'en rendre maître; puis, en 1251, par la duchesse

transformée en *municipe* et gouvernée par des magistrats électifs ; mais, sous les derniers empereurs, un officier, portant le nom de *comte* ou de préfet, y représenta l'autorité souveraine. Vers le milieu du v⁰ siècle, Toul tomba sous la domination des rois francs et fit partie du royaume d'Austrasie. Pendant la période troublée des rois de la première race, l'autorité des comtes augmenta ; mais, en même temps, Dagobert fonda la puissance temporelle des évêques de Toul, dont le pouvoir se développa à côté de celui des comtes. Il finit même par l'absorber complètement, au x⁰ siècle. Le même prince avait doté Toul d'un *ban royal*, en faisant défense à aucun seigneur de bâtir ni château, ni forteresse dans un rayon de quatre lieues. Les Carlovingiens, et particulièrement Charlemagne, confirmèrent les donations faites par les Mérovingiens. En 918, le roi de Germanie accorda à saint Gauzelin, alors évêque de Toul, tous les droits, pouvoirs, honneurs et prérogatives qu'il y possédait. Dès lors les évêques réunirent le pouvoir temporel au pouvoir spirituel avec le titre de *comte de Toul* et de *prince du saint Empire*, qu'ils conservèrent depuis (1). L'évêché de Toul fut

de Lorraine, les comtes de Bar et de Luxembourg, appelés par l'évêque Robert de Marcey contre les bourgeois, qui furent obligés de capituler ; enfin, en 1400, par Charles II, duc de Lorraine, qui la bombarda et ne put la prendre qu'après deux mois de résistance opiniâtre. Outre les attaques extérieures, il faut mentionner la lutte acharnée, qui désola Toul pendant plusieurs siècles, entre l'évêque et les bourgeois, au sujet de l'exercice de leurs droits dans le gouvernement de la cité. Ces dissensions commencèrent, au xiii⁰ siècle, sous l'épiscopat de Roger de Marcey, et se prolongèrent jusque vers le xvi⁰ siècle, avec des péripéties diverses. (*A. L.*, an. 1870, pp. 209-210.)

(1) Les évêques nommaient les *comtes* de Toul (*advocati*) (BENOIT, p. 120), à titre de baillifs ou gouverneurs pour rendre en leur nom la justice, défendre leur temporel, commander leurs troupes en temps de guerre, régler la police et mettre des gardes aux portes de la ville. — L'évêque assignait pour pension à ces comtes quelques mesures de blé et d'avoine sur les prébendes des chanoines et sur les villages du comté ; ils avaient par là-dessus une police dans la ville ; le revenu entier de quatre villages qu'on appelait, pour ce sujet, *bannum comitis* ; le tiers des amendes ; le quart dans les droits d'entrée et de haut

distrait de la Haute-Lorraine, en 984, et forma une souveraineté indépendante qui ne relevait que de l'Empire. Il comprenait environ vingt-quatre ou vingt-cinq villages, répandus autour de Toul ou compris dans les châtellenies de Blénod (les Toul), Brixey et Maizières. Liverdun était la forteresse et fut quelquefois la résidence des évêques. Au point de vue spirituel, la juridiction de l'évêque s'étendait sur le diocèse, l'un des plus grands de France, car il comprenait près de dix-sept cents paroisses...

Pendant que la puissance des comtes et, après eux, celle des évêques se développait au détriment du pouvoir souverain, les bourgeois conservaient leur indépendance avec leurs antiques droits et privilèges qu'ils étendirent et défendirent fréquemment contre de nombreux ennemis, l'évêque en tête. « Leur idéal était l'établissement d'une République bourgeoise de citains où l'on pouvait s'écrier, comme jadis à Rome : « Je suis bourgeois de Toul... » Les habitants (Jean du Pasquier, pp. 161-62) étoient *ingenui*, exempts de toute servitude, ayant le droit de succéder par tous les pays, provinces ou royaumes... sans estre tenus ni réputés aubains en aulcuns lieux, et de pouvoir aussi tenir et posséder des offices de toute sorte, et même des bénéfices et seigneuries de quelle nature elles soyent. Et c'est pourquoy... les gentilshommes et noblesse des environs envoyoient ordinairement leurs femmes en cette ville pour y faire leurs couches, afin que les enfants qui naissoient, puissent jouir du bénéfice sus-déclarez. » Toul, pendant les XIII⁰, XIV⁰ et XV⁰ siècles, tenta constamment, et parfois avec succès, à assurer son indépendance républicaine. A cet effet, les bourgeois prodiguaient leur or et leur sang. Vaincus souvent, ils revinrent à la charge, à chaque

conduit, et le droit de gite chez tous les sujets, tant de l'évêque que du chapitre; plus tard, il fut changé en une certaine quantité de pain, de vin, de viande et de bière qu'on obligeait les sujets de leur fournir, outre les deux sous toulois qu'ils leur payaient tous les ans. — Temporaire d'abord, cette dignité devint héréditaire; les évêques ne purent supprimer les comtes que soutenaient les empereurs...

occasion, pour assurer leur chère et précieuse indépendance. L'autorité résidait en principe dans le corps des Bourgeois ou Citains. Aux Bourgeois appartenait l'élection du corps-de-ville, composé de quarante membres, renouvelables chaque année. Dans le corps-de-ville, on nommait plus particulièrement « magistrats » l'ensemble des hauts fonctionnaires. Le corps des magistrats de la Cité se composait, en 1618, d'un maître-échevin, de dix justiciers, d'un procureur syndic et d'un secrétaire, de cinq enquerreurs, d'un receveur et de dix sergents de ville. En 1634, Louis XIII forma un nouveau corps municipal composé d'un maître-échevin, de trois échevins et de notables habitants.

Jusqu'au milieu du XVI° siècle, les bourgeois disposèrent de la garde de la ville et pourvurent à sa défense. Ils conférèrent quelquefois ce droit, tantôt au roi de France, tantôt au duc de Lorraine et même au comte de Vaudémont. En 1552, le roi de France, Henri II, auquel on avait livré la ville, y envoya un gouverneur royal, et Toul qui, au moyen âge, avait été *ville libre impériale* fit partie de la France et de la province des Trois-Evêchés. Cependant l'annexion n'était pas encore complète à la fin du XVI° siècle. L'évêque et les chanoines, comme seigneurs temporels, ne relevaient que de l'Empire, et les appels en justice de leurs officiers se portaient devant la chambre impériale de Spire, malgré l'opposition de la France. Ce n'est qu'en 1648, au traité de Munster, que la réunion définitive à la France fut prononcée et eut lieu, en droit comme en fait. (*A. L.*, t. XX, an. 1870, pp. 209-210.)

# VERDUN

La ville de Verdun (*Verodunum*) est très ancienne et s'appelait Clavia, Claboa, Urbs Claborum, c'est-à-dire ville aux clous, par suite du grand commerce qu'on faisait de cette marchandise. (*Hist. de Lorr.*, t. I, p. 18.) Lors de l'invasion franque, la ville résista à Clovis, mais se soumit vite. La cité de Verdun fit partie du royaume d'Austrasie et fut déclarée ville impériale par l'archevêque Brunon. L'union du comté de Verdun à l'évêché se fit en 997, sous l'évêque Heimon, et fut confirmée par les empereurs Othon III et Frédéric Ier. Moyennant une grande somme d'argent délivrée par l'évêque Richer à Baudouin, frère de Godefroy de Bouillon, lorsqu'il partit pour la croisade, le comté de Verdun fut possédé par les évêques comme un fief de l'empire, avec les droits régaliens énoncés dans les lettres-patentes de l'empereur Frédéric Ier. « Ces prélats établissaient un *vicomte* pour défendre leurs terres et pour soutenir leurs droits. Ceux-ci consistaient à instituer des magistrats et des officiers chargés d'administrer la justice et la police de la ville et des autres lieux dépendant du comté, à imposer des tailles réelles et personnelles sur les bourgeois et autres sujets, pour les employer au paiement des gardes, à l'entretien des ponts, pavés, murailles, chaussées et autres nécessités publiques. Ils avaient le droit d'*anoblir*, de légitimer, de faire battre monnaie, de convoquer et de présider les Etats de la ville, évêché et comté. Enfin, ils jouissaient de tous les privilèges attribués à la qualité de *prince du saint Empire*, de pouvoir assister aux Diètes, de visiter et de réformer, à leur tour, la chambre impériale. Ils jugeaient souverainement dans le tribunal de la salle épiscopale tous les crimes, injures et servitude des bourgeois de la cité et déforains qui y étaient arrêtés et, aux cas civils, jusqu'à la somme de cinq cents florins du Rhin,

A l'égard des autres lieux dépendant de ce comté, composé de quatre paires ou baronies et de plusieurs autres vassaux, les évêques y instituaient un bailli pour y exercer toutes juridictions, jugeant aussi souverainement au criminel et aux cas civils. Les appellations étaient portées par-devant les juges des Hauts-Jours de l'évêché et comté, les empereurs s'étant seulement réservé les appels de tous les cas civils au-dessus de cinq cents florins du Rhin, avec la foi et hommages que les évêques leur devaient pour reconnaître leur supériorité. (Roussel, *Hist. de Verd*, t. II, p. 129.)

A côté de l'évêché, il y avait aussi le chapitre de la cathédrale qui, comme à Metz et à Toul, possédait également ses terres et ses droits de souveraineté.

Au X⁰ siècle (Roussel, *ibid.*, p. 130), depuis la division de la mense de l'église cathédrale, le chapitre prit soin d'administrer son lot de partage. Il augmenta beaucoup ce lot, et il obtint de grands privilèges et immunités qui furent confirmés par les papes Léon IX, Honorius II, Eugène III et par les empereurs. Leurs bulles et lettres patentes font mention de plus de quarante villages dans lesquels il exerçait, de même que les évêques dans leurs terres, une souveraineté régalienne, avec haute, moyenne et basse justice, sous le saint Empire, assujettissant les habitants de ces lieux à une condition de droit de forfuyance, de formariage et de main-morte. Quelques-uns de ces villages se sont exemptés de ces servitudes en payant au chapitre le *terrage*, outre les *grosses* et *menues dîmes* et les *droits de banalité*, *d'aubaine*, *d'épaves*, *d'amendes* et *de confiscation*. Le chapitre avait aussi le droit de faire lever des tailles (contributions) sur ses sujets, et de leur ordonner des *corvées* dans les besoins publics, de leur faire user de *tel sel* que *bon lui semblait*, de leur faire prendre les armes pour la défense de la ville et de cette église ; de leur accorder grâces, pardons, rémissions, rappel de bannissement, restitution, répit, bénéfice d'âge, émancipations, affranchissements et manumissions; enfin de faire publier toutes sortes d'ordonnances concernant la justice et la police dans ces villages. Il établissait des prévôts, des maires, des échevins, dans les cinq lieux principaux de ses terres divisées en cinq prévôtés (1).

« Par la bulle du pape Nicolas V, donnée en 1446, on voit qu'il y avait anciennement soixante prébendes dans la cathédrale de Verdun. En 1745 elles étaient réduites à quarante-deux » qui restèrent soumises à tous les servages anciens.

La ville de Verdun qui, comme Metz et Toul, lutta énergiquement, et parfois avec succès, pendant les XIIIe, XIVe et XVe siècles contre les évêques pour établir et maintenir le gouvernement républicain, était placée, depuis le XIIIe siècle, sous la garde et la protection des rois de France, quand Henri II, que des princes allemands ligués appelèrent à leur secours, y fit entrer ses troupes, le 12 juin 1552.

# LES TROIS ÉVÊCHÉS

Les trois villes épiscopales dont nous venons de parler, désignées autrefois sous les noms de Metz la riche, Toul la sainte, la sonnante, et Verdun la noble (2), perdues aux confins du vaste Empire allemand fédératif, avaient, dans leur situation exceptionnelle, une immunité également exceptionnelle. Franche des charges ordinaires, elles ne pouvaient exiger que l'Empire s'en imposât pour elles. Françaises de territoire, de langue et de mœurs, les trois Cités eussent dû

(1) Toutes ces institutions, prérogatives, droits, usages, etc., existaient à Metz et à Toul.

(2) Au moyen âge, on disait aussi avec plus ou moins de raison : les usuriers de Metz, les enfrums (refrognés) de Toul, les musards de Verdun, comme on disait les badauds de Paris. — Toul doit son nom de sonnante à ses cent deux cloches.

aller à la France : le contraire eut lieu. Certaines que leurs petites républiques cesseraient d'exister le jour où le roi serait leur maître, elles se réclamèrent, par patriotisme municipal, jusqu'à la limite extrême du moyen âge, de l'empereur « leur souverain seigneur », et de la grande aigle sous les ailes de laquelle elles cachaient leur indépendance. (CLOUET, *Verd.*, t. III, pp. 2-3.)

Leurs évêques, souverains jusqu'au XIIIe siècle, n'avaient pu s'opposer à leur émancipation. Chacun d'eux possédait, il est vrai, un territoire plus ou moins étendu qu'on appelait le *temporel* de l'évêché ; mais ces territoires ne pouvaient fournir des troupes assez nombreuses pour assiéger des villes populeuses dont les ressources étaient considérables. (DIGOT, t. II, p. 110.)

Le diocèse de METZ (vers 1180) dont l'évêque et le duc, puis le comte avaient eu, seuls, primitivement la juridiction domaniale et politique, était alors couvert, comme les autres diocèses, de petites principautés ou seigneuries, les unes jouissant d'une indépendance absolue, les autres assujetties à certaines redevances ou corvées. Ainsi deux cent quarante villages constituaient le territoire de Metz républicaine ; une vingtaine, celui de la terre abbatiale de Gorze ; le haut pays appartenait au comte de Bar ; Sierck, Rodemack, Boulay, Floranges, Richemond, Forbach, etc., constituaient d'importantes seigneuries ; l'évêque commandait exclusivement à Vic, Marsal et Sarrebourg ; mais déjà Epinal, annexe du diocèse, jouissait d'une administration municipale, modelée sur l'administration messine. Les comtes de Bar, le duc de Lorraine, les comtes de Dachsbourg, de Castres (pour soixante seigneuries), les sires de Sarrebrück, les ducs de Deux-Ponts, de Luxembourg, les comtes de Vaudémont, de Chiny, de Réchicourt, le sire de Bayon, etc., étaient vassaux, pour certaines terres, de l'évêché de Metz. (BÉGIN, *Metz depuis dix-huit siècles*, t. III, pp. 97-98.)

A TOUL, les trois pouvoirs coexistants (bourgeois, évêque,

chapitre) étaient loin de réaliser un pouvoir constitutionnel et paisible. L'histoire de la Cité semble une longue guerre, interrompue par de courtes trèves. L'évêque, le chapitre (chanoines), les bourgeois luttent constamment entre eux ; et sans cesse, le pape, l'empereur, le roi, le duc de Lorraine interviennent. On doit soigneusement distinguer entre la *ville* de Toul et l *pays toulois*. Ce dernier se divisait en deux parties bien distinctes : 1º les terres et seigneuries de l'évêque ; 2º les terres et seigneuries du chapitre, ou mieux « de l'église-cathédrale... »

C'est à la lutte entre ces villes, leurs évêques, leurs chanoines ou chapitres de la cathédrale, leurs bourgeois, non compris les ducs de Lorraine, de Bar, les comtes de Vaudémont, etc., que nous allons assister.

Pour compléter ces indications préliminaires, donnons, dans une rapide esquisse, l'histoire des Juifs en Lorraine, ces malheureux opprimés du moyen âge dont nous aurons à parler à diverses reprises.

## HISTOIRE DES JUIFS

Nous empruntons nombre de faits indiqués à l'ouvrage intéressant de Depping: *Les Juifs dans le moyen âge;* Paris, imp. roy., 1834.)

... Les empereurs romains qui se succédèrent, surtout ceux de la famille de Théodose, témoignèrent aux Juifs de grands égards et leur accordèrent des privilèges notables. « Admis dans les troupes romaines pendant quatre siècles, ils continuèrent sur le même pied, jusqu'à ce que l'empereur Honorius s'avisa de déclarer incapable du service militaire une nation qui avait brillé dans les armées d'Alexandre et des Ptolémées ; qui, vaincue par Pompée, avait conquis l'estime de son vainqueur ; qui, dans les guerres contre

Mithridate avait forcé la victoire à se déclarer en faveur de César ; et qui, depuis quatre siècles, figurait avec distinction sous les drapeaux des légions romaines. » (L'abbé Grégoire, *Régén. des Israélites*, pp. 123-124.)

... Valens ne les priva que de l'immunité des charges publiques ; presque tous les autres édits publics furent en leur faveur, quoique le clergé, devenu puissant, trouvât de *l'impiété* dans la protection accordée aux descendants des *meurtriers de Jésus-Christ* (sic).

Théodose réprima l'excès de zèle qui porta les chrétiens à détruire les synagogues ; il déclara qu'aucune loi ne prohibait l'existence de la secte judaïque...

Les Juifs avaient jusqu'au v<sup>e</sup> siècle leur patriarche qui levait des impôts sur la nation... Ils élisaient leurs juges pour tout ce qui touchait aux matières religieuses... Pour les affaires civiles, les Juifs étaient obligés de recourir aux tribunaux romains. (Depping, pp. 14-15.)

Un édit d'Arcadius et d'Honorius renouvelle les privilèges des chefs des synagogues et les met au même rang que les premiers ecclésiastiques chrétiens. La loi de Constance qui défendait aux Juifs d'avoir des *esclaves chrétiens*, fut rapportée par Honorius, et l'on vit dès lors dans tout l'Empire des chrétiens en servitude chez leurs ennemis (sic) ; seulement il fut enjoint aux maîtres de laisser leurs esclaves pratiquer leur religion. Nous verrons cet état de choses subsister en France encore au milieu du vi<sup>e</sup> siècle (pp. 15-16). En effet « on accorda alors aux chrétiens le droit de racheter les esclaves des Juifs pour douze sous, et on autorisa les captifs que leurs maîtres refuseraient d'affranchir pour un prix convenu, à vivre librement parmi les chrétiens (p. 89). »

Le concile de Vannes de l'an 465, celui d'Agde de l'an 506 et celui d'Ennone (diocèse de Vienne) de l'an 517, défendirent aux chrétiens de manger en commun avec les Juifs. « C'était sans doute, parce que, dans les premiers siècles de notre ère, spécialement entre 450 et 550, les liaisons des chrétiens et des

Juifs étaient assez intimes et que la disparité des cultes ne les empêchait pas de s'unir par le mariage. » (Grégoire, p. 164.)

Le deuxième concile d'Orléans prohibe les *mariages entre Juifs* et *Chrétiens*, prohibition qui fut renouvelée dans plusieurs conciles subséquents. Celui de Clermont, de l'an 535, exclut les Juifs de la magistrature ; en 581, le concile de Mâcon les priva même de la perception des impôts. (Depping, p. 38.)

Le concile de Paris, tenu en 615, et confirmé par celui de Reims, déclara les Juifs inhabiles à remplir des emplois civils. Dagobert ne leur laissa d'autre alternative que de se faire baptiser ou de quitter le royaume à jamais. Il est probable qu'ils refluèrent alors dans le midi de la France et dans les pays du Rhin (pp. 42-43).

Charlemagne ne leur fut pas défavorable ; mais le temps le plus heureux pour les Israélites de France fut celui du règne de Louis-le-Débonnaire. Cet empereur leur permit d'employer des chrétiens comme mercenaires (p. 45) aux travaux qu'ils voulaient exécuter...

Vers 840, les Hébreux étaient parvenus à se faire établir dans les charges de receveurs d'impôts dont ils avaient été exclus sous les rois mérovingiens (p. 52).

Sous Charles-le-Chauve..., les Juifs purent se livrer sans restriction au commerce ; seulement ils payaient à l'État le dixième denier de leurs marchandises, tandis que les chrétiens ne versaient que le onzième ; ils avaient le droit de posséder des terres et d'en disposer librement. Bientôt le fanatisme ignorant porta à des mesures restrictives. Ainsi, dans un concile, tenu le 1ᵉʳ mai (888) à l'abbaye Saint-Arnoul, on frappa en quelque sorte d'anathème les Juifs de Metz, en déclarant que c'était un sacrilège de manger avec eux : *indignum sacrilegum eorum cibos à christianis sumi.* (Viville, t. I, p. 484.)

On alla plus loin. En 945, l'évêque Adalberon fit restituer à l'abbaye de Sainte-Glossinde une vigne cultivée ou possédée par un juif, nommé David ; ce qui pourrait faire penser que cette nation, depuis longtemps ruineuse au pays messin (?) par le commerce d'argent auquel elle s'est presque totalement attachée, était alors utile relativement à l'agriculture. (*Hist. de Metz*, t. II, p. 53.)

Louis, fils de Boson et roi d'Arles, confirma le don de son père qui avait fait présent à l'évêque de cette ville, non pas des biens des Juifs, mais des Juifs eux-mêmes. (DEPPING, p. 59.) Ce genre singulier (inique) de donation, dont nous verrons plus tard encore des exemples, était pratiqué presque partout où les Juifs s'étaient établis (p. 59).

Quoiqu'ils eussent beaucoup à se plaindre des chrétiens, on n'apprend pourtant pas que, comme certains renégats baptisés dont nous avons parlé, ils aient profité des *invasions des Normands pour se venger de leurs injures*...

A Metz, la communauté juive est si ancienne qu'on ne peut en découvrir l'origine. Les Israélites étaient si nombreux, dès le ixe siècle, que Humbert, princier de la cathédrale de Metz, adressa au concile de l'an 888 les réclamations que nous avons citées, d'après Viville.

Adalberon II, évêque de Metz (945 à 1005), protégea les Juifs, et, à sa mort, fut pleuré par eux. Un clerc même, à cette époque, se fit juif au grand scandale de l'église messine. Un juif messin, Gershon ben Judas, dit Hasakan, devint grand rabbin de France et enseigna le Talmud à Troyes. En 1030, il convoqua à Worms un synode de trois cents rabbins. L'archevêque de Trèves, irrité, menaça de mort tous les Juifs qui ne se convertiraient pas. En 1078, dit Paul Ferry, la plus grande partie des Juifs reçut le baptême.

Lors des cruelles exécutions faites par les premiers croisés, la *Chronique de Verdun* seule avoue que ces horreurs furent désapprouvées par beaucoup de gens, et jugées contraires à la religion (p. 126). Nous verrons, dans le cours de ce travail, la suite de l'histoire des Israélites, en Lorraine.

# CINQUIÈME SECTION

# DUCS HÉRÉDITAIRES

## PREMIÈRE PÉRIODE

### TEMPS ANTÉRIEURS A L'AFFRANCHISSEMENT DES COMMUNES

## CHAPITRE VII

### De 1048 à 1070 : Gérard d'Alsace
*Femme* : HADVIDE DE NAMUR

### SOUVERAINS ET PRÉLATS LORRAINS CONTEMPORAINS

| ROIS de France. | EMPEREURS d'Allemagne. | COMTE de Bar. | ÉVÊQUES | | |
|---|---|---|---|---|---|
| | | | de Metz. | de Toul. | de Verdun. |
| HENRI I<sup>er</sup>. | HENRI III, dit le Noir. | THIERRY. | ADALBÉRON III. | BRUNON (le pape Léon IX.) | THIERRY, dit le Grand. |
| PHILIPPE I<sup>er</sup> | HENRI IV. — Querelle des investitures. | | HÉRIMANN. | UDON. | |

SOMMAIRE. — Investiture du duché. — Lutte contre Frédéric-le-Barbu et les nobles. — Prise du château de Vicherey. — Gérard favorise les abbayes. — Lois promulguées sous Gérard.

*Notes.* — Le Saintois. — Garde des abbayes. — Principales abbayes fondées au XI<sup>e</sup> et XII<sup>e</sup> siècles. — Chamousey. — Autrey. — Habitants d'Amance. — Testament de Gérard d'Alsace.

Le comte Gérard d'Alsace était neveu d'Albert, dernier duc bénéficiaire, assassiné par Godefroi, et cousin de saint Léon (de Dagsbourg), Dabo-en-Vôge, qui fut, en même temps, évêque de Toul et pape (1). Ce prince épousa Hadvide de Namur, petite-fille du dernier Carlovingien, Charles, duc de Basse-Lorraine, fils de Louis d'Outremer et frère du roi de France Lothaire.

« L'empereur Henri III (CHEVRIER, t. I, pp. 62-63), fatigué des plaintes des peuples et des prétentions des différents princes qui étaient à leur tête, résolut de mettre fin à la guerre qui les désolait .., et donna à Gérard d'Alsace l'investiture des provinces qui composaient alors la *Haute-Lorraine*.

Selon certains chroniqueurs et Henriquez, la cérémonie d'investiture eut lieu à Worms, dans une Diète où l'évêque de Toul, Brunon, fut élu pape. Il est probable que les principaux seigneurs de la Lorraine ratifièrent cette nomination, soit à Worms même, soit dans une réunion ultérieure tenue dans notre pays.

Gérard joignit aux possessions du duché ses domaines paternels, qui comprenaient une partie de l'Alsace et de l'archevêché de Trèves, presque toute la Lorraine allemande et de grands biens dans le *Saintois* (2) et sur la Meuse. Ce prince était avoué (voué, protecteur) de Moyenmoutiers, Saint-Evre, Saint-Mihiel, Saint-Dié, Remiremont (3), Saint-

(1) La maison d'Alsace s'introduisit en Lorraine par l'évêché de Metz, dont le premier Gérard fut *comte*, et où son frère Adalbert fonda, vers 1030, l'abbaye de Bouzonville, en honneur d'une relique de la sainte croix qu'il avait rapportée de Palestine. (CLOUET, *Verd.*, t. II, pp. 43-44.)

(2) Le Saintois, appelé depuis le XIIe siècle Vaudémont, était l'une des parties de l'ancienne province des Leuques. Les noms (B. PICARD) s'en sont conservés dans le diocèse : le Toulois, le Chaumontois, le Portois, le Vermois, le Saintois, le Scarponnois, le Soulossois, le Bassigny, l'Ornois, le Vaux, le Blésois, le Blois, le Barrois, la Voivre, le Saunois (p. 45).

(3) Un accord entre Gérard et Ode, abbesse de Remiremont, établit les droits réciproques de la garde de cette abbaye. Ce fut pour en protéger les terres contre les courses des aventuriers que Gérard bâtit une tour à l'embouchure de la Vologne dans la Moselle. — Les princes,

Pierre de Metz, Bouzonville, et, en cette qualité, se trouvait administrateur de leur temporel avec juridiction sur tous leurs vassaux.

Godefroy-le-Barbu, dont nous avons raconté la pénitence épique à Verdun, se voyant frustré d'un pays qu'il regardait comme une partie de l'héritage de son père Gothelon, attaqua Gérard, le vainquit et le fit prisonnier. Ce ne fut qu'au bout d'un an que, grâce aux sollicitations du pape saint Léon IX (1), Gérard fut rendu à la liberté et recouvra ses Etats. (LESLIE, pp. 7 et 8.)

En 1052, les nobles, à leur tour, se révoltèrent. L'empereur Henri IV envoya deux mille hommes à Gérard, qui parvint ainsi à réprimer cette insurrection.

« Il s'unit (BÉGIN, t. I, p. 13) avec Arnou, comte de Toul, contre Louis, comte de Monçon, l'un de ses plus audacieux ennemis; fit sa paix avec lui à l'assemblée de Cologne, y prit d'utiles mesures pour arrêter la fureur des guerres particulières; aida l'évêque de Toul, Udon, à détruire les brigands à qui le château de Vaucouleurs servait de retraite; reprit (vers 1067) le château de Vicherey, sur Rollo de Rollainville, célèbre aventurier, et ne cessa d'avoir les armes à la main pour réprimer les brigandages d'une noblesse audacieuse, inquiète de ses succès, irritée de son pouvoir,

---

à cette époque, se vouaient à la défense des monastères, les particuliers à leur service. Une dame, nommée Ermangarde, se voue à Saint-Dié, elle et sa postérité, obligeant tous ses descendants de porter à la fête du saint, pour offrande, les hommes deux deniers, et les femmes un denier; elle engage son serment en coupant une boucle de ses cheveux et la mettant sur l'autel. (BÉGIN, t. I, p. 11.)

(1) Ce pape, qui avait été évêque de Toul, accorda, par une bulle (1051), aux chanoines sans exception de cette ville qui possèdent des vignes dans le ban de Toul, la faculté de vendanger, selon qu'il leur conviendra, sans qu'auparavant ils soient tenus d'en demander ou obtenir la permission de leur supérieur, attendu que lesdits chanoines ne peuvent sortir de leur résidence sans permission, ce qui ne leur permet pas d'observer le ban, comme doivent le faire les autres habitants de Toul. (A. L., pp. 11-12.)

qui le poursuivait de sa haine, et qu'on accuse, non sans raison, d'avoir attenté à ses jours. »

Gérard, fidèle à l'esprit de son époque, enrichit plusieurs abbayes, entre autres celles de Trèves, de Bouzonville, à condition d'un anniversaire pour son père Gérard, sa mère Gisèle, sa femme Hadvide, lui-même et son fils Thierry après leur mort. (*Généalogie authentique*. Daté de Sierck, le 3 des ides d'avril, 1067.)

En 1067, il donna également le fief d'Heinga aux moines d'Epternach, à cause de *leur modération et de leur sobriété* : ce qui explique l'article de loi que nous verrons plus loin.

Par une bizarre contradiction, ce que Gérard donnait d'un côté il le prenait de l'autre. En effet, on l'accusa de dépouiller des abbayes dont il était l'avoué, entre autres celle de Moyenmoutiers, à laquelle il enleva *quinze cent quinze familles de serfs*, principale richesse de ces temps barbares, pour se les approprier, comme le prouve un rescrit de l'empereur Henri IV (1), rescrit donné aux instances de l'abbé, désireux d'arrêter les entreprises du voué.

Gérard résidait ordinairement au château de Chatenois (près Neufchâteau), d'où les historiens l'appellent indifféremment Gérard d'*Alsace* ou de *Chatenoy* et même de *Flandre*. Il mourut à Remiremont, en 1070, au moment où il allait dompter une nouvelle révolte des nobles. Sa femme, qui lui survécut, fut inhumée à Chatenoy, dans un prieuré qu'il y avait fait bâtir. Ce fut l'un des nombreux monastères qui, dans ce siècle et dans le siècle suivant, couvrirent le pays (2).

(1) Cet empereur, en 1065, donna le comté de Sarrebrück à la cathédrale de Metz et lui accorda divers privilèges. (*Hist. de Metz*, t. II, p. 168.)
(2) Citons les principaux : (999) Saint-Remy, de Lunéville; (1069) Chatenoy; (1093) Thiécourt; (1006) Saint-Pierremont; (1090) Breuil; (1094) Saint-Léon, de Toul; (1137) Belval; (1130) Chaumouzey; — (1120) Hérival; (1122) Église de Notre-Dame-des-Champs, à Metz; (1124) Église abbatiale de Senones; (1098) Saint-Nicolas-de-Port; — (1135) Sturtzelbronn; (1159) Clairlieu;—(1140) Riéval; (1150) Mureaux;

LÉGISLATION. — Dans une espèce de code publié par Gérard (vers 1050) (CHEVRIER, d'après les *Coupures de Bourmon*), on lit entre autres choses : ... « Que le dimanche

Rangeval; (1086) Belchamp; (1130) Beaupré; — (1140) Hauteseille; (1131) Freystroff; (1150) Autrey; — (1136) Viller-Betnach; (1128) La Chalade; (1134) Chatillon; (1132) Isle-en-Barrois; Vaux; Saint-Benoit-en-Voivre; — (vers 1140) l'Etanche; Flabémont; Jeandeure; (1150) Justemont; (1160) Salival; Saint-Sauveur, de Toul; Val de Sainte-Marie; Chartrix-en-Argonne. — PRIEURÉS: Landécourt; Gondrecourt; Froville; Breuil, près de Commercy; Saint-Jacques, à Neufchâteau; Saint-Thiébaut, à Vaucouleurs; Saint-Mont; Saint-Nicolas-de-Port; Saint-Christophe, de Vic; Erival; Mervaville; Xures; Lorquin; Freistroff, etc. (DIGOT, t. I, pp. 390 et suiv.)

Les VII<sup>e</sup>, XI<sup>e</sup> et XII<sup>e</sup> siècles (THIBAULT, p. 11), méritèrent le nom de siècles de fondations... Il est de quelque intérêt de connaître combien les fondations ont épuisé la Lorraine et le Barrois, par la quantité de moines et de religieux mendiants et non-mendiants qui s'y sont introduits dans tous les temps (p. 36). Pendant le XII<sup>e</sup> siècle, les moines acquirent la *dixième des terres de Lorraine* (THIBAULT et l'abbé MATHIEU). Dans l'espace d'un siècle, dit le premier (p. 16), l'Église eut un *dixième des biens de la Lorraine et du Barrois*, sans supporter les charges de l'État, quoique le nombre des ecclésiastiques n'en fit pas la centième partie, à la différence des offrandes consacrées dans l'ancienne loi aux Lévites, lesquels ne percevaient la *dixième du revenu des Biens*, que parce qu'ils faisaient, en effet, la dixième partie du peuple. Nous trouverons plus loin des détails particuliers sur diverses abbayes. Notons ici quelques particularités sur trois de ces monastères.

CHAUMOUZEY. — Un quidam, dit la chronique de cette abbaye, gentilhomme de Dompmartin, nommé Robalde, estant les enfants qu'il avoit décédés de cette vie présente, et finalement estant mort celui qu'il espéroit pour son successeur, le fit apporter en nostre église, pour y être inhumé; et pour ce qu'il estoit fort vieil et avancé d'aage, de d'autant plus il s'addonnast à penser de son salut, de sorte que, au lieu de ses enfants auxquels de son vivant il avoit avec toute diligence acquesté beaucoup de terres et alleus pour iceux succéder et vivre, il voulut néantmoins nommer et establir nostre église pour son héritière et successeresse, et, en la présence de *plusieurs libres hommes*, il donna et ratifia les alleus de Hocéville et Sanoncourt, les octroyant aussi libres et entiers comme du passé il les avoit possédés; asçavoir en *hommes* et en *femmes*, en champs cultivez ou non, en preys, en pasquis, en bois, et en quelques vignes ensemble et en toute autre sorte de revenuz, desquels nostre église n'a point enduré aucunes hostilités, mais les tient, possède entiers et sans contredit (*Docum. de l'Hist. des Vosges*, t. II, p. 124.)

SAINT-NICOLAS. — Ce fut vers l'an 1087 qu'un gentilhomme qu'on nomma Albert apporta de la ville de Bari (Italie), l'os d'un article de la main de Saint-Nicolas, évêque de Myre, en Licie, et le déposa dans une chapelle bâtie en dur dans les bois, près de la rive où s'arrêtaient les bateaux de la Meurthe et qu'on appelait Le Port. Dès qu'on sut qu'il y avait dans ce lieu une relique de Saint-Nicolas, on y accourut de tous les environs ; il commença à se peupler, et on y bâtit une église qui devint bientôt célèbre par un grand nombre de miracles. Du temps de *Richerius*, au commencement du XIV<sup>e</sup> siècle, on y voyait déjà ces chaînes énormes, suspendues à ces piliers par les seigneurs chrétiens pris par les Turcs aux croisades, et délivrés d'esclavage par les secours de *Saint-Nicolas*. Je ne sais si l'on voit encore à Saint-Nicolas cette petite nef d'argent du poids de cinq marcs que le *sire de Joinville* y apporta lui-même, en 1254, pour le vœu que la reine avait fait dans une tempête (JOINVILLE, *Histoire de Saint-Louis*, p. 114). Le trésor étoit fort riche avant que le bâtard de Bourbon n'envoyât piller Saint-Nicolas qui depuis très longtemps étoit respecté par les ennemis. (BENON, p. 222.) Dom Calmet (*Notice de Lorr.*, t. II, p. 117), d't, en parlant du reliquaire renfermant la relique de Saint-Nicolas. « Entre les autres pierres précieuses dont le bras était orné on voyait une Vénus fort bien faite,

on ne pourra boire qu'après vêpres; » cet article suppose qu'on s'enivrait le matin; « qu'on n'épouseroit pas sa lignée; » par cette clause le souverain portait la main sur l'encensoir... Il était prescrit en outre : ... De ne point troubler les serviteurs de Dieu dans leurs biens... — De ne point travailler le dimanche... — De ne point battre le prêtre... (1) — De n'user d'aucun malengin ni sorcellerie pour empêcher la femme d'avoir des enfants de son corps.

## De 1070 à 1115 : Thierry I<sup>er</sup>.
### Femme : Gertrude de Flandres.

**SOUVERAINS ET PRÉLATS LORRAINS CONTEMPORAINS**

| ROIS de France. | EMPEREURS d'Allemagne. | COMTE de Vaudémont. | COMTES de Bar. | ÉVÊQUES | | |
|---|---|---|---|---|---|---|
| | | | | de Metz. | de Toul. | de Verdun. |
| Philippe I<sup>er</sup>. | Henri IV. | Gérard I<sup>er</sup>. | Thierry II. | Adalbéron. | Udon. | Thierry. |
| Louis VI. le Gros. | Henri V. | | Thierry III. Renaud, chassé. | Hérimann. Burcard. Poppon. | Pibon. | Richer. Richard de Grandprey. |

gravée sur une agathe, que le peuple baisait avec respect, croyant baiser la figure de la Sainte-Vierge; on la détacha, il y a quelques années, et on mit en sa place un Saint-Nicolas en émail; la Vénus fut envoyée au roi Louis XIV. »

Commercy, soit dit en passant, qui avait « un reliquaire en bois dedans lequel il y avait de l'huile tombant de M. Saint-Nicolas, en possédait un autre contenant une larme de Saint-Pierre »(Dumont, *Hist. de Commercy*, t. III, pp. 355-356).

Autrey — L'abbaye d'Autrey possède un article ou doigt de Saint-Hubert, premier évêque de Liège ou de Tongres; et c'est un pèlerinage fameux dans le pays pour ceux qui ont été mordus d'un chien enragé. Le régime qu'on y fait suivre à ces sortes de personnes est à peu près le même qui s'observe au grand Saint-Hubert en Ardenne : 1° De ne point coucher pendant quarante jours dans aucun lieu où il y ait des chèvres; 2° de ne manger ni lait, ni viande, ni fromage de chèvres; 3° de ne goûter ni fruit, ni herbes, ni jus, ni sauces, ni aucune chose aigre ou acide, comme serait le vinaigre, le verjus ou chose pareille; 4° de ne pas manger de fruits, comme poires, pommes ou noisettes.. On contesta la vérité de cette relique et il ne fallut rien moins que l'intervention du pape pour mettre fin à la querelle.

(1) Il paraît que les ouailles de cette époque n'étaient pas toujours d'une douceur exemplaire pour leurs pasteurs. Ainsi, dans une charte de 1076, l'évêque de Toul dit : .. Ceux d'Amance ont toujours été durs et féroces, tellement qu'un archidiacre ou curé n'osait le moins du monde entrer dans leur enceinte. *Illi de Amantia duri et feroces semper exiterunt*, etc. (*Austrasie*, t. II, p. 12.)

Udon, évêque de Toul, voyant l'opiniâtreté des habitants de Varangéville à ne point vouloir le reconnaître, porta, en 1057, une sentence contre eux... (Benoît Picard, p. 81.)

SOMMAIRE. — Sacerdoce et Empire. — Lutte intestine suscitée par Gérard de Vaudémont. — Brigandages des nobles. — Alliance avec Henri IV. — Guerre avec l'évêque de Metz. — Thierry protège les abbayes. — Un jugement des Assises. — Querelle des Investitures, étrangère, à la France. — Première Croisade. — Persécution contre les Juifs.
*Metz.* — Administration intérieure. — Grand tonneau. — Famine de 1176. — Commerce. — Industrie.
*Toul.* — Lutte des évêques contre les comtes. — Udon. — Pibon. — Liberté à Toul. — Institutions.
*Verdun.* — Lutte de l'évêque Thierry contre les Godefroy (de Barbe et Bouillon). — Triomphe sur plusieurs seigneurs. — Richer de Metz. — Thierry de Bar. — Richard de Grandprey. — Henri de Vinton. — Adalbéron et Renaud de Bar.
Arts et sciences. — Architecture. — Monuments.
*Notes.* — Tutelle des duchesses. — Noms patronymiques. — Excommunication. — Plaids. — Combats judiciaires. — Pibon et la simonie. — L'investiture. — Mot cruel de Sixte-Quint. — Les évêques lorrains pendant la querelle des Investitures. — Domaines de la comtesse Mathilde, en Lorraine. — Ventes de Godefroy de Bouillon pour les Croisades. — Intérieur des châteaux au moyen âge.

Le successeur de Gérard, Thierry, son fils, élevé par Adalberon, évêque de Metz, dut à ce prélat la fermeté d'esprit, la modération, l'amour de la justice qui formaient son caractère. Il entra en possession du duché de Lorraine par droit de succession (1) et *sans investiture de l'empereur*. Thierry prenait aussi le titre de comte de Metz, et sa femme est nommée, dans les chartes du temps, duchesse de *Nancey*, qui n'était alors qu'un château.

Thierry, dès son avènement, « convoqua les Etats, encore mutinés (CHEVRIER, t. I, p. 78) et les força à le reconnaitre (2).

« Les Lorrains, qui n'avaient pas voulu accepter la domination du père, obéirent au fils. »

Le nouveau souverain rencontra des adversaires dans sa

(1) Haraucourt, dans ses Mémoires, dit avoir vu, dans les papiers de son grand-père, une copie du testament du duc Gérard, sur lequel on avait annoté que cet acte n'avait servi à rien parce que Thierry (Ier), son fils, n'avait pas voulu l'exécuter, à cause de sa mère qui prétendait gouverner, et avait refusé d'y acquiescer, parce qu'ayant vingt-cinq ans faits « on n'auoit besoing de mainbornie ly estant major d'ans, *lorsqu'auoit eu son dix-sept ans*, en suivant l'usaige. » Ceci jette un trait de lumière sur l'historique du moment où l'usage avait fixé la majorité des princes héréditaires de Lorraine. (CAYON, pp. 1-2.)

(2) Ce fait semble attester l'existence des Etats (Assises), et leur intervention probable lors de l'avènement de Gérard d'Alsace.

famille même. « Son frère Gérard, comte de Vaudémont, peu content de son apanage, prit les armes contre le duc, alors plus occupé des charmes de sa femme que du bien de ses sujets, et obtint des avantages (CHEVRIER). » Grâce à l'intervention de l'empereur Henri, la paix fut conclue. Vaudémont fut érigé en *comté souverain* et distinct du duché de Lorraine et du Barrois (1072) (1). Thierry céda à son frère la plus grande partie du Saintois et le château de Savigny (2). Telle fut la récompense donnée à ce « brigand heureux » pour les ravages qu'il avait exercés et les ruines qu'il avait semées dans le pays.

Non content de cette guerre criminelle faite à son frère, le nouveau comte, entraîné par ses instincts pervers, alla attaquer le comte de Bar, qu'il fit prisonnier et qui dut racheter sa liberté par une forte rançon. Encouragé par ce nouveau succès, il partit ravager les terres de Humbert, duc de Bourgogne. Battu à son tour et fait prisonnier, « il n'obtint la liberté que grâce à l'intervention de son frère, qui abandonna Châtel en échange de Savigny. Une fois libre, Gérard, corrigé, à l'exemple de presque tous les tyranneaux de l'époque, enrichit les moines par des dotations. A sa mort, Savigny et ses dépendances revinrent au duché de Lorraine » (CHEVRIER.)

Alors l'anarchie était générale. « La noblesse du pays (D. CALMET, t. I, p. 1115) s'était fortifiée dans ses terres et faisait tout ce qu'elle voulait. Ce n'étaient que petites guerres entre seigneurs, qu'incendies et pillages. Ils n'épargnaient ni les lieux saints, ni les églises, ni même les terres de leurs propres sujets. La licence était entière, n'y ayant personne

---

(1) La *Coutume* commençait ainsi : Art. 1er. Le comté de Vaudémont est province souveraine à part, distincte et séparée des duchés de Lorraine et Barrois. (L'abbé BEXON, p. 14.)

(2) Ce comté possédait, outre les enclaves, cinquante-sept villes, villages ou hameaux. Vers le XIVe siècle, on pouvait en porter la population à environ sept mille âmes.

capable de les réprimer... (1) » Enfin, au mois d'août 1089, Thierry, ayant assemblé des troupes de cavalerie et d'infanterie, arrêta d'abord, par sa présence, les pillages des moissons et les incendies des maisons, puis il battit, sous les murs d'Épinal, Vidric, chef d'une bande de brigands. Satisfait de sa victoire, il se retira au château d'Arches, qu'il avait fait bâtir à trente stades (deux lieues) de là. « Il avait exigé de la noblesse (Digot, *Lorr.*, t. I, p. 299) qu'on s'abstînt, à l'avenir, de détruire les moissons, les vignes et les arbres fruitiers, d'incendier les maisons et de maltraiter les personnes inoffensives. »

Avant ces exploits dans ses propres États, Thierry avait aidé l'empereur Henri à réprimer une révolte des Saxons (1075). Un poète, parlant de cette expédition, s'écrie : « Avec l'empereur était le vaillant Thierri, conduisant une troupe de la plus belle cavalerie et des plus courageux hommes d'armes... »

Thierry assista au concile de Worms (1076), où l'empereur fit prononcer la déchéance du pape Grégoire VII (2).

(1) Alors, Senones, l'un des fiefs de l'évêque de Metz, fidèle au pape, est pillé et incendié. En même temps (1080), une tempête affreuse renverse les édifices, dévaste les forêts et ruine les habitations ; la grêle la plus meurtrière (1081) détruit les moissons et tue les animaux ; les ardeurs de la canicule dévorent la surface de la terre ; dans les Vosges, elles acquièrent une telle intensité que bien des gens périssent de consomption. (Gravier, p. 87.)

(2) Ce pape émit des idées révolutionnaires qui trouvèrent un écho à Metz, à Toul et à Verdun. « Les ducs, les rois, écrivait-il à l'évêque de Metz, tirent leur origine de quelques barbares que l'orgueil, la rapine, la perfidie, l'homicide, que tous les vices et tous les crimes, et le démon, premier prince du monde, ont élevés sur leurs pareils et investis d'une puissance aveugle... Les apôtres, qui peut en douter, sont les pères et les maîtres des fidèles, des princes et des rois... »

Sur la feuille de garde d'un manuscrit de l'époque, on lit, à l'adresse de l'empereur Henri V, des vers latins dont voici la traduction : — Pourquoi, monarque, cette immense différence entre toi et moi ? Tu as, je le sais, la force de ton côté et le nombre, mais pour nous est la nature ; peux-tu faire que nous ne soyons sortis des mains du créateur, tous égaux, tous formés de la même substance ? Ce qui nous distingue

(Querelle des investitures.) Avec le comte de Bar et les évêques de Toul et de Verdun, il prit parti contre le pape qui, en représailles, excommunia ses ennemis (1). L'évêque de Metz, Hérimann, au contraire, se prononça pour Grégoire. Aussitôt, la guerre civile s'alluma en Lorraine. Partout, pendant plusieurs années, « les environs de Metz présentèrent les horreurs de la mort (*Hist. de Metz*, t. II, p. 168), par suite des ravages de Thierry, qui brava les foudres de l'excommunication. Henri, pour récompenser sa fidélité, l'avait nommé vicaire de l'empire. Le duc chassa l'évêque de son

est artifice humain, jeu du sort contre cette loi de la nature; et celui-là la viole qui se met au-dessus des autres. (CLOUET, *Verd*., t. II, p. 164.)

(1) C'était une terrible chose, au moyen âge, que l'excommunication, renouvelée des anathèmes des Druides. La société religieuse enveloppait alors la société civile, en consacrait et en resserrait tous les liens. Rien alors ne se faisait que par l'église; aussi, retrancher un homme de l'Eglise, c'était le mettre hors la loi, en faire un proscrit dont tout le monde fuyait l'approche et le contact, et qui portait partout avec lui le signe funeste de la réprobation divine. A sa venue, l'Eglise se voilait de deuil; les chants cessaient, l'orgue (?) était muet et les cloches immobiles; le sanctuaire se fermait devant lui et le prêtre attendait qu'il fût passé pour rendre au temple ses cantiques. Lorsque la sentence était lue, c'était à la lueur des flambeaux, dans le plus sombre appareil ; et, quand l'officiant prononçait les lugubres paroles de l'excommunication, tous les assistants renversaient leurs flambeaux et les éteignaient sous leurs pieds : terrible image de la vie spirituelle qui s'était éteinte ainsi dans l'âme du condamné. Si le coupable était un prince et refusait de faire sa soumission, le pape déliait ses sujets du serment de fidélité, et, pour vaincre sa résistance, il les frappait eux-mêmes; par tous les pays, les cérémonies du culte étaient suspendues; les sacrements n'étaient plus administrés ; il n'y avait plus de messes, ni de prières, si ce n'est pour les nouveau-nés et les morts. — On comprend combien cette arme était puissante à une époque où les paroles de l'Eglise étaient le premier besoin du peuple. (LEBAS, *Hist. de l'Allemagne*, t. I, p. 272.)

Le corps, enterré dans un cimetière interdit, est rejeté de toute terre sainte; même sort est réservé à ceux qu'on y a inhumés sans être absous avant leur mort.

Voici le texte de l'anathème des souverains pontifes quand ils frappaient un individu de proscription. Il nous a paru piquant de placer en regard du texte des foudres papales, un Monitoire extrait des registres de la cour spirituelle de l'abbaye de Senones, à cause d'un trésor qu'on

siège, en 1078; mais il l'y rétablit plus tard et rentra dans la communion de l'Eglise.

L'empereur Henri IV, condamné lui-même, à son tour, à l'assemblée de Tibur, dut aller, en 1077, à Canossa, mendier son absolution dans l'attitude la plus humble. Après l'avoir

y trouva, en l'an 1664. (Alf. MICHIELS, *les Anabaptistes des Vosges*, pp. 214-215, et GRAVIER, p. 375.)

... Maudit, soit-il, partout où il sera, dans sa maison, dans son champ, sur la route, dans le sentier, dans la forêt, dans l'eau ou dans l'église!

Maudit, soit-il, en vivant, en mourant, en mangeant, en buvant, en jeûnant, en dormant, en veillant, en se promenant, en se tenant debout, en s'asseyant, en se couchant, en travaillant, en se reposant, *mingendo, cacando, flebotomando!*

Maudit, soit-il, dans toutes les forces de son corps, à l'extérieur et à l'intérieur, dans ses cheveux et dans son cerveau!

Maudit, soit-il, à la tête, aux tempes, au front, aux oreilles, aux sourcils, aux yeux, aux joues, aux mâchoires, aux narines, aux dents incisives, aux dents mâchelières ou molaires, aux lèvres, au gosier, aux épaules, aux bras, aux mains, aux doigts, à la poitrine, au cœur et dans toutes les parties internes du corps, aux reins, aux aines, au femur, *in genitalibus*, aux cuisses, aux genoux, aux jambes, aux pieds, à toutes les articulations et aux ongles!

Maudit, soit-il, dans l'enchaînement de toutes les parties des membres! Que pas un point de son corps soit sain, depuis le haut de la tête jusqu'à la plante des pieds...!
(MICHIELS, 214-15.)

... Nous admonestons publiquement ceux et celles qui auront fait cette trouve (du trésor)... à venir déclarer... ce qu'ils en ont eu et ce qu'ils en savent..., sinon..., nous, *de la part de Notre Seigneur Jésus-Christ* et de l'autorité des princes des apôtres... les excommunions pour ce fait..., les frappons d'anathème et malédiction éternelle, les interdisons et jettons hors du giron de la sainte mère Eglise... Que leurs noms soient rayés de la liste des vivants; qu'ils n'aient jamais place avec les gens de bien; que la vengeance divine les châtie d'une mort aussi terrible et exemplaire que fut celle d'Ananias et de sa femme, pour avoir recélé quelque chose des biens destinés à l'Eglise; qu'en attendant cette mort, ils soient battus des verges de la justice de Dieu par toutes sortes de malheurs; s'ils se mettent en voyage que leur chemin soit de verglas; que le jour se tourne en ténèbres pour eux, et que l'ange du Seigneur les pousse à dos pour les faire trébucher dans le précipice; que leurs biens se dissipent comme la poussière s'en va au vent; qu'il n'y ait point de juges qui ne conspirent pour leur faire perdre toutes leurs causes, et que toute leur chevance soit abandonnée comme celle de Jéroboam, à la discrétion et à la malveillance de Satan! S'ils sont mariés, que l'homme ait la honte et le déplaisir de voir déshonorer sa femme par ses ennemis, à la face de tout le monde; que leur postérité se finisse malheureusement dès la première génération, ou si quelques-uns de leurs enfants survivent, que ce soit pour porter la peine du péché de leur père et mère jusqu'à la troisième et quatrième génération; qu'on les voie sécher tout vifs comme le foin se hâle sous les ardeurs de la canicule, et fondre comme la neige au soleil, ou comme la cire devant le feu! Que la femme demeure veuve et leurs enfants orphelins, et qu'il ne se trouve personne qui assiste la mère ni qui prenne pitié de ses orphelins; qu'au contraire, tout chacun les persécute; que l'un prenne leurs terres, que l'autre les déchasse de leur maison; que les créanciers se partagent tous leurs meubles et que les étrangers emportent chacun pièce du fruit de leur travail! Que Dieu leur soit contraire dans toutes leurs entreprises, et qu'au lieu d'écouter la prière qu'ils pourraient lui adresser parmi le comble de leurs misères, il la rebute comme un nouveau péché, étant faite dans sa disgrâce et hors de l'union de l'Eglise; et s'ils osent s'approcher de la sainte table pour communier, que le pain de vie leur soit, comme à Judas, un poison de mort qui les fasse crever exemplairement et finir de male-mort; qu'il leur fasse éprouver tous les effets de sa malédiction; qu'elle ne les quitte non plus que leur chemise, et qu'elle les enveloppe de toutes parts, comme la ceinture environne le corps. Que le bon ange gardien les délaisse comme indignes de son assistance, et que le diable soit toujours à leurs côtés comme leur maître et leur bourreau, jusques à tant qu'ils aient fait respectivement la déclaration et restitution des choses desquelles ils sont exortés et advertis par le présent monitoire.

Donné à l'abbaye de Saint-Pierre de Senones le 9 janvier 1665... Signé Barthélémy Claudon, prieur de Senones, vicaire général. Dom Charroyer, secrétaire...

(GRAVIER, p. 375.)

obtenue à force de bassesses, il chercha plus tard à racheter sa honte, en provoquant de nouveaux troubles dans l'Eglise.

Thierry prit la croix; mais à cause de sa faible complexion les évêques le relevèrent de son vœu, à la condition qu'il enverrait en Palestine quatre chevaliers et un arbalétrier.

Ce prince, au plus fort de ses démêlés avec l'Eglise, n'avait cessé de faire du bien aux principales abbayes de la province dont il était voué, notamment à Saint-Dié, Chaumouzey, Saint-Léon de Toul, Saint-Mansuy, Saint-Epvre, Bouxières, Bouzonville, au Val-de-Lièvre et au prieuré de Notre-Dame de Nancy qu'il avait fondé. Dès les premières années de son règne, il avait rendu, au monastère de Moyenmoutiers, les biens dont son père s'était emparé.

Thierry mourut en 1115 à Sturtzelbronn, près de Bitche. « Moult grande ameitance (HARAUCOURT) auoit porli benoits pères. » Il y faisait de longs séjours et mourut environné de toutes les reliques de l'église et des moines, comme il l'avait demandé. Sa pompe funèbre, selon ses derniers désirs, fut « grandement belle et magnifique à *l'us des nobles de France*. »

Ce prince agrandit beaucoup la ville de Neufchâteau, y construisit un faubourg ou plutôt une cité nouvelle et une église. Neufchâteau était alors une des villes les plus florissantes de la Lorraine et ses habitants faisaient un commerce étendu. (DIGOT, t. II, p. 122.)

Le règne de Thierry offre un exemple de la forme des jugements en Lorraine (1093), pour les privilégiés (1). La cause était entre Joscelin, seigneur de Chaumouzey, et l'abbé Séhère. Les seigneurs s'étaient assemblés autour du

---

(1) Les causes des vassaux se jugeaient aux *plaids* par-devant leurs seigneurs. Ceux-ci, suivaient les *us et lois*, mots équivoques qui signifiaient le plus souvent leur volonté arbitraire. Les ducs eurent leurs plaids dans leurs palais, où, peu à peu, les appels se portèrent. Les avoués des églises rendaient pour elles la justice.

Les grands, ennuyés de leurs fonctions judiciaires, créèrent des *baillifs* (baillis) qui, « tirés de la noblesse et de l'ordre militaire, en

duc : on cita les parties. Joscelin ne comparut point ; on entendit son accusateur qui se plaignit d'être troublé dans le légitime établissement de son abbaye, fondée depuis peu, par Thierry, seigneur de cette terre et frère de Joscelin. On appela les témoins de la donation de Thierry ; ils se levèrent tous *hommes libres*, car les serfs n'étaient pas reçus en témoignage. Les seigneurs jugèrent que le duc devait confirmer la donation, et le fief fut adjugé à Séhère.

Joscelin ne tint aucun compte de cette sentence ; il ne cessa ses déprédations contre l'abbaye que lorsque l'évêque de Toul l'eut menacé d'excommunication.

LÉGISLATION. — Parmi les articles de législation promulgués sous le règne de Thierry figurent les suivants :

Les prêtres sauront lire. — Les bénéfices ne seront vendus — (1). Si sous-diacres, ont femmes à eux, pour leur

négligèrent l'exercice et l'abandonnèrent à leurs officiers subordonnés. Ainsi étaient jugées les affaires des particuliers ; mais celles de la noblesse et toutes les matières féodales se portaient aux *Assises*, tribunal antique et vénérable dont on ignore exactement l'origine. »

Quant au peuple proprement dit, toutes les causes le concernant, roulaient sur des injures, des voies de fait et de violences ; on pouvait le punir mais non lui ôter son bien. Ces procès étaient terminés par le duel entre les parties, lorsqu'on manquait de preuves ou de témoins, ou par des amendes que le seigneur imposait et s'appliquait à lui-même.

Or, voici (DUMONT, *Inst. crim.*, t. I, pp. 37-38) comment avaient lieu ces duels entre nobles :

« ...Déjà fort en vogue au moment de l'affranchissement des Communes, le combat judiciaire qui était lui-même un mode de secouer le joug de l'oppression, reprit un grand essor et fut consacré par les chartes après l'avoir été par la loi de Beaumont. En Lorraine où le courage militaire est inné, le combat judiciaire avait une si grande importance, même à son origine, que les ducs s'étaient réservé, à l'exclusion de leurs seigneurs fieffés, le droit de régler tous ceux qui auraient lieu entre les gentilshommes dans les pays entre la Meuse et le Rhin. Le comte de Bar, animé de cette prétention souveraine, s'y était réservé de présider les combats entre vassaux. Le comte de Vaudémont et l'évêque de Verdun étaient convenus, en cas de difficultés, de s'en rapporter au comte de Luxembourg.

Les grands combats à cheval, au sabre et à la hache, étaient pour les gentilshommes ; toujours armés, ils ne pouvaient marcher qu'en vrais militaires. Les roturiers, au contraire, combattaient à pied et avec des bâtons ; mais la lutte n'en était pas moins meurtrière et le sort du vaincu sans ressource. Celui-ci, mort ou vif, jeté hors des lices, était désarmé par les gardes, son harnois jeté çà et là, et son corps étendu à terre, à la merci de la justice ; ses biens étaient confisqués et ses cautions arrêtés jusqu'à satisfaction (page 37).

(1) Les dignités ecclésiastiques (CHEVRIER, t. I, pp. 94, 95, 96) se vendaient en Lorraine, et les prêtres pouvaient encore s'y marier ; l'évêque de

usage et légitime mariage, pourront en user tant que ne seront en ordre de prêtrise ; mais prêtres ne pourront.

Enfants des ecclésiastiques ne seront reçus à la prêtrise, si n'ont été élevés dans les monastères.

Thiriat assure que Adalbéron III, évêque de Metz, précepteur de Thierry, avait un pouvoir presque absolu sur l'esprit de ce prince, et obtint de lui tout ce qu'il voulut, sous le prétexte de zèle pour l'amour du prochain et pour la gloire de Dieu ; entre autres, le château de Preni et les lieux adjaçants (CHEVRIER) pour lequel il promit un contingent d'armes qu'il refusa obstinément de fournir, en alléguant la maxime ancienne : *Ecclesia abhorret a sanguine.* (CAYON, *Chroniques, lois, mœurs et usages de la Lorraine au moyen âge*, par BOURNON, p. 2.)

Sous Thierry (*Coupures de* BOURNON), Commercy, bicoque croulante, et n'offrant presque que des débris de murailles, partant « onéreuse à son possesseur » (CHEVRIER), fut donné en échange de la riche abbaye de Bouzonville que le duc céda à l'évêque de Metz (Adalbéron); « donation d'autant plus mal à point, dit l'auteur, que la susdite abbaye était un bien de fondation des aïeux du prince et démembrement des domaines de Lorraine... (p. 52). »

Thierry fut le premier de nos ducs qui s'intitula *Dei misericordiâ dux et marchio*, REFUSANT PAR CETTE FORMULE DE RECONNAITRE LA SUZERAINETÉ DE L'EMPEREUR.

PREMIÈRE CROISADE. — L'ascendant de la papauté, après le triomphe de Grégoire VII sur l'Empire (1), devint tel que

Toul, Pibon, Saxon d'origine, voulut remédier à cet état de choses. Un synode général refusa de voter les réformes qu'il proposa adroitement ; le pape Urbain II auquel il s'adressa, en même temps que le duc de Lorraine, donna un décret qui força les prêtres à savoir lire et à être chastes, c'est-à-dire que les bénéfices ne se vendirent plus publiquement et que les ecclésiastiques ne purent plus afficher leurs passions. Urbain conclut en disant: que la multitude des chiens qui aboient contre vous n'effraie point vos cheveux blancs. Celui qui vous soutient est plus fort que celui qui anime vos adversaires.

(1) Nous avons déjà dit que des trois prélats du pays lorrain, le seul

le pape Urbain II put lancer sur l'Orient les masses de l'Occident, rois, nobles, bourgeois, serfs, pour délivrer le tombeau du Christ qui se trouvait aux mains des Infidèles.

« La terre que vous habitez, s'écria le Pontife, au concile de Clermont, cette terre, fermée de tous côtés par des mers et des montagnes, tient à l'étroit votre trop nombreuse population ; elle est dénuée de richesses et fournit à peine la nourriture à ceux qui la cultivent. C'est pour cela que vous vous déchirez et dévorez à l'envi, que vous vous combattez, que vous vous massacrez les uns les autres. Apaisez donc vos haines et prenez la route du Saint-Sépulcre. »

Déjà l'Église avait décidé « que le serf qui se croiserait ne pourrait être retenu par son seigneur... ; que le débiteur ne pourrait être poursuivi par ses créanciers, ni l'accusé par les tribunaux, ni le belligérant par ses ennemis. » (A. RAMBAUD, t. I, p. 189.)

L'élan fut général. Trois cent mille personnes de tout état s'enrôlèrent pour passer en Palestine. De nombreux Lorrains prirent la croix, entre autres Renard, comte de Toul

évêque de Metz s'était prononcé pour le pape Hildebrand. Encore un mot à ce sujet. Henri IV fit déposer, en 1076, Grégoire V, à Worms où un cardinal, déposé lui-même, accusa ce pontife. L'évêque d'Utrecht et d'autres votèrent la déchéance de Grégoire. Hérimann, évêque de Metz, fit des objections. Pibon, évêque de Toul, qui devait lire l'acte d'accusation contre le pontife, s'esquiva avec Thierry, évêque de Verdun. Guillaume d'Utrecht remplaça Pibon. Dans le revirement qui se fit en faveur de Grégoire, Thierry de Verdun resta presque seul fidèle au monarque. Hérimann de Metz, tout en défendant avec âpreté le pape, garda son amitié au prélat verdunois. Pibon, lui, accusé personnellement de divers crimes ou délits, était suspect au pape. Vers 1080, à Brixen, on déposa Grégoire et on élut pape Clément III. Thierry (l'évêque ou le duc) avait écrit une lettre violente contre le vainqueur à Canossa. En 1085, Pibon (de Toul), au concile de Mayence, se déclara pour Clément III. Hérimann (de Metz), toujours fidèle à Grégoire, fut déposé et s'enfuit en Italie. Ce prélat fut rétabli, en 1088, et assista à la mort du duc Thierry. (CLOUET, t. II, pp. 95 et suiv.)

La fameuse comtesse Mathilde, l'amie de Hildebrand, avait des propriétés en Lorraine. Le comté de Briey où elle avait fondé, en 1096, l'abbaye de Saint-Pierremont, ainsi que Stenay et Mousson, furent

et son frère Pierre (1). Godefroy de Bouillon, duc de la Basse-Lorraine, déjà renommé par des actes d'une valeur intrépide, fut le chef de cette expédition fameuse (2).

Les Croisés, partis du centre de la France, en approchant de la Lorraine, commencèrent les excès qu'on leur reproche

recueillis par les héritiers de Sophie de Bar, sa tante, sans que la cour de Rome réclamât. (BÉGIN, t. I, p. 24, note.)

(1) Rien de plus triste que l'intérieur des familles nobles dont le chef avait pris la croix. Pour égayer l'enceinte des noirs donjons, les hommes jouaient à la bague, aux dés, aux quilles, à la balle, racontaient leurs prouesses de la chasse ou du champ clos, tandis que les femmes représentaient à l'aiguille, sur d'immenses tapis, des scènes guerrières ou domestiques et chantaient de tendres vilanelles. Il ne fallait rien moins qu'une invasion hostile, ou quelque grande dévotion pour interrompre l'uniformité de cette existence. Dans le premier cas les petits vassaux et les serfs se réfugiaient au sein du manoir, la herse s'abaissait, on arborait le drapeau d'alarme, la cloche sonnait en signe de détresse, et chacun attendait que la bourrasque fût calmée ; dans le second cas, procession, croix, bannières étaient promenées à plusieurs lieues. (BÉGIN, *Metz*, t. III.)

Dans le donjon, dans le bas de la cour, on enfermait dans une cave souterraine les malheureux captifs. On descendait dans ce lieu affreux par un trou pratiqué au sommet de la voûte et se refermant par une trappe. (DUMONT, t. I, p. 236.)

(2) Pour se procurer des ressources, Godefroy vendit à la cathédrale Saint-Lambert de Liège, le château de Bouillon pour treize cents marcs d'argent et quatre livres d'or, que l'on compléta aux dépens des moines, notamment de ceux de Saint-Hubert, qui se plaignirent amèrement dans les chroniques... La Croisade leur semblait... une folle entreprise qui leur coûta, à leur vif regret, trois grandes croix d'or, une table d'autel couverte du même métal et d'autres joyaux encore que les exacteurs de l'évêque leur prirent pour payer Bouillon. (CLOUET, t. II, pp. 155-156.

Ajoutons, à titre de trait curieux, ce qui suit, quoique les faits allégués sont, ou du moins paraissent, entièrement faux...

« On lit (CLOUET, *ibid.*, p. 157), dans les vieux auteurs, Goguin, Nicole, Gille et Bernard du Haillon, que Godefroy, à son départ, vendit la *cité*, c'est-à-dire la franchise municipale aux trois villes de Metz, Toul, Verdun. La même chose est racontée de Liège qui paya, dit-on, sa franchise cent cinquante mille écus. » On dit Gaudeffroy de Bouyllon... Metz, cent mille, Verdun et Toul, chacun cinquante mille, moyennant quoi, ajoute-t-on, ces cités ont joui, depuis l'an 1096, de pleines libertés, franchises et immunités publiques. (Extrait d'un ouvrage imprimé à Cologne en 1606. *Hist. de Metz*, t. II, pp. 204-205.)

à bon droit. Ces fanatiques avaient juré d'exterminer les Juifs. « Il y en avait (*Hist. de Metz*, t. II, p. 203) beaucoup sur les frontières de France. Tout le commerce était entre leurs mains. On fit main-basse sur ces malheureux. Il n'y eut jamais depuis Adrien un si grand massacre de cette nation. Ils furent égorgés à Verdun, à Metz, à Trèves, à Spire, à Worms, à Cologne, à Mayence... »

A Trèves, on vit de malheureuses mères enfoncer un poignard dans le sein de leurs enfants et se précipiter ensuite dans la Moselle. Des familles entières aimèrent mieux mourir que de renoncer à leur culte ; d'autres, plus nombreuses, réfugiées dans le palais archiépiscopal, seule retraite qui leur restât, se firent toutes chrétiennes, et apostasièrent l'année suivante. A Worms, les Juifs, pressés par leurs bourreaux de recevoir le baptême, demandent un moment pour délibérer, entrent dans un édifice et se tuent l'un l'autre. A Spire, un bon et généreux évêque les sauve de la mort ; sa piété touchante en convertit un grand nombre. (BÉGIN, t. I, p. 25.) On peut placer cette fidélité des Juifs à la foi léguée par leurs ancêtres, à la hauteur, au stoïcisme des plus héroïques confesseurs de la religion du Christ.

Les Croisés continuèrent leurs sinistres exploits pour se procurer des vivres, et soulevèrent contre eux la population de la Hongrie. Ceux qui échappèrent au fer des chrétiens périrent, à Nicée, sous le glaive des Turcs.

Nombre de seigneurs qui avaient pris la croix, pour se procurer des ressources pécuniaires, aliénèrent tout ou partie de leurs domaines. « Les églises et les monastères (*Hist. de Metz*, t. II, p. 204) profitèrent de ce moment pour acheter à vil prix beaucoup de terres des seigneurs, qui croyaient n'avoir besoin que d'un peu d'argent et de leurs armes pour aller conquérir des royaumes en Asie. »

Les ducs et les riches bourgeois des villes imitèrent l'exemple des oints du Seigneur et firent, à peu de frais, de belles acquisitions.

METZ. — Brunon, compétiteur d'Hérimann, « nommé par l'empereur évêque de Metz, en 1086, vendit le titre abbatial dont il était revêtu, pilla et aliéna tout ce qu'il put des biens du monastère de Saint-Tron, et revint à Metz chargé d'or et d'argent; ce qui indisposa tellement tout le monde contre lui, qu'à son retour les bourgeois l'attaquèrent jusque dans la cathédrale, où il s'était réfugié; ils massacrèrent ses gens aux pieds des autels et l'obligèrent de chercher son salut dans la fuite, en 1087. » (*Hist. de Metz*, t. II, p. 193.)

Quant à l'évêque Hérimann, l'ami du pape Grégoire VII, il mourut en 1090. Plusieurs ecclésiastiques se disputèrent son siège. Il y eut à la fois quatre compétiteurs. Ce scandale (RAGON, p. 52) n'était pas nouveau et ce ne fut pas le dernier exemple. Les schismes et les divisions qui naissaient de ces prétentions ambitieuses, les changements trop fréquents des évêques, la dissipation et l'aliénation des biens temporels de l'évêché, affaiblirent insensiblement, dans Metz, l'autorité ecclésiastique; aussi, vers 1120, les Citains s'affranchirent de l'autorité de leurs prélats et formèrent une espèce de *République*. Metz avait déjà vingt-un échevins, pris parmi les nobles. On en créa vingt-un autres, de la classe des plébéiens et qui s'appelèrent *échevins mineurs*. Jusque-là, le gouvernement de la ville avait été entre les mains des nobles qui, depuis cette époque, le partagèrent avec le peuple. Cette noblesse de Metz se divisa, par la suite, en cinq *tribus* ou *parages (paraiges)*. Ceux qui faisaient partie de ces paraiges pouvaient seuls prétendre à la dignité de maître-échevin et aux honneurs du Sénat, des Treize, et de la compagnie qu'on nommait les *sept de la guerre*: c'était un gouvernement oligarchique. Quant à la *Commune* (1) ou

(1) La commune primitive (CLOUET, t. II, p. 279) comprenait tous les bourgeois et ne laissa en dehors que les gens dits manants, habitants transitoires et tolérés, sans bourgeoisie. Jusqu'au milieu du XIIIe siècle, nos chartes mentionnent des assemblées à son de cloche et à crière publique, et le nom même d'université, qui signifie universalité, est une preuve que personne, dans le bas peuple, n'était hors du droit poli-

bourgeoisie de Metz, elle était, comme dans toutes les villes libres au moyen âge, partagée en divers corps de métiers, héritage, sans doute, de l'administration romaine. » Le tarif du grand tonneu (du mot latin *Telonium*) donne une idée des professions industrielles de Metz, au XIIe siècle. On y voyait, entre autres, des cloutiers, des bourreliers, des corroyeurs, des gantiers, des passementiers, des *solchiers* (ayant le privilège exclusif de vendre des socles de charrue), etc., sans compter les divers ateliers de chaque monastère où se fabriquaient, sans doute, indépendamment des ornements religieux, divers objets de luxe ou d'utilité. (BÉGIN, *Hist. des sciences*, p. 259.)

Quant aux articles du trafic, suivant le registre tenu par les Treize, ils consistaient en laines, fer de Cologne, craie, meules de moulins, plomb, cuivre, tissus de laine, blancs, noirs et rouges, feutre, huile, sel, qu'on importait. La laine, le fer, le sel, arrivaient très souvent en bateau, en la *neif*. C'était sur des objets fabriqués tels qu'armes, outils, instruments, tissus de laine, cuirs forts, cuirs blancs, etc., que s'exerçait l'industrie messine. (*Ibid.*, p. 242.)

« Metz, libre, établit, par le premier de ses statuts, que *nul n'était de condition servile*; bientôt l'agriculture, à l'exemple des autres sources de production, prit une face nouvelle. Metz devint la patrie des arts. Accueillis dans ses murs, ceux-ci y répandirent l'abondance, la richesse, et l'on vit de simples bourgeois devenir les créanciers des souverains. (*Ibid.*, p. 265.)

Aussi les Messins défendirent-ils (*Hist. de Metz*, t. II, pp. 217-18), avec un soin jaloux, la liberté des citoyens. —

tique commun (vers 1200)... Le beffroi communal était le signe caractéristique de la commune; démolir le beffroi, en style de chancellerie, signifiait supprimer la commune. En la tour du beffroi était la grosse cloche « à meute », c'est-à-dire au son de laquelle s'ameutaient ou s'assemblaient les citoyens. De là le nom de *mutte* qui est resté à l'ancienne cloche de Metz; de sorte qu'une ville sans beffroi n'avait pas le droit d'assemblée. (CLOUET, t. II, p. 357.)

Les habitants de Dieulouard ayant, vers 1110, retenu prisonnier un de leurs bourgeois, ses concitoyens assiégèrent le château ennemi, s'en rendirent maîtres et le rasèrent.

Toul. — Dès le VII<sup>e</sup> siècle, cette ville avait eu ses comtes, nommés par les rois francs. En 928, l'empereur Henri l'Oiseleur donna ce comté à l'évêque Gauzelin. A la mort de ce prélat, le comté retomba entre des mains laïques. Vers le milieu du XI<sup>e</sup> siècle, le comte Arnoul, ayant été convaincu de vexations et de violences envers les sujets de l'évêché, fut déposé, par l'évêque Udon, et privé de sa dignité, dans une assemblée générale de la noblesse et du clergé. Son fils Albéric, ayant vainement tenté de le venger par les armes, fut excommunié, dépouillé de ses fiefs et banni des terres de l'évêché. Cependant Udon le rétablit, plus tard, dans la dignité de son père ; mais il limita son pouvoir de comte (1) et ne lui laissa que de faibles prérogatives. L'administration de Pibon, successeur d'Udon (de 1069 à 1107), fut également favorable aux Toulois. Accusé de simonie et d'adultère par le custode de son église, ce prélat se jeta dans le schisme des investitures, pour n'avoir pas à se disculper devant la cour de Rome ; mais il se fit aimer, paraît-il, du peuple et du clergé. « Il borna (D. Calmet, t. I, p. 1179) son pouvoir (personnel) et régla les droits des comtes de Toul, suivant ce qui avait été observé précédemment. Le comte n'a aucune juridiction dans la ville de Toul ; il aura son ban autour des vignes pendant les vendanges, tirant un sillon à la longueur de soixante pieds ; et si, dans cet espace, il se fait quelques reprises dans le temps qu'on garde les vignes, le comte aura le tiers de l'amende et l'évêque les deux tiers. Les divers abbés de la ville pourront vendanger un ou deux jours avant les bourgeois, et donneront pour cela un muid

---

(1) Une charte de 1069 (Daulnoy) établit que le comte n'avait aucun droit dans la ville de Toul, qui s'administrait par ses échevins. Ses émoluments consistaient, en partie, dans les amendes imposées aux délinquants, source forcée d'abus.

de vin à partager entre le comte et le maire (*villicus*) de l'évêque. Lorsqu'un étranger ouvrira un tonneau de sel pour vendre, le serviteur du comte en prendra une main pleine; mais, si c'est un bourgeois, le comte n'aura rien. »

Peu de prélats ont fondé autant de monastères et montré autant de zèle pour les croisades que Pibon. Les bourgeois, aspirant à la liberté, souffraient avec impatience la domination de leurs prélats.

VERDUN. — En 1046, l'évêque Thierry (dit le Grand) conteste les droits sur la ville que s'attribuait Godefroy-le-Barbu, duc de la Basse-Lorraine. Celui-ci se ligue avec Baudouin de Flandre, prend et incendie Verdun, brûle l'église Notre-Dame, où se trouvait renfermé le trésor des Chartes, répand dans toute la province la désolation et la mort, enfin force l'évêque à le reconnaître en qualité de comte. Thierry n'est pas plus heureux contre Godefroy de Bouillon qui, après la mort de son oncle le Barbu, se met en possession du comté de Verdun. Le belliqueux prélat fait la guerre, avec plus de succès, à Manassé, comte de Rhétel, qui voulait usurper les biens de son église; à Raoul, comte de Crespy, qui avait imposé aux évêques de Verdun un tribut annuel de vingt livres d'argent, que Thierry cessa de payer, et à divers châtelains qui ravageaient ses terres. Ceux-ci parvinrent à mettre le feu à la ville de Verdun, qui fut ainsi incendiée trois fois en peu d'années. Thierry fit, dit-on, de grandes libéralités pour éteindre la misère que ces luttes sanglantes devaient forcément répandre partout. Ce prélat avait embrassé avec ardeur le parti de l'empereur Henri IV contre le pape Grégoire VII. Il persécuta même les ecclésiastiques qui refusaient d'entrer dans le schisme des investitures.

Son successeur, Richer de Metz, d'abord opposé à la cour de Rome, se réconcilia avec le pape et rétablit la paix religieuse au sein de la province. Il fut moins heureux avec les divers seigneurs, ses voisins. Henri, sire de Grandpré, rejeta ses paroles de paix; mais il fut battu par les bourgeois de

Verdun et dépossédé de ses châteaux. Un autre baron, Dudon de Clermont, en Auvergne, ravagea ses terres et vint même à Verdun, comme pour insulter le pacifique vieillard. Les chanoines l'arrêtèrent et le mirent en prison. Les autres seigneurs se plaignirent de ce que des gens d'église avaient osé se faire justice eux-mêmes. Les chanoines, pour leur donner satisfaction, furent obligés de porter à six-vingts pas de la ville un livre de chœur devant le baron Dudon.

En 1096, l'évêque Richer acheta de Godefroy de Bouillon les terres de Stenay et de Moussey (1), moyennant de grosses sommes que le prélat avait ménagées des revenus de son évêché. Godefroy lui remit en même temps le comté de Verdun, ce sujet de fréquents et sanglants démêlés. Richer en investit Thierry, comte de Bar, qui se montra indigne de sa confiance, comme nous le verrons plus loin.

Arts et sciences. — Dans ces siècles de barbarie, on se consacrait peu à la culture intellectuelle et artistique. Les livres, devenus rares, coûtaient un prix énorme. Les écoles se soutenaient plus par la munificence des rares prélats, amis des lettres, que par l'émulation des clercs qui les fréquentaient; aussi, quand un évêque illettré succédait à un homme instruit, la province ne tardait pas à se ressentir de l'ignorance de son chef spirituel. Cependant les écoles de Gorze, de Saint-Arnould, de Metz, de Toul (2) et de Verdun

(1) « L'évêque (D. Calmet, t. I, p. 1241) s'en mit en possession par le couteau, le fétu noué, le gand, le gazon de terre et la branche d'un arbre, et encore sous la charge de payer, tous les ans, un cens de douze deniers à l'église romaine. » On voit même quelquefois le fétu attaché à la cire de la Charte. (Clouet.)

(2) Les écoles de Toul, après avoir éprouvé une décadence sensible vers la fin du IXe et au commencement du Xe siècle, étaient redevenues florissantes et jouissaient d'une légitime renommée. On y enseignait la grammaire, l'histoire, le grec, les mathématiques, l'architecture, la musique et les beaux-arts (Daulnoy, p. 70); malheureusement le manque de livres dut forcément paralyser l'essor de l'instruction.

Outre les écoles épiscopales (Benoit, pp. 154-55), il y avait, dans le palais de l'évêque, un séminaire pour les jeunes chanoines. Ils étaient séparés des autres écoliers et avaient, dès le XIe siècle, un maître

formaient quelques hommes instruits qui entretenaient le
goût des bonnes études. Celle de Metz, grâce à l'administration éclairée d'Adalberon III, évêque de cette cité, devint le
centre des lumières de la province.

On y voyait briller Sigebert de Gemblours, écolâtre de
Saint-Vincent de Metz (1); Paulin, princier de la cathédrale;
Wallon, abbé de Saint-Arnould, puis écolâtre à Gorze;
Richard d'Albano, évêque et légat du Saint-Siége, etc.

Les papes Léon IX (évêque de Toul) et Etienne IX, le cardinal Humbert, Grimbalde, abbé de Saint-Mansuy de Toul,
Hézelin et Hunalde, directeurs des écoles de la même ville;
les chroniqueurs Guibert, Hugues de Flavigny et Séhère de
Chaumouzey, sont à peu près les seuls personnages du
XIe siècle qui, dans nos contrées, se soient montrés dignes
du souvenir de l'histoire.

Les arts furent à peu près stériles à cette époque, l'architecture exceptée, car les princes et les évêques faisaient
exécuter alors des travaux considérables. Citons, entre
autres, la cathédrale de Metz, l'une des plus belles de France,
que commença, en 1014, l'évêque Thierry; le mausolée de ce
prélat, exécuté avec une rare magnificence; l'abbaye de
Saint-Martin-les-Metz; la cathédrale et les principaux édifices de Verdun; le château de Saint-Mihiel; celui de Conflans; la cathédrale de Toul. Plus de cinquante monastères,

---

particulier. Ce maître leur enseignait à lire, à écrire et à prier. Il leur
apprenait, de plus, les cérémonies de l'Eglise et, lorsqu'ils avaient
atteint l'âge de quatorze ou quinze ans, ils passaient dans les écoles
épiscopales pour y étudier les humanités. On y recevait alors pour
chanoines des enfants de quatre à cinq ans, et ils *étaient, même à cet
âge, reçus pour témoins dans les actes publics. Cela paraît par les
signatures de plusieurs* ou après leurs noms, ces enfants ajoutent :
*Puer canonicus.*

(1) Vers 1048, on comparait cet amateur de livres à Ptolémée Philadelphe pour avoir amassé une centaine de volumes d'auteurs ecclésiastiques, et une cinquantaine d'écrivains profanes, tant les livres
étaient alors rares et tant il en coûtait pour se les procurer. (*Hist. de
Metz*, t. II, p. 142.)

une quantité d'églises, signalent la belle époque de l'architecture dite gothique, éclose en quelque sorte avec les aspirations des peuples à la liberté. Ces constructions, d'un genre riche et majestueux, prouvent qu'en Lorraine le goût s'était considérablement épuré. Parmi les habiles architectes de cet âge, on cite Anstée, moine de Saint-Gorze (x<sup>e</sup> siècle).

## De 1115 à 1139 : Simon I<sup>er</sup>.
### Femme: ADELAÏDE DE QUEREFORT.

**SOUVERAINS ET PRÉLATS LORRAINS CONTEMPORAINS**

| ROI de France. | EMPEREURS d'Allemagne. | COMTE de Bar. | COMTES de Vaudémont. | ÉVÈQUES | | |
|---|---|---|---|---|---|---|
| | | | | de Metz. | de Toul. | de Verdun. |
| LOUIS VI, le Gros. | HENRY V. | RENAUD I<sup>er</sup>. | GÉRARD I<sup>er</sup>. | POP. N. | RIQUIN. | RICHARD DE Grandprey. |
| | LOTHAIRE II. | | HUGUES I<sup>er</sup>. | ADALBÉRON | HENRI de Lorraine | HENRI DE Vinton. |
| | | | | THÉOGÈNE. | | URSIN. |
| | | | | | | ADALBÉRON de Cany. |

SOMMAIRE. — Victoires de Makeren et de Château-Jules. — Défaite de Frouard. — Simon chassé de l'Église. — Campagne en Italie. — La duchesse Adélaïde. — Fondations d'abbayes. — Législation.

Notes. — Nancy capitale du duché. — Démêlés de Simon avec les chanoines de Saint-Dié. — Saint Bernard. — Tribunaux ecclésiastiques. — Service militaire.

Simon épousa Adelaïde de Querefort, sœur de l'empereur Lothaire II. Il fixa sa résidence, parfois à Bitche, où il se livrait à la chasse et à la pêche, mais le plus souvent au château de Nancy (1), qui ne tarda pas à devenir la résidence de nos ducs.

Simon venait de battre le châtelain de Bar, ennemi de

(1) Le choix de Nancy pour capitale par nos ducs, l'adoption de la langue française par les habitants venus de tous les points de la province pour s'y fixer, répondent, d'une manière victorieuse, à l'assertion des gallophobes qui essayent de torturer les faits aussi bien que l'histoire pour prouver que notre pays est une terre allemande.

l'évêque de Toul, fils comme lui du duc Thierry, quand, en 1131, le nouvel archevêque de Trèves, Adalbéron de Montreuil, s'unit à l'évêque de Metz et au comte de Bar, et, à la tête de dix mille hommes, envahit notre pays, sous prétexte que le feu duc Thierry avait fait des dégâts sur les terres des églises. Simon, soutenu par les comtes Palatin et de Salm, court au-devant de l'ennemi, campé sous les murs de Sierck. Il le défait dans deux batailles rangées, près de Makeren et de Château-Jules, et l'oblige à demander la paix. Celle-ci est conclue, grâce à l'entremise de l'empereur Lothaire ; malheureusement Simon la rompt peu après, et s'empare de plusieurs places frontières de l'archevêché. Adalbéron s'empresse de lever une armée, et, près de Frouard, bat les Lorrains.

Simon, déjà blessé légèrement à la bataille de Mackeren, en 1137 (D'HARAUCOURT) « par un épieu à la main », reçut quelque temps après, à la bataille de Frouard, « grosse blaissure au pougnet que l'y vint d'un coup de hachotte. » Le comte de Salm, également blessé, se réfugie avec le duc dans le château de Nancy où l'ennemi vient les assiéger. L'empereur envoie à son beau-frère un secours de huit mille hommes qui forcent les assaillants à lever le siège. L'archevêque, vaincu dans la bataille qui se livre ensuite, terrasse son ennemi en l'excommuniant. Le prélat abuse même de ce genre de victoire qui fait fléchir son adversaire. En effet, comme ils se trouvaient ensemble à la cour de l'empereur, le jour de Pâques, le vindicatif évêque, fait sortir le duc de l'église au moment où on allait chanter l'évangile. Simon, outré de cet affront, jure d'en tirer vengeance. Le pape Innocent II parvient à l'apaiser, lui donne l'absolution et le réconcilie avec l'archevêque (1).

(1) Simon, comme son père, eut l'avouerie d'un grand nombre de monastères, ce qui lui causa d'amers démêlés avec l'Eglise. Beaupré (Généal. des ducs de la Mais. de Lorr. — Docum. sur l'Hist. de Lorr., pp. 12-13), dit à ce sujet :

« Après la défaite de Simon, l'occasion parut bonne aux chanoines de

Redevenu tranquille possesseur de son duché, Simon essaya d'étendre autour de lui la paix dont il jouissait. Il réconcilia l'évêque de Liège et le comte de Brabant, l'évêque de Toul et le comte de cette ville, en guerre depuis quatre ans ; un traité fut conclu à Rhétel sous sa médiation.

Saint-Dié qui avaient à se plaindre de lui ; ils s'adressèrent à l'archevêque et au concile provincial, assemblé à Thionville, pour dénoncer les usurpations commises par ce prince sur les droits du chapitre, et obtinrent une décision favorable. Il fallut qu'en présence du concile, le malheureux duc reconnut ses torts, *pravas exactiones*, dit-il, *tempore meo in ecclesiam sancti Deodati induxeras*...; il lui fallut renoncer à la juridiction qu'il s'était attribuée sur les sujets de l'Eglise, aux épaves et trésors cachés, à la connaissance des crimes de rapt et d'incendie, ainsi qu'à l'impôt de la taille que ses officiers levaient dans le village de Coincourt. De plus on exigea qu'il *allât, avec Mathieu son fils et successeur présomptif, faire amende honorable devant les reliques de saint Dié*. A ce prix, Adalbéron voulut bien l'absoudre. De retour au concile, Simon y souscrivit l'acte qui constate cette abjuration et qui fut envoyé au chapitre. C'est le titre de 1132, et on peut croire que les chanoines de Saint-Dié le conservèrent avec soin.

A cette époque, l'odieux droit de poursuite avait fait place dans les Vosges, au *contremand* qui accordait à l'habitant des montagnes, forcément nomade, la faculté de changer de maître, en remplissant les formalités suivantes que les moines prescrivirent à leurs sujets. (GRAVIER, pp. 83-84).

« L'homme peut se contremander neuf fois le jour, de l'un des seigneurs à l'autre, sans amende (on ne connaissait encore de seigneur dans les Vosges que le duc de Lorraine et les moines), pourvu que la neuvième fois il retourne au seigneur qu'il a quitté. Mais s'il persiste à changer de maître et à garder son contremand, il doit aller vers l'officier sous lequel il veut servir et lui payer le droit réglé, savoir : les célibataires cinq sols et les mariés ce qu'ils voudront. Cet officier notifie à l'ancien maître de l'homme que dorénavant il n'ait à se mêler de lui, et qu'il se dénoue de sa seigneurie. L'ancien maître ou son officier va aussitôt s'assurer si l'homme a bien fait son contremand, savoir : si le banc est renversé, si la crémaillère est déplacée ainsi que le lit ; si l'homme s'abstient de rôder sur les terres de son ancien seigneur depuis le soleil couché jusqu'au soleil levé.

« Dans le cas où il irait, comme il le peut, trois fois par nuit, visiter son ancienne demeure pendant toute l'année de son contremand, l'homme doit porter une lampe ardente à la main. Si le feu s'éteint dans le cours de sa visite, il doit crier trois fois qu'on lui en apporte ; si on ne lui en apporte pas, il doit se coucher le visage contre terre, et demeurer dans cette posture jusqu'au lever du soleil. Il doit aussi s'abstenir de faire buée (lessive) sur trois pieds, et d'avoir les pieds sous la table lorsqu'il s'assied.

« Si l'homme observe toutes ces choses pendant un an, il est libre d'aller vers l'un ou l'autre seigneur sans payer amende ; dans le cas contraire, il est déclaré *vilain*, serf du seigneur qu'il voulait quitter, et tous ses biens sont confisqués.

...En 1470, un particulier de Mazelay qui s'était contremandé sous le seigneur de Taintrux fut surpris dans son lit à Mazelay, pendant l'année de son contremand. Le Chapitre de Saint-Dié le fit emprisonner et confisqua ses biens ; le malheureux racheta sa personne quinze florins d'or qu'il paya comptant, et le Chapitre conserva les biens confisqués. Il fallut la protection du duc de Lorraine pour terminer cette négociation.

Signalons comme valeur de l'argent et comme influence du clergé à cette époque le fait suivant : Vers 1128 le prêtre Hartmann céda aux Prémontrés le bois de Hautecourt, sous la redevance *d'un denier*. (VICT. DE CAYRY, *Ruines lorr.*, p. 57, note.)

Une campagne glorieuse termina la carrière de Simon. Successeur de son père au titre de vicaire de l'Empire, il commanda l'armée que l'empereur Lothaire, son beau-frère, fit marcher contre Roger, roi de Sicile, protecteur de l'antipape Anaclet. Le duc vainqueur repoussa l'ennemi jusqu'au fond de la Calabre et s'empara de Melphi (Amalfi). Simon mourut au retour de cette glorieuse campagne (1138), quelques mois après son beau-frère, décédé lui-même à Trente..

Dans les dernières années de sa vie, le duc préférait, à Nancy et à Bitche, le pieux séjour de l'abbaye de Sturtzelbronn où il recevait souvent saint Norbert et saint Bernard (1). Ce fut pendant l'un de ces séjours (THIERRIAT), que ce dernier ne craignit pas de l'éclairer sur les désordres de la duchesse qui était « fortement détenue dans les lacs d'amour. » Le « saint la tança vertement et la fit se confiner en l'abbaye du Tart (en Bourgogne) où il la contraignit de se rendre, après l'avoir grandement gourmandée, lorsqu'elle devint veuve (pp. 52-53). »

Chevrier donne de ce fait la version suivante (t. I, pp. 121-22) : « La duchesse Adelaïde, femme de Simon, qu'elle n'aimait point, était soupçonnée d'avoir du goût pour le comte de Salm ; saint Bernard osa faire entendre la vérité à la cour... La duchesse n'attendit pas la caducité pour devenir vertueuse... Les femmes, qui avaient imité ses goûts, imitèrent son repentir ; la galanterie disparut d'une cour où elle avait souvent régné sous un nom moins décent... »

Après Thierriat et Chevrier, lisons le récit gazé des chroniqueurs. — La duchesse Adelaïde, brillante par son esprit et

(1) Thierriat, il est vrai, n'était pas un fanatique de saint Bernard qu'il dépeint ainsi :

« Bernard Thesselin, né au village de Fontaine, dans le duché de Bourgogne, était gentilhomme de son état. Ses mœurs étaient pures et rigides, son esprit élevé ; il s'ennuya de l'oisiveté et voulut être quelque chose. Cette pensée lui fit inventer les croisades, comme elle l'avait fait entrer dans l'ordre de Citeaux. »

sa beauté, vivait, rapporte-t-on, d'une manière fort mondaine. Saint Bernard, passant par la Lorraine, entretint le duc des intérêts de l'Etat, et, parlant avec véhémence, toucha par hasard, en étendant la main, la robe de la duchesse. Un des assistants lui dit, en souriant : *mulierem probe piam tetigisti*. Saint Bernard répondit : *nondum venit hora ejus*. La duchesse comprit ces paroles qui pénétrèrent au fond de son cœur; la nuit suivante, elle vit en songe, le saint abbé qui lui arrachait du sein sept horribles serpents, et elle abjura le monde.

Simon fit agrandir l'abbaye de Sturtzelbronn et fonda celle de Sainte-Marie-aux-Bois qui, dans la suite, fut transportée à Pont-à-Mousson. A la même époque (1135), Folmar, comte de Lunéville, fonda l'abbaye de Beaupré où furent enterrés plusieurs ducs et princes de la maison de Lorraine.

LÉGISLATION. — Sous ce règne, comme précédemment, la législation se préoccupe avant tout du clergé (1), alors omnipotent.

(1) Au commencement du XIIe siècle (BEXON, p. 23) il n'y avait encore pas de tribunal fixe pour certaines affaires civiles ; on s'adressait presque pour toutes aux juges ecclésiastiques. Les évêques tenaient leurs synodes deux fois l'année, *paschalis et automnalis synodus*. On y terminait les différends; on y confirmait les fondations de monastères ; on y prononçait l'excommunication contre les pécheurs publics et les usurpateurs des biens ecclésiastiques. Dans l'intervalle des synodes, les officiaux, les archidiacres et les doyens ruraux conduisaient les affaires. Innocent II, dans un séjour qu'il fit en Lorraine, sous le règne de Simon Ier, ordonna, par une bulle, que les causes ecclésiastiques se termineraient *cujuslibet sæcularis potestatis timore postposito* ; paroles remarquables qui entraînaient une suite de conséquences. La cour de Rome a toujours prétendu que la Lorraine était pays d'obédience, et que les décrets y devaient être inviolablement observés. Malgré ces prétentions auxquelles les ducs de Lorraine se sont toujours opposés, on a suivi, en Lorraine, un droit coutumier transmis d'ancienneté, qui faisait encore à la fin du siècle dernier, le fond de notre jurisprudence canonique et qu'on pourrait appeler les *libertés de l'Eglise austrasienne*.

C'est une coutume de temps immémorial, dit le concile de Trèves, en 1227, et reçue sans contradiction, que les religieux et les clercs appellent devant les juges ecclésiastiques ceux qui les injuriaient et les

Le fils ne pourra retirer de l'Eglise les biens donnés par son père.

Celui qui aura enlevé le bien de l'Eglise *payera trois fois la chose*.

Qui entrera armé dans la cour du prêtre payera *huit pièces d'argent*.

Celui qui causera troubles ez *Plaids* sera puni selon l'us et coutume du lieu.

Faits d'impôts ou falsification de monnaye seront jugés en la cour du lieu, et si le coupable n'a biens pour payer, sera prins au corps.

Après an révolu, les plaintes d'injures ne vaudront, hors le cas où l'on aurait battu son voisin, coupé son foin, sa moisson, etc.

Si le duc marche au secours du roi (1), sera payé pour le secours par le terrain, autant qu'il paye à son seigneur.

molestaient ; cependant il y a des nobles barons, des baillis, prévosts, mayeurs et laïques, jouissant de la puissance séculière dans le diocèse de Trèves, qui les obligent de plaider devant eux, et ne souffrent pas qu'ils comparaissent aux tribunaux ecclésiastiques. Que les prêtres les avertissent qu'ils aient à se désister de ces prétentions, sous peine d'excommunication. — Le 28 avril 1310, on menaça de la même peine, et pour les mêmes motifs, les puissants qui osaient citer à leur tribunal les ecclésiastiques.

(1) A cette époque, on n'avait pas encore de troupes régulières et enregimentées. En dehors des serviteurs attachés au maître, on appelait les possesseurs de fiefs qui, selon les lois de la féodalité, étaient tenus au service militaire... Le nombre d'hommes que chaque vassal devait amener se trouvait proportionné à l'importance de son fief, à la quantité d'arrière-fiefs qui en dépendaient.

La loi féodale qui astreignait les nobles au service militaire imposait la même obligation aux habitants des villes et des campagnes; ils étaient sujets à ce qu'on appelait le droit *d'ost et de chevauchée*; ils devaient de plus le guet et la garde au château du lieu de résidence qui les protégeait en temps de guerre, ou à celui qui se trouvait le plus rapproché. On nommait *droitewaites* ceux qui étaient soumis à cette servitude, et *charwaites* ceux qui en obtenaient l'exemption, moyennant certaines redevances en nature ou en argent. (LEPAGE, *Inst. milit.*, pp. 10-11, etc.)

Voleur pris sur le fait sera puni à l'arbitre du juge. (*Coupures.*)

Duché de Bar. — Verdun. — A l'avènement de Simon Ier, la querelle des investitures continuait d'agiter presque toute la Lorraine. — Richard de Grandpré, récemment élu évêque de Verdun, vint à Metz rendre hommage à l'empereur excommunié, Henri V (1). Ce monarque, après avoir vaincu les adversaires du nouveau prélat, l'installa dans sa ville épiscopale. Peu après son départ, Etienne de Bar, évêque de Metz, frère de Renaud Ier, comte de Bar (avoué de l'église de Verdun), dévoué au pape, assiégea les châteaux de Dieulewart, Vatimont et Thiaucourt, appartenant à Richard de Grandpré, les prit et les ruina. Ce prélat, qui avait inutilement sollicité les secours de son avoué, le fit dépouiller du comté de Verdun, dans une assemblée de seigneurs, et le remplaça par le comte de Luxembourg. Celui-ci, secondé par l'empereur, venu en Lorraine avec des troupes, attaqua Renaud qui avait refusé de se justifier. Poursuivi de château en château, assiégé dans le fort de Bar, il fut obligé de se rendre à Henri V après une résistance opiniâtre. Le seul château de Moncon (Mousson), où s'était réfugiée la femme du comte, tenait encore. L'empereur, irrité de cette résis-

---

(1) Le pape Pascal, irrité, adressa aux Verdunois une lettre où on lisait : « Vous n'ignorez pas l'excommunication dont la sainte Eglise romaine a frappé Richard, l'usurpateur de votre siège... Vous aurez donc à vous éloigner de cet intrus, marqué d'anathème... » L'archidiacre Guy la lut au chapitre en pleine cathédrale, où il s'introduisit par ruse. Il savait qu'à l'office des matines, les chanoines, pour épargner leur luminaire, chantaient les psaumes par cœur. Revêtu d'un habit d'église, il monta sur l'autel et dit en français à haute voix : « S'il y a ici des catholiques, qu'ils reçoivent ces lettres du seigneur apostolique; qu'ils les lisent avec respect et qu'ils s'y conforment avec obéissance. » — Les chanoines, irrités, arrachèrent Guy de l'autel qu'il tenait embrassé, le mirent à la porte en le tirant aux cheveux. Plongé dans un noir cachot, il fit des excuses. Une fois libre, il courut à Rome se rétracter de nouveau. (Clouet, *Verd.*, t. II, pp. 175-76.) Le pape lui donna l'évêché d'Albano, dont la mort empêcha Guy de prendre possession. (Digot, t. I, p. 374.)

tance, fit élever un gibet devant la place, et menaça d'y faire attacher Renaud si elle ne se rendait pas le lendemain. Pendant la nuit, la comtesse accoucha d'un fils auquel les habitants jurèrent immédiatement fidélité. Le lendemain, ils crièrent à Renaud, amené au pied des murailles : *Ton fils nous commande : sauve l'Etat et laisse-nous vaincre*. L'empereur voulut exécuter sa menace inhumaine; mais ses barons l'en empêchèrent. Quant à l'évêque Richard, il prit la croix et partit pour la Palestine quand il vit tous les esprits irrités contre lui, à cause des pillages et des ruines qu'il semait dans le pays. Il mourut en Italie.

Son successeur, Henri de Vinton, d'abord schismatique comme lui, puis réconcilié avec la cour de Rome et poursuivi par la haine de l'empereur Henri V, ne put entrer à Verdun. Il s'allie avec Renaud de Bar, et tous deux surprennent, pendant la nuit, cette ville, y font un horrible carnage, pillent et incendient la cité. Les bourgeois vaincus se soumettent, mais implorent secrètement le secours de l'empereur. A l'arrivée des troupes libératrices, quelques Verdunois, à l'aide de fausses clefs, ouvrent les portes de la ville. L'évêque surpris, n'a que le temps de traverser la Meuse à la nage pour chercher un asile près du comte de Bar. Celui-ci bat les troupes impériales et se présente devant Verdun. Les bourgeois lui en ferment les portes. Pendant qu'il fait le siège de la ville, une seconde armée impériale paraît. Bientôt le combat s'engage. Renaud, battu, se met à courir le pays avec une troupe de bandits; mais, peu après, il est contraint de demander la paix (1124), par l'entremise du comte de Toul. On lui accorda des conditions avantageuses. Il fut convenu : 1° que Renaud jouirait du comté de Verdun ; 2° qu'il y aurait une amnistie en faveur des bourgeois; 3° que le commandant impérial obtiendrait pour dommages et intérêts les biens de tous ses prisonniers.

Henri, rétabli sur son siège épiscopal, se montra reconnaissant envers son allié, auquel il céda la ville et le château de

Dun ainsi que plusieurs terres considérables; puis il se livra à la débauche et à mille débordements qui eussent provoqué sa déposition s'il ne l'avait prévenue en abandonnant son bâton pastoral (1129). Ursin, vieillard incapable, lui succéda.

Renaud de Bar, plus puissant que jamais et toujours avide de guerres et de pillages, profite d'une absence du prélat pour se rendre maître absolu de Verdun. En peu de jours, il rase les jardins de l'évêché, situé sur une éminence, et y élève une forteresse, dominant la ville, et dont les restes ont conservé jusqu'à nos jours le nom de *tour du Voué*. Ursin, trop faible pour résister, abdique. On lui donne pour successeur Adalberon de Chiny.

Le nouveau prélat se ménage des intelligences dans la garnison du fort, et, à la tête du clergé et de la bourgeoisie, monte à l'assaut de la forteresse, s'en empare et y arbore le drapeau de la Vierge, patronne de son église; puis il la rase, fortifie la ville avec ses débris, et force Renaud à demander la paix. Celle-ci fut conclue (1134) par l'intermédiaire d'Etienne, évêque de Metz, après trois années de troubles et d'hostilités. Adalbéron s'empara aussi, après de vigoureux efforts, du château d'Amby qui servait de repaire à une troupe de brigands.

Grâce à ces actes virils, on obtint sept années de paix, pendant lesquelles Renaud porta dans d'autres provinces sa fougue martiale. On cite, entre autres faits de guerre étranges, la reprise sur Renaud du château de Bouillon, par l'évêque de Liège. Ce prélat, pour animer l'ardeur de ses troupes, avait placé au milieu d'elles le corps de saint Lambert, patron du diocèse. L'emploi d'un tel moyen, *labarum* d'une nouvelle espèce, peint le siècle d'un seul trait. Ce n'étaient pas là, certes, les maximes du Christ : — Si on vous frappe sur une joue, tendez l'autre; — quiconque saisira l'épée, périra par l'épée.

Constatons, en passant, qu'en 1125, il y eut un hiver aussi désastreux que ceux de 1709 et 1879.

## De 1139 à 1176 : Mathieu I<sup>er</sup>.

*Femme :* BERTHE DE SOUABE.

### SOUVERAINS ET PRÉLATS LORRAINS CONTEMPORAINS

| ROI de France. | EMPEREURS d'Allemagne. | COMTES de Bar. | COMTES de Vaudémont | ÉVÊQUES de Metz. | ÉVÊQUES de Toul. | ÉVÊQUES de Verdun. |
|---|---|---|---|---|---|---|
| LOUIS VII, le Jeune. | CONRAD III. | RENAUD I<sup>er</sup>. | HUGUES I<sup>er</sup>. | THÉOGÈNE. | HENRI de Lorraine. | ADALBÉRON de Chiny. |
|  | FRÉDÉRIC I<sup>er</sup> Barberousse | HUGUES. | GÉRARD II. | ÉTIENNE de Bar. |  | ALBERT I<sup>er</sup>. |
|  |  | RENAUD II. |  | THIERRY de Bar. | PIERRE de Brixey. |  |
|  |  | HENRI I<sup>er</sup>. |  | THIERRY IV. FRÉDÉRIC de Pluvoise. |  | RICHARD. |

SOMMAIRE. — Guerre contre divers. — Renaud I, comte de Bar. — Mathieu excommunié. — Deuxième croisade. — Famine en 1251. — Guerre civile à Verdun. — L'évêque se venge odieusement. — Renaud II de Bar contre les Messins. — Le duc Mathieu excommunié de nouveau. — Expéditions de Mathieu. — Lettre de l'empereur Barberousse. — Cottereaux. — Nancy, résidence du duc. — Grésille Allain. — Fondation de l'abbaye de Clairlieu. — Prévôts. — Règlements pour avoués. — Législation. — *Metz.* — *Toul.* — *Verdun.* — Templiers.

*Notes.* — Lettre de saint Bernard. — Préambule de l'acte de fondation de Clairlieu. — Baillis. — Prévôts. — Leurs attributions. — Injures de l'époque. — Famine de 1102. — Richesses des Templiers.

Jeune, ardent, Mathieu, pour arrondir le domaine ducal, s'empara des châteaux de Lutzelbourg, Hambourg, Deneuvre, Mirebeaux, Foulquemont, Apremont, de la tour d'Épinal et de plusieurs autres forteresses appartenant à l'évêché de Metz. Le nouvel évêque de cette ville, Étienne de Bar, avec l'aide de son frère et celle de l'empereur Conrard, chercha à reprendre les domaines injustement enlevés par le duc. Mathieu, d'abord vainqueur, se vit bientôt accablé par le nombre de ses ennemis qui vinrent assiéger Preny (1), le boulevard de la Lorraine du côté de Metz. On était sur le

(1) «C'est du nom de ce poste important que les princes de la maison de Lorraine avaient pris leur cri de guerre : *Prini, Prini*. On le lisait sur le mande-guerre (annonce-guerre), grosse cloche du château. » (BEXON, p. 41.)

point de monter à l'assaut par la brèche ouverte, quand le comte de Bar parvint à ménager une paix avantageuse aux deux partis.

Ce prince, autrefois si turbulent, devint tout à coup pacifique, se constitua le protecteur du clergé et mit fin aux ravages que certains seigneurs exercèrent jusqu'en 1143 sur les terres de l'évêché de Verdun. Justifiant le proverbe : « quand le diable devient vieux, il se fait ermite », l'ancien routier, sentant sa fin approcher, partagea ses domaines entre ses enfants, revêtit le froc, et vécut en moine au château de Mousson où il mourut, en 1149.

Le duc Mathieu épousa, en 1152, la sœur du futur empereur Frédéric Ier Barberousse, et fonda l'abbaye d'Etanche. Il n'en fut pas moins excommunié par le pape Eugène III qui mit la Lorraine en interdit, en représailles des violences exercées par le duc régnant et son père contre l'église de Remiremont. Ce pontife, obligé de chercher un refuge en France, vint, en 1147, demander un asile à Verdun, où il fit la consécration de la Cathédrale, monument superbe érigé par l'évêque Adalbéron.

DEUXIÈME CROISADE. — La seconde croisade, prêchée avec un prodigieux succès par saint Bernard (1), fut entreprise par Louis VII, roi de France, et l'empereur d'Allemagne Conrard. Le duc Mathieu (selon quelques chroniqueurs),

(1) Saint Bernard (MICHEL, *Statist. adm. et hist. du départ. de la Meurthe*, p. 17), dans son enthousiasme pour la seconde croisade, écrivit au pape Eugène III : « Les villes et les châteaux deviennent déserts, et l'on voit partout des veuves dont les maris sont vivants. » Ce fut saint Bernard qui excusa en quelque sorte les prêteurs israélites, en « faisant observer que là où il n'y avait pas de Juifs, les usuriers chrétiens sont encore pires et peuvent être appelés à juste titre des juifs baptisés. » Saint Bernard vint plusieurs fois à Toul d'où il écrivit à l'empereur une lettre significative dont voici un extrait : ... « Un de mes grands sujets de douleur est que les suffragants des évêques sont jeunes et de grande naissance. Je me tais, et j'aime mieux qu'un autre que moi vous fasse connaître *leurs mœurs et leur conduite* ; j'ose pourtant vous dire que le *droit*, la *justice*, la *religion*, l'*honnêteté sont perdus dans les évêchés*.

Hugues I<sup>er</sup>, comte de Vaudémont, Étienne, évêque de Metz, Henri de Lorraine, évêque de Toul (1), et un grand nombre de chevaliers se joignirent à eux. Tous ces princes se donnèrent rendez-vous à Metz.

On connaît les tristes résultats de cette expédition. En moins de deux années, et malgré la bravoure déployée par les croisés lorrains, l'Orient dévora sans fruit des centaines de mille de combattants.

A leur retour, les princes trouvèrent notre pays en proie à une famine épouvantable (1151). L'évêque de Toul, prélat aussi charitable que guerrier vaillant, vendit ses meubles afin de soulager les malheureux. Les préjugés religieux de l'époque attribuèrent le fléau à l'interdit qui pesait sur la Lorraine. Le duc Mathieu, vaincu sans doute par les murmures de son peuple, dut s'incliner et accepter la condamnation prononcée par les prélats lorrains, choisis par le pape pour examiner les griefs de l'abbesse de Remiremont et les prétentions du duc de Lorraine. Mathieu promit satisfaction et reçut l'absolution pour lui et ses États. L'avènement au trône d'Allemagne (1152) de son beau-frère, Frédéric I<sup>er</sup> Barberousse, porta le duc à se mêler activement des affaires de l'empire. En retour, il reçut une protection puissante dont l'effet rejaillit sur toute la province.

Verdun. — A cette époque, les bourgeois de Verdun qui accusaient leur évêque d'incontinence et de simonie, soutinrent une guerre contre lui et le comte de Bar, Renaud II, dit le Jeune. La ville fut prise et saccagée. Pendant qu'elle était encore en feu, l'évêque qui y rentrait les armes à la main, célébra solennellement la messe au milieu des gémissements et des pleurs de ses ouailles. Les bourgeois s'étaient retirés le lendemain dans la cathédrale comme dans un asile inviolable. Renaud les y assiégea, les fit prisonniers et les

---

(1) Frédéric, comte de Toul (Daulnoy), au moment du départ pour la croisade, engagea son comté à l'évêque pour deux cent cinquante livres (p. 97).

dépouilla de ce qu'ils avaient de plus précieux. C'est ainsi qu'il se maintint en possession du comté de Verdun qui lui avait été jusqu'alors contesté.

Plus tard (1153), il se mit à la tête des seigneurs voisins de la ville de Metz, et, de concert, ils ravagèrent le territoire de la ville, en faisant partout d'horribles dégâts. Les Messins, las de ces incursions, marchèrent contre eux. Malheureusement, ils furent surpris entre la Moselle et Bouxières-sous-Froidmont. En moins d'une heure ils perdirent plus de deux mille hommes, tués ou précipités dans la rivière. Cet insuccès, loin de refroidir ranima au contraire leur courage. Ils levèrent de nouvelles troupes, et déjà les deux armées en allaient venir aux mains quand saint Bernard intervint et ménagea la paix.

Quant au duc Mathieu, il encourut de nouveau les foudres de l'Église (1154). Voici à quel propos. Il avait fait élever à Gondreville un fort que l'évêque de Toul lui ordonna d'abandonner. Sur son refus, le prélat l'excommunia. Mathieu, irrité, s'empara des biens de l'Église ; mais le pape censura cette conduite, et le duc repentant, plia, répara ses torts et, pour les expier, entreprit le pèlerinage de Saint-Jacques (1). Une maladie, dont il fut atteint à Cluny, ne lui permit pas d'aller plus loin ; il y guérit, disent les chroniques, par la force de sa foi aux prières des religieux. Le don d'aumônes considérables et de plusieurs propriétés, entre autres « du village de Dombasle, échangé depuis contre d'autres terres moins éloignées de Cluny » payèrent ce miracle mémorable. (CHEVRIER).

Mathieu, à son retour, se ligua avec l'évêque de Metz pour faire le siège de Saarwerden dont ils s'emparèrent. Les fortifications furent rasées, et le comte de Saverne, leur adversaire, confiné dans la forteresse de Lutzelbourg. Cette con-

---

(1) « On voyait souvent (CHEVRIER, t. I, p. 131) des souverains quitter leurs états et courir le monde sous un habit de pèlerin, vêtement ordinaire des brigands... »

quête fut suivie de la prise du château d'Épinal dont le voué s'était emparé. L'évêque reconnaissant, donna cette vouerie au duc, son allié, qui, en échange, fit présent à l'église de Metz du fief qu'il possédait à Vic. Ajoutons que le belliqueux prélat s'empara, après un blocus d'une année, du château de Pierre-Percée, devenu le repaire d'une troupe de bandits qui dévalisaient les voyageurs et commettaient mille excès.

Quant au duc Mathieu, après avoir pris une part glorieuse, avec l'empereur Barberousse, à une campagne en Italie, il assista, en 1162, à l'assemblée que ce prince convoqua à Dôle pour mettre fin au schisme créé par l'élection de deux papes, Alexandre III et Victor III. La lettre adressée au duc, en cette occasion, mérite d'être citée :

« Sensiblement touché des maux qui affligent l'Église de Dieu par le schisme..., nous avons résolu de nous assembler avec notre parent et bien-aimé Louis, roi de France, pour le 4 des calendes de septembre, sur la Saône, et d'y célébrer un concile.... dans lequel le pape Victor soit reconnu pasteur de l'Église universelle. Mais comme une œuvre de cette importance ne peut, ni ne doit s'accomplir sans votre présence, nous vous avertissons et exhortons, par la foi que vous devez à l'Empire, à l'Église de Dieu et à votre âme, de vous trouver un jour avant celui marqué, dans la ville de Besançon, pour venir avec nous au concile... »

Contrairement à l'espoir de Barberousse et des prélats et princes lorrains qui avaient embrassé le parti du pape Victor, ce fut Alexandre qu'on reconnut comme souverain pontife. Seuls, dans notre pays, les chapitres de Saint-Dié et de Remiremont étaient demeurés fermement attachés à Alexandre III, et Mathieu irrité, avait, en représailles, usurpé presque tous leurs biens. Il s'empressa de les restituer, dès que l'Église et l'Empire furent en paix, et, selon l'usage de ces temps de superstition, il termina ces démêlés en donnant de nouveaux biens à Remiremont et à Saint-Dié.

A la faveur des querelles religieuses, des troupes de brigands et d'aventuriers, nommés *Cottereaux* et Barbançons, désolaient « les provinces de deçà les Alpes. » Une assemblée fameuse de princes eut lieu à Vaucouleurs. On résolut de les exterminer par un effort commun, et, signe caractéristique des usages de l'époque, l'empereur donna pour garant de sa parole le duc de Lorraine, et le roi de France le comte de Champagne.

Barberousse voulant témoigner à son beau-frère sa reconnaissance pour les services rendus « ly baillit en présent
« (D'HARAUCOURT) un bel escu et baudrieux, qu'estoient
« garnis et empreints en broderie, qu'avoit en représentation
« un aigle, ainsi qu'est l'us ez bannières de li susdit empe-
« reur ; pourquoi li ducs l'ont eu depuis empreins en sus
« leurs escus... » (Pp. 11-12.)

Jusqu'à Mathieu, les ducs n'avaient pas eu de résidence fixe ; ils demeuraient tantôt à Châtenois, tantôt à Neufchâteau, tantôt à Nancy. Mathieu choisit ce dernier lieu pour y établir le centre de son gouvernement. Ses prédécesseurs, en dehors de quelques propriétés, y possédaient déjà le château dans lequel le duc Simon avait soutenu un siège. Le 11 décembre 1155, le grand sénéchal de Lorraine, prince souverain et possesseur de Nancy, céda au duc le bourg de ce nom avec ses dépendances, en échange du château et de la châtellenie de Rosières-aux-Salines, de Lenoncourt, du ban de Moyen et de Haussonville (LEPAGE). Mathieu s'empressa d'y frapper monnaie. (D. CALMET, t. I, p. 1,105.)

A l'exemple de ses prédécesseurs, Mathieu, dans les dernières années de sa vie (1), s'occupa plus de l'autre monde

---

(1) Dans son jeune âge Mathieu avait eu pour maîtresse Grésille Allain, « fille du sien argentier », dont d'Haraucourt raconte ainsi l'histoire... « Avait li duc belle et doulce accorte maitresse. » Il en eut deux fils qui ne furent pas reconnus, parce qu'elle ne le demanda pas, « et onc ne furent, ce dit-on, plus bels et plus gracieux poupons que furent li doulx petits bastards, et fust ladite Allain, leur mère, tant accorte et bonne à pauvres gens, qu'en feut aimée, et point ambitieuse de fortune, mais bien d'amour de sien bien aimé prince. » Elle ne

que des intérêts de son peuple. Il fonda, en 1159, l'abbaye de Clairlieu (1), et combla les maisons religieuses de ses bienfaits. Chaque semaine, il se confessait, et il jeûnait les vendredis, sans doute pour expier ses fautes passées.

Une maladie de langueur l'attaqua à Nancy, en 1176, année fameuse par la peste qui désola le pays messin. Mathieu voulut être transporté à Clairlieu, où il mourut entouré de sa famille et des religieux du monastère. Dans son testament, il donna à cette abbaye sa vigne de Nancy avec faculté de l'étendre, et aussi la liberté d'essarter dans la forêt de Heis.

On attribue à Mathieu l'institution des *prévôts* (2). C'étaient

demanda pas même des lettres de noblesse pour son père, quoiqu'on le lui eût conseillé : « et disoit souventes fois qu'amour avoit salarié amour et qu'autre sallairement ne falloit; chose qu'est bien en admiration et non advenu encore que telle âme de desintérest et bon vouloir en (pute) (maîtresse) de prince » (p. 12). Après la mort du père, les deux enfants abandonnés retournèrent sans doute en roture.

(1) On lit (CHEVRIER, t. I, pp. 137, 38 et 39), après le préambule de la donation, ces lignes significatives : « Mathieu donne à *Dieu le Père*, à *la Vierge* et à Vidric, Abbé de Clairlieu. » On faisait beaucoup d'honneur à ce moine de l'associer ainsi ; mais l'adresse des religieux était telle alors que, pour mettre les donations qu'on leur faisait à l'abri de toute révocation, ils y intéressaient Dieu et les saints... Dans cet acte il est encore dit que « le duc pour pourvoir à la subsistance de douze de ces religieux (Bernardins) leur donne le *pâturage* nécessaire à leur nourriture... »

(2) Dumont définit ainsi les attributions des *Baillis* et des *Prévôts*, ces deux puissants représentants du pouvoir ducal, représentants dont on ignore la date de création et d'institution (*Just. crim.*, t. I, p. 30):

« Le BAILLI était l'homme auquel le duc avait baillé ses droits à garder. Le bailli était le gouverneur général d'une province, chargé, moins de rendre la justice que de la surveiller et de la diriger. Choisi dans les familles les plus titrées, et parmi les militaires les plus anciens et les plus élevés en grade, la force publique de la province était à ses ordres, les prévôts sous sa surveillance ; les clefs des portes des cités lui étaient remises ; il commandait aux bourgeois armés, bref, il était à la fois le général et l'intendant de sa circonscription.

En matière criminelle, en Lorraine, son autorité s'étendait sur les nobles seuls; dans le Barrois, au contraire, il connaissait, en dernier ressort, des sentences des prévôts. Il présidait le tribunal des *Assises* (continuation du *mallum* des hommes francs ou de celui des *Sagiba-*

des officiers, à la fois civils et militaires, chargés de commander et d'amener à l'armée ducale le contingent de leur circonscription territoriale, de rendre la justice en temps de paix, de poursuivre et de punir les malfaiteurs (LEPAGE).

rons) qui se réunissait tous les mois ou chaque six semaines en Lorraine, et tous les trois mois à Saint-Mihiel, pour le Barrois (les Grands-Jours). Là, on prononçait sur les sentences des prévôts ou autres juges de la province qui venaient soutenir le bien fondé de leurs décisions.

Dans l'origine, les *Trois Evêchés* n'avaient pas de baillis ; ces fonctions étaient dévolues à des comtes, seigneurs les plus puissants du pays qui furent les rivaux des évêques; aussi ceux-ci confièrent-ils également l'administration de la justice à des baillis.

Le PRÉVÔT, qui était au bailli ce qu'un capitaine est à son général, se trouvait dans la prévôté, que l'on peut comparer comme étendue à nos cantons actuels (GUYOT), à la fois juge, commandant militaire et percepteur des deniers du prince. Celui-ci, à partir de Charles III, nommait à cet emploi les officiers de son armée dont le grade correspondait à celui de nos lieutenants-colonels.

Dans les communes affranchies, le prévôt était percepteur et commandant militaire, chargé de poursuivre et de surveiller l'exécution des sentences de la justice.

Dans les communes régies par la loi du duc, le prévôt était tout, jugeait au civil et au criminel, et connaissait même des appels de sentences des maires et des échevins dans les petites matières de police. Comme chef de police, il faisait des règlements; comme juge, il fixait l'amende dont, comme capitaine, il poursuivait jusqu'à exécution, le paiement. Au criminel, il arrêtait le prévenu, instruisait son procès, le jugeait, lui faisait subir sa peine, sans autre contrôle que celui de sa conscience.

Ce redoutable cumul de fonctions explique l'amour du peuple pour les chartes d'affranchissement.

Le prévôt n'avait aucune juridiction sur la noblesse, mais bien le bailli.

Empoigner un homme poursuivi par la clameur publique, l'interroger brusquement, le condamner lestement pour le crime reproché ou ceux qu'il était capable de commettre, et le faire pendre, tout cela était l'affaire de peu d'instants, et constituait ce mode expéditif qui prit plus tard le nom de *justice prévôtale*.

Aux XV$^e$, XVI$^e$ et XVII$^e$ siècles, les baillis restèrent ce qui a été dit plus haut... Les prévôts, considérés comme le représentant du seigneur, recevaient les hommages qui étaient le partage du maître. A l'audience, à l'église, aux processions, le prévôt avait le pas sur tous, et marchait à la tête des habitants, une fois armés (les milices). Les jours du *plaid* (banal), il avait ses *pasts* et *repas* (diner et souper). Le cri

LÉGISLATION. — Sous le règne de Mathieu furent faits divers lois et règlements.

Alors, dit d'Haraucourt, il y eut de grandes contestations de la part des avoués des églises de Lorraine, qui voulaient être les maîtres « tandis que d'ancien n'estoient dans Lorheigne que li serviteurs à gaige en paiement pour besogner la justice et parfaire que deuoit punir li malfaisans. »

Le duc régla leurs droits et leur accorda de tirer quelques poules et redevances en grains, mais suivant « l'us ancien, sans y faillir et tirer en plus » à peine de l'indignation du souverain et d'être déchus pour toujours de toute espèce d'avocatie. Quand ils iront dans les villages, dit Bournon, pour rendre la justice ou pour leur simple plaisir, ils pourront loger dans la maison du seigneur ou de l'abbé, s'il n'y est pas ; mais ils vivront à leurs frais et dépens.

Pour les procès de vols ou infraction de ban, ils tireront un tiers des frais de justice, si le seigneur ou un homme libre contestent. Si c'est un serf, l'*advoué* jugera *gratis*.

Quand l'advoué fournira main-forte, à la réquisition de l'abbé ou autre ecclésiastique, tout ce que l'advoué saisira appartiendra à l'abbé *seul*. Si les advoués ne suivent le règlement, le Duc se réserve de les punir.

des fêtes patronales et les petites amendes qu'il prononçait lui appartenaient. (DUMONT, p. 51.)

Comme trait des mœurs du moyen âge, citons les curieuses stipulations suivantes :

... Les seigneurs de Sorcel et de Saint-Martin, en cédant la dîme de ces localités aux chanoines de Toul, s'en réservèrent la onzième partie, et les chargèrent de fournir à leurs officiers, lorsqu'ils feraient la levée de cette portion, « trois pasts ayant feu sans fumée ; table d'un seul bois ; changer trois fois de nappes et de serviettes sans marque, sans tache ni trou, trois services, trois fois de plats et d'assiettes bien mises, changer trois fois de pain entier, servir du bœuf et du porc rôtis et bouillis, du fromage vieux et nouveau, des pommes et des poires crues et cuites, du vin de trois couleurs, blanc, clair et rouge, l'*hôtesse d'un visage gai et gaillard*: le tout à recommencer, en cas d'infraction, ainsi que de fautes dans le service ; ce qui était laissé au jugement de quatre desdits officiers. (*Ibid.*, p. 53.)

Mathieu fit défense de recevoir un *étranger dans ses États* sans sa permission, et d'épouser une fille avant l'âge de douze ans : « ...ne fut en état et âge de connaître et recevoir duement et loyalement son mâ..., dit la loi. » (THIRIAT.)

Il fut défendu aux juges de retirer aucun émolument des procès qui dureraient plus de *vingt-six jours*.

A l'occasion de cet article, Bournon (qui écrivit vers la fin du XVI° siècle) fait une sortie violente contre les juges de son temps, qu'il traite de prévaricateurs et de pestes des honnêtes gens. Il dit qu'il faudrait les punir très grièvement ; qu'ils méritent d'encourir vergogne (déshonneur) pour leurs déports, et pour ce qu'ils n'ont aucunement égard au droit, mais bien à l'argent qu'ils aiment grandement, et chez lesquels la *pluie de Danaë* est grand mobile et seule valable raison pour le pauvre plaideur à qui il est forcé de guerroyer et brouiller papier contre plus puissant que lui.

Par un autre règlement, il fut dit que : tout homme qui insulterait son voisin *encourerait* vergogne.

Que quiconque appèlerait son égal *menteur* « payeroit cinquante pièces d'argent. »

Que quiconque appèlerait une femme fornicante ou maqueraude (1) payerait également cinquante pièces d'argent. Voici au reste le texte de cet article :

Qui apetera femme pute ou maqueraute, apportera preuves,

(1) Voici quelques injures (DUMONT, t. I, p. 275) punies de cinq à dix sous : — Tu es une grosse bête. — J'en porterais ou j'en mangerais deux comme toi. — Tu es de *serve condition*. — Tu as menti. — Je vaux mieux que toi. — Tu es moins bon que moi. — Je suis aussi bon que toi. — J'ai de meilleurs amis que les tiens. — J'ai de meilleures jambes que les tiennes. — Tu es un bel étalon. — Ta femme a un laid visage. — Tu ne crois pas en Dieu.
On payait de sept à huit gros les apostrophes suivantes : Putain, maquereau, usurier, paillarde, baveux, pourceau, fils de prêtre, mezel, fille de moine, fils du diable. — Le mot *sanglant* ajouté à ces termes coûtait vingt sous.
En 1411, le seigneur Oulriet de Saint-Maurice ayant dit à Godfroy, seigneur de Gussainville, que sa mère avait été putain pendant trente

et ce par matrones saiges et saiges hommes, vieux et experts, ou payera de son argent et avoir cinquante sols deniers d'argent. (THIRIAT.)

O ! s'écria Bournon, que d'argent et de grandes épaves arriveroient, au temps présent, au domaine de Monseigneur, si certaines dames, qui sont en la cour et autres lieux et à qui sont bien et valablement dus les susdits titres et dénominations, en étoient affeublées, et combien le pauvre peuple seroit soulagé et réjoui si l'on mettoit taxes et impôts sur les bordeaux, putes et maqueraudes qui se trouvent ès mains de maints honnêtes gens et des prêtres et capuchons !

METZ (1). — TOUL. — VERDUN. — Nous avons vu plus haut les luttes soutenues par Mathieu, tour à tour, contre et en faveur de l'évêque de Metz. Peu avant le décès du duc, son fils fut nommé évêque de ce diocèse, grâce à la protection de

ans, fut condamné en 4 francs d'amende : c'était le prix d'un jour de terre...

Avant le XVI<sup>e</sup> siècle, un terme de mépris très usité était d'imputer aux femmes des relations avec le curé de leur paroisse ou d'une autre. En ces cas les noms étaient cités en toutes lettres : Va te faire chevaucher par un tel, sanglante ribaude de prêtre. Cette dernière expression était très usitée dans le Barrois; en Lorraine, c'était putain d'abbé (p. 276).

Nombre d'ecclésiastiques étaient peu respectables alors sous tous les rapports, car au XII<sup>e</sup> siècle (PICARD, p. 409) on ne jugeait du mérite d'un ecclésiastique que par la multitude des bénéfices incompatibles dont il était accablé. On y faisait peu d'attention aux devoirs de ces différentes dignités; il n'était question que d'en avoir et l'on s'inquiétait peu d'en remplir les obligations. Saint Bernard s'en plaignait publiquement, sans épargner même l'évêque Henry de Lorraine (1127). (DAULNOY, pp. 80-81.)

A Metz, vers 1230 (A. L., t. I, an. 1852-53), si une femme disait à sa voisine, lait de p..., et que celle-ci s'en plaigne, celle qui a proféré l'injure doit, le dimanche, porter, en pure chemise, des pierres à l'entour de l'église; et l'autre doit la suivre, un paquet de verges à la main. Si celle qui a commis le délit refuse de porter les pierres, elle paie une amende de cinq sols ; et, si celle qui porte les verges rit après elle, c'est cette dernière qui doit l'amende.

(1) En 1162 (Hist. de Metz, t. II, p. 287), on éprouva dans tout le pays messin une famine pareille à celle qu'on avait endurée dix ans auparavant.

l'empereur. Lors de son intronisation, Mathieu fit don irrévocable à l'église de Metz du château de Sierck et de l'avocatie d'Epinal, à condition, dit Meurisse, qu'on « le rendrait participant des prières qui s'y font journellement. » Ce don, disent les chroniques, se fit solennellement sur le grand autel de Monseigneur saint Etienne, en présence de toute la cour de Metz et de celle de Lorraine (1). Cette générosité n'empêcha pas le souverain pontife de refuser sa sanction au candidat de l'empereur.

Le comté de *Verdun*, enlevé par l'évêque Adalbéron à la juridiction des princes de Bar, se trouvait, à cette époque, administré par quatre magistrats pris annuellement dans le corps de la bourgeoisie (2). Cette mesure d'ordre fort remarquable devint, dans la suite (1173), le sujet d'une guerre de plusieurs années entre le comte de Bar, Henri I$^{er}$ (sous le règne d'Agnès, sa mère) et l'évêque Arnou de Chiny.

TEMPLIERS. — Ce fut sous le règne de Mathieu que les Templiers s'établirent en Lorraine et dans le pays messin (3).

(1) Plus tard, le domaine utile du château de Sierck, *feudum castri de Sirche*, rentra dans l'héritage des ducs de Lorraine; mais les évêques conservèrent les attributions féodales de la seigneurie.

(2) On n'était pas, à Verdun, serf de corps, comme dans les campagnes, et il ne s'agissait pas de conquérir l'affranchissement : la lutte fut d'ordre politique, pour savoir si on serait gouverné purement et simplement de par l'évêque, comme l'entendait celui-ci, avec son diplôme de 1156, ou bien de par l'évêché et la communauté « universalité » des citadins, ainsi que l'accorda enfin, le moins largement possible, la charte de paix du XIII$^e$ siècle. (CLOUET, t. II, p. 278.)

(3) Ils eurent bientôt des maisons à Metz, Cattenom, Richemont, Gelucourt, Millery, Verdun, Hattonchâtel, Doncourt, Marbode ou Marbotte, la Warge, Saint-Jean près d'Etain, Longuyon, Pierrevillers, Libdeau ou Libdo près de Toul, Saint-Georges près de Lunéville, Cercueil, Couvert-Puis, Dagonville, Jezainville, Brouvelieures, Bru ou Baru, Reusonville, Xugney, Norroy et Virecourt.

Les *Hospitaliers* obtinrent moins de succès. Ils possédèrent les commanderies de Saint-Jean-le-Vieil-Aître, près de Nancy (première moitié du XIII$^e$ siècle), Cuite-Fève, Villoncourt, Robécourt. — Les *Chevaliers Teutoniques* eurent des maisons à Trèves, Metz et Sarrebourg.

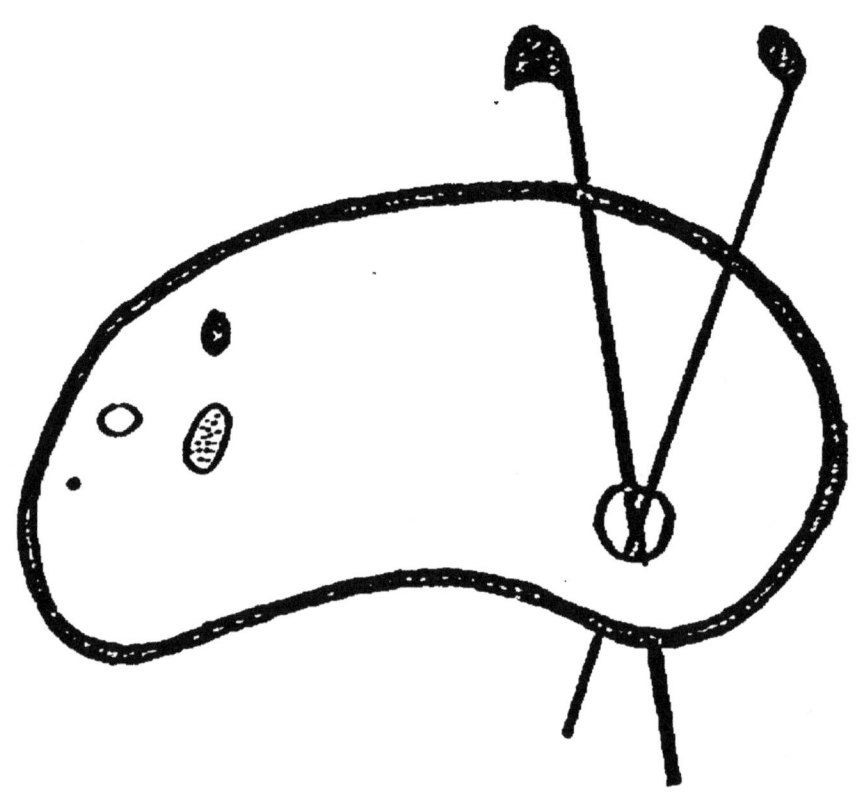

ORIGINAL EN COULEUR
NF Z 43-120-8

www.ingramcontent.com/pod-product-compliance
Lightning Source LLC
Chambersburg PA
CBHW060502170426
43199CB00011B/1302